W0095736

THOMAS HEISE, geboren 1959 in Berlin (Ost), ist seit 1994 Reporter für SPIEGEL TV. Er war Redaktionsleiter des SPIEGEL TV Magazins sowie Stellvertretender Chefredakteur, derzeit ist er verantwortlicher Leiter für Investigation. Seit 2003 recherchiert er über den Aufstieg krimineller Banden und Clans in Deutschland.

CLAAS MEYER-HEUER, geboren 1978, ist Absolvent der RTL-Journalisten-schule für TV und Multimedia. Er arbeitete als Regionalreporter für RTL, bevor er 2007 Reporter für SPIEGEL TV wurde. Seit 2009 recherchiert er über den Aufstieg krimineller Banden und Clans in Deutschland.

Thomas Heise und Claas Meyer-Heuer schrieben zusammen mit Jörg Diehl den Bestseller *Rockerkrieg*, der 2013 als SPIEGEL-Buch bei DVA erschien.

Die Macht der Clans in der Presse:

»Beeindruckend und erschreckend zugleich.« *WDR 3*

»Die fast schon enzyklopädische Sammlung strotzt vor Insiderwissen und wird sich sicher in vielen Dienststellen deutscher Strafverfolgungsbehörden wiederfinden.« *Süddeutsche Zeitung*

»Ein wirklich gutes Buch!« *ZDF, Markus Lanz*

»Hier ist ein akutes Problem wie unter einem Brennglas beschrieben, das dringend einer Lösung bedarf. [...] Wann will die Politik endlich handeln?« *Deutschlandfunk Andruck*

Besuchen Sie uns auf www.penguin-verlag.de und Facebook.

THOMAS HEISE
CLAAS MEYER-HEUER

DIE MACHT DER CLANS

Arabische Großfamilien und
ihre kriminellen Imperien

 **PENGUIN** VERLAG

Sollte diese Publikation Links auf Webseiten Dritter enthalten,
so übernehmen wir für deren Inhalte keine Haftung,
da wir uns diese nicht zu eigen machen, sondern lediglich
auf deren Stand zum Zeitpunkt der Erstveröffentlichung verweisen.

Penguin Random House Verlagsgruppe FSC® N001967

1. Auflage 2022
Copyright © 2022 Penguin Verlag
in der Penguin Random House Verlagsgruppe GmbH,
Neumarkter Straße 28, 81673 München und SPIEGEL-Verlag Rudolf
Augstein GmbH & Co. KG, Ericusspitze 1, 20457 Hamburg
Copyright © 2020 der Originalausgabe DVA,
in der Penguin Random House Verlagsgruppe GmbH und
SPIEGEL-Verlag Rudolf Augstein GmbH & Co.KG
Lektorat: Christoph Scheuring
Fotos: © SPIEGEL-TV GmbH Hamburg;
Polizei Berlin; »Big Maple Leaf«: REUTERS/Heinz-Peter Bader
Bildbearbeitung: Helio-Repro, München
Umschlaggestaltung: Büro Jorge Schmidt
Umschlagabbildungen: shutterupeire / Shutterstock.com
Satz: GGP Media GmbH, Pößneck,
nach einer Vorlage von DVA /Andrea Mogwitz
Druck und Bindung: GGP Media GmbH, Pößneck
Printed in Germany
ISBN 978-3-328-10805-4
www.penguin-verlag.de

Wir widmen dieses Buch unseren Quellen,
die wir namentlich nicht nennen können

»Wer Infos aus der Hölle will,
kann nicht nur mit Engeln reden.«

LKA-Ermittler in einem Mordprozess 2018

INHALT

MAXIMALE ABSCHOTTUNG, MAXIMALE GEWINNE

Einführung in die ehrenwerte Welt der Clans

Es ist tief in der Nacht, mitten in Berlin, am 27. März 2017, als drei Gestalten über die Gleise der S-Bahn klettern. Die mächtigste Frau der Welt schläft gerade mal hundert Meter von ihnen entfernt in ihrer Wohnung. Rund um die Uhr bewacht von der Polizei. Die bekommt von den drei schwarz gekleideten Männern allerdings nichts mit. Das Ziel der drei ist ein Fenster im Erdgeschoss des Bode-Museums. 160 Fenster hat dieses Gebäude insgesamt. Ein einziges ist nicht mit einer Alarmanlage gesichert. Dort steigen die Männer ein. Sie laufen durch die Flure direkt zu einer Vitrine, in der gerade eine der größten und wertvollsten Münzen der Welt ausgestellt ist. »Big Maple Leaf«, geprägt 2003 in Kanada, 100 Kilogramm reines Gold, eines von weltweit sechs Exemplaren. Es ist die Leihgabe eines Privatmanns. Ihr Wert beläuft sich auf ca. 3,3 Millionen Euro.

Auch die Vitrine weist keine gesonderte Alarmanlage auf. Kein Mensch mit Verstand würde versuchen, mit einer 100 Kilogramm schweren Münze unter dem Arm zu flüchten. Das war die Überlegung der Museumsleitung. Die drei Männer jedoch haben ein Rollbrett dabei, wie es bei jedem gewöhnlichen Umzug zum Einsatz kommt. Sie zertrümmern das Glas der Vitrine, rollern die Scheibe zum Fenster und wuchten die 100 Kilo zu dritt auf die Bahngleise. In einer mitgebrachten Schubkarre geht es zu einem Fluchtfahrzeug. Seitdem gibt es keine Spur mehr von dieser Münze. Wahrscheinlich wurde sie zersägt und in kleinen Stücken verkauft.

Die Täter allerdings werden geschnappt und im Februar 2020 zu viereinhalb Jahren Jugendstrafe verurteilt. Zwei von ihnen sind Mitglieder der Rammo- (oder Remmo-) Familie, die zu den mächtigsten kriminellen Clans in Berlin gehört.

Clan-Mitglieder reden nicht mit der Polizei. Oder mit anderen staatlichen Stellen. Seit sie sich festgesetzt haben in den Nischen unserer Gesellschaft, verweigern sie jede denkbare Form der Integration.

Begonnen hat alles in den frühen 1980er-Jahren. Damals flohen mehrere solcher Familien aus dem Libanon vor dem dortigen Bürgerkrieg in die Bundesrepublik Deutschland und kriminalisierten sich. Unbeachtet von der Gesellschaft. Und unbeobachtet von den Strafverfolgungsbehörden. Mittlerweile sind sie zu einer echten Bedrohung für die deutsche Zivilgesellschaft geworden. Dabei geht es nicht nur um solche spektakulären Fälle wie den Münzdiebstahl aus dem Bode-Museum. Auch Schutzgelderpressungen, Diebstähle, Betrug und Drogendelikte gehören zu ihren Betätigungsfeldern. Die Clans kontrollieren in manchen Bezirken die Prostitution, sie terrorisieren Nachbarschaften und ganze Straßenzüge. Es gibt Orte, da sind sie zu Armeen geworden, die in wenigen Minuten mehrere Hundert Kämpfer mobilisieren können. Dort sind Parallelgesellschaften entstanden, die nicht mehr zu kontrollieren sind und in denen nicht mehr die Gesetze unseres Staates Gültigkeit haben, sondern nur noch das Recht der Stärke. Und vielleicht noch der Schiedsspruch eines von der Familie ernannten »Friedensrichters«, der dann über die strittigen Konflikte entscheidet.

Wie konnte so etwas in einem Land wie Deutschland passieren? Was sind die Ursachen für die Abkapselung krimineller Gruppen innerhalb unserer Gesellschaft? Mit diesen Fragen beschäftigt sich dieses Buch. Was hat aus einfachen, bildungsfernen Geflüchteten eine Gefahr für unsere Zivilgesellschaft gemacht? Was passiert im Verborgenen dieser Parallelgesellschaften? Wie sind sie strukturiert? Nach welchen Gesetzmäßigkeiten funktionieren sie? Wie ist ihnen beizukommen? Warum war der Staat über so viele Jahre blind für das, was dort im Verborgenen blühte? Lässt sich die Entwicklung überhaupt noch zurückdrehen? Oder ist es bereits zu spät dafür?

Schon der Name reicht als Drohung

Es war im Jahr 2003, als wir zum ersten Mal für SPIEGEL TV im Clan-Milieu recherchierten. Damals stand Mahmoud Al Zein alias »El Presidente« im Fokus unserer Berichterstattung. »Der Dicke«, wie er von Ermittlern genannt wird, war die beherrschende Unterweltgröße Berlins. Und der Archetyp eines Clan-Mitglieds, an dem sich so ziemlich jedes Problem festmachen lässt, das die Gesellschaft mit diesen Strukturen hat. 1982 reiste Al Zein aus dem Libanon nach Westberlin ein, sein Asylantrag wurde abgelehnt, sein Aufenthalt in der Stadt aber geduldet. Seine Familie kassierte Sozialhilfe, er selbst chauffierte im Daimler durch die Stadt und regelte »Dinge«. Zum Beispiel für einen Bordellbetreiber, der Stress hatte mit seiner Konkurrenz. Überall dort, wo es darum ging, Angst zu verbreiten und Stärke zu demonstrieren, war er zur Stelle. Das war so etwas wie sein Geschäftsmodell: »Ich habe vor niemandem Angst. Ich kenne überhaupt keine Angst«, erklärte er damals im Interview. Das war auch nicht nötig, denn alle anderen Menschen hatten schon Angst vor ihm und seiner Familie.

Viele weitere Dokumentationen von uns zu diesem Thema folgten. Damit waren wir die Ersten, die derart umfangreich über die Clans berichteten. Wir haben einmal zusammengerechnet: Die TV-Beiträge erreichten insgesamt mehr als 30 Millionen Zuschauer. Dazu kommen über die Jahre Dutzende Artikel auf SPIEGEL ONLINE und im SPIEGEL. Mit der Titelgeschichte über die »Macht der Clans« konnte die SPIEGEL-Ausgabe 8/2019 eine der besten Auflagen des Jahres erzielen.

Die politische Resonanz hielt sich trotzdem über all die Jahre in engen Grenzen. Das lag zum einen an den Medien, die sich schwer damit taten, Zusammenhänge zwischen Straftaten und einzelnen ethnischen Gruppen aufzuzeigen, um einem wachsenden unterschwelligen Rassismus in unserem Land nicht in die Hände zu spielen. Dasselbe galt auch für die Berliner Behörden, die aus politischen Gründen in ihrer Kriminalstatistik Straftäter mit Migrationshintergrund nicht extra erfassten.

Ähnlich verhielt sich die Politik in Nordrhein-Westfalen, dem zweiten Schwerpunkt arabischer Clan-Kriminalität, für die solche Strukturen lange kein Thema waren.

Dabei gibt es dort seit einigen Jahren schon Stadtteile, die sozio-kulturell im Sinne einer aufgeklärten Mehrheitsgesellschaft »gekippt« sind. Die Macht der Clans hat den deutschen Rechtsstaat und die Macht seiner Strafverfolgungsbehörden ersetzt. Meistens müssen Clan-Mitglieder dafür nicht einmal drohen. Es reicht schon die Erwähnung ihres Namens. In den Vierteln hat sich eine Paralleljustiz etabliert, für die unsere Verfassung und ihre Gesetze keine Bedeutung mehr haben. Auch die Polizei hat dort jeden Einfluss verloren, weil sie den Clans schon zahlenmäßig schlicht unterlegen ist. Nach unseren Recherchen gibt es Familien, die es innerhalb von nur drei Generationen auf mehrere Hundert Mitglieder gebracht haben, die alle in verwandtschaftlichen Beziehungen zueinander stehen und alle innerhalb weniger Stunden zu mobilisieren sind. Viele dieser Mitglieder aus der zweiten oder dritten Generation sind zwar in Deutschland geboren, aber im Sinne der Großfamilie sozialisiert, so dass nicht nur auf den Straßen und in der lokalen Geschäftswelt der Machtanspruch der Familie durchgesetzt wird. Schon die Grundschulen bilden diese Strukturen ab. Da werden Mitschüler erpresst oder abgezogen oder Kopf voran in die Toilette gestopft und dann die Spülung betätigt. Immer in dem Wissen, dass die Macht der Familie jede Sanktionierung verhindert.

Macht und Rechtsstaat

Erst seit wenigen Jahren setzt sich in der Politik die Einsicht durch, dass es hier um mehr geht als nur die Klassifizierung einzelner Straftaten. Tatsächlich geht es um den Hoheitsanspruch des Staates und das Bild, das er von sich selbst bei dessen Durchsetzung abgibt. Es geht um kriminelle Strukturen, die mit ihren Gebiets- und Machtansprüchen das gesamte Rechtssystem in Frage stellen. Es geht um einen Krieg zwischen den verbrieften Rechten einer Ordnungsmacht und der Macht krimineller Wertesysteme. Es geht um die moralischen Vorstellungen unseres Wertekanons und um die Frage, ob diese Rechte Bestand haben im Kampf der Kulturen: Das Recht des Staates gegen das Recht des Stärkeren. Die Gesetze unserer Verfassung gegen das Gesetz der Ehre. Die Regeln unseres Zusammenlebens gegen die Macht eines Baseballschlägers.

Dieser Konflikt findet sich exakt genauso in anderen kriminellen Strukturen wie der Mafia wieder. Oder bei Rockerclubs wie den Hells Angels oder den Bandidos: Immer wird eine hermetisch abgeschlossene, hierarchisch organisierte Gruppierung gebildet und ein eigenes, außerhalb der Gesetze stehendes Wertesystem etabliert. Bei den Bikergangs manifestiert sich diese Gedankenwelt im Begriff der »Bruderschaft«. Bei der Mafia ist es die Idee der Familie, ohne dass im eigentlichen Sinne familiäre Beziehungen bestünden. Und bei den Clans schließlich ist es dann tatsächlich die Großfamilie, die über allem anderen steht. Ihre Gesetze haben einen quasi religiösen Absolutheitsanspruch. Selbst unberechtigte Vorwürfe oder Verurteilungen werden ohne Widerspruch akzeptiert. Niemals käme ein Mitglied auf die Idee, in einem Streitfall ein deutsches Gericht anzurufen. Die Mafia nennt das Omertà. Das Gesetz des Schweigens. Aber auch bei den Rockern und den arabischen Clans kommt ein Zusammenarbeiten mit den deutschen Behörden einer Todsünde gleich. Oder bringt gleich den Tod.

Es gehört zu den systemimmanenten Handlungsmustern, dass die Clans versuchen, staatliche Institutionen aus ihrem Kosmos herauszudrängen. Gewalt ist dabei immer das Mittel der Wahl. Opfer von Straftaten werden massiv unter Druck gesetzt, Zeugen werden bedroht oder bestochen und manchmal sogar gefoltert. Immer wieder werden vor Gericht Anzeigen gegen Clan-Mitglieder zurückgenommen, oder Opfer erinnern sich plötzlich nicht mehr oder wurden »doch nicht verprügelt«, sondern sind nur »die Treppe heruntergefallen«. Selbst vor Polizisten und Staatsanwälten schrecken die Clans mit ihren Einschüchterungen nach unseren Erfahrungen nicht zurück.

Trotzdem hat es bis in das Jahr 2019 gedauert, dass der Innenminister Nordrhein-Westfalens Herbert Reul auf einer Expertentagung in Essen zum ersten Mal zugab, dass die Politik das Problem unterschätzt und auf den »Frontalangriff auf den Rechtsstaat« nicht adäquat reagiert hat. Auch das Landeskriminalamt Berlin zieht mittlerweile nach und listet in seinem alljährlich erscheinenden »Lagebild Organisierte Kriminalität« jetzt die »sogenannte Clan-Kriminalität, die durch Angehörige aus ethnisch abgeschotteten Subkulturen begangen wird«, gesondert auf. Weiter heißt es da: »Der Phänomenbereich ist von einer in weiten Teilen der arabischstämmigen Community bestehenden Parallelgesellschaft geprägt und geht einher mit einer mangelnden Akzeptanz oder sogar Ablehnung des in Deutschland vorherrschenden Werte- und Normensystems.«

Den Ermittlungsbehörden hilft ein solches Umdenken allerdings nur bedingt. Zwar rechnet die Polizei in Nordrhein-Westfalen beispielsweise solchen Familien jetzt für die Jahre 2016–2018 mehr als 14 000 Straftaten mit 6449 Tatverdächtigen zu. Aber auch diese Zahlen bringen nicht wirklich Licht in das

Dunkel, weil sich die Datenanalyse darauf beschränkt, Tatverdächtige mittels ihrer Staatsangehörigkeit in libanesisch, türkisch, syrisch, deutsch oder staatenlos zu sortieren. Die Wirklichkeit der Clans lässt sich so nur ungenügend beschreiben, da in diesen Familien der Vater möglicherweise Libanese ist, der Onkel als staatenlos gilt und die Söhne die deutsche Staatsbürgerschaft haben. Das macht das Aufzeigen von Zusammenhängen nicht einfacher. Für die Polizei aber ist gerade die Frage nach den familiären Strukturen von entscheidender Bedeutung, wenn es um die Zerschlagung solcher hermetischer Parallelgesellschaften geht.

10 Millionen für ein Interview

Außerdem existieren auch andere Stimmen in der Politik, die entsprechende Zuordnungen eher kritisch sehen. Zum Beispiel Mehrdad Mostofizadeh, Grünen-Politiker im nordrhein-westfälischen Landtag, der schon das Wort »Clan-Kriminalität« als stigmatisierend ablehnt und lieber nur von »Organisierter Kriminalität« sprechen will. Oder der Berliner Politiker Niklas Schrader von den »Linken«, für den »nicht die Familien kriminell sind, sondern nur deren Taten«. Nach seiner Vorstellung liegt die Lösung des Problems denn auch nicht in einer verstärkten Polizeipräsenz. Sondern in einer staatlich kontrollierten Abgabe von Drogen, weil sie den Schwarzmarkt austrocknet und den Clans eine wichtige Säule ihrer Finanzierung entzieht.

All das soll im vorliegenden Buch Thema sein. Grundlage dafür sind Recherchen, die wir seit nunmehr fast 20 Jahren in diesem Milieu betreiben. Es sind Recherchen, die sich niemals einfach gestaltet haben, weil für Journalisten dasselbe gilt wie für die Polizei: Maximale Abschottung seitens der Clans. Und minimaler Kontakt. Und wenn doch einmal einer zustande kommt, beschränkt er sich meistens auf wüste Beschimpfungen. Dazu kommen absurde Honorarvorstellungen, sollte sich ein Clan-Mitglied mal zu einem Interview herablassen. Sie reichten von »moderaten« 50 000 Euro bis zu einer Summe von zehn Millionen Euro, für die man bereit wäre, den Mund aufzumachen. Dann aber würde man auch wirklich fast alles erzählen.

Der Verbleib der Beute aus den Raubzügen, die das Berliner Landeskriminalamt mittlerweile den einzelnen Clans zuordnen kann, gehört sicherlich nicht dazu. Noch nie hat ein Clan-Mitglied darüber gesprochen. Weder vor Gericht noch vor den Ermittlungsbehörden. Es sind exorbitante Summen, die da zusammenkommen. Zum Beispiel bei den Rammos: Nach Auswertung von 1146 Vorgängen summiert sich die Schadenssumme allein bei einem Zweig dieser Familie auf geschätzte 28 Millionen Euro. In den sozialen Medien bezeichnen sie sich selbst als die »Löwen«. Wahrscheinlich, weil sie im Rudel jagen und weil in der Wildnis jeder Mensch lieber freiwillig Abstand hält. Dabei sind die Rammos nur einer von einem guten Dutzend krimineller, arabischstämmiger Clans, die der Hauptstadt-Polizei Probleme bereiten. In Nordrhein-Westfalen sind es zehn »türkisch-arabische« Großfamilien, die den Behörden bekannt sind. All diesen Familien gehören jeweils zwischen 250 und 1000 Personen an. Bei zehn und mehr Kindern pro Ehepaar wachsen diese Strukturen exponentiell. Obwohl nicht jedes Familienmitglied kriminell ist, sind die Siedlungsgebiete der Clans trotzdem immer auch Kriminalitätsschwerpunkte in der Region. Das hat ein polizeilicher Datenabgleich in Nordrhein-Westfalen ergeben.

Ein Grund dafür ist, dass sich »Kriminalität vererbt«, wie es der Neuköllner Stadtrat für Jugend und Gesundheit Falko Liecke formuliert. Mit Liecke sind wir als erste Journalisten in den Aktenkeller des Jugendamtes gestiegen und haben über die unzähligen Geschichten und Fälle in den Akten der Clans gesprochen. Beginnend mit der Väter- über die 25–30-jährige

Folgegeneration bis hin zu deren Kindern, die jetzt schon als Nachwuchskriminelle die Behörden und Jugendgerichte in Atem halten.

Noch einmal: Nicht alle Familienmitglieder sind kriminell. Einigen ist die Integration geglückt, sie gehen einem regulären Beruf nach oder studieren und sehen die Entwicklung der Parallelgesellschaft sehr kritisch. Und damit keine Missverständnisse entstehen, sei hier einmal deutlich gesagt: Unsere Berichterstattung bezieht sich ausschließlich auf die nachweislich kriminell organisierten Angehörigen arabischer Großfamilien – um die Tausende unbescholtener Einwanderer, die unabhängig davon aus dem arabischen Raum nach Deutschland kommen, geht es hier nicht.

Nicht nur für die Ermittlungsbehörden, auch für uns Journalisten ist es schwer, in den familiären Geflechten der Clans den Überblick zu behalten. Auch weil es für einige Clans die unterschiedlichsten Namensvariationen gibt. Die Großfamilie Omeirat aus Nordrhein-Westfalen beispielsweise firmiert in den Akten unter 17 verschiedenen Schreibweisen. Und der Berliner El-Zein-Clan kommt sogar auf noch eine Schreibweise mehr.

Manchmal verbergen sich dahinter unterschiedliche Zweige eines Gesamtstammbaums, manchmal sind die handelnden Figuren identisch, manchmal ist es auch nur eine phonetische Ähnlichkeit ohne realen Bezug. Das alles macht die Zuordnungen so kompliziert und bringt das Aktenstudium in die Nähe einer wissenschaftlichen Arbeit.

Es sind im Laufe der Jahre mehrere Hundert Leitz-Ordner mit polizeilichen Ermittlungsakten gewesen, die wir auswerten konnten. Darunter Haftbefehle, Personendossiers, abgehörte Telefonate, Sachstandsberichte, Vermögensaufstellungen, Grundbuchakten, Mordermittlungsunterlagen, Steuererklärungen, Sozialhilfebescheide, Verhörprotokolle, Einwohnermeldedaten, Statistiken und vieles mehr. Dazu kamen Akten, die »Nur für den Dienstgebrauch« klassifiziert waren. Es gab vorläufige »Lageanalysen«, in denen die vermuteten Täter beim Namen genannt wurden, auch wenn es dazu noch keine gerichtsfesten Erkenntnisse gab. Nicht jeder dieser Fälle wurde später auch zur Anklage gebracht.

Bushido ist auch dabei

Einige Papiere und Datenträger enthielten Vorgänge von hoher Brisanz, andere waren von einer Ausführlichkeit, wie sie der Öffentlichkeit bisher noch niemals präsentiert werden konnten. Dank dieser Unterlagen ist es nun möglich, ein sehr genaues Bild vom kriminellen Innenleben der Clans zu zeichnen: Wie sie denken, wie sie reden, wie sie ihre Raubzüge planen, an welchem Wertesystem sich ihr Alltag orientiert.

Da sind zum Beispiel die Ermittlungen in Sachen Abou-Chaker und Ferchichi, bekannt laut Staatsanwaltschaft Berlin als »Sprachgesangskünstler Bushido«, die die Medien seit Jahren in Atem halten: Einmal »überredeten« die Mitglieder des Abou-Chaker-Clans Bushido dazu, ihnen eine Generalvollmacht mit Zugriff auf all seine Konten zu erteilen. Wir konnten alle Ermittlungsakten einsehen und zahllose heimlich aufgenommene Telefonate protokollieren.

Andere, als Verschlusssache deklarierte Akten erzählen ausführlich von den unterschiedlichsten Methoden der Clans, sich auf betrügerische Weise das Geld vertrauensseliger Menschen zu erschleichen. Da geht es dann beispielsweise um die Methode »Falscher Polizist«, die vor allem in Niedersachsen und Bremen ein florierendes Geschäftsmodell darstellt. Clan-Mitglieder geben sich als Polizisten aus und überreden alte Menschen dazu, ihnen ihr gesamtes erspartes Vermögen anzuvertrauen.

Ein weiterer großer Themenkomplex dieses Buches befasst sich mit den Finanzermittlungen der Berliner Polizei, die den

Gewinnen aus den kriminellen Machenschaften zu folgen versucht. Zum ersten Mal in der bundesdeutschen Kriminalgeschichte ist es anhand der LKA-Ermittlungen und unserer Recherchen möglich, die Finanzströme nachzuzeichnen und die Wege auszumachen, auf denen die Clans versuchen, ihre kriminellen Gewinne in den legalen Wirtschaftskreislauf zu transferieren.

Solche Informationen waren bisher nicht zu bekommen. Das liegt vor allem daran, dass die Clans noch abgeschotteter agieren als alle anderen kriminellen Organisationen. Es gibt keine andere Möglichkeit, Mitglied in einem solchen Clan zu werden, als in ihn hineingeboren zu sein. Und es gibt keinen Weg hinaus als den auf der Bahre. Noch nie ist es deshalb der Polizei gelungen, einen V-Mann im inneren Kreis dieser Familien zu etablieren. Und lange Zeit konnte sie von dort auch keinen Kronzeugen rekrutieren.

Viele Details in diesem Buch stützen sich trotzdem auf Informationen aus dem inneren Zirkel. Sie stammen unter anderem aus einer Akte, die die Berliner Staatsanwaltschaft unter dem Zeichen 251 Js 246/16 angelegt hat und deren Existenz ohne Übertreibung durch das Wort »Sensation« zu beschreiben ist. Zum ersten Mal in der Geschichte der arabischen Clan-Kriminalität haben sich zwei Insider der Polizei anvertraut und als Kronzeugen über die inneren Strukturen und Straftaten einer Familie berichtet. Mittlerweile leben diese beiden Männer irgendwo mit neuen Identitäten.

Für das vorliegende Buch konnten auch wir – als erste Journalisten überhaupt – einen Blick in diese Akte werfen. Fünfzig Leitz-Ordner ist sie dick. Allein die Geschichte, wie es am Ende überhaupt zu einer solchen Akte kam, wirft schon ein abenteuerliches Schlaglicht auf die inneren Mechanismen der arabischen Clans.

KAPITEL 1
»WIR SIND DIE AL ZEINS, DU FICKST UNSERE FAMILIE! WIR BRINGEN DICH UM.«

Ein Kronzeuge packt aus

Die Geschichte der Akte beginnt mit einer Reise in die Türkei im Jahr 2014. Zaki Al Zein, 54, ein Clan-Oberhaupt aus Berlin, will dort seinen Vater besuchen. In seiner Heimat spricht ihn jemand an, der in Berlin ebenfalls eine große Familie hat. Kein Clan, nur weitverzweigte Verwandtschaft. Es gebe da ein Problem, erzählt dieser Mann, ob Zaki Al Zein nicht vielleicht eine Lösung wüsste.

Das Problem, sagt der Mann, sei die Ehefrau eines Verwandten namens Hayrettin A. Sie sei aus ihrer Ehe geflohen und hätte mit einem anderen Mann ein neues Leben begonnen, ebenfalls entfernte Verwandtschaft. Jetzt bräuchte man jemanden, der dieses Problem beseitige. Ob die Al Zeins da nicht helfen könnten?

Klar können sie, antwortet ihm Zaki. Schließlich gehört es zum Selbstverständnis seiner Familie, dass sie vor nichts und niemandem kapituliert. Die Al Zeins sind nicht irgendwer. Sie sind der mächtigste Clan Berlins. Oder wollen die Stellung zumindest für sich selbst reklamieren.

Zurück in Berlin nimmt Zaki deshalb Kontakt mit dem verlassenen Ehemann auf. Der verlangt nicht weniger als den Tod jenes Mannes, der ihm die Ehefrau ausgespannt hat. Eine

Schmach, die öffentlich und für jeden sichtbar getilgt werden muss. Das verlangt das Gesetz der Ehre. Nicht einmal wie ein Unfall soll es erscheinen. »Dieser Mann verdient den Tod. Bitte, mach ihn tot«, sagt Hayrettin A., 40, schon beim ersten Treffen der beiden. 150 000 Euro ist ihm ist das Ganze wert. Bar auf die Hand, versteht sich.

In den nächsten Tagen trifft sich der Auftraggeber deshalb immer wieder mit den Al Zeins. Mal ist nur das Oberhaupt Zaki dabei, manchmal begleitet ihn auch ein Bruder. Oder einer der Söhne. Aber eigentlich will Zaki kein Mitglied aus seinem Clan opfern für diesen Job. Auftragsmorde sind ein heikles Geschäft. Der kleinste Fehler bringt einen mindestens ein halbes Leben lang in den Knast. Oder ein ganzes Leben lang ins Exil.

Seine Wahl fällt deshalb auf zwei Männer, die keine Familienmitglieder sind, denen er aber trotzdem vertraut. Der eine von ihnen heißt Ali H., auf der Straße wird er nur »Krokodil« genannt. Der andere ist Mehmet A., sein Spitzname lautet »Corum«.

Ali H., 39, ist jemand, den es bei den arabischen Clans eigentlich gar nicht gibt. Kein wirkliches Clan-Mitglied, kein echter Al Zein, aber seit 20 Jahren trotzdem immer im Dunstkreis dieser Familie. Früher war er mal als Kickboxer unterwegs. Ein großer massiger Typ, neben den Al Zeins sieht er aus wie ein SUV zwischen lauter Ferraris. Er trägt ihre Waffen, er zählt ihr Geld, er ist immer dabei und hält immer den Mund. Auch wenn die Polizei ihn verhört. Das hat er schon mehrfach bewiesen.

Sein bester Kumpel ist Mehmet A., 33, etwas kleiner als er, aber mit genauso viel Kraft. Eigentlich sind die beiden nur Kleinkriminelle aus der Neuköllner Hood, eher Loser als Gangster, die wie Flipperkugeln ziel- und richtungslos durch ihr eigenes Leben schießen: dem Glücksspiel und dem Kokain zugetan. Fünf bis zehn Kapseln ziehen sich die beiden pro Tag durch die Nase. Eine Kapsel enthält ein halbes Gramm Kokain. Kostenpunkt: 50 Euro. Mit Hartz IV lässt sich das nicht finanzieren. Da kommt dann das Angebot gerade recht, für 150 000 Euro einen Mord zu begehen. Das Geld würde reichen für ungefähr ein Jahr feines Leben.

Das erste Gespräch, das Zaki mit den beiden Männern führt, klingt wie eine Szene aus einem Scorsese-Film:

»Es gibt einen Job«, sagt Zaki zu Mehmet, »würdest du ihn machen für mich?«

»Was für ein Job?«, antwortet Mehmet.

»Du wirst auf jemanden schießen. Einen Mann.«

»Wie schießen?«

»Du sollst ihn umbringen. Du kriegst dafür 150 000 Euro von mir.«

»Was ist mit diesem Mann?«, fragt Mehmet noch.

»Eine Ehrensache«, antwortet Zaki, »ist so ein Ehrenmord.«

Der Mann, der umgebracht werden soll, heißt Ömer A., von Beruf ist er Automatenaufsteller. Er wohnt mit seiner neuen Frau Sarah in einer kleinen Seitenstraße in Berlin-Neukölln. Nur die engsten Familienangehörigen wissen davon. An Klingelschild und Briefkasten steht ein anderer Name.

Trotzdem dauert es nicht lange, bis Krokodil-Ali und Mehmet die Adresse des Paares herausbekommen. Danach allerdings erschöpft sich der Elan der angeheuerten Killer erst einmal wieder. Ali und Mehmet koksen und zocken lieber, als dass sie einen Menschen töten, den sie noch nicht einmal kennen. Mal brauchen sie Geld für ein Auto zum Oberservieren, mal wollen sie eine Waffe kaufen, aber der Vorschuss ist angeblich schon wieder aufgebraucht. Irgendwann verliert Zaki Al Zein die Geduld. Er hat von dem betrogenen Ehemann bereits 75 000 Euro kassiert, bar überreicht in einer Plastiktüte, aber von diesem Geld rückt er jetzt nichts mehr heraus. Erst soll gemordet werden, dann gibt es alles auf einen Schlag.

Nur bei der Waffe wollen die Al Zeins noch behilflich sein. Es ist Fadie Al Zein, Zakis zweitältester Sohn, alias Derwisch, alias Darwisch, alias Dervis, der Mehmet schließlich eine Pistole besorgt: Kaliber 7,65 mm, eine Browning aus belgischer Produktion, der VW Golf unter den Handfeuerwaffen.

Das Krokodil will mehr

Fadie Al Zein ist so etwas wie der Prototyp des kriminellen Clan-Mitglieds. 1982 geboren, deutscher Staatsbürger, Hartz-IV-Empfänger, verheiratet, vier Kinder und massiv vorbestraft. Die Schule hat er in der achten Klasse ohne Abschluss verlassen. Mit 16 steht er das erste Mal vor Gericht. Es geht um Körperverletzung in Tateinheit mit Sachbeschädigung und Beleidigung. Danach kommt im Monatsrhythmus ein neues Delikt hinzu: Diebstahl, Fahren ohne Fahrerlaubnis, Hausfriedensbruch, Sachbeschädigung, Raub. Meistens, man glaubt es kaum, belassen es die Richter bei einer Ermahnung. Oder die Verfahren werden nach § 47 JGG eingestellt. Dieser Paragraf besagt, dass ein »Richter das Verfahren vorläufig einstellen und dem Jugendlichen eine Frist von höchstens sechs Monaten setzen kann, binnen derer er den Auflagen, Weisungen oder erzieherischen Maßnahmen des Gerichts nachkommen« muss.

Bei Fadie Al Zein laufen alle diese Maßnahmen gründlich ins Leere. Im Juli 2011 wird er schließlich in Bayern wegen Drogenhandels zu acht Jahren und sechs Monaten Gefängnis verurteilt und zurück nach Berlin überstellt. Drei Jahre später wechselt er dort schon wieder in den offenen Vollzug und macht nahtlos weiter, wo er gerichtsbedingt aufgehört hat. Für den Auftragsmord besorgt er die Waffe und übergibt sie den dilettierenden Killern.

Es ist der frühe Abend des 20. Oktober 2015, als Krokodil-Ali und Mehmet jetzt doch endlich zuschlagen wollen. Im Fernsehen läuft gerade die Tagesschau, Laternen werfen ein spärliches Licht, in der Neuköllner Seitenstraße ist kein Verkehr. Auf der einen Seite der Straße befinden sich Einfamilienhäuser und kleine Gärten, auf der anderen Seite stehen dreigeschossige Bauten aus den 1950er-Jahren.

Hinter einer der Ecken lauert Mehmet mit seiner Browning. Als Ömer A. nach Hause kommt, läuft er praktisch direkt in seinen Killer hinein. Nur ein paar Meter trennen die beiden. Und beiden schlägt das Herz bis zum Hals. Mehmet hat die belgische Pistole geladen, Ömer ahnt, was kommen wird, und ruft noch auf Kurdisch »Mach mal nicht!«. Dann drückt Mehmet dreimal ab. Der Notarzt stellt danach einen »Schussbruch Oberschenkel links, zwei Einschüsse« fest.

Mehmet hat nur auf die Beine gezielt. So erzählt er es später in den Vernehmungen, die zu dieser Akte führen. Auch Krokodil-Ali bestätigt die Aussagen. Beide hatten vereinbart, das Opfer nicht zu ermorden, sondern nur zu verletzen. Für die ausgelobten 150 000 Euro müsste es trotzdem reichen, so das Kalkül, immerhin sei die Ehre dadurch wiederhergestellt.

Auf der Flucht nach den Schüssen wirft Mehmet die Waffe dann von einer Brücke in den Teltowkanal. Das ist sein zweiter Fehler. Der Clan will die Pistole zurück. Man weiß ja nie, was kommt und ob die Browning noch mal gebraucht wird. Also treffen sich die Al Zeins mit Krokodil-Ali, fragen nach Mehmet und verlangen die Waffe: »Wir werden ihn quälen, bis er die Waffe zurückgibt«, sagen sie. »Wir werden ihn festnehmen, wir werden ihn schlagen und quälen.« Aber die Waffe ist weg und das Opfer lebt, der betrogene Ehemann will die Restsumme nicht mehr bezahlen und die Al Zeins sind nicht amüsiert. Für Mehmet und Krokodil-Ali beginnen schwierige Zeiten.

Dabei sind sie sich selbst keiner Verfehlung bewusst. Nach ihrer Wahrnehmung haben sie eine Dienstleistung erbracht, die honoriert werden muss. Sie brauchen mal wieder Geld. Die Preise für Kokain sind stabil und der Eigenverbrauch nicht gesunken.

Also wendet sich Krokodil-Ali direkt an den betrogenen

Ehemann. Mit dabei bei diesem Meeting ist dessen Bruder. Es kommt zu einem dieser typischen Gaunertreffen, die dann gerne einmal eskalieren. Am Anfang macht jeder auf dicke Hose, weil jeder sein Gesicht wahren muss. Es geht um die Ehre, natürlich, und um irgendeine Mutter, die man ficken wird, dann verweist Hayrettin A. auf Zaki Al Zein, schließlich hätte er ihm den Auftrag gegeben. Krokodil-Ali brüllt: »Ich will mein Geld. Ich ficke Zaki und seine Mutter.« Dann rastet er völlig aus und verprügelt den Mann. Die Schläge wirken, schließlich war Ali H. früher als Kickboxer unterwegs. 15 000 Euro gehen am Ende über den Tisch.

Letzte Rettung Polizei

In der Welt der Clans verbreiten sich Respektlosigkeiten in Lichtgeschwindigkeit und so erfährt Zaki Al Zein sehr schnell von der Sache. Wenn es um die Ehre geht, gibt es kein Zögern. Schon gar nicht gegenüber zwei Koksern, die nicht einmal Familie sind.

Mehmet, der Schütze, wird deshalb von den Al Zeins in eine Wohnung bestellt. Diesmal ist Zaki al Zein nicht dabei. Dafür sind es seine Söhne. Auch von diesem Treffen erzählt Mehmet bei seinen Verhören. Er sagt:

»Dann waren wir in einem Kreis. Ralid hat eine Waffe an meinen Kopf gehalten, eine silberne Browning, glaube ich. Diese Waffe hat Ralid schon bei der Schießerei in der Yorckstraße benutzt. Dann sagte er: Normalerweise würde ich dich jetzt erschießen, aber ich will Ali erschießen, nicht dich. Er hat nicht gesagt, warum er das will. Ich hatte mir vor dem Treffen auch überhaupt nichts dabei gedacht, bin ganz normal hingegangen. Dann sind alle sechs auf mich los und haben versucht, mich zu schlagen. Aber ich bin in Abwehrhaltung gegangen, habe zurückgeboxt und bin schließlich weggerannt, so dass ich keine Verletzungen bekommen habe.«

Zu Ende ist die Sache damit allerdings nicht. Das wissen auch die beiden »Killer«. Die Frage ist nur: Wird beim nächsten Mal gleich geschossen? Ins Knie? Oder sofort in den Kopf? Oder versuchen die Al Zeins, es als Unfall zu deklarieren? Wie ein Pate mischt sich jetzt Zakis Schwager Adnan ein und versucht zu vermitteln. Auch er redet mit Ali und Mehmet. Die beiden wollen noch immer das ganze Geld, Adnan verspricht zu helfen. Doch nichts passiert. Dafür nehmen die Bedrohungen zu.

Irgendwann überlegen Ali und Mehmet, sich einen neuen »Rücken« zu suchen. Jemand, der ihnen Schutz bieten kann. Ein anderer Clan scheidet aus. Keine Familie würde wegen zwei Koksern einen Krieg mit den Al Zeins riskieren. Also bleibt nur noch die Polizei. Doch Schutz beim Staat gibt es nicht umsonst. Schutz gegen Verrat, neue Existenz gegen Kronzeugenregelung, so lautet dort immer der Deal, danach wird kein Weg mehr zurück existieren. Es wäre ein One-Way-Ticket heraus aus ihrem bisherigen Leben. Das ist kein Schritt, den man leichtfertig tut.

Noch bevor die beiden eine Entscheidung treffen, meldet sich Schwager Adnan wieder bei Mehmet. Er sagt:

»Ich ficke deine Mutter, wenn du nicht zur Polizei gehst. … Mach, ich hab' keine Angst vor der Polizei.«

Warum er so redet, erschließt sich den beiden nicht. Wahrscheinlich will Adnan nur testen, ob die Polizei für die beiden eine Option sein könnte. Spätestens jetzt ist sie es.

Schon einen Tag später droht Adnan damit, Mehmet, den Mann, der geschossen hatte, umzubringen, falls er doch mit den Bullen redet. Deshalb verabredet sich Mehmet ein letztes Mal mit Adnan Al Zein. Treffpunkt ist diesmal die Schlittschuhbahn in der Nähe des Flughafens Tempelhof. Dort verlangt Mehmet erneut die Zahlung des restlichen Geldes für ihren versuchten Mord. Das ist der Preis für ihr Schweigen gegenüber der Polizei.

Adnan antwortet, dass er zwei Mitglieder seiner Familie opfern wird, um ihn zu töten. Später kommt auf Mehmets Handy noch eine Sprachnachricht an: »Wo bist du, du Schwein? Wir sind die Al Zeins, du fickst unsere Familie! Wir bringen dich um.«

Danach ist Ali H. und Mehmet A. klar, dass es für sie keinen Ausweg mehr gibt. Über ihren Rechtsanwalt fädeln sie einen Deal mit den Behörden ein und reden sich anschließend den ganzen Schmutz von der Seele.

Die Polizei freut sich über die besten Zeugen, die sie je hatte im Zusammenhang mit den Clans. Besonders Ali H. ist ein Glücksfall für sie. Er ist der erste Mensch aus dem inneren Kreis eines Clans, der sein Wissen mit den Behörden teilt. Es sind Informationen aus erster Hand. Auch weil Ali H. bei vielen Verbrechen selbst mitgemacht hat. Sogar bei einem der berühmtesten Raubzüge in der deutschen Geschichte der Clans: Dem Überfall auf das KaDeWe.

KAPITEL 2
817.260 EURO IN 79 SEKUNDEN

Die Al Zeins und der Überfall aufs KaDeWe

Vielleicht ist der Überfall auf das KaDeWe nicht der spektakulärste Raubzug, den Berlin jemals gesehen hat. Er ist auch nicht der Raub mit der größten Beute. Aber dank der Akte 251 Js 246/16 ist er der Raub, über den die Polizei bisher das meiste weiß. Und er ist so etwas wie das idealtypische Clan-Verbrechen. Ein Raubzug, der eine Art Blaupause ist für die klassische Vorgehensweise der Clans: Wenig strategisch, aber immer sehr wirkungsvoll. Eher dreist als intelligent. Meistens brachial und wenig raffiniert. Gern spektakulär, aber selten subtil. Es sind keine Gentlemen-Taten, die sich den Clans zuordnen lassen. Sondern eher Gewaltexzesse, die mit Einschüchterung arbeiten und manchmal auch mit körperlicher Gewalt.

Beim Überfall auf das KaDeWe erzählen sogar Tatort und Beute noch etwas über die Wertewelt der Familien.

Das KaDeWe: Hier findet sich auf engstem Raum alles, was bei den Clans Status hat und womit sich in ihrem Kiez oder auf Instagram protzen lässt: Gucci, Rolex, Prada, Chopard. In den Shops unten im Erdgeschoss des KaDeWe liegt diese Ware dicht an dicht in den Vitrinen. Oben in der Feinkostabteilung werden dann Austern und Champagner geschlürft und an den Tischen mischen sich die Wilmersdorfer Witwen im Pelz mit russischen Touristen, die in ihren Handtaschen mehr Geld herumtragen, als eine Bundeskanzlerin in einem Jahr verdient.

Auch die harten Jungs der Berliner Halbwelt treffen sich hier gerne mal bei Spaghetti Scampi.

Auch Zaki, besagtes Oberhaupt der Al Zeins, war schon hier. Von ihm stammt die Idee, sich an den Auslagen zu bedienen. Ausführen sollten die Tat dann andere Mitglieder seines Clans. Einer wie er macht sich seine Hände mit so etwas nicht mehr schmutzig. Ohne seine Zustimmung und seinen Anteil geschieht allerdings auch nichts bei den Al Zeins. Zumindest kein Raub diesen Kalibers.

In diesem Fall soll die nächste Generation den Überfall organisieren.

Da ist zum einen sein Sohn Jehad Al Zein, nur 1,73 Meter groß, aber athletisch gebaut, mit kräftigem Hals, leichtem Doppelkinn und zusammengewachsenen Augenbrauen. Seine Fingernägel sind meistens abgekaut. Geboren wurde Jehad 1986 in Berlin, er besitzt die deutsche Staatsbürgerschaft, im polizeilichen System gibt es zu ihm 98 Treffer. Meist als Tatverdächtiger: räuberischer Diebstahl, Körperverletzung, gemeinschaftlich versuchter Raub in Tateinheit mit Sachbeschädigung, die ganze Palette des Strafgesetzbuchs.

Der zweite ist Khalil El Zein. Er ist der Neffe von Zaki und damit der Cousin von Zakis Sohn Jehad. Drei Jahre jünger, zwei Zentimeter größer, aber schmaler gebaut. Kleiner Kopf, volle Lippen, leichte Segelohren, freudlose Mimik. Die großen Augen schauen meistens gelangweilt. Einen sonderlich zuverlässigen Ruf hat er nicht in der Szene. Eher der Typ »kommste heut' nich, kommste morgen«. Auch er ist einschlägig polizeibekannt.

Der Dritte im Bunde ist Ali H., das Krokodil. Kein gebürtiger Al Zein und älter als die beiden anderen. Er ist einen ganzen Kopf größer und bringt deutlich mehr Kampfgewicht auf die Waage. Die kräftigen Schultern und wuchtigen Hände lassen erahnen, dass er hart zuschlagen kann und es gerne tut. Immer wenn das Kokain rein und reichlich ist, sind seine Augen aufgerissen und blicken lustig.

Einer verschläft den Überfall

Die heiße Planungsphase ihres Raubzugs beginnt im Oktober 2014. Zweimal observiert die Truppe das KaDeWe, um alles auszubaldòwern. Sie schauen sich den Schmuck in den Vitrinen an und legen fest, welche Objekte genau sie mitnehmen wollen. Bei Chopard ist es eine Uhr für 380 000 Euro. Außerdem eine Kette mit schwarzen und braunen Steinen, die 180 000 Euro kosten soll. Dazu ein Paar Ohrringe für 18 000 Euro und ein zweites Paar Creolen mit 92 Diamanten pro Stück für 220 000 Euro.

Der Rolex-Stand hat acht oder neun Schauvitrinen, so genau zählen sie nicht. Jede enthält neun teure Uhren, die wertvollste kostet 36 000 Euro. Diese Vitrinen sehen aus wie eingelassene Fenster. Der Plan ist, einfach alle Fenster und Vitrinen mit einer Axt oder Ähnlichem zu zerschlagen. Am Anfang gedenken sie noch, dies außerhalb der Öffnungszeiten zu tun. Viel mehr Zeit, keine Eile, keine Verletzten und keine Gefahr, von Sicherheitskräften überwältigt zu werden. Jehad allerdings ist dagegen, weil die teuren Exponate nachts wahrscheinlich in einem Panzerschrank liegen, den dann keiner von ihnen öffnen kann.

Also soll es während der regulären Öffnungszeit sein. Da aber muss es schnell gehen und dafür brauchen sie definitiv Verstärkung. Jehad will, dass der Sohn seiner Schwester, Aladin, dabei ist, als Nächster kommt noch sein Bruder Hamza dazu, am Start ist jetzt ein kleines, kriminelles Familienunternehmen. Es ist Donnerstag, der 18. Dezember 2014, am frühen Vormittag, die Ausrüstung für alle Beteiligten liegt bereit: Masken, eine Machete, diverse Zimmermannshämmer, mehrere Dosen Reizgas.

Wer nicht bereit ist, ist Ali, das Krokodil. Er verschläft den Einsatz zu Hause in seinem Bett. Jeder Versuch, ihn zu wecken, schlägt fehl, am Ende geben die anderen auf und verschieben den Coup auf den kommenden Samstag.

Am 20. Dezember ist es dann endlich so weit. Exakt um 10.24 Uhr stoppt ein schwarzer Audi A4 Avant vor dem Seiteneingang des KaDeWe in der Ansbacher Straße. Der Wagen hat silberfarbene Fensterrahmen, schicke Alufelgen und gehört einem Mitglied des Miri-Clans. Noch im Wagen ziehen sich die Täter die Masken über ihre Gesichter, dann steigen sie aus und stürmen ins Kaufhaus. Den Wagen lassen sie ohne Fahrer zurück.

In der Eingangshalle des KaDeWe steht zu dieser Zeit ein riesiger, bunt geschmückter Tannenbaum. Aus den Lautsprechern tönt Weihnachtsmusik. »Oh, du fröhliche …« als Untermalung für das perfekte Shoppingerlebnis. Vorne weg rennen Jehad und Hamza direkt zum Rolex-Stand und sprühen Reizgas, die wenigen Kunden und Mitarbeiter bringen sich schreiend in Sicherheit. Krokodil-Ali fuchtelt unterdessen mit seiner Machete herum. »Dawai, dawai«, schreit er, damit die Leute denken, dass die Täter unter den Masken Russen seien.

Hamza ist der Erste, der dann mit einem Hammer auf die Vitrinen einschlägt. Aber nichts passiert. Erst dem knasterfahrenen Jehad gelingt es, das Sicherheitsglas zu zertrümmern. Das restliche Glas reißt er mit den Händen heraus. Zwei andere helfen. Auch Ali, das Krokodil, prügelt jetzt mit seiner Machete auf eine Vitrine ein. Das Resultat bleibt ebenfalls überschaubar.

Vom Rolex-Stand rennt die Truppe dann rüber zu Chopard. Eigentlich soll dort in einer Art Säule eine Uhr für 380 000 Euro ausgestellt sein. Davon hatten jedenfalls Zaki und Jehad berichtet. Aber die Uhr ist nicht mehr in der Vitrine. Die Täter zerschlagen trotzdem die Säule und stopfen sich den Schmuck in die Jacken. Die Kette für 180 000 Euro. Und die beiden Ohrringe, die zur Kette gehören. Und alle anderen Stücke, die sie auf die Schnelle noch greifen können.

Zur gleichen Zeit erreicht der erste Notruf die Polizei. Es ist exakt 10.24 Uhr und 52 Sekunden:

»Ja, guten Tag«, sagt eine Frauenstimme. »Im KaDeWe wurde gerade … also ist gerade 'n Überfall.«

»Im KaDeWe?«, fragt der Polizist am Telefon irritiert.

Die Anruferin hat es eilig. »Hier im Seitenausgang. Ich hab da grad vier maskierte Männer …«

Darauf die Polizei: »Moment. Warten Sie doch mal! Passauer Straße ist det, ja?«

Anruferin: »Nee, nicht Passauer Straße. Ansbacher Straße. Sie sind gerade hier vorgefahren …«

Der Polizei unterbricht: »Moment, Moment. Warten Sie mal. Bleiben Sie mal dran. Ansbacher, ja? Ick muss erst mal 'nen Wagen losschicken, ja?«

Darauf die Anruferin: »Und das Autokennzeichen ist …«

Der Polizist unterbricht sie ein drittes Mal: »Moment. Langsam, langsam. Ick bin noch nicht so weit. So. Wat für'n Auto is det denn …?«

Dann spricht auch die Anruferin dazwischen: »Und jetzt kommen sie wieder raus …«

»Papa, wir haben das KaDeWe gemacht.«

Da sind exakt 79 Sekunden vergangen. Die Bande springt wieder in ihren Audi A4 und rast davon. Noch immer ist wenig Verkehr an diesem Samstagmorgen. Es geht die Tauentzienstraße entlang, am Hotel Esplanade vorbei und dann das Schöneberger Ufer hinunter bis nach Neukölln. Der Wagen stoppt schließlich direkt vor dem Haus der Al Zeins. Es ist ein Mietshaus, vier Etagen, weiß verputzt. Zaki und Jehad haben dort ihre Wohnungen: Vier Treppen hoch, dann rechts. Oben in der Wohnung kippt Jehad die Beute auf einen Tisch. Er sagt: »Papa, wir haben das KaDeWe gemacht.«

Der liegt zu diesem Zeitpunkt noch im Bett. Während er die Beute untersucht, wechseln die Täter ihre Klamotten. Krokodil-Ali zieht sich Schuhe und eine Kapuzenjacke von Zaki an, dann wird zusammengerechnet: Trotz der fehlenden Chopard-Uhr ist es eine ansehnliche Summe. Aus dem Rolex-Shop sind es 15 Uhren mit einem Gesamtverkaufswert von 263.050 Euro.

Unter den Schmuckstücken von Chopard ist das »Schwalben-collier« mit 449 weißen und 696 schwarzen Diamanten. Und zwei Ohrclips, die im Katalog »Temptations« heißen und besetzt sind mit echten Amethysten, Saphiren und Rubinen. Die Preisschilder geben einen Wert von 554.210 Euro an. Zusammen mit den Uhren beläuft sich die Beute auf 817.260 Euro.

Zaki Al Zein ist dann derjenige, der die Sachen unter die Leute bringt. Als Erstes verkauft er eine Rolex an einen Unbekannten. 8000 Euro bekommt er für die wertvollste Uhr. Im KaDeWe hätte sie 36 000 Euro gekostet. Das Etikett entfernt er noch, bevor die Uhr den Besitzer wechselt. Wenn er das Preisschild an eine günstige Rolex-Uhr heftet, kann er damit vielleicht einen ahnungslosen Hehler übers Ohr hauen.

Am Ende verkauft er die restlichen 14 Uhren trotzdem en bloc für insgesamt 135 000 Euro an Yakup, den Hehler. Der Verbleib des Schmucks kann dagegen nicht mehr geklärt werden. Lediglich das »Schwalbencollier« wird später in einem Pfandleihhaus in Berlin-Charlottenburg sichergestellt.

Von dem ganzen Geld behält Zaki die Hälfte. Das ist immer so. Ohne seine Zustimmung läuft nichts im Clan. Und ohne seinen Anteil auch nicht. Egal was passiert, der Chef des Clans kassiert immer mit.

Noch am selben Tag fährt Jehad mit einem Clan-Freund in den FKK-Club Artemis, der zu den etwas feineren Bordellen der Stadt gehört. Auf 4000 m² kommt dort laut Eigenwerbung »die erotische Komponente nie zu kurz«. Wer sich »mit einem der zahlreichen weiblichen Gäste vergnügen möchte, kann das jederzeit tun«. Gegen Bezahlung, versteht sich. Um die Auswahl zu erleichtern, laufen die Frauen hier nackt herum. Für gläubige Clan-Mitglieder ist das eigentlich keine angemessene Umgebung. Die Al Zeins halten es trotzdem für den passenden Ort, um ihren Coup zu feiern.

Im Artemis hat sich die Tat schon herumgesprochen. Auch dass Jehad Al Zein einer der Täter ist. Die Information kommt wahrscheinlich von einer der schillerndsten Unterweltfiguren Berlins: Dennis Witt. Ein kräftiger Kerl, durchtrainiert und anabolikagestählt, für jede Linie zu haben. Einer, der keiner Keilerei aus dem Weg geht und vor Jahren einem Rocker fast den Arm abgehackt hat.

Vielleicht hat die Nachricht aber auch ein Bursche verbreitet, den alle Chick nennen und der an diesem Abend ebenfalls Gast im Artemis ist. Chick ist mit Jehad befreundet. Aber er gehört zu einem anderen Clan. Den Miris. Er hat Jehad den Audi A4 Avant geliehen. Als die Polizei ihm Monate später das Tatfahrzeug zuordnen kann, hält sie zum ersten Mal einen Faden in der Hand, der sie vielleicht zu den Tätern führt.

Auch Chick ist der Polizei seit seiner Jugend bekannt. Damals sorgte er als Mitglied in einer Jugendgang häufig für Ärger. In circa 100 Ermittlungsverfahren wird er mittlerweile bei der Berliner Polizei als Tatverdächtiger aufgeführt. Sein Anwalt ist Rüdiger Portius, der Ehemann der Grünen-Politikerin Renate Künast. »Mit der Abschiebung seines Vaters 2001 gab es einen Bruch in der Familie«, versucht er zu erklären. »Seitdem war die Jugendgang seine Orientierungsgröße.« Jetzt verhaftet ihn die Polizei wegen des KaDeWe-Überfalls. Am 15. März 2015 wandert er ins Untersuchungsgefängnis. Damit ist der Ärger unter den Clans vorprogrammiert.

Wie verhindert man einen Clan-Krieg?

Untersuchungshaft ist in Berlin nicht gerade ein Zuckerschlecken. Besonders, wenn man ausnahmsweise gar nichts verbrochen hat. Chick hat keine Lust dort zu versauern und verspricht, mit der Polizei umfassend zu kooperieren. Er erzählt, dass er das Auto an seinen Freund Jehad verliehen hat und dass dieser ihn sogar gefragt habe, ob er bei dem Raub mitmachen will. Er habe sich aber geweigert. Als die Ermittler anschließend Chicks Wohnung durchsuchen, finden sie nichts Verdächtiges, bis auf sechs Mobiltelefone.

Dafür wird jetzt ein Ermittlungsverfahren gegen Jehad Al Zein eröffnet. Als der Richter einen Haftbefehl ausstellt, stürmt die Polizei Ende März am frühen Morgen mit der Ramme voran seine Wohnung. Im Polizeiprotokoll liest sich das so: »Die Wohnungstür ist von Beamten des LKA 641 AOD gewaltsam geöffnet worden. Dabei wurde die Tür im Schlossbereich und das Schloss selbst beschädigt, so dass die Wohnung nicht mehr ordnungsgemäß verschlossen werden konnte.«

Der Gesuchte wird allerdings nicht mehr angetroffen. Jehad Al Zein ist längst auf der Flucht. Über die Grenze, Richtung Süden, in die alte Heimat des Clans.

Dafür haben die Ermittler jetzt ein paar Namen und Telefonnummern aus dem Clan-Milieu, die sie abhören können. Auch diese Protokolle sind in der Akte archiviert. Eine typische Konversation dort geht so:

»Hallo«, sagt der Anrufer ins Telefon.

»Wat los«, antwortet der Mensch am anderen Ende der Leitung.

»Die Bullen sind bei mir eingeritten.«

»Warum?«

»Ali soll am KaDeWe-Überfall mitgemacht haben.«

»Und jetze?«

»Meine ganze Wohnung hamse demoliert. Weißt du was? Die sind mit Gewehrmaschinen reingekommen. Ich musste auf den Boden gehen. Mein Leben ist einfach gefickt. Sie haben meine ganze Wohnung misshandelt. Und weißt du, wie viel Geld die mitgenommen haben von mir? 5000 Euro.«

»Aber das kriegst du wieder.«

»Ja, aber sie haben gesagt, ist wegen Insolvenz. Sie sind vom Jobcenter, haben sie gesagt.«

»Interessiert doch nicht. Weil ist doch nicht dein Geld. Hast du nur für jemanden anders gehortet.«

»Das waren sonne Bullenfotzen.«

Auch der zweite Tatverdächtige Khalil El Zein wird jetzt abgehört. Er ist ebenfalls auf der Flucht, aber den Ermittlern ist es trotzdem gelungen, sein Mobiltelefon zu orten. Der Dialog, den sie zu hören bekommen, klingt nicht gerade beruhigend. Eher so, als stünde Berlin kurz vor einem Krieg. Khalil fragt darin: »Heißt das, Miri hat sich geäußert?«

Eine Stimme, die sich Ibo nennt, antwortet: »Ja, er hat ausgesagt.«

Khalil: »Ich schlage ihn zusammen, ich schwör auf den Koran, bei Gott, so … schau her, ich schwöre auf den Koran, ich bringe ihn um, ich schwör …«

So ein Krieg zwischen zwei Clans ist keine gute Idee. Schon weil er eine Flanke öffnet für Angriffe seitens der Polizei. Normalerweise werden Konflikte deshalb durch Verhandlungen der Oberhäupter geklärt. Also wendet sich Khalil an einen Onkel in der Türkei, ein wichtiges Familienmitglied, das über Einfluss verfügt. Auch das macht er über die abgehörte Telefonleitung. Er sagt: »Miri hat ausgesagt.«

Der Onkel antwortet: »Was ist das für eine Sauerei? Einer sagt gegen den anderen aus, damit er rauskommt. Lässt du dem Kerl eine Botschaft zukommen. Wenn ihr gegen mich aussagt, sage ich gegen euren Vater aus.«

Bevor es dazu kommt, wird Khalil allerdings schon verhaftet. Neun Tage später nehmen griechische Polizisten dann Jehad Al Zein an der Grenze fest. In der Polizeimeldung heißt es dazu: »Der bereits mit einer Öffentlichkeitsfahndung gesuchte Mann hatte versucht, sich mit falschen Papieren von Griechenland in die Türkei abzusetzen. Ein zur Unterstützung an der Grenze eingesetzter Polizeibeamter der Bundespolizei war sehr aufmerksam und erkannte den Gesuchten wieder. Er ließ den Flüchtigen von seinen griechischen Kollegen ergreifen.«

Das Einzige, was die Polizei zu diesem Zeitpunkt gegen Jehad in der Hand hat, ist die Aussage Chicks von den Miris. Anfangs versuchen die Al Zeins deshalb noch alles, damit er seine Aussage widerruft. Besser noch einräumt, gelogen zu haben. Sogar Geld nehmen sie in die Hand für dessen Anwalt. Chick allerdings bleibt bei seinen Aussagen, wonach er das Tatfahrzeug an Jehad verliehen hat.

»Chicks Mutter soll Schwarz anziehen«, sagt Zaki Al Zein deshalb bei einer Unterredung. »Ihr Sohn wird seine Hochzeit nicht mehr erleben.« Auch denjenigen, der Chick töten soll, hat er bereits bestimmt. Leider bekommt er ihn vor der Verhandlung nicht mehr zu fassen. Jehad und Khalil El Zein werden ein halbes Jahr nach dem Überfall angeklagt.

Jehad wandert durch die Aussage Chicks »wegen besonders schweren Raubes in Tateinheit mit 13-facher Körperverletzung« für sechs Jahre und acht Monate ins Gefängnis. Die Beweise gegen Khalil in der 92 Seiten langen Anklageschrift sind dagegen bestenfalls überschaubar. Er wird noch während des Prozesses am 4. März 2016 freigesprochen und für die erlittene Untersuchungshaft entschädigt. Zitat aus dem Urteil: »Die Kammer hat den Angeklagten aus tatsächlichen Gründen freigesprochen, denn trotz gewisser nicht von der Hand zu weisender Verdachtsmomente war die Kammer nach der durchgeführten Beweisaufnahme aufgrund der zur Verfügung stehenden Beweismittel nicht in der Lage, sich mit der für eine Verurteilung erforderlichen Sicherheit von der Schuld des Angeklagten Khalil El Zein zu überzeugen. Der Angeklagte Khalil El Zein hat sowohl im Ermittlungsverfahren als auch in der Hauptverhandlung von seinem Recht, sich nicht zur Sache einzulassen, Gebrauch gemacht.«

Für die Al Zeins ist der spektakuläre Fall damit allerdings noch nicht zu Ende. Es sind die Aussagen von Ali H. aus der

Akte 251 Js 246/16, die dann auch alle anderen Tatbeteiligten ins Gefängnis bringen.

Hamza Al Zein, der es noch nicht einmal geschafft hatte, ein einziges Vitrinenglas zu zertrümmern, kommt mit einer Jugendstrafe von zwei Jahren und neun Monaten davon. Aladin Ö., Jehads Neffe, wird zu drei Jahren verurteilt. Nur Khalil hat Glück gehabt, weil das Gericht ihn in diesem Fall bereits rechtskräftig freigesprochen hatte und das Gesetz eine neuerliche Anklage damit verbietet. Trotz aller Beweise.

Auch dem Oberhaupt Zaki Al Zein wird aufgrund der Aussagen Ali H.s der Prozess gemacht. Am Ende spricht ihn das Gericht wegen Beihilfe zu einem besonders schweren Raub und wegen versuchter Anstiftung zum Mord in Tateinheit mit Anstiftung zu gefährlicher Körperverletzung schuldig und verhängt eine Gesamtfreiheitsstrafe von sechs Jahren und elf Monaten. Das ist, ähnlich wie die Akte 251 Js 246/16, auch eine Sensation. Zum ersten Mal gelingt damit die Verurteilung eines der Hintermänner des Clan-Milieus.

Bisher hatten diese Gestalten nie etwas zu befürchten. Sie selbst machten sich nicht mehr die Hände schmutzig. Und für alles andere würde es die Aussagen eines Zeugen brauchen. Davor schützen sie die Familie und das Gesetz des Schweigens und die Angst, die sie verbreiten können, weil sie sich einen gesellschaftlichen Raum erobert haben, auf den der Staat keinen Zugriff mehr hat.

Für die Ermittler ist das einerseits sehr frustrierend. Andererseits ist es ein Wegweiser, wie man dieser Seuche in den kommenden Jahren doch Herr werden könnte. Sobald es der Polizei gelingt, die Menschen wirksam zu schützen, so dass die Angst in den Vierteln weniger wird, lassen sich die Täter und Hintermänner auch überführen. Denn darin ist der KaDeWe-Überfall ebenfalls typisch für die Verbrechen der Clans: Besonders clever ist das alles nicht, was sie tun.

KAPITEL 3
PATRIARCHAT UND BLUTRACHE

Das Wertesystem einer Parallelgesellschaft

In einem Punkt sind sich alle einig, die direkt oder indirekt mit arabischen Clans zu tun haben: Ihre Ausbreitung in Deutschland ist so etwas wie eine beispiellose Erfolgsgeschichte. Als sie vor ungefähr 40 Jahren nach Westdeutschland kamen, waren die meisten von ihnen mittellose und ungebildete Flüchtlinge aus einer der ärmsten Regionen des Nahen Ostens. Ohne begründete Aussicht auf finanziellen Erfolg und nennenswerte gesellschaftliche Bedeutung. Doch die neu angekommenen Familien breiteten sich mit einer rasenden Geschwindigkeit zuerst über Berlin und danach über halb Westdeutschland aus. Sie besetzten Territorien, schufen Enklaven mit eigenen Regeln und eigenen Machtstrukturen und etablierten eine Parallelgesellschaft, vor der das deutsche Rechtssystem heute immer öfter kapituliert. Die staatlichen Strafverfolgungsorgane haben dort kaum noch Zugriff.

In dem Machtvakuum, das entstand, entwickelten sich einige dieser Clans zu hochprofitablen kriminellen Unternehmen, mit jährlichen Umsätzen im geschätzten mittleren zweistelligen Millionenbereich. Und die Frage, die seitdem alle umtreibt, lautet: Wie konnte so etwas passieren? Was ist der Grund dafür, dass sich mitten im Herzen unserer aufgeklärten, westlichen Welt ein solches kriminelles Geschwür breitgemacht hat? Wer ist dafür verantwortlich? Wie hätte man diese

Entwicklung verhindern können? Und welche Möglichkeiten hat unsere Gesellschaft, um die Zeit wieder zurückzudrehen?

Im Wesentlichen sind drei Faktoren für die »Erfolgsgeschichte« der kriminellen Clans verantwortlich: Da ist zum einen die völlig verfehlte Integrationspolitik der Bundesrepublik in den 80er- und 90er-Jahren, die es den Neuankömmlingen praktisch unmöglich machte, einer geregelten Arbeit nachzugehen und sich dadurch aus eigener Kraft einen geachteten Platz in der Mitte unserer Gesellschaft zu verdienen.

Zum zweiten lag es an einer Rechtsauffassung, in deren Raster das Individuum als asoziales, parasitäres und unmoralisches Wesen überhaupt nicht vorkam. Stattdessen galt der Einzelne als »benachteiligt«, »fehlgeleitet« oder ein »Opfer der Verhältnisse«. In jedem Fall aber war er bekehrbar, weshalb die Rechtsprechung eher auf »Erziehung« und »Förderung« setzte und weniger auf Abschreckung und Strafe. Auch die Politik weigerte sich damals, Angriffe auf den Rechtsstaat als solche zu sehen und sich entsprechend dagegen zu wappnen.

Der dritte Faktor ist das Selbstverständnis der Clan-Mitglieder selbst, die im Verhalten der Bundesrepublik und ihrer Behörden nichts anderes sehen konnten als eine Schwäche. Das wiederum war Ausdruck ihres eigenen rigorosen, selbstbezogenen Wertesystems, in dem die Familie alles bedeutet und alle anderen nichts und in dem der Staat – in welcher Form er auch immer auftritt – prinzipiell nur als etwas vorkommt, das man entweder ausbeuten kann oder fürchten muss.

Das alles erschuf zusammen jenen Brutschrank, in dem die kriminellen Clans in den vergangenen Jahrzehnten nahezu ungestört gediehen. Wir werden uns deshalb hier erst einmal ausführlich mit allen drei Faktoren beschäftigen müssen.

DIE WURZELN DER MHALLAMI

Es ist unmöglich, das Auftreten der arabischen Clans und ihrer Mitglieder in Deutschland zu verstehen, ohne ihren geografischen Ursprung zu beleuchten. Vieles von dem, was sich an gesellschaftlichen Auffälligkeiten in Deutschland mittlerweile manifestiert hat, resultiert aus der Geschichte dieser Familien, die alle ursprünglich in einem relativ eng begrenzten Gebiet in der südanatolischen Provinz Mardin beheimatet sind. Nach Syrien sind es von dort nur 50 Kilometer, auch der Irak liegt gleich um die Ecke. Istanbul dagegen ist 1500 Kilometer entfernt. Das ist nicht nur geografisch eine Weltreise. Auch in allen anderen Bereichen ist diese anatolische Provinz weit von der Stadt am Bosporus entfernt.

Mardin ist eine raue Gegend mit wenig Vegetation, alles ist sandfarben braun, trocken und unwirtlich. Die Sommer sind heiß, meist fällt nur im Januar etwas Niederschlag, in manchen Wintern ist es so klirrend kalt wie im Hochgebirge. Die Menschen dort leben vorwiegend von der Viehzucht oder vom Handel. Die Region ist wirtschaftlich und infrastrukturell unterentwickelt und aufgrund ihrer Trockenheit auch für den Ackerbau nicht geeignet.

Die Häuser in den Dörfern sind einfache Quader mit flachen Dächern, aus Lehmziegeln oder Feldsteinen errichtet. Viele sind mittlerweile dem Verfall preisgegeben. Nur ein paar Schafe und Ziegen werden noch durch die verlassenen Straßen getrieben.

Eines dieser Dörfer heißt Üçkavak. Die Einwohner selbst nennen den Ort Raschdiye. Vielleicht 1100 Menschen leben heute noch hier. Die meisten arabischen Clans in Deutschland haben in diesem einen Ort ihre Wurzeln. Auch die Al Zeins, beispielsweise, die für den KaDeWe-Raub verantwortlich sind, stammen ursprünglich von hier.

Wie genau es um die Geschichte dieser Enklave und um die

Herkunft der Menschen dort steht, ist selbst unter Einheimischen strittig. Sind sie nun Türken oder Kurden oder Araber oder gar Aramäer? Eine ihrer Erzählungen geht so: Wir sind Kurden, sprechen aber einen arabischen Dialekt, weil unsere Vorfahren aus dem Irak stammen. Zum Beispiel aus der Gegend um die irakische Stadt Kirkuk. Andere verorten die Ur-Heimat eher in Mossul, ebenfalls im Irak gelegen, etwa 260 Kilometer südlich von Üçkavak. Wieder andere sagen, ihre Vorfahren seien nirgends wirklich verwurzelt gewesen, sondern Halbnomaden vom Stamm der Mhallami.

Erwähnungen in Berichten von westlichen Reisenden zu finden, ist auch nicht so einfach. Eine der profundesten Quellen ist noch Mark Sykes, ein britischer Offizier, der mehrere Reisen in den Nahen Osten unternahm und 1919 in einem Pariser Hotelzimmer an der Spanischen Grippe starb. Sir Tatton Benvenuto Mark Sykes, wie sein vollständiger Name lautet, hinterließ buchstäblich seine Spuren auf der Weltkarte, aufgrund seiner Rolle als führender Unterhändler der britischen Regierung in einem geheimen Abkommen mit Frankreich 1916, um das Osmanische Reich zu zerschlagen. Der Offizier legte mit dem »Sykes-Picot-Abkommen« den Grundstein für die Grenzen eines Großteils des heutigen Nahen Ostens. In dieser Hinsicht war Sykes einer der wichtigsten Diplomaten seiner Zeit. 2008 brachte er es in England zu einiger Bekanntheit, weil man seinen Leichnam exhumierte. Wissenschaftler hatten – leider vergeblich – gehofft, in seinem Bleisarg Viren der Spanischen Grippe zu finden.

Lieutenant-Colonel Sykes unternahm sieben Reisen quer durch den Nahen Osten. Darauf und auf seinen historischen Recherchen beruhend, schrieb er das Buch »The Caliphs' Last Heritage: A Short History of the Turkish Empire«. In 36 Kapiteln lässt er die Geschichte des Nahen Ostens auferstehen, illustriert mit Fotos und historischen Landkarten, auf denen die wechselnden Einflussgebiete der jeweiligen Herrscher und

Völker dargestellt sind. Zwei seiner Touren brachten ihn auch nach Südanatolien und dort durch Orte, deren »Bevölkerung gemischt christlich und muslimisch ist«, mehrheitlich sogar christlich, aber sie sprächen dabei einen »barbarischen Dialekt« der arabischen Sprache. Sykes fallen Einheimische mit hellem Teint und hellblonden Haaren und Bärten auf. Mit »schmalen blauen Augen und einer großen Hakennase«.

Er schreibt: »Die Mhallami-Araber, die Seite an Seite mit Christen leben, sind nach ihrer äußeren Erscheinung eher wie Kurden, auch wenn sie sich als Söhne Ismaels (dem Stammvater der Araber) sehen.« Auf Seite 578 findet sich noch ein weiterer Hinweis zu den »Mhallami«: Es sind »800 Familien. Dieser Stamm hat eine besondere Geschichte. Sie geben an, dass sie vor 350 Jahren Christen waren. Während einer Hungersnot fragten sie den Patriarchen um Erlaubnis, während der Fastenzeit Fleisch zu essen. Der Patriarch lehnte ab und angeblich deshalb konvertierten sie zum Islam. Sie sprechen ein primitives Arabisch, die Frauen tragen rote Kleidung und verschleiern sich nicht. Jetzt sind sie eine gemischte Rasse von Arabern und Kurden. Einige Familien sollen immer noch Christen sein.«

In den Großfamilien selbst werden auch andere Theorien kolportiert. Jede Volksgruppe braucht eine Heldensaga als identitätsstiftendes Moment in ihrer Historie. Bei den Deutschen ist es zum Beispiel die Schlacht im Teutoburger Wald und der Sieg über die römischen Legionen. Die Mhallami sehen sich als die Nachfahren arabischer Kämpfer, die unter dem Kalifen Harun ar-Raschid im 8. Jahrhundert auf dessen Kriegszügen in die Region Mardin umgesiedelt wurden, um die dortige christliche Bevölkerung zu überwachen. Der Name Mhallami bzw. Mhallamiya soll sich von Mahal (arabisch für »Ort«) und Me'a (arabisch für »Hundert«) ableiten, was sinngemäß »Ort der Hundertschaft« (Mahal al-Me'a) bedeuten soll.

Vielleicht sind sie aber doch eher arabische Bauern aus dem Irak, die im 15. oder 16. Jahrhundert von den Osmanen inmitten des Kurdengebietes um Mardin zwangsangesiedelt wurden, mit dem Ziel, den politischen Einfluss der Kurden zu neutralisieren.

Wie dem auch sei, haben sich diese Stämme von Anfang an kaum in das jeweils bestehende Staatssystem integriert. Darin sind sich alle Historiker einig. Der unterschiedlichen Herkunftsmythen ungeachtet, hat sich die Bezeichnung »Mhallami« für die Volksgruppe allgemein durchgesetzt.

WIR UND DER STAAT IM STAAT

Die Stämme der Mhallami hatten seit jeher ein ablehnendes Verhältnis zur Obrigkeit. Das hat sich bis heute nicht signifikant geändert. Auch die staatliche Personenregistrierung der Türken zum Beispiel haben die Mhallami immer zu vermeiden versucht, um dem obligatorischen Militärdienst zu entgehen.

Im Jahre 2004 erstellte eine Bund-Länder-Projektgruppe unter Beteiligung der Länder Bremen, Niedersachsen, Nordrhein-Westfalen sowie des BKA einen Abschlussbericht. Titel: »Ethnisch abgeschottete Subkulturen«. In der 148-seitigen Ausarbeitung heißt es, dass die Bewohner aus Dörfern wie Üçkavak »ob der bekannten Gewalttätigkeit« keinen guten Ruf bei den einheimischen Kurden genössen. Und an anderer Stelle wird ausgeführt, dass »die Mhallamis städtische Banditen seien, verantwortlich für Chaos und Unordnung in Mardin«.

Solche pauschalen Urteile werden der historisch gewachsenen Struktur dieser Großfamilien allerdings nur eingeschränkt gerecht. Vieles, was sich an gesellschaftsschädigendem Verhalten bei ihnen zeigt, hat seine Wurzeln in einem tradierten, archaischen Wertesystem.

Darin tritt das Staatswesen generell als feindliche Macht in Erscheinung. Nicht der Staat ist die gesellschaftliche Organisationsform, der man sich unterordnet, sondern der Stamm. Der

Stamm ist die übergeordnete Instanz, die das Gemeinwesen als Ganzes zusammenhält. Auf den Ebenen darunter verlieren die Begriffe dann bereits an Trennschärfe, vor allem in der medialen Berichterstattung zu diesem Thema. Dort ist mal von »Clan«, mal von »Großfamilie« und dann wieder von »Sippe« die Rede, ohne dass dabei eine inhaltliche Unterscheidung stattfindet.

Das ist nicht weiter verwunderlich, auch die Wissenschaft ist noch dabei zu erkunden, wie sich die Gesellschaft der Mhallami genau strukturiert.

Besonders der Begriff »Clan« wird in zweierlei Weise benutzt: einmal als rein soziologische Beschreibung einer speziellen Familienstruktur. Und andererseits als Synonym für eine kriminelle, familiäre Vereinigung, die sich den Gesetzen des Rechtsstaates nicht unterordnet. Dabei ist der Begriff an sich wertneutral. Auch die Aldi-Albrechts sind ein Familienclan. Oder die BMW-Quandts. Clan-Mitglieder selbst bezeichnen ihren Verbund gemeinhin mit dem Begriff »Familie«, manchmal auch mit der unscharfen Bezeichnung »Sippe«.

Einer, der am tiefsten in die Materie eingedrungen ist, ist der Publizist und Islamwissenschaftler Ralph Ghadban. Er schreibt in seinem Buch »Arabische Clans«: »Wenn wir die soziale Struktur (der Mhallami) betrachten, sehen wir die kleine Familie eingebettet in eine Sippe, in einen Clan. Mehrere Sippen bilden einen Stamm, mehrere Stämme bilden eine Konföderation.«

Ghadban gebraucht »Sippe« und »Clan« also synonym, aber auch bei ihm sind die Grenzen zwischen den einzelnen Begriffen fließend. Das liegt an der Tatsache, dass es in den arabischen Familien üblich war und immer noch ist, dass ein Ehepaar mehr als zehn Kinder hat. In der vierten Generation ist bei dieser Reproduktionsrate aus der Kleinfamilie bereits eine Großfamilie mit tausend Mitgliedern geworden.

Dies ist natürlich keine spezifisch arabische Eigenheit. Überall dort, wo der Staat keine ausreichenden sozialen Sicherungsaufgaben übernimmt, haben sich die Menschen bisher in Großfamilien organisiert. Auch in Europa bedeutete Kinderreichtum in früheren Epochen soziale Sicherheit bei Krankheit und im Alter. Das hat sich erst durch die staatlich garantierte Rente und die Erfindung der Krankenversicherung geändert.

WER IST EIGENTLICH WER?

Bei den arabischen Clans, die ihr Zusammenleben unabhängig vom Gewaltmonopol des Staats organisieren, kommt neben der sozialen Sicherung auch noch die Machtfrage hinzu. Die schiere Größe einer Familie bedeutet in dieser Lebensform immer auch Macht gegenüber anderen Familien oder gegenüber anderen gesellschaftlichen Gruppierungen und am Ende auch Macht über die Ordnungsorgane des Staats.

Das alles stellt nicht nur die Wissenschaft, sondern auch die Polizei vor ein großes Problem.

Allein die Zuordnung der einzelnen Familien zu den übergeordneten Clans ist eine echte Herausforderung. Dies spiegelt sich bereits in den Mhallami-Namen der Familien wider, die das niedersächsische Innenministerium 2001 gelistet hatte. Danach existieren in Deutschland: Al Zain, Al Zayn, Al Zein, Al Zeyn, Al-Zain, Al-Zayn, Al-Zein, Al-Zeyn, El Zain, El Zayn, El Zein, El Zeyn, El-Zain, El-Zayn, El-Zein, El-Zeyn, Alikhan, Ali Khan, Ali-Khan, Fakro, Fakhro, Kirimit, Kiremit, Khodr, Omeirat, Omeyrat, Omairat, Omayrat, Omeirate, Omeyrate, Omairate, Omayrate, Remmo, Rammo, Saado, Saadou, Mehri, Meri, Miry, Mirie, Myri, Mehri, Miri, Said, Sayd, Siala, Syala.

Manche der Namen bezeichnen dabei einen eigenständigen Clan, andere sind lediglich verschiedene Schreibweisen derselben Familie. Für Außenstehende ist das Dickicht nur schwer zu durchdringen.

Das LKA Berlin hat deshalb riesige Schaubilder von Familien-Stammbäumen angefertigt, die den Ermittlern helfen sollen, Hunderte von Clan-Mitgliedern den verschiedenen Familien zuzuordnen. Diese Stammbäume sind mehrere Quadratmeter groß.

So unübersichtlich die Strukturen sind, so klar sind die Regeln, die innerhalb der Familien herrschen. Sie unterscheiden sich oft fundamental von den westlichen Werten, in denen sich bei uns immer die Tradition der Aufklärung und der Geist der Moderne spiegeln.

Bei den Mhallami gibt es so etwas wie ein universelles Recht aller Menschen auf Würde oder Unversehrtheit oder den Schutz des Eigentums nicht. Über allen Regeln und Gesetzen steht die Solidarität untereinander und die gemeinsame Verteidigung gegen Eindringlinge. Die Bewahrung der eigenen kulturellen Bräuche und Lebensweisen steht immer über der Befolgung staatlicher Gesetze.

Dabei wird der Staat in seiner ganzen Ausformung als schwach eingeschätzt, weil er nicht in der Lage ist, der Gemeinschaft und den Einzelnen in ihr denselben Schutz zu garantieren, den die Struktur eines Clans ihnen bietet. Außerdem hat der Staat immer eigene Interessen, die denen des Clans zuwiderlaufen. Das ist in der Bundesrepublik Deutschland so, wo der Staat für sich das Gewaltmonopol beansprucht. Es ist auch in Südostanatolien so, wo die Polizei und alle anderen Behörden als Unterdrücker wahrgenommen werden. Das spüren gerade die Menschen in den Kurdengebieten besonders deutlich, wo die türkische Zentralregierung bis heute die Bevölkerung ausgrenzt und mit allen staatlichen Mitteln bekämpft.

Der Clan behauptet sich dagegen durch seine tradierten Regeln und Werte, die teils schon seit Jahrhunderten gelten. Sie machen seine Identität aus, deshalb haben sie sich durch die

Jahrhunderte auch kaum verändert: Wie man arbeitet, wie man tanzt, wie man lebt, wie man stirbt, alles in dieser Gegend ist bestimmt durch die Tradition. Auch die Hierarchien in den Familien. Es ist immer der älteste Mann, also in der Regel der Vater, der die Entscheidungen trifft. Er ist es, der als Haushaltsvorstand über alles bestimmt, seine Aufgabe ist es auch, das Verhalten der übrigen Familienmitglieder zu kontrollieren und die Kinder bei ungebührlichem Verhalten zu bestrafen. An zweiter Stelle der patriarchalischen Familienstruktur steht der älteste Sohn. Es folgen die weiteren Söhne. Noch vor der Ehefrau und vor den Töchtern, egal, wer wie alt ist.

Verboten ist es zum Beispiel, unaufgefordert in Anwesenheit des Vaters zu sprechen oder zu rauchen. Auch gegenüber einem Onkel oder älteren Bruders gilt es als unschicklich. Die Männer essen gemeinsam, im Kreis auf dem Fußboden sitzend. Der Platz der Frauen ist auch beim Essen die Küche oder ein anderer separater Raum.

Eine Partizipation am herkömmlichen Staatswesen wird in diesen Strukturen rigoros abgelehnt, das erleben auch staatliche Stellen in Deutschland beinahe täglich. Ganz egal, ob es sich um das Finanzamt oder das Jugendamt oder um andere Fürsorge- und Kontrolleinrichtungen handelt. Auch im Konfliktfall zwischen zwei Clans werden die Streitigkeiten untereinander geregelt.

Ein Clan gewährt dem Staat prinzipiell nur dort Zugang, wo er für sich selbst einen unmittelbaren Vorteil wittert. Für ihn ist der Staat entweder eine Bedrohung oder eine Mine, die sich zum eigenen Vorteil ausbeuten lässt. Etwas anderes existiert für die Clans in dieser Lebens- und Sichtweise nicht.

Das einzelne Clan-Mitglied zahlt dafür allerdings einen hohen Preis. Es muss sich den Interessen der Gemeinschaft nicht nur unterordnen, es kann sich auch nur als ein Teil des großen Ganzen begreifen. Wie eine Biene im Bienenvolk. Für das Clan-Mitglied gibt es im Konfliktfall kein singuläres Eigeninteresse.

Sondern nur die bedingungslose Unterordnung unter die Interessen und Notwendigkeiten des Clans. Dafür bekommt es selbst allerdings den Schutz der Familie. Und dieser Schutz wiederum rekrutiert sich aus der bedingungslosen Treue aller ihrer Mitglieder.

Ein Staat ist weder zum einen noch zum anderen in der Lage. Er bietet weder dem Einzelnen echten Schutz noch kann er das Überleben der ganzen Familie sicherstellen. Dementsprechend gering gilt sein Wert im Kosmos der Clans.

Der Klebstoff, der die Clans nach innen und außen zusammenhält, ist die Ehre. Sie bezieht sich immer auf den gesamten Clan. Die Verletzung der Ehre eines einzelnen Clan-Mitglieds ist immer eine Ehrverletzung des ganzen Clans. Und es ist die oberste Pflicht jedes einzelnen Familienmitglieds, diese Ehre dann zu verteidigen. Mit allem, was man besitzt, zur Not sogar mit dem eigenen Leben. Darin unterscheidet sich ein Clan nicht von der NATO oder der Freiwilligen Feuerwehr: Erste Pflicht ist die Beistandspflicht, egal, wo man sich gerade befindet. Gibt es eine Auseinandersetzung, hat man zur Stelle zu sein. Wenn nötig, auch mit Pistolen oder Macheten.

Wenn sich, wie geschehen, einer aus dem Berjaoui-Clan mit einem aus der Abou-Chaker-Familie erst schubst, dann prügelt, ist es ja wohl eine Frage der Ehre, dass zurückgehauen wird. Wenn das Ganze sich dazu in der Öffentlichkeit abspielt, dann ist auch, neben der Ehre, die Rache nicht weit. Die Berjaouis, dem Clan treu ergeben, sammeln sich mit 50 Mann in Windeseile in der Stadt, um ein Café zu zerlegen, was der Konkurrenz zugerechnet wird. Auge um Auge, Schlag auf Schlag. Dass der Berjaoui-Mann in einem Security-Unternehmen arbeitet und eigentlich den Werten von »Recht und Ordnung« verpflichtet ist, zählt in derartigen Momenten nichts. Die Ehre der Familie ist höher zu bewerten als das Gewaltmonopol des Staates.

Momente der Eskalation werden von anderen Clan-Mitgliedern entspannt beobachtet, es wird schon alles wie immer sein:

»Ach, zwei Kanaken haben sich geschlagen. Morgen kommt ein Friedensrichter, ist alles geklärt. Wurde kein Blut geflossen, nix, ist doch alles okay«, orakeln Anwesende aus der Rabih-Familie. Zwei Jahre später wird einer ihrer Brüder erschossen und sie werden Rache schwören. Auge um Auge, Schuss um Schuss.

Auch die Primärfamilie als kleinste Zelle der Clan-Gesellschaft ist so strukturiert. Die Bedrohung eines Teils ist prinzipiell ein Angriff auf das große Ganze. Eine Beleidigung oder eine Verletzung der Ehre – egal von welcher Seite – wird prinzipiell als Angriff auf die gesamte Familie betrachtet. Also ist auch die Verteidigung der Ehre eine Aufgabe aller.

Dabei kommt es manchmal zu bizarren Konstellationen, die für mitteleuropäische Vorstellungen kaum nachzuvollziehen sind. Zum Beispiel verlangt die Ehre von jedem Mann, den Mörder eines Familienmitglieds zu töten. Es sei denn, der Täter hat bei ihm Zuflucht gesucht. Dann gebietet die Gastfreundschaft, den Mörder zu bewirten und zu beschützen, auch vor der Polizei oder vor anderen Männern, die ihn vielleicht ebenfalls töten wollen. Erst wenn der Mörder das Grundstück verlassen hat, darf der Gastgeber ihn wieder verfolgen, ihm auflauern und der eigenen Ehre Genüge tun.

Dieses ganze Geflecht aus Ehre und Pflicht ist nicht bloß ein selbstzerstörerisches Relikt aus archaischer Vorzeit. Es ist das Prinzip, das den Familien und Clans bis heute Einfluss und Macht verleiht und ihnen das Überleben sichert. Die Tatsache, dass sofort eine weit verzweigte Familie in Armeestärke zur Stelle ist, wenn man sich mit einem einzigen ihrer Mitglieder anlegt, sorgt dafür, dass ein potentieller Gegenspieler lieber zurücksteckt. Ganz egal, wie sehr er sich selbst im Recht weiß. Dort, wo die Clans besonders aktiv sind, in Berlin und Nordrhein-Westfalen, genügt oft schon die Nennung des Namens, um in der Halb- und Unterwelt für Ruhe zu sorgen und die Dinge in die gewünschte Richtung zu lenken.

In all diesen Fällen hat das Recht des Stärkeren die Stärke des Rechts abgelöst.

SCHLICHTUNG STATT RECHTSPRECHUNG – DAS RECHT DES STÄRKEREN

Dies bedeutet allerdings nicht, dass es in der Welt der arabischen Clans nicht trotzdem ein Jahrtausende altes, tradiertes Rechtssystem gibt. Es ist ein System, das auf den Prinzipien Vergeltung und Wiedergutmachung fußt. Nach der Rechtsauffassung der Clans muss eine Ehrverletzung entweder mit einem Angriff auf den Ehrverletzer gesühnt werden. Oder der entstandene Schaden wird durch einen finanziellen Ausgleich getilgt. Dies passiert vor allem bei Konflikten untereinander. Die Instanz, die darüber entscheidet, ist zuerst immer der Haushaltsvorstand, in der Regel der älteste Mann, also der Vater. Wenn sich zum Beispiel zwei Cousins wegen eines Drogengeschäfts prügeln, klären die beiden Haushaltsvorstände, also die Väter und Onkel, die Angelegenheit unter sich.

Ist der Vorfall zu groß, um ihn innerhalb der Familie zu klären, kommt ein sogenannter »Friedensrichter« zum Einsatz. Friedensrichter sind Respektpersonen, die aufgrund ihres Alters und ihres Einflusses auserkoren wurden, Recht zu sprechen, wenn eine interne Einigung nicht möglich ist. Da geht es mal um Schulden, die beglichen werden sollen, mal um Aussagen bei der Polizei, die man für einen bestimmten Preis unterlässt, mal ist auch ein tödlicher Unfall das Thema, für den dann ein Schmerzensgeld fällig wird.

Solche Verhandlungen sind in der Welt der Clans überlebenswichtig, weil das System aus Ehrverletzung und Vergeltung prinzipiell die Gefahr in sich trägt, in einer Spirale der Gewalt zu eskalieren. So beschossen sich in Berlin beispielsweise zwei Clans, bis am Ende einer der Schützen tot auf der Straße lag. In der daraufhin anberaumten Verhandlung wurde eine Summe von 50 000 Euro vereinbart, mit der die Tat kompensiert werden sollte. Als die Täterseite das Geld nicht aufbringen konnte, wurde weiter geschossen, bis das nächste Clan-Mitglied tot auf dem Asphalt liegen blieb. Auge um Auge, alles andere wäre eine Kapitulation und der totale Ehrverlust. Es gibt Blutrachen in der kurdisch-arabischen Welt, die mehrere Generationen dauern.

Auch eine Schlichtung mit religiösem Hintergrund durch einen Imam kommt bei Konflikten in diesen Gesellschaften vor. Diese Praxis geht zurück auf eine Zeit, als religiöse Instanzen das Bestrafungsmonopol besaßen. Bis heute werden solche Schlichtungen in einigen muslimischen Kreisen praktiziert.

Der zentrale Begriff dieser Form der Rechtsprechung ist »Talio«. Das Wort kommt eigentlich aus dem Lateinischen und bedeutet Vergeltung. Sie ist explizit im Koran festgeschrieben und bildet den Kernsatz des islamischen Strafrechts. In der Sure 2, Vers 178 steht: »Ihr Gläubigen! Bei Totschlag ist euch die Wiedervergeltung vorgeschrieben: Ein Freier für einen Freien, ein Sklave für einen Sklaven und ein weibliches Wesen für ein weibliches Wesen.« Weiter heißt es bei Tötungs- und Körperverletzungsdelikten: »Vergeltung nach rechtem Maß«. Es handelt sich bei diesen Versen um die »qisas-Strafe« (arabisch: qiṣāṣ), das heißt, der Täter soll denselben Schaden erleiden, den er dem Opfer zugefügt hat. Diese Rechtsauffassung entspricht in etwa dem alttestamentarischen Auge-um-Auge-Zahn-um-Zahn-Prinzip.

Allerdings sieht diese Sure auch weniger blutige Alternativen und stattdessen eine Wiedergutmachung vor: »Wird einem aber etwas erlassen von seinem Bruder, dann soll (die Sühneforderung) mit Billigkeit erhoben werden und der Mörder soll ihm gutwillig Blutgeld zahlen. Das ist eine Erleichterung von Eurem Herrn und eine Barmherzigkeit.«

Dieses Prinzip der Wiedergutmachung wird durch den

Imam oder aber den weltlichen Friedensrichter geregelt. Die Gespräche dazu finden meist in Moscheen, Cem Evi (Aleviten), Kültür Dernegi (kulturellen Einrichtungen), türkischen Kaffee- und Teestuben, in den Wohnungen/Häusern der Opfer oder in den Hinterräumen von Shisha-Bars statt. Zuerst erfolgt dabei ein Anruf seitens der Täterfamilie an den Schlichter. Der Schlichter wird in diesem Gespräch beauftragt, Kontakt zu der Opferfamilie aufzunehmen. Es folgt dann das Ritual, dass die Täter das Opfer im Krankenhaus oder zu Hause besuchen. Immer im Beisein des Schlichters. Er führt danach mehrere Gespräche mit beiden Familien, um zu sondieren, ob eine Schlichtung möglich ist oder nicht. Üblicherweise kommt er zu dem Schluss, dass das der Fall ist, und er bringt die beiden rivalisierenden Parteien an einen Tisch. Vertreten durch die Ältesten der Familie (Vater, Großvater oder ältester Sohn). Auf Vermittlung des Friedensrichters beziehungsweise des Imams schließen die Parteien einen Vertrag ab. Er beinhaltet das sogenannte Blutgeld. Dieses Blutgeld stellt eine Art der Wiedergutmachung in Form von finanzieller Zuwendung dar. Ziel der Schlichtung ist immer zweierlei: Sie soll einerseits den Konflikt befrieden. Und andererseits dafür sorgen, dass sich keine andere Instanz des Falls annehmen kann.

Dass das Opfer seine Aussage vor Gericht zurücknimmt oder verändert, ist oft Teil dieser Schlichtung. Dadurch soll der Täter entweder freigesprochen oder das Verfahren wegen geringer Schuld eingestellt werden. Die Täterfamilie zahlt der Opferfamilie dafür einen angemessenen Ausgleich. Auch der Schlichter – Iman oder Friedensrichter – erhält für den Friedensschluss eine beträchtliche Summe (zwischen 3000 und 5000 Euro, in manchen Fällen ist es auch deutlich mehr). In der Regel wird die Versöhnung zwischen den beiden Familien danach durch gemeinsames Essen und Trinken besiegelt.

Bekannt geworden ist zum Beispiel ein Fall, bei dem ein Clan einen anderen bestohlen hatte. Verurteilt wurde der Clan dann zur Herausgabe der Beute. Einen kleinen Teil durften die Täter aber behalten, als eine Art »Finderlohn«.

Das oberste Prinzip aller Verhandlungen ist, dass sich am Ende alle Beteiligten »in die Augen schauen können«. So erzählt es ein Friedensrichter (der auch eine Zeit lang als Vertrauensperson der Polizei gearbeitet hat).

Ein Schlichter lotet deshalb am Anfang einer Verhandlung erst einmal aus, wer im anliegenden Streit welche Positionen vertritt. Er klärt ab, wo die roten Linien verlaufen, dann versucht er, die Differenzen zwischen den Positionen so weit abzubauen, dass er am Ende ganz klassisch ein Urteil sprechen kann, das von beiden Parteien getragen wird und das dann auch für alle Beteiligten bindend ist.

Damit unterscheidet sich das Rechtssystem grundlegend von seiner westlichen Ausprägung. Nicht ein allwissender Richter spricht hier Recht, sondern eine Respektsperson stellt eine Einigung her. Diese Autorität besitzt der Friedensrichter nicht automatisch qua Amt wie ein deutscher Richter. Der Respekt, den man dem Friedensrichter entgegenbringt, speist sich vielmehr aus dessen Kunst, dafür zu sorgen, dass alle Beteiligten in der Verhandlung ihr Gesicht wahren können, was am Ende eine Einigung erst ermöglicht. Nur wenn ihm das gelingt, wird er auch beim nächsten Mal wieder um Vermittlung gebeten.

Solche Verhandlungen finden oft auch dann noch statt, wenn der Konflikt zwischen den Clans bereits vor einem regulären deutschen Gericht verhandelt wird. Dann dienen die Verhandlungen des Friedensrichters dem Ziel, die Aussagen von Zeugen und Opfer zu verhindern, so dass sich plötzlich im Gerichtsprozess keiner der Beteiligten mehr an irgendwas erinnern kann. Zeugen fallen um, Opfer sind plötzlich keine Opfer mehr. In einem Fall berichtete zum Beispiel ein Folteropfer bei der Polizei noch detailliert von den Vorkommnissen, vor Gericht jedoch konnte sich der Mann dann plötzlich an nichts mehr erinnern. Geregelt wird das mit Geldzahlungen der Täterfamilie an die Familie des Opfers. Alles in diesem System ist eine Frage des Preises.

Und eine Frage der Macht. Die Partei, die über mehr Männer und mehr Waffen verfügt, diktiert auch die Bedingungen des Friedensvertrags. Zumindest in Teilen.

EIN HOCHZEITSZIMMER WIRD BEWACHT

Frauen haben in diesem ganzen Prozess keine Bedeutung und erst recht keine Stimme. Sie nehmen wegen der patriarchalischen Familienstrukturen noch nicht einmal an den Verhandlungen teil. Selbst dann nicht, wenn sie die Leidtragenden waren.

Es ist immer der Clanführer, der für die Familie spricht, auch der Friedensrichter ist grundsätzlich ein Mann. Das korrespondiert mit der traditionellen Praxis, dass der Mann für die Beschaffung und Eintreibung des Geldes sowie die Wahrung und Haltung der Familienehre zuständig ist. Auch die Söhne werden nach diesem Muster erzogen und treten irgendwann in die Fußstapfen des Vaters. Ab einem gewissen Alter sind sie es, die die Ehre der Familie zu verteidigen haben, der Vater bleibt trotzdem noch das geachtete Oberhaupt, bis er nicht mehr in der Lage ist, die damit verbundenen Aufgaben auszufüllen.

Die Rolle der Frauen beschränkt sich auf das Hüten und Zusammenhalten der Familie. Ihre wichtigste Funktion besteht darin, so viele Kinder wie möglich zu gebären, um die Familienbasis zu erweitern und der Familie damit letztendlich mehr Macht zu verleihen. Je mehr Söhne eine Frau gebiert, desto höher ist auch ihr Ansehen in der Gesellschaft. Aber auch als geachtete Mutter hat sie sich grundsätzlich den Männern zu fügen. Wenn der Vater nicht zu Hause ist, gilt das Wort der Söhne (Alter spielt hier keine Rolle). Oftmals sind es auch die Söhne beziehungsweise die Brüder, die die Ehre ihrer unverheirateten Schwestern überwachen und am Ende darüber entscheiden, wie eine Ehrverletzung bestraft werden muss.

Deshalb sind die Söhne vielfach eingebunden in die Organisation der Heirat ihrer Schwester. Frauen werden – auch wegen der drohenden Ehrverletzungen – bei den Mhallami so früh wie möglich verheiratet. Meistens innerhalb des Clans, oft sogar endogam, also innerhalb der direkten Familie.

Dies geschieht zum einen als Zeichen der Verbundenheit und zur Stärkung des Familienzusammenhalts. Zum anderen, weil eine Heirat außerhalb der Familie immer ein Risiko darstellt. Wenn es im privaten Bereich zu Verleumdungen oder Verletzungen kommt, kann die Angelegenheit nicht mehr innerhalb der Sippe geregelt werden, was wegen der Zwangsläufigkeiten in diesen Gesellschaftsstrukturen schlimmstenfalls in einem Ehrenmord endet.

Die häufigste Konstellation bei einer Heirat ist deshalb die zwischen Cousin und Cousine väterlicherseits. Brüder verheiraten also ihre Kinder untereinander.

Traditionell ist der Zusammenhalt unter Brüdern bei den Mhallami besonders groß, was unter anderem bei Instagram zu besichtigen ist, wo sie sich gerne gemeinsam über den Vater lustig machen, indem sie Fotos von alten Löwen posten, die zwar geachtet, aber nicht mehr richtig kampffähig sind.

Ehen werden in der Regel zwischen den Vätern und Brüdern verabredet, die Frau selbst hat kaum eine Chance, sich zu verweigern, ihre Eheschließung geschieht dann meist nach islamischem Recht. Genaue Zahlen darüber liegen nicht vor. Schätzungen gehen davon aus, dass 50–70 Prozent der Mhallami-Ehen in Deutschland nicht standesamtlich geschlossen werden. Teilweise ist dies allerdings auch der Tatsache geschuldet, dass die für eine standesamtliche Trauung erforderlichen Papiere nicht existieren.

Bei der Trauung ist es üblich, dass sehr viel Geld an den

Brautvater fließt. Über die Höhe des Brautgelds (nicht zu vergleichen mit der »Mitgift« europäischer Prägung) verhandeln wieder die Familienältesten. Manchmal wird auch noch ein Friedensrichter hinzugezogen. Ist der Preis dann verabredet und gezahlt, gilt die Braut als Eigentum ihres Bräutigams.

Außerdem verlangt der älteste Bruder der Braut seinen Anteil. Er bewacht während der Hochzeitszeremonie das Zimmer, aus dem der Bräutigam seine Zukünftige abholen darf. Natürlich nur gegen Zahlung einer substantiellen Entschädigung. Sonst gibt der Bruder die Schwester nicht frei. Heiraten ist immer auch ein Geschäft bei den Mhallami.

Scheidungen sind in diesem System trotzdem möglich. Ohne Zustimmung des Ehepartners allerdings nur für die Männer.

Sollte es zu einer Scheidung kommen, gilt wieder das Wort des Friedensrichters. Er übernimmt die Formalitäten, er entscheidet meistens auch über den Teil des Brautgeldes, der zurückgezahlt werden muss.

Verbotene Liebe und ihre Folgen – Der Ampelmord von Sarstedt

Dass dieses archaische Werte- und Rechtssystem in unserer modernen, aufgeklärten westlichen Welt in einer echten Tragödie enden kann, zeigt der Fall Abdulkader D., der als »Ampelmord von Sarstedt« durch die Medien ging.

Die Familientragödie beginnt im November 1994: Damals kommt der 18-jährige Abdulkader D. aus Syrien in Hildesheim an. In der Stadt südlich von Hannover lebt bereits die 14-jährige Kamale O. Sie ist seine Cousine. Die beiden Teenager verlieben sich, ihre Gefühle aber müssen sie vor der Familie verbergen. Nicht wegen der engen Verwandtschaft, sondern weil Kamale O. bereits dem Adoptivsohn ihres Onkels versprochen ist. Also quasi auch einem Cousin. Der Junge heißt Mohammed O., zwei Monate später findet bereits die Hochzeit statt.

Drei Jahre dauert es, bis auch Abdulkader D. heiratet. Nicht standesamtlich, aber nach islamischem Recht. Er bekommt mit seiner Frau sechs Kinder. Genauso wie seine Jugendliebe Kamale O. Beide Familien leben in Hildesheim, beide verdienen ihr Geld mit gebrauchten Autos.

Erst 15 Jahre später treffen sich Kamale O. und Abdulkader D. zufällig auf der Straße wieder. Die Gefühle sind sofort wieder da. Wohl auch, weil beide in ihren Beziehungen unglücklich sind. Dieses Mal können und wollen sie ihre Liebe nicht mehr verleugnen. Am 7. Juli 2010 verlassen sie ihre Kinder und Ehepartner und fliehen zusammen nach Süddeutschland. Eine andere Möglichkeit existiert für sie nicht; in Hildesheim zu bleiben, wäre nach den strengen Mhallami-Bräuchen lebensgefährlich.

Als Kamales ältester Bruder Walid O. von der Flucht hört, bricht er sofort seinen Urlaub ab und besorgt sich auf dem Rückweg nach Hildesheim eine Pistole. Makarow, Kaliber 9mm. Walid O. ist der älteste Mann in der Großfamilie in Hildesheim, für ihn ist in der Logik des Wertekanons auch der Ehrverlust am größten. Er ist verantwortlich dafür, dass in seiner Familie die Regeln und Gesetze befolgt werden. Also ist es auch seine Aufgabe, Ehre und Gesetz wiederherzustellen.

Ein Ehebruch wie der von Kamale und Abdulkader ist eine derart schwerwiegende Verletzung der Ehre, dass sie eigentlich nur mit Blut gerächt werden kann. Auch wenn man in der Bundesrepublik für eine solche Tat lebenslang ins Gefängnis wandert: In der Welt der Mhallami ist die Ehre wichtiger als das persönliche Schicksal.

Das Drama vollzieht sich in mehreren Akten. Nach der Flucht im Sommer 2010 fühlt sich Kamale O. anfangs am Ziel ihrer Träume. Doch dann wächst die Sehnsucht nach ihren Kindern, irgendwann hält sie die Trennung nicht länger aus und will nur noch zurück. Ein einflussreiches Clan-Oberhaupt aus Gelsenkirchen stellt Kamale unter seinen persönlichen Schutz, um ihr den Weg der Rückkehr zu ebnen. Möglich für den Clan ist dies nur, wenn der Ehebruch noch nicht vollendet wurde. Kein Sex, kein Blutvergießen, das ist die einfache Gleichung. Davon geht die Familie aus.

Für Abdulkader D. gibt es keine sozialverträgliche Lösung. Die Großfamilie übernimmt ohne Entschädigung seinen Autohandel, er selbst wird verbannt. Sollte er Hildesheim noch einmal betreten, ist er ein toter Mann. Auch seine Frau muss mit den sechs Kindern fliehen. Sie fürchtet, dass der Rachefeldzug auch vor ihr und den Kindern nicht Halt macht.

Für Kamale ist dieser Status quo trotzdem keine Lösung. Sie fühlt sich zerrissen zwischen ihrer Liebe zu den Kindern und der Liebe zu ihrem neuen Mann. Nur wenige Wochen später fliehen Kamale und Abdulkader ein zweites Mal. Wieder kocht das Blut in Hildesheim hoch. Fieberhaft wird nach den beiden gesucht, aber niemand kennt ihr Versteck. Dieses Mal sind sie nach Hamburg geflohen. Dort heiraten sie am 25. Januar 2011 trotz ihrer bestehenden Ehen noch einmal nach islamischem Recht.

Doch es lastet zu viel auf der Beziehung. Die sechsfache Mutter vermisst ihre Kinder, schon wenige Monate später trennt sich das Paar erneut. Kamale kehrt allerdings auch nicht zu ihrem Ex-Mann zurück, sondern zieht in ein Frauenhaus. Immerhin gestattet ihr der Clan, die Kinder zu sehen, weil in Hildesheim niemand von der heimlichen Hochzeit weiß. Noch immer geht der Clan davon aus, dass es zwischen Kamale O. und Abdulkader D. keine körperliche Beziehung gab.

Das ändert sich, als Abdulkader endgültig die Nerven verliert. Er will seine neue Frau Kamale zurück und kalkuliert, dass es für sie keinen Grund mehr gäbe, ihn zu verlassen, wenn der Clan ihr die Kinder endgültig wegnähme. Also schreibt er mehrere Briefe an die wichtigen Männer des Clans, in denen er von der Eheschließung erzählt. In die Kuverts legt er jeweils eine Kopie der Heiratsurkunde und vier Fotos von dem glücklichen Paar.

Für den Clan hat er damit sein eigenes Todesurteil gefällt. Er hat nicht nur durch den Ehebruch die Ehre der gesamten Familie verletzt. Durch die Briefe hat er auch noch dafür gesorgt, dass jeder von dieser Ehrverletzung erfährt. Die Sache spricht sich schnell außerhalb des Clans herum. Die ganze arabische Community lästert über den Fall. Für die Familie ist das der »Größte Anzunehmende Unfall«. Je weiter die Verbreitung, desto tiefer die Schmach.

Am Anfang telefonieren die Männer noch hektisch herum, um zu ermitteln, wer alles diesen entlarvenden Brief erhalten hat. Vielleicht lässt sich die Schande noch eindämmen, so ihre Hoffnung. Als klar wird, dass es längst zu spät ist dafür, wollen die Männer endgültig Blut sehen. »Alle wollten das«, sagen später vor Gericht die unterschiedlichsten Zeugen, »die Männer waren alle verrückt, sogar die Kinder wollten ihn töten.«

Es passiert am 1. Januar 2012, nachts um 23.10 Uhr in Sarstedt nördlich von Hildesheim. Abdulkader D. wartet in seinem Golf Variant vor einer roten Ampel. Dass ihm die ganze Zeit ein Opel Vectra gefolgt ist, hat er nicht mitbekommen. In diesem Auto sitzen Walid O., Clan-Chef und ältester Bruder, und Mohammed O., der Ex-Ehemann. Von hinten schleicht sich Walid O. zur Beifahrerseite und feuert vier Mal durch das geschlossene Fenster. Dann rennt er um das Auto herum und reißt die Fahrertür auf. Dort feuert dann Mohammed O. noch einmal sechs Kugeln in den verletzten Körper. Eine Kugel reißt die Herzhinterwand auf. Eine zweite durchschlägt die große Körperschlagader. Beide Treffer sind tödlich. Damit ist der Ehre in der Familie Genüge getan. Die untreue Kamale wird verschont. Sie ist die Mutter der Kinder.

Walid O. flieht danach sofort außer Landes, Mohammed O. dagegen wird verhaftet und muss sich im Sommer 2012 vor der Großen Strafkammer am Hildesheimer Landgericht wegen

Mordes verantworten. Die Beweisaufnahme ist äußerst schwierig. Alle im Saal, ob Richter, Staatsanwalt oder Verteidiger, spüren, dass der Clan die Zeugen unter Druck gesetzt hat. Eine Angestellte einer Shisha-Bar verschafft dem Angeklagten ein falsches Alibi. Sie wird später, zusammen mit sieben weiteren Zeugen, wegen Falschaussage bestraft.

Am 18. Juli 2012 verurteilt die Hildesheimer Strafkammer den Ehemann Mohammed O. zu lebenslanger Haft. Das Urteil stützen die Richter vor allem auf ausgewertete Handydaten. Und auf die wichtigste Zeugin: die Ehefrau des geflohenen Clan-Oberhaupts Walid O. Sie ist außerdem die Schwester des Opfers.

Als der Richter das Urteil erläutert, brechen im Sitzungssaal 134 sofort Tumulte los. Ein Bruder des flüchtigen Clan-Oberhaupts springt auf und brüllt den Vorsitzenden an: »Mein Bruder wird dich besuchen.« Was er damit meint, ist allen im Verhandlungssaal klar. Auch die anderen Zuschauer beschimpfen und beleidigen jetzt Richter und Polizei, es ist ein Geheule und Geschreie, dann drängen die Justizwachtmeister und Polizisten im Saal die Angehörigen aus dem Raum. Die Mutter des Mörders brüllt noch in eine Kamera: »Der Richter ist Hitler.«

Diese totale Verachtung und Missachtung des Gerichts vor laufender Kamera verändert Niedersachsen. Es ist dieser Prozess, der die Mhallami-Clans auf die politische Agenda setzt. Der öffentliche und mediale Druck nach den Ereignissen wird so groß, dass es für die Landespolitik nicht mehr möglich ist, die Clans einfach zu ignorieren. Zumal das Urteil auch enorme Folgen für den Richter und den Staatsanwalt hat. Über Monate müssen sie von der Polizei geschützt werden.

Als erste Konsequenz aus den tödlichen Schüssen von Sarstedt erstellt die niedersächsische Polizei seit 2013 einen jährlichen Lagebericht, der die neuesten Entwicklungen im Clan-Milieu abbildet. Damit avanciert Niedersachsen zum Vorreiter im Kampf gegen die Clan-Kriminalität.

AUS ANATOLIEN IN DEN LIBANON

Über die Mhallami und ihre Flucht aus Anatolien in den Libanon haben unter anderem die beiden Wissenschaftler Lokman I. Meho und Farah W. Kawtharani geforscht. Demnach fand die größte Völkerwanderung zwischen dem niedergeschlagenen Kurden-Aufstand von Scheich Said im Jahr 1925 und dem Zweiten Weltkrieg statt. Eine weitere Migrationswelle gab es nach dem Zweiten Weltkrieg bis in die beginnenden 1960er-Jahre. Dieser zweite Exodus hängt stark mit der Entwicklung des Libanon in jenen Jahren zusammen:

Nachdem Frankreich das Land 1943 in die Unabhängigkeit entlassen hat, entwickelt sich der Libanon schnell zu einem kommerziellen und kulturellen Zentrum des Nahen Ostens. Ein Schmelztiegel für den Westen wie auch für den Mittleren Osten, für das Christentum wie für den Islam. Beirut wird als das »Paris des Nahen Ostens« gefeiert, mit breiten Alleen und teurer Architektur; Straßenbahnen fahren durch die Viertel, vor den Nobelläden parken dicke Limousinen, Goldhändler bestimmen das Bild der Stadt.

Die ungelernten Mhallami-Kurden, die in großer Zahl nach Beirut drängen, verdingen sich auf den Märkten als Tagelöhner, Holzkistenbauer und Gemüseträger. Außer ihrer Muskelkraft haben die Hirten und Bauern nichts, was sie mitbringen aus ihrer Heimat.

Im Libanon erhalten solche Einwanderer libanesische Fremdenpässe (»Laissez-passer«), die als Reisedokumente zum Verlassen des Landes berechtigen und entweder ein oder fünf Jahre Gültigkeit besitzen. Unter der Rubrik »Nationalität« wird in den Papieren der Vermerk »à l'étude« eingetragen. Das bedeutet »wird noch überprüft« beziehungsweise »ungeklärt«.

Ihre Lebenssituation wird in einer an der Universität Beirut eingereichten Magisterarbeit aus dem Jahr 1994 so beschrieben:

»Schon zu Beginn ihrer Emigration lebten die Angehörigen

der kurdischen Kolonie in ghettoähnlichen Vierteln, denn sie waren gering an Zahl und fremd. Dies hatte zur Folge, dass die Mitglieder bestimmter Familien oder Dörfer in der gleichen Gegend wohnten. Dabei spielte auch ihre schlechte materielle und soziale Situation eine Rolle. Auf diesem Weg wollten sie auch ihre Familien- bzw. Dorfzugehörigkeit bewahren.«

Die Mhallami separieren sich nach ihrer Einwanderung im »Burj al-Barajneh«, das in der Stadt nur »das Kurden-Viertel« genannt wird. Über 1000 Einwanderer leben hier, viele von ihnen kommen aus dem südostanatolischen Dorf Ömerli. Insgesamt sind jedoch die ehemaligen Bewohner des Dorfes Üçkavak in der Mehrheit.

Die Magisterarbeit beruft sich dabei auf einen polizeiinternen Bericht, in dem besonders die Familie »Al Zein« erwähnt wird, die sich im Stadtteil Sokak Albalat und im Viertel Alkarentina-Almaslekh niedergelassen hat. Eine Integration in die libanesische Gesellschaft findet nicht statt. Die Mhallami leben in Beirut so, als wären sie noch immer in Südanatolien. Wohnviertel entstehen entsprechend der Stammes- und Dorfzugehörigkeit. Man bleibt unter sich, kultiviert die alten Gewohnheiten und Bräuche, obwohl sie eigentlich mit der modernen libanesischen Lebenswirklichkeit nicht vereinbar sind.

Die Gleichberechtigung von Frauen und Männern ist in weiter Ferne. Frauen haben keine Aussichten auf einen Bildungszugang. Die übertriebenen Brautgelder und der Umstand, dass Frauen nicht ihren eigenen Lebenspartner wählen dürfen, manifestieren die alten Sitten und Gebräuche. Auch die Streitigkeiten und Fehden zwischen den Clans werden aus Südanatolien in den Libanon importiert. Mit allen Konsequenzen. Sogar die Bildung einer politischen Organisation wie der »Korrektiven Bewegung« endet mit Mord und Totschlag. Die alte Führungsriege meuchelt die neu gewählten Anführer.

Die Magisterarbeit kommt zu dem Schluss: »Die Kurden leiden heute noch immer unter dem hemmenden Erbe, das sie aus ihrer Heimat mitbrachten. Sie blieben ohne die geringste Entwicklung. Ihre Wohnorte sind genauso, wie sie früher waren. Sie üben die gleichen Broterwerbe aus, die sie schon vorher ausübten. Die Lebensentwicklung ist minimal. Die Zahl der Gelehrten und Spezialisten ist aufgrund ihrer geringen Anzahl sehr übersichtlich. Zusammenfassend kann man sagen, dass sie noch in Armut, Unbildung, Analphabetismus und Instabilität dahintreiben (...).«

Dies verändert sich ein wenig, als der Libanon 1975 im Bürgerkrieg versinkt. Laut Islamwissenschaftler Ralph Ghadban schlägt die Stunde der Mhallami-Kurden, die bewaffnet sind und »sich nun bei der Gesellschaft bedienen konnten, was sie auch ausgiebig taten. Ihre Ausschreitungen waren so massiv, dass die PLO eingreifen musste.« Libanons Premier al-Wazzan wirft den Kurden 1983 vor, dass sie »Beirut verbrannten, plünderten und bestahlen«.

Ende der 1970er-Jahre hat der Bürgerkrieg den Libanon wieder in die Armut gebombt. Das ist der Zeitpunkt, da die ersten Mhallami-Kurden, aber auch viele Palästinenser und Libanesen das Land Richtung Europa verlassen. Gerne nach Großbritannien oder Frankreich, weil dort schon sehr früh eine Diaspora entstanden ist. Auch Deutschland wird mit zunehmender Dauer immer beliebter. Zum einen, weil Deutschland im Libanon kein unbekanntes Territorium ist. Der Autohandel im Nahen Osten ist fest in libanesischer Hand, und Mercedes, BMW und Volkswagen sind dort gern gefahrene Statussymbole. Dank der Einkaufstouren der Händler spricht es sich schnell herum, dass die Bundesrepublik ein Land ist, in dem die Lebensqualität hoch und die politische Lage stabil ist. Und der dritte Grund ist, dass es einen besonderen, ganz einfachen Weg gibt, nach Deutschland zu kommen. Man braucht noch nicht einmal ein Visum dafür.

VON BEIRUT NACH BERLIN

Die Welt ist zu diesem Zeitpunkt geteilt in den kommunistischen Ostblock und das westliche Bündnis, und die Grenze läuft nicht nur mitten durch Deutschland, sie teilt auch Berlin. Getrennt werden die beiden Stadthälften durch den sogenannten »antifaschistischen Schutzwall«, mit Todesstreifen, Stacheldraht und Grenzübergängen, die nur den Sinn haben, die Bevölkerung des Ostblocks an der Ausreise zu hindern. Alle anderen Menschen dürfen ungehindert passieren und kommen relativ problemlos in den Westteil der Stadt.

Was sich durch die Teilung nicht geändert hat, ist das Streckennetz der S- und U-Bahnen. Deshalb gibt es einige Bahnhöfe, die zwar in Ostberlin liegen, aber an das Westberliner Netz angeschlossen sind. Der Bahnhof Friedrichstraße ist der Punkt, der von beiden Seiten aus zugänglich ist. In den Westberliner Teil des Bahnhofes gelangt man, indem man den Grenzübergang an der Ostseite nutzt. Der Volksmund nennt die verglaste Ausreisehalle »Tränenpalast«. Die Ostdeutschen verabschieden sich hier von ihren Verwandten und Freunden, die die DDR wieder verlassen und zurück in den Westen fahren.

Kontrolliert werden die Ausreisenden nur von den Grenzbeamten der DDR, der Westen, der die Teilung nicht anerkennt, hat hier keine Kontrollen installiert.

Für die Mhallami-Kurden ist das der Königsweg, unbehelligt und unkontrolliert in die Bundesrepublik Deutschland zu kommen. Dazu müssen sie nur bei der DDR-Fluglinie »Interflug« ein Ticket von Beirut nach Berlin-Schönefeld kaufen und sich dort ein Transitvisum ausstellen lassen. Das kostet damals genau fünf Deutsche Mark. Damit besteigen sie am Flughafen Schönefeld einen Bus, der sie direkt an den Grenzübergang Friedrichstraße kutschiert. Haben sie die DDR-Grenzposten passiert, geht es durch das Labyrinth des Bahnhofes zur S-Bahn-Linie 1, die in den Westteil der Stadt fährt.

Vom 1. Januar bis zum 12. September 1986 kommen auf diese Weise 39.600 Einreisewillige in den Westteil der Stadt und damit auch in die Bundesrepublik. Den westdeutschen Behörden gefällt das gar nicht. In der DDR aber zucken die Behörden noch nicht einmal mit den Achseln. Am 16. August erklärt das SED-Zentralorgan *Neues Deutschland*, die DDR handle nach dem »Völkerrechtsprinzip der Transitfreiheit«; und mit der Einreise nach West-Berlin habe man schon gar »nichts zu tun«, das sei allein Sache der Westalliierten oder ihrer Beauftragten.

Am Ende ist es der SPD-Politiker Egon Bahr, der die DDR überredet, nur diejenigen weiterreisen zu lassen, die ein Anschlussvisum für die BRD vorweisen können. Natürlich wollen die stets klammen Ost-Sozialisten dafür eine Gegenleistung bekommen. Im Bonner Kanzleramt ist die Rede von einer Summe von 300 Millionen Mark für die Entschwefelung ostdeutscher Braunkohle-Kraftwerke zuzüglich 150 bis 180 Millionen für den Ausbau einer Abzweigung von der Hamburg-Autobahn nach Schwerin.

Der Strom der Flüchtlinge versiegt allerdings nur kurz, dann geht es mit touristischen Einladungen doch wieder weiter. Mehr als 15 000 »libanesische Kurden« kommen laut SPIEGEL bis 1990 nach Deutschland. Heute dürfte sich die Zahl mehr als verdoppelt haben. Der Bürgerkrieg im Libanon und die Situation der Palästinenser sind die Ursachen dafür, dass auch andere Libanesen und Palästinenser in Deutschland Asyl beantragen. In der Mehrheit sind es Sunniten, Angehörige der größten Glaubensrichtung im Islam.

Die meisten Asylanträge von Menschen aus dem Libanon werden jedoch abgelehnt; viele Mhallami-Kurden nehmen daraufhin einen Anwalt und prozessieren sich jahrelang durch alle Instanzen.

Ende der 1990er-Jahre bemerken die deutschen Behörden dann, dass ein Großteil der eingereisten Mhallami offenbar türkische Staatsangehörige sind. Tausende türkische Mhallami haben wohl nur einen kurzen Umweg über den Libanon gemacht, nachdem es sich in südanatolischen Dörfern herumgesprochen hatte, dass es ein Leichtes ist, über den Libanon nach Deutschland zu kommen.

Dazu müssen sie bei der Einreise nur ihre türkische Herkunft verschleiern. Als Arabisch sprechende Menschen ist das kein Hexenwerk. Die bundesdeutschen Behörden sind zunächst nicht in der Lage, einen türkischen Mhallami von einem libanesischen zu unterscheiden.

Ende der 1990er-Jahre versuchen deshalb Dutzende Ausländerbehörden, die Herkunft von so genannten »Schein-Libanesen« aufzuklären. Das wichtigste Werkzeug dabei ist das Internet. Der türkische Staat hat neue Identitätsnummern, so genannte »Kimlik«-Nummern, für jeden Einwohner des Landes vergeben. Damit sich die Bürger ihren persönlichen Code einprägen können, haben sie die Möglichkeit, im Internet nach ihrer elfstelligen Zahl zu recherchieren. Wer Vorname, Nachname und Geburtsjahr in die Suchmaske eingibt, bekommt online seinen persönlichen Zahlencode. Eine Rückwärtssuche, bei der zuerst die Nummer eingegeben wird, ist ebenso möglich.

Die Online-Datenbank avanciert schnell zum wichtigsten Tool für die deutschen Ermittler. Zugangsbeschränkungen gibt es nicht. Innerhalb von Sekunden lassen sich mit zwei, drei Klicks Identitäten klären, die zuvor für einen deutschen Beamten nicht überprüfbar waren. Ein Mitarbeiter der Ausländerbehörde Krefeld durchschaut dann die mathematische Systematik, mit der die Türkei ihre elfstellige Nummer vergibt. Damit lassen sich jetzt sogar verwandtschaftliche Beziehungen nur anhand der Nummern aufdröseln. Die Behörden nutzen die Möglichkeit, um riesige Stammbäume anzulegen. Leider schalten die türkischen Behörden die Seite 2009 wieder ab. Bis dahin aber werden Tausende »Schein-Libanesen« dechiffriert. Abgeschoben werden nur die wenigsten von ihnen.

Es fehlt der politische Wille. In vielen Städten und Landkreisen scheuen die Ausländerbehörden den juristischen Marathon an den Verwaltungsgerichten. In den Medien ist die staatliche Verwaltung oft der Buhmann. Das Recht durchzusetzen, ist nicht immer beliebt.

In Berlin wünscht sich der verantwortliche Senat, dass keine Fernsehbilder von Familien mit Kindern auf dem Weg ins Flugzeug entstehen. Das verkündet die Leitung des Landeskriminalamts in internen Runden. Die polizeieigene Ermittlungsgruppe »Ident« wird ausgebremst. Ursprünglich wurde sie gegründet, um illegal in Deutschland Lebende aufzuspüren.

Auch auf Bundesebene wird das Thema unter den Teppich gekehrt. Kein politischer Druck auf die Türkei, damit das Land seine Bürger zurücknimmt. So bleibt es über viele Jahre bei einer Grauzone, in der es sich prima bewegen lässt.

WER SEID IHR UND WENN JA WIE VIELE?

Die kriminellen Aktivitäten arabischer Großfamilien, speziell der Mhallami, belasten die innere Sicherheit deshalb fast ohne Gegenwehr seit mehr als 30 Jahren.

Und obwohl das so ist, kann keine Bundesbehörde aktuell nur halbwegs seriös das Ausmaß und die Schäden für unser Land beziffern. Es existieren noch nicht einmal belastbare Zahlen darüber, wie viele Mhallami-Clans sich in der Bundesrepublik breitgemacht haben oder wie viele Mitglieder den einzelnen Großfamilien zur Zeit angehören. Eine Anfrage der FDP-Bundestagsfraktion offenbart die komplette Hilflosigkeit der Regierung. Die Liberalen wollten im Juni 2019 wissen, »wie viele Angehörige der Volksgruppe der Mhallami-Kurden gegenwärtig« in kriminellen Clan-Strukturen organisiert sind. Die schriftliche Antwort der Bundesregierung am 19. Juli 2019 lautet:

»Der Bundesregierung liegen keine Daten darüber vor, wie viele Angehörige der Mhallami-Kurden in Clan-Strukturen organisiert sind. Es wird darauf hingewiesen, dass Clan-Familien nicht per se kriminell sind, sondern lediglich Teile der Familien strafrechtlich in Erscheinung treten bzw. getreten sind.«

Im August 2018 schreibt die *Bild*-Zeitung, dass nach Schätzungen des Bundeskriminalamtes mittlerweile »200 000 kriminelle Clan-Mitglieder in Deutschland« leben. Das wäre eine alarmierende Zahl angesichts der Tatsache, dass ihnen in den Bundesländern Berlin, Bremen, Nordrhein-Westfalen und Niedersachsen, wo die Clans überwiegend zu Hause sind, nur ungefähr 80 000 Polizisten (Stand: 2016) gegenüberstehen.

Allerdings kassierte die Bundesregierung die Zahl schnell wieder ein, wie aus einer Stellungnahme zu einer AfD-Anfrage hervorgeht:

»Die Schätzungen von bundesweit 200 000 Familienangehörigen beruht auf einer Schätzung einer Polizeibehörde in Niedersachsen. Dort vorhandene Informationen wurden von dieser Behörde als Basis für weitere, über das Bundesland hinausgehende Schätzungen genutzt. Mangels anerkannter Erhebungskriterien verwendet das Bundeskriminalamt (BKA) diese Zahlen nicht.«

Die Antwort des Bundesinnenministeriums offenbart das Dilemma. Arabische Clans wie die Mhallami sind für Statistiker ein riesiges Problem, denn die ethnische Zugehörigkeit wird aus guten Gründen in der Bundesrepublik nicht erfasst. Die Rechner der Meldebehörden liefern keine Ergebnisse, wenn man den Begriff »Clan« oder »Mhallami« eingibt. Auch die Computer der Polizei helfen bei den Suchbegriffen nicht weiter. Die Polizei erfasst nur die Staatsangehörigkeit eines Tatverdächtigen oder Beschuldigten. Sie liefert keine ethnischen Informationen. Wenn in der jährlichen Statistik die libanesischen Tatverdächtigen aufgelistet werden, sind viele Mhallami darunter. Aber eben auch viele Nicht-Mhallami: Aus dem

Bürgerkriegsland reisten in den 70er- und 80er-Jahren auch Menschen mit palästinensischen Wurzeln und »echte« Libanesen ein. Außerdem gelten in Deutschland viele Clan-Mitglieder als »staatenlos« oder haben eine »ungeklärte« Staatsangehörigkeit. Andererseits tauchen viele Clan-Mitglieder in der Polizeistatistik mittlerweile als Deutsche auf. Bereits 1998 bemerkte die Berliner Polizei, dass fast 40 Prozent der Mitglieder des Al-Zein-Clans einen deutschen Pass hatten. Der andere Teil der Großfamilie war entweder staatenlos (9 Prozent), libanesisch (11 Prozent) oder »sonstiges« (zwei Prozent). Bei den restlichen fast 40 Prozent war die Staatsangehörigkeit »ungeklärt«.

Diese über 20 Jahre alte Auswertung macht deutlich, dass eine Quantifizierung der Kriminalität arabischer Großfamilien über die Staatsangehörigkeit nicht möglich oder vollkommen unseriös ist.

Dass die niedersächsische Polizei intern mit Schätzungen von bundesweit bis zu 200 000 Clan-Mitgliedern jongliert, hat einen einfachen Grund. Wie gesagt, erstellt das Landeskriminalamt in Hannover seit dem »Ampelmord von Sarstedt« 2012 jährlich einen Lagebericht zu den Straftaten der Mhallami. Das niedersächsische Innenministerium beauftragte damals das Landeskriminalamt, die Kriminalität der Mhallami zu analysieren, der frisch ernannte Minister Boris Pistorius (SPD) verlangte belastbare Zahlen zu dem gesamten Phänomen. Die Polizisten fütterten ihre Computer mit typischen Familiennamen wie Rammo, Al Zein, Omeirat und Miri in den verschiedenen Schreibweisen. Daraufhin filterten die elektronischen Archive fast 5000 Ermittlungsverfahren aus den Jahren 2000 bis 2013 heraus. 1996 einzelne, überwiegend männliche Tatverdächtige wurden für die Straftaten gelistet. Diese Zahlen waren mehr als überraschend, denn die Polizei hatte bis dahin insgesamt mit ungefähr 2000 Mhallami in Niedersachsen gerechnet. Das Suchergebnis würde bedeuten, dass so ziemlich jedes Familienmitglied schon einmal straffällig geworden wäre. Mutter,

Vater, Kinder, Babys, aber auch Oma und Opa. Die Zahl von 2000 Mhallami war also definitiv zu klein geschätzt.

Darüber hinaus fiel den Analysten 2013 bei ihrer ersten Erhebung auf, dass viele Clan-Mitglieder mit einem türkischen Nachnamen in Deutschland lebten. Sie gehören zwar zu den Al Zeins, heißen aber »Akman« oder »Öncul«. Und umgekehrt war wiederum nicht jeder Akman oder Öncul in der Kriminalstatistik Teil eines Clans, was die Zuordnungen gänzlich zu einer unsicheren Schätzung machte.

Trotzdem wertet das Landeskriminalamt in Hannover seit 2013 jedes Jahr wieder bundeslandweit die Straftaten aus. Jedes Jahr wird dann auch neu gerechnet. In die Analysen fließen aktuelle Erkenntnisse aus Straftaten ein. Vor allem sammelt das LKA immer mehr Namen, die sich eindeutig den Mhallami-Clans zuordnen lassen. 2015 gingen die Analysten von 70 Großfamilien in Niedersachsen aus. 2016 waren es bereits 100 Clans mit bis zu 1000 Mitgliedern. Pro Clan. »Die Gesamtzahl der Mitglieder dürfte mindestens im mittleren fünfstelligen Bereich liegen« steht im »Lagebild 2016« auf Seite 5. Das sind ungefähr 50 000 Clan-Angehörige allein in Niedersachsen. Wenn man diese Zahl bundesweit hochrechnet, kommt man auf ungefähr 200 000 Menschen mit kurdisch-arabischen Wurzeln, die Teil einer Großfamilie sind und in einer abgeschotteten Parallelgesellschaft leben. Mitten in Deutschland. Lauter Menschen, die davon leben, was die Gesellschaft ihnen freiwillig gibt. Und die sich darüber hinaus ohne Skrupel das nehmen, was der Staat ihnen vorenthält.

KAPITEL 4
HERZLICH WILLKOMMEN!

Die arabischen Clans und das Versagen der deutschen Politik als *Chronique scandaleuse*

DEUTSCHLAND UND DIE ERSTE FLÜCHTLINGSWELLE

Dass es den Mhallami-Clans gelang, in Deutschland nicht nur Fuß zu fassen, sondern auch eine machtvolle Parallelgesellschaft zu etablieren, die stark genug ist, das deutschen Rechtssystem einfach zu ignorieren, liegt nicht nur an ihrer kriminellen Energie. Es liegt auch an einem totalen Versagen der deutschen Politik. Und zwar von dem Zeitpunkt an, als die ersten Libanonflüchtlinge das Land betraten. Es sind die 1980er-Jahre. Unter allen westeuropäischen Staaten avanciert die Bundesrepublik Deutschland zum Einwanderungsland Nummer 1 für Flüchtlinge aus dem Nahen Osten. Der deutsche Staat mit seinem föderalistischen System tut sich von Anfang an schwer mit dieser Flüchtlingswelle. Es herrscht Chaos, wohin man auch schaut, keine Behörde blickt wirklich durch. Da gibt es »De-Facto-Asylanten«, es gibt »geduldete Flüchtlinge«, im Amtsjargon auch »Kleines Asyl« genannt, es gibt »abgelehnte Asylbewerber« und »zur Abschiebung vorgesehene«, die wieder einen anderen Status haben als solche, die »zur Ausreise aufgefordert« sind. Mal wird ein »Abschiebestopp« erlassen, weil in Beirut gerade der Flughafen unter Beschuss steht, mal wird jeder ausgeflogen, der nicht schnell genug einen Anwalt oder eine der zahlreichen Organisationen kontaktieren kann, die sich damals um Flüchtlinge kümmern. In Bremen kämpfen die Grünen trotzdem für »offene Grenzen«, ein »Bleiberecht mit Freizügigkeit, Arbeitserlaubnis und Sozialhilfeberechtigung« und insgesamt für »ein buntes, sonniges und lockeres Vielvölker-Bremen«.

Auch Berlin möchte da nicht hintenanstehen. Im Oktober 1987 erlässt der Senat unter der Federführung eines CDU-Innensenators eine erste, folgenschwere Regelung. Danach erhalten alle »in der Stadt lebenden Familien mit Kindern aus dem Libanon eine Aufenthaltserlaubnis«. Das schließt die Möglichkeit ein, eine Arbeitsgenehmigung zu bekommen.

Nach Angaben der Bundesregierung ist die Gesamtzahl der in Deutschland geduldeten Ausländer trotz rechtskräftiger Ablehnung ihrer Asylanträge ein Jahr zuvor schon auf 50.413 geklettert. Darunter sind 2.467 Libanesen und 4.200 Palästinenser und Kurden aus dem Libanon. In Berlin leben zu dieser Zeit nach Auskunft des Berliner Senats 6.107 geduldete Ausländer. Darunter 2.550 Polen, 455 Libanesen sowie 1.225 Palästinenser und Kurden aus dem Libanon.

Auch der 1989 neu gewählte rot-grüne Senat erlässt eine Asyl-Weisung. Demnach kann jeder Asylbewerber bleiben, der sich seit mindestens fünf Jahren aufgrund seines Asylverfahrens »ununterbrochen rechtmäßig im Geltungsbereich des Ausländergesetzes« aufgehalten hat. Selbst wenn zu diesem Zeitpunkt bereits über seine »Aufenthaltsbeendigung« entschieden wurde. Kann der Bewerber alternativ einen Ehegatten oder eigene Kinder vorweisen, wird die Aufenthaltsbeendigung ebenfalls ausgesetzt.

Ein Jahr später verständigt sich die Politik in Berlin sogar darauf, dass für die Libanonflüchtlinge generell ein Abschiebestopp erlassen wird. Neu eintreffende Flüchtlinge beantragen daraufhin in Berlin gleich eine Duldung, was bedeutet, dass sie in der Stadt bleiben können und nicht nach einem bestimmten Schlüssel auf westdeutsche Bundesländer aufgeteilt werden dürfen.

Als bloß geduldete Flüchtlinge haben sie kein Anrecht auf eine Arbeitsgenehmigung. Für ihre Kinder gilt keine Schulpflicht und die Sozialhilfe wird in großen Teilen nur in Form von Sachbezug gewährt. Das alles erschwert die Integration der Flüchtlinge. Wie in Beirut bilden sie auch in Berlin Mhallami-Enklaven, was das Entstehen von Parallelgesellschaften zusätzlich begünstigt. Zudem treffen die Geflüchteten hier im Westen auf eine Lebenswelt, die sich von der ihren diametral unterscheidet.

Das fängt schon mit den Kaufhäusern und Supermärkten an, in denen die Waren unbewacht und zur Selbstbedienung ausliegen, was es in Beirut zu dieser Zeit noch nirgends gegeben hat. Dieses »Herumliegen« führt relativ schnell zu organisiertem Diebstahl und ersten Gruppendelikten mit planmäßigem Vorgehen.

Trotzdem orientiert sich die weitere rechtliche Ausgestaltung der Asyl- und Ausländergesetze vor allem an den Bürgerkriegsflüchtlingen aus dem Libanon. So wird zuerst in Berlin, später auch in anderen Bundesländern mit der sogenannten »Altfallregelung« die Duldung aufgehoben und ein großer Teil der Clans im Laufe der Jahre eingebürgert. Mittlerweile unterliegen nur noch die wenigsten Clan-Mitglieder einer Kettenduldung.

All diese Entscheidungen sind Ausdruck einer Weigerung der Politik, das Problem überhaupt zur Kenntnis zu nehmen. Diese Haltung führt zwangsläufig in einen Teufelskreis. Weil ethnische Kriminalität kein Thema ist, werden auch keine Zahlen dazu erhoben, die dann belegen würden, dass dieses Thema sehr wohl eines dezidierten politischen Handelns bedarf. Die Einzigen, die sich mit dieser Fragestellung schon frühzeitig auseinandersetzen, sind eine Handvoll Ermittler.

Ende der 1990er-Jahre, viele Angehörige der Großfamilien

sind schon eingebürgert oder haben seit Geburt die deutsche Staatsangehörigkeit, untersuchen diese Ermittler zum ersten Mal im Rahmen einer Seminararbeit, wie kriminell denn die Familien Al Zein und Rammo abhängig von ihrer Staatsangehörigkeit oder ihres Geburtsortes sind.

Diese Erhebung wird später als »Verschlusssache – Nur für den Dienstgebrauch« eingestuft und nie veröffentlicht. Die Zahlen berücksichtigen alle Angehörigen eines Clans. Mutter, Vater, Großeltern, Kinder.

Von 307 Angehörigen der Familie Al Zein sind demnach 109, also 35,5 Prozent, bereits kriminalpolizeilich in Erscheinung getreten. Bei der Familie Rammo sind es von 310 Mitgliedern 99, also fast 32 Prozent. Die Nationalität liefert dabei keine signifikanten Auffälligkeiten. Von 114 deutschen Angehörigen der Familie Al Zein sind es 35 Prozent, die schon mal als Tatverdächtige registriert worden sind. Die 188 nichtdeutschen Mitglieder sind zu 36,7 Prozent im Zusammenhang mit Straftaten in Erscheinung getreten.

Bei der Familie Rammo ist die jeweilige Quote ähnlich: deutsche Familienangehöriger sind zu 28 Prozent auffällig geworden, nichtdeutsche Staatsbürger zu 32 Prozent.

Ein zweites Problem, neben einem mangelnden Problembewusstsein, ist die nicht existierende Vernetzung der einzelnen Behörden. Wenn es um Mhallami-Kurden geht, arbeiten Behörden in der Bundesrepublik jahrelang aneinander vorbei. Falsche Identitäten von eingereisten Clan-Mitgliedern werden nicht geklärt, die Verweigerung der Mhallami bei der Passbeschaffung mitzuarbeiten, wird von den Sozialbehörden nicht geahndet. Die staatlichen Transferleistungen fließen trotz der Vergehen ungebremst weiter. Verschiedene Vorstöße zur Einrichtung einer sogenannten »Registerauszugsdatenbank« – sowohl auf Länder- als auch auf Bundesebene – scheitern immer am Datenschutz. In der Praxis bedeutet das, dass Ermittler bei den Versuchen, die wahren Identitäten der Asylsuchenden zu klären, manuell in Tausenden türkischen Registerauszügen nach Ermittlungsanhalten und familiären Querverbindungen über Bundesländergrenzen hinweg suchen müssen. Neben einer immensen Ressourcenvergeudung sind bei diesem Vorgehen Qualitätsverluste vorprogrammiert.

Auch Recherchen in Sachen Sozialleistungsbetrug sind so gut wie unmöglich. Zwar sitzt 2005 in einem LKA-Nebengebäude ein sogenannter »Verbindungsbeamter«, der die Abfragen bei den Sozialämtern möglich machen sollte. Der gute Mann schlägt allen Ernstes vor, sich auf dem nahen Aldi-Parkplatz zu positionieren, um dort Menschen mit großen Autos festzustellen. Irgendwann weigern sich die LKA-Mitarbeiter, mit diesem Beamten jemals wieder ein Wort zu wechseln.

DER BULLE UND DIE CLANS

Eine der ersten Schilderungen clantypischen Verhaltens in Deutschland findet sich in einem Artikel mit dem etwas sperrigen Titel: »Importierte Kriminalität und deren Etablierung am Beispiel der libanesischen, insbesondere libanesisch-kurdischen Kriminalitätsszene Berlins«. Zum ersten Mal wird hier das ganze Problem einer interessierten Öffentlichkeit vorgestellt.

Geschrieben hat die Abhandlung der Ermittler Markus Henninger in der Zeitschrift *Kriminalistik* im Jahr 2002. Der damals 35-jährige Henninger ist zu diesem Zeitpunkt Inspektionsleiter einer Abteilung für organisierte Kriminalität im Landeskriminalamt Berlin. Auf 15 eng bedruckten Seiten hat er alles zusammengetragen, was er innerhalb und außerhalb der Polizeibehörden zu libanesisch-stämmigen Großfamilien gefunden hat. Woher diese Menschen kommen, wie sie ticken, in welche Verbrechen sie verwickelt sind. Dieser Artikel ist eine schier endlose Aufzählung von Schießereien, Messerstechereien und Drogendeals. Den Anfang macht die Schilderung eines Vorfalls in der Koloniestraße im Berliner Stadtteil Wedding vom 25. Januar 2002. Diese Straße liegt mitten in dem bekannten Problemviertel »Soldiner Kiez«, der zu dieser Zeit einen Ausländeranteil von etwas mehr als 35 Prozent aufweist: Gegen 17.20 Uhr stürmen an jenem Tag der Syrer Ayman S. und der Staatenlose Ahmed E. den Pizza-Lieferservice der beiden Brüder Ahmed und Bilal A. Bewaffnet sind die Angreifer mit einer Maschinenpistole, einer Faustfeuerwaffe und einem Säbel. Begleitet von einer Schimpfkanonade feuert Ayman S. aus der Maschinenpistole mehrere Schüsse in Richtung der Brüder ab, ohne jedoch jemanden zu verletzen.

In kürzester Zeit sammeln sich vor dem Tatort ungefähr 150 Personen, die im Wesentlichen den beiden verfeindeten Lagern anzugehören scheinen. Zumindest kommt es auch auf der Straße zu verbalen Auseinandersetzungen und Handgreiflichkeiten. Als die anrückenden Polizisten den Streit zu schlichten versuchen, richtet sich der Zorn aller Beteiligten augenblicklich gegen die Ordnungsmacht. Zahlreiche Personen machen den Polizisten klar, dass das Hoheitsgebiet des Staats auf dieser Straße hier endet. »Dies ist unser Kiez«, sagen die verfeindeten Gruppen, »ihr habt hier gar nichts verloren!«

Auch die Vorgeschichte der Schießerei ist typisch für Auseinandersetzungen im Clan-Milieu: Im konkreten Fall ist es am Abend zuvor bereits zu einem Streit gekommen: Es ging im weitesten Sinn um Prostituierte und Bordelle. 14 Männer sind daran beteiligt, irgendwann steht man sich mit gezogenen Schusswaffen und gezückten »Schwertern« gegenüber. Dann hält einer dem anderen eine Pistole an den Kopf und drückt zweimal ab. Zum Glück für beide löste sich kein Schuss.

Ohne Tote lässt sich ein Streit noch durch einen »Familienrat« beilegen, indem die Oberhäupter eine Versöhnung erreichen. Manchmal hält diese aber nur bis zum Versöhnungsessen in der Pizzeria, bei dem dann die Kugeln fliegen.

Begonnen hatte Henninger seine Recherchen zu arabischen Clans schon Jahre zuvor. Mitte der Neunziger, der Ermittler war unter anderem für Einbrüche zuständig, fiel ihm auf, dass es offenbar eine »Organisierte Kriminalität« innerhalb von Familienverbünden gab. Es waren immer wieder die gleichen Namen, die gleichen Großfamilien, die bei der Polizei auffällig wurden: Rammo, Saado, Al Zein, Ali Kahn, Omeirat, Fahkro, Khodr, Miri. Henninger holte sich kistenweise Ermittlungsakten, Lageberichte, Einschätzungen und analysierte die Strukturen der Familienverbände. Damals noch ohne Internet, ohne Computer. Alles in Handarbeit und mit kriminalistischem Spürsinn. Um die in der Halbwelt aktiven Clans zu kartografieren, musste Henninger natürlich auch die Herkunft der Familienverbände recherchieren, musste analysieren, welchen Normen und Werte sich die libanesisch-kurdische Kriminalitätsszene verpflichtet fühlt. So ging es bei den damals weit über 20 Schießereien allein im libanesisch-kurdischen Milieu in der Regel um Streitigkeiten wegen Rauschgiftgeschäften oder um Verteilungskämpfe im Rotlichtmilieu. Und immer wieder um die »verletzte Ehre« im Zusammenhang mit Scheidungen, Streit um eine Mitgift oder um andere »Geschäftsstreitigkeiten«. Sogar Fälle von Blutrache kamen vor.

Sehr sparsame Sozialhilfeempfänger

Nachdem die Polizeiführung das hohe Maß an krimineller Energie der »libanesisch-kurdischen Szene«, insbesondere im Bereich der Rauschgift- und Gewaltkriminalität, erkannt hat, wird 1996 im OK-Referat des LKA die »Ermittlungs-Gruppe Araber« eingerichtet, die sich schwerpunktmäßig mit Straftaten aus diesen Deliktsbereichen und den »libanesisch-kurdischen« Clans befasst.

Die »EG Araber«-Ermittler haben derart viel zu tun, dass sie nur wenige ausgewählte Verbrechen bearbeiten können. Sie spiegeln nicht die quantitative Dimension der Straftaten wider, liefern aber einen Anhaltspunkt für Art und Anlass dieser Delikte.

Zum Beispiel stürmen im September 1997 vier 15 bis 25 Jahre alte Söhne aus dem Rammo-Clan (andere Schreibweisen sind Rammou oder Remmo) das Lokal Sandalo und feuern mit diversen Schusswaffen, darunter einer MP, 20-mal in den Raum. Über die anwesenden Gäste hinweg, dann noch von außen durch die Scheiben. Angeblich war nur eine Kellnerin frech geworden zu ihnen. Drei Wochen später beauftragen die Täter einen Friedensrichter, der dem Lokalbetreiber vorschlägt, seine Aussage gegen Zahlung einer Entschädigung zurückzuziehen.

Einer der Angreifer, ein 15-jähriger Nachwuchsganove des Clans, wird kurze Zeit später festgenommen, als er 146 000 D-Mark, in szenetypischer Stückelung verstaut in einer Plastiktüte, in einer Bank in große Scheine eintauschen will. Die Familie bezieht Sozialhilfe.

Anderes Beispiel: Der 16-jährige Deutsche Ahmed E. erschießt im Mai 1998 einen Türsteher. Nur weil der Mann den Jungen nicht auf eine private Geburtstagsparty ließ.

Oder, nächstes Beispiel: Am 15. März 2000 geraten der staatenlose Ismail M. und sein Bruder Hassan in Berlin-Moabit mit den drei deutschen Brüdern Mohamed, Kassem und Abbas in Streit. Auch in diesem Fall geht es um einen Türsteher, der irgendjemandem irgendwo den Einlass verwehrte. Im Verlauf der Auseinandersetzung wird Hassan von Mohamed durch einen Schuss in die Brust getötet.

Und so geht das immer weiter. Mal wird ein Friedensrichter eingeschaltet, um irgendwelche Schulden zu klären, was wiederum ein anderes Clan-Mitglied auf den Plan ruft, der dem Friedensrichter in die Schulter schießt. Dann kriegen sich Clan-Bosse in die Haare. Zwei Söhne des einen haben zwei Töchter des anderen Clans geheiratet. Die Liebe, so es sie überhaupt gab, erlosch bei beiden Paaren schnell und jetzt soll die Mitgift zurückgezahlt werden. Ein beteiligter Libanese wird dabei durch einen Messerstich lebensgefährlich verletzt.

Letztes Beispiel: Auf dem Ku'Damm greifen mehrere libanesisch-kurdische Clan-Mitglieder einen Türken an. Während der Verfolgungsfahrt kommt es zum Schusswechsel. Ein zufällig am Straßenrand stehender Polizist wird verletzt.

In der »Polizeilichen Kriminalitätsstatistik« (PKS) wird das Verbindende all dieser Delikte nicht sichtbar. Es ist Markus Henninger, dem zuerst die Gemeinsamkeiten der Täter auffallen: Es sind nicht die Nationalitäten, die von Staatenlosen über Deutsche und Libanesen bis hin zu Männern mit ungeklärter Nationalität ein weites Spektrum abbilden. Das Verbindende sind die Nachnamen und die familiären Bezüge, mit denen sich die Verbrechen einzelnen Großfamilien zuordnen lassen.

Diese Namen mögen für die Täter im Umgang mit der Staatsmacht möglicherweise von Nachteil sein, gegenüber Freunden und Gegnern ist der Name von überragendem Nutzen: »Ich sage dir, wie ich heiße, und dann kannst du dich entscheiden, ob du dich wirklich wehren willst.« Die Drohungen mit dem Namen und der Macht und der Größe und der Gewaltbereitschaft einzelner Clan-Familien ist äußerst wirksam. Gegenaktionen von Kontrahenten im kriminellen Milieu werden dadurch in der Regel sofort im Keim erstickt.

Henninger ist es auch, der damit anfängt die Einwanderungs- und Kriminalitätszahlen auszuwerten und in Relation zueinander zu setzen. So rechnet er die Zahl der »Personen mit libanesischen Bezugspunkten« deutschlandweit auf 115 000 Menschen hoch. Damit führen sie die Liste der außereuropäischen Migranten an. In Berlin sind »Libanesen« vor und um die Jahrtausendwende eine der am schnellsten wachsenden Bevölkerungsgruppen. Innerhalb von 25 Jahren verzehnfacht sich ihre Zahl. Die Zahl der Menschen mit »ungeklärter Staatsangehörigkeit« verdoppelt sich.

Die Delikte, die sich dieser Bevölkerungsgruppe zuordnen lassen, decken alles ab, was schnellen Profit verspricht. Einmal quer durchs Strafgesetzbuch. Nach einer Sonderauswertung des LKA sind Libanesen und »Ungeklärte« statistisch führend, was die Gesamtheit aller Straftaten angeht. Besonders eklatant fallen die Zahlen aus bei »Delikte am Menschen«, Diebstahl, Betrug, Wirtschaftsstraftaten, Straftaten nach dem Ausländergesetz und solchen nach dem Asylverfahrensgesetz. Diese statistische Auffälligkeit wäre sogar noch viel prägnanter, wenn man die Polizeiliche Kriminalstatistik, PKS, so führen würde, dass auch die deutschen Staatsangehörigen der Clans mit eingerechnet werden würden. Wie die Kriminalitätsszene in Berlin von Ausländern oder Menschen mit Migrationshintergrund dominiert wird, zeigt die PKS im Bereich des Drogenhandels. Schon Anfang bis Mitte der 80er-Jahre, während der ersten Flüchtlingswelle aus dem Libanon, dealten vor allem Libanesen, noch vor den Türken. Dabei leben 30-mal mehr Türken in Berlin als Libanesen. Später beherrschen Tatverdächtige mit ungeklärtem oder libanesischem Hintergrund den Handel mit Heroin. 2001 zum Beispiel liegt ihr Prozentsatz bei 54, dabei machen sie nicht einmal 2 Prozent der Gesamtbevölkerung aus. Danach kommen Türken mit 19 Prozent und dann erst deutsche Tatverdächtige mit 13 Prozent.

Wie sehr sich dabei kriminelle Handlungen mit legalen Aktivitäten vermischen, zeigt ein Beispiel aus dem Jahr 2000. Damals beschlagnahmen Ermittler 10 kg Kokain. Der Stoff kommt aus Paris. Organisiert haben den Schmuggel Angehörige einer »libanesisch-kurdischen« Großfamilie. Die Beschuldigten arbeiten zugleich bei einem Sicherheitsunternehmen, das kurz zuvor noch den palästinensischen Ministerpräsidenten Jassir Arafat bei einem Berlin-Besuch geschützt hat. Als die Polizei die Besitztümer des Clan-Oberhaupts durchsucht, wird sie in einem Bankschließfach fündig: 415 000 DM Bargeld liegen dort fein säuberlich aufgestapelt herum. Dabei kassiert der Mann offiziell Sozialhilfe.

Libanesen sind Türken

An der Wand des schmucklosen Büros von Markus Henninger im Berliner Landeskriminalamt hängt 2004 eine riesige politische Landkarte der Türkei, damit er die Herkunft seines Klientels immer vor Augen hat. Die einzelnen Provinzen sind farblich unterschiedlich dargestellt, die ostanatolische Provinz der Mhallami ist braun unterlegt. Wenn Henninger von diesem Blick zu seiner ihm unterstellten LKA-Lieblingstruppe wechseln will, geht er raus aus seinem Büro, den Gang runter, im Treppenhaus eine Etage hoch und dann durch einen 20 Meter langen verglasten Übergang in ein Nebengebäude des LKA. Blauer Linoleumboden, beige gestrichene Wände, ab und an fallen die Neonlampen in dem Gebäude aus. Dann hieven sich die Polizisten per Räuberleiter nach oben, damit es wenigstens in ihrem Gebäude hell wird bei all der Berliner Finsternis.

An einer holzfarbenen Tür hängt das Schild: »LKA 424 GE Ident«. Elf Fahnder aus dem OK-Bereich und Mitarbeiter der Ausländerbehörde versuchen in der »Gemeinsamen Ermittlungsgruppe Identität« die Echtheit der Angaben von Personalien Hunderter angeblicher Libanesen festzustellen. An der Wand des Büros, zu dem nur Ermittler Zugang haben, hängt ihr gut gehüteter Schatz: Fein säuberlich durchziehen Linien ein bestimmt fünf Quadratmeter großes Schaubild. Namen, Geburts- und Sterbedaten sind in Kästchen eingetragen, stehen unter- und nebeneinander, Verbindungen sind eingezeichnet.

Die Leiterin der Ermittlungsgruppe, eine schmale Frau mit roten Haaren und fester Stimme, deren Name in der Öffentlichkeit nicht genannt werden soll und die auch ihr Gesicht in den seltenen Interviews nie zeigt, erklärt, was das Besondere an dem Schaubild ist: »Diesen Stammbaum haben wir über die Jahre im Rahmen unserer Ermittlungsarbeit gefertigt. Orange unterlegt sind die Personen, mit denen wir uns schon beschäftigt haben. Von den anderen wohnen einige in Berlin, viele auch im Bundesgebiet und in der Türkei.« Jedes Kästchen, auf das die Ermittlerin zeigt, steht für eine Person. Manchmal gibt es ein Foto dazu. So bei einer Person, auch sie orange unterlegt, im rechten Teil des Stammbaums. »Hier zum Beispiel haben wir Mahmoud Al Zein, der sich auch »Der Präsident« nennt und damit in der Presse schon mehrfach aufgetreten ist. Darunter seine Frau und die zehn Kinder.« Die Ermittlungen in der Türkei zu diesen Menschen sind langwierig, die Türken haben kaum Interesse an einer wie auch immer gearteten Zusammenarbeit.

Bei der GE Ident werden zwischenzeitlich unfassbare 644 Ermittlungsverfahren geführt, die Zahl derer, die sich durch Verschleierung ihrer wahren Identität der Abschiebung entziehen, liegt laut LKA bei etwa 2000 Personen. Es könnten aber auch wesentlich mehr sein. Insgesamt handelt es sich um etwa 100 Familien mit mehr als 4000 Angehörigen, die aus der betreffenden Provinz in Berlin leben. So wird es im Innenausschuss des Abgeordnetenhauses berichtet. Insgesamt kassierte Sozialhilfe dieser Familien: rund 20 Millionen Euro.

Die mühsamen Ermittlungen nach Namen und Staatsangehörigkeiten finden unter anderem in Personenstandsregistern in der Türkei statt. Dabei gelingt es – Zwischenstand aus dem Jahr 2004 – in mühevoller Kleinarbeit die Identität von über einhundert Libanesen, die in Wirklichkeit Türken sind, nachzuweisen. 27 davon werden ausgewiesen, 23 treten von sich aus die Heimreise an.

Mit Hochdruck versuchen die Polizisten außerdem den Nebeneinkünften der Clans auf die Spur zu kommen. Die Chefermittlerin zieht die rechte Schublade ihres Schreibtischs auf, nimmt einen braunen Papierumschlag raus und öffnet ihn. »Wir haben kürzlich Wohnungen durchsucht und haben dort verschiedene Bargeldbeträge aufgefunden, bei Leuten, die nach eigenen Angaben Sozialhilfe bekommen.« Sie zieht eine blau-weiß geringelte Kindersocke aus dem Umschlag und sagt: »Ein originelles Versteck.« In der Socke befinden sich lauter 500-Euro-Scheine, insgesamt 13 000 Euro. »Immer wenn wir die Damen und Herren fragen, woher das Geld stammt, behaupten sie, es sei nicht ihr Geld, sie würden das nur für jemand aufbewahren.«

Zu denen, die Sozialhilfe kassieren, gehört die Familie von Hassan M., der eigentlich Mehmet K. heißt und Türke ist. Das wissen die Ermittler im Jahre 2000 noch nicht. Dafür kennen sie die Polizeiakte von Hassan auswendig: Straßenraub, Heroinhandel, versuchter Totschlag. Außerdem musste die Polizei immer wieder ermitteln, weil er seine Ehefrau Nahide O., eine Staatenlose, verprügelt hat. Sein Status ist der eines »Geduldeten«, weil er nicht abgeschoben werden kann, weil keiner genau weiß, wer er überhaupt ist und woher er kommt. Fünf seiner Kinder haben irgendwann die deutsche Staatsbürgerschaft bekommen, ein Kind ist »staatenlos«, vier sind »ungeklärt«. Nachdem die GE Ident seine wahre Identität festgestellt hat, wird Hassan im September 2000 in die Türkei abgeschoben. Kassierte Sozialhilfe bis dahin: 157 000 Euro.

Nicht immer gelingt in solchen Fällen dann auch eine Abschiebung. So kommt es vor, dass die Identität eines Clan-Mitglieds eindeutig nachgewiesen wird, die Türkei sich aber trotzdem weigert, den Kriminellen zurückzunehmen. Selbst der damalige Innenminister Otto Schily blitzte mit solch einem Anliegen bei den Türken ab. Da half auch all sein Drohen vor dem Hintergrund des geplanten Eintritts der Türkei in die Europäische Union nichts. Berlins Innensenator Körting damals vor dem Abgeordnetenhaus: »Über das türkische Verhalten besteht große Verstimmung zwischen Deutschland und der Türkei.«

Dabei gehen die Türken äußerst trickreich vor, wie drei Beispiele zeigen, erzählt von einem, der damals in der GE Ident ermittelt hat. Im ersten Fall eines in Berlin lebenden kriminellen sozialhilfekassierenden Clan-Mitglieds ist es dem LKA gelungen, dessen wahre Identität nachzuweisen. Der Mann ist in einem der Mhallami-Dörfer geboren. In einem entsprechenden Schriftwechsel mit den türkischen Behörden heißt es jedoch, dass er laut türkischen Unterlagen 1997 bei einem Unwetter in Anatolien ums Leben gekommen sei. Und einen Toten könne man schließlich nicht wieder zurücknehmen, das sei doch verständlich. Bei demselben Unwetter stirbt dann auch noch das zweite vom LKA festgestellte Clan-Mitglied. Und bei dem dritten dauerkriminellen Clan-Mitglied findet das Unwetter nicht 1997, sondern schon 1995 statt. Großes türkisches Ehrenwort.

Aber nicht nur mit der Türkei hat die GE Ident ständig Probleme. Auch innerhalb der Berliner Behörden spüren die Ermittler massive Widerstände, die mitunter ideologisch determiniert zu sein scheinen.

So sieht die Datenschutzbeauftragte eines Berliner Sozialamtes gar keine Veranlassung, Sozialdaten für die Ermittlungen wegen »Sozialleistungserlangungsbetrugs« an das LKA herauszugeben. Und das entgegen der geltenden Rechtslage. Stattdessen hat sie grundsätzliche Zweifel an der Erforderlichkeit dieser Daten für die Erfüllung des polizeilichen Ermittlungsauftrags. Zur Begründung verweist sie laut Henninger auf einen *taz*-Artikel. Um die Sache ein für alle Mal zu klären, wird vom Berliner Datenschutzbeauftragten ein Rechtsgutachten erstellt. Das Ergebnis: die Polizei hat recht. Dauer des Streits: fast eineinhalb Jahre. An der Verweigerungshaltung der *taz*-lesenden Datenschutzbeauftragten ändert sich trotzdem nichts. Jedes Mal müssen die Ermittler erneut einen Antrag bei Gericht auf Herausgabe der Daten stellen, dann erlässt ein Richter einen »Herausgabebeschluss«, den die Ermittler wieder beim Sozialamt vorlegen, um Dateneinsicht zu bekommen.

In seinem Dossier artikuliert Henninger auch Kritik an der

unzureichenden Unterstützung durch Vorgesetzte und Staatsanwaltschaft, wo weiterhin dezentral »herumgewurschtelt« wird, was zur Folge hat, dass nicht ausgeschlossen werden kann, dass »gleichgelagerte Sachverhalte von verschiedenen Dezernenten bei der Staatsanwaltschaft unterschiedlich bewertet und bearbeitet werden«.

Markus Henninger wird im Frühjahr 2005 gebeten, sich nach einer neuen Verwendung innerhalb des LKA umzusehen. Gründe für eine Versetzung werden keine genannt, immerhin kann er Wünsche äußern und wechselt zum MEK. Mit dem Polizeipräsidenten und seinem LKA-Leiter hat er nie wieder über seine Versetzung gesprochen. Auch die Arbeit der GE Ident wird eingestellt. Auf eine parlamentarische Anfrage im Abgeordnetenhaus zu den damaligen Gründen heißt es: »Die Auflösung der GE Ident erfolgte, weil ihre ursprüngliche Zielsetzung, nach Klärung der Identität aufenthaltsbeendende Maßnahmen durchzusetzen, aufgrund veränderter ausländerrechtlicher Rahmenbedingungen kaum noch erreicht werden konnte. Ursachen der zuletzt nur noch geringen Rückführungszahlen waren zum einen die häufig mangelnde Kooperation der türkischen Behörden und zum anderen der langjährige Aufenthalt der Betroffenen und die Verwurzelung ihrer Kinder in der Bundesrepublik. Aufgrund nicht mehr erzielbarer Effizienzgewinne wurde die institutionalisierte Zusammenarbeit der Mitarbeiter und Mitarbeiterinnen der GE Ident deshalb durch eine anlassbezogene Zusammenarbeit im Rahmen der regulären Behördenstrukturen abgelöst.«

2019 wird bekannt, dass der SPD-geführte Innensenat und das LKA wieder verstärkt Abschiebungen vornehmen. Unter denen, die erfolgreich außer Landes gebracht werden, sind auch viele kriminelle Clan-Mitglieder. Maßgeblich beteiligt an den dafür notwendigen Ermittlungen ist Markus Henninger, Abteilung Staatsschutz.

WER WILL SCHON ARBEITEN – DER STAAT ZAHLT ALLES

Trotz all dieser Erkenntnisse in den 2000er-Jahren wird Integration und Inklusion dann zu den wichtigsten Eckpfeilern der Flüchtlingspolitik, entsprechende Förderungsmaßnahmen sind gesetzlich in den Sozialgesetzbüchern II, III und VIII verankert. Gleichzeitig nehmen staatliche Maßnahmen kaum noch Einfluss auf die innerfamiliären Prägungen der kommenden Generationen.

Diese Gemengelage aus fehlender Teilhabe einerseits und dem hermetischen Gesellschaftsmodell der Mhallami andererseits begünstigt direkt die Ausbildung einer Parallelgesellschaft und wird von Wissenschaftlern als mitursächlich für die kriminellen Entwicklungen vieler Clan-Mitglieder gesehen.

Einen anderen Weg sind damals die Schweden gegangen, die von Anfang an auf eine multikulturelle Integrationspolitik gesetzt haben. An der Etablierung von Parallelgesellschaften und an einem massiven Anstieg der Kriminalität durch die Clans hat diese Politik allerdings auch nichts geändert.

In Deutschland kommt hinzu, dass alle Versuche scheitern, die arabischen Kurden in den Arbeitsmarkt zu integrieren. Ganz anders als das große Heer der Gastarbeiter immigrieren die Asylbewerber aus dem Libanon fast ausschließlich nur in das deutsche Sozialsystem. Glaubt man Rechtsanwälten wie Philipp Stucke, 42, einem der profiliertesten Anwälte im Clan-Umfeld, ist der Staat selbst schuld an diesem Problem, weil der Status der Duldung von Anfang an kein legales Arbeiten zuließ. »Diese Menschen sind ganz sicher keine Unschuldslämmer«, sagt er, »aber wenn sie aus dem Knast kommen und nicht arbeiten dürfen, selbst wenn sie wollten, erleichtert das ganz sicher nicht den Ausstieg aus der Kriminalität. Ich habe Mandanten, die sind in Berlin geborene Deutsche. Die Eltern kommen aus dem Libanon. Weil die Eltern bei der Einreise gelogen haben, kommen auch die Clan-Kinder nicht über den Status einer Duldung hinaus. Da sind welche dabei, die sind seit 30 Jahren geduldet, ohne Aussicht auf legales Arbeiten. Das ist schon frustrierend für die.« Namen will er nicht nennen, auch »wenn die jeder kennt«.

Ob diese Argumentation stimmt, lässt sich allerdings nur schwer verifizieren. Selbst die zuständige Ausländerbehörde hat darauf keine abschließende Antwort. Grundsätzlich ausschließen wolle man solche Schicksale nicht.

Die geltende Rechtslage stellt sich heute so dar: »Nach § 25 a und § 25 b AufenthG besteht die Möglichkeit, langjährig Geduldeten einen Aufenthaltstitel zu erteilen. Dabei ist es ausdrücklich ausgeschlossen, dass Falschaussagen der Eltern bezüglich ihrer Identität oder der Staatsangehörigkeit den Kindern angelastet werden, die diesen Aufenthaltstitel beantragen wollen.« So die Behörde. Rechtsanwalt Stuckes Beispiel dürfte also nicht mehr die Regel sein. Zumal viele der Kinder und Kindeskinder bereits im Besitz der deutschen Staatsbürgerschaft sind. Das ergab eine Sonderauswertung aus dem Jahr 1998. Untersucht wurden die beiden libanesisch-kurdischen Großfamilien Al Zein und Rammo. Damals hatten ca. 40 Prozent der jeweiligen Familienmitglieder schon einen deutschen Pass. Und selbstverständlich darf jeder Deutsche arbeiten. Er muss nur wollen und dazu noch einen Job finden.

Alle anderen werden durch den Staat mit Sozialhilfe, Hartz IV oder, wie es korrekt heißt, »Leistungen nach Sozialgesetzbuch« alimentiert. Das ist nicht üppig, aber kann für eine gewisse Zeit eine Grundlage sein. Dazu gibt es noch Unterstützung für Miete und Energie. Obendrauf Kindergeld, was eine zusätzliche Erklärung sein könnte für die hohen Reproduktionszahlen der Clans: So liegt die durchschnittliche statistische Haushaltsgröße bei den Mhallami nach Berechnungen des Publizisten und Islamwissenschaftlers Ralph Ghadban, einem der besten Kenner der Materie, bei 8,07 Personen. Die Palästinenser kommen auf 5,92 Menschen pro Haushalt, die Libano-Palästinenser auf 6,64. Bei zehn Kindern fließen jeden Monat 1630 Euro Kindergeld. Plus Miete, plus weitere Sozialunterstützung. Das summiert sich am Ende zu einem erklecklichen Betrag, ohne dass man einen Finger krumm machen muss. On Top die Einnahmen aus den illegalen Geschäften.

Die fundiertesten Erhebungen zur finanziellen Situation der Libanon-Flüchtlinge stammen ebenfalls von Ralph Ghadban. Er hat bereits Mitte der 1980-Jahre angefangen, Interviews im Milieu zu führen. So kommt er in seiner im Jahre 2000 erschienenen Publikation »Die Libanon-Flüchtlinge in Berlin« zu dem Schluss, dass, verglichen mit den Ghettos und Flüchtlingslagern im Libanon, allein schon die Unterkünfte in Deutschland eine enorme Verbesserung darstellen. Die Männer verdienen vor allem durch staatliche Zuwendungen im Schnitt bereits mehr als ein Professor an der Amerikanischen Universität in Beirut.

Ghadban befragte insgesamt 46 Familien, Mutter, Vater und eine beträchtliche Menge an Kindern. Von den 46 männlichen Familienvorständen sind alle 46 dagegen, dass ihre Frauen berufstätig sind, mit dem nicht überraschenden Ergebnis, dass keine der Frauen einer sozialversicherungspflichtigen Arbeit nachgeht. Auch von den 46 Oberhäuptern arbeiten nur 13, drei weitere sind arbeitsuntauglich. Das ergibt eine Arbeitslosenquote von 65,3 Prozent. Man ahnt, mit welcher Beschäftigung diese zwei Drittel ihren Lebensstil finanzieren.

Inwieweit sich die Situation heute geändert hat, lässt sich dagegen nur schwer ermitteln. Eine Methode ist, dass man sich den Stammbaum einer Familie vornimmt und bei Behörden und Ämtern nach den einzelnen Mitgliedern fragt. Die entsprechenden Auskünfte gibt es schon aus Datenschutzgründen nur unter der Hand. »Unter drei«, wie man im politischen Berlin dazu sagt. Dabei stellt sich heraus: In der Generation der jetzt 30- bis 60-Jährigen lässt sich heute kaum noch jemand finden, der einer legalen Arbeit nachgeht: Da ist einer, der eine Bar betreibt. Einer managt seit Jahren Musiker, aber hat erst seit 2018 eine Arbeitserlaubnis. Einige Mitglieder, die jahrelang von Transferleistungen gelebt haben, besitzen plötzlich Immobilien im Libanon. Wie sie diese bezahlt haben, bleibt ihr Geheimnis. Dann gibt es welche, die jahrelang Hartz IV kassieren, bis sie sich plötzlich für hochwertige Immobilien in Deutschland interessieren.

Zahlenmäßig dominieren aber die Clan-Mitglieder, die noch immer von staatlichen Transferleistungen leben. Und deren Lebensstil beim besten Willen nicht dazu passen will. Das Porsche fahrende Clan-Oberhaupt, das Hartz IV bezieht, ist tatsächlich keine Seltenheit heute.

Eine Erklärung dafür sind mit Sicherheit die offen kriminellen Strukturen der Clans. Aber auch staatliche Zuwendungen lassen sich optimieren. So sind Familien einfach an unterschiedlichen Meldeadressen erfasst. Damit ist die Ehefrau mit ihrer Kinderschar für das deutsche Sozialsystem eine Alleinerziehende und hat als solche Anspruch auf Unterstützung. Dass der nach islamischem Recht angetraute Ehemann zwar woanders gemeldet ist, aber doch mit Frau und Kindern zusammenlebt, interessiert die Behörden dann eher wenig. Prüfungen finden so gut wie nie statt. Das Beispiel eines Clan-Mitglieds, das ständig mit der Polizei zu tun hat, aber nie vom Prüfdienst der Sozialbehörde kontrolliert wurde, ist beinahe die Regel. Auch mit Wohnungen, in denen man angeblich zur Miete wohnt, obwohl man in Wirklichkeit über einen Strohmann selbst der Besitzer ist, lassen sich staatliche Transferleistungen generieren.

Die Neufassung des Staatsangehörigkeitsgesetzes spielt den Clans zusätzlich in die Karten: Ein Ausländer, der seit acht Jahren rechtmäßig seinen gewöhnlichen Aufenthalt im Inland hat, ist auf seinen Antrag hin einzubürgern, wenn er nicht wegen einer Straftat verurteilt worden ist. Da die Frauen am öffentlichen Leben nicht teilnehmen dürfen, werden sie auch weit weniger kriminell und können entsprechende Anträge deshalb gefahrlos stellen. Meist unter Zuhilfenahme eines Dolmetschers, weil sie in ihrem abgeschotteten Leben die deutsche Sprache nicht haben lernen können. Das allerdings spricht auf Staatsseite nicht gegen eine Einbürgerung, und so ist das kriminelle und ausländerrechtlich nur geduldete Familienoberhaupt fortan mit einer deutschen Staatsbürgerin verheiratet, deren Kinder dann natürlich auch Deutsche sind.

Auf diese Weise wächst der Clan unter dem Radar und mit finanzieller Unterstützung des Staates, ohne dass sich die Familie dafür sozialkompatibel verhalten muss. Und je mächtiger sie dabei wird, desto radikaler und gewaltbereiter beginnt sie, in ihrem Kiez die Machtfrage zu stellen.

Oft fängt es ganz klein und simpel bereits in der Jugend an: So heißt es zum Beispiel in einem Polizeibericht aus dem Jahr 2004: »Die Anzahl insbesondere deutscher Jugendlicher, die von arabischen, türkischen, kurdischen oder sonstigen multiethnischen Banden nur deshalb zusammengeschlagen, beraubt oder erpresst werden, weil sie ein potentiell leichtes Opfer darstellen, ist inzwischen insbesondere in den Großstädten und ethnisch dominierten Problemkiezen erheblich, wird allerdings im Gegensatz zu fremdenfeindlichen Straftaten in keiner Statistik erfasst.«

Das LKA Berlin hat deshalb in einer Studie einmal sämtliche angezeigten »Handyraubtaten« für den Zeitraum von April bis Juni 2002 händisch zusammengezählt: Aufgeklärt wurden danach insgesamt ca. 40 Prozent der angezeigten Taten. Von den hierzu ermittelten 307 Tatverdächtigen besaßen 189 einen deutschen Pass (61,6 Prozent), 118 hatten eine andere Staatsangehörigkeit (38,4 Prozent), wobei türkische und libanesische Tatverdächtige dominierten.

Das klingt moderat, aber von den 189 deutschen Tatverdächtigen waren tatsächlich weitere 40,7 Prozent nichtdeutscher, schwerpunktmäßig türkischer und libanesischer Herkunft. Hinsichtlich der Gesamtzahl der ermittelten Tatverdächtigen war somit ein Prozentsatz von 63,5 nichtdeutscher Herkunft. Nimmt man dann noch die Täterbeschreibungen der nicht aufgeklärten Taten hinzu, landet man sogar bei einer Zahl von über 78 Prozent Tatverdächtiger nichtdeutscher Herkunft.

All diese Daten mussten Fall für Fall recherchiert und zusammengeführt werden, da im polizeilichen Datenverarbeitungssystem in keinem Bundesland (außer Sachsen) die Möglichkeit bestand, neben der aktuellen Staatsangehörigkeit auch die ethnische Herkunft zu erfassen.

Kollektive Angst in Ostfriesland – Eine Familie terrorisiert die Provinz

Vielleicht ist der vorliegende Fall nicht der spektakulärste, wenn es um die Kriminalität im Clan-Milieu geht. Aber er zeigt exemplarisch, wie aus dem Zusammenprall zweier Kulturen eine Katastrophe entsteht und wie hilflos der deutsche Staat einer solchen Entwicklung dann gegenübersteht. Die Geschichte beginnt im Jahr 1986, als die Familie M. auf dem klassischen Libanonweg über die DDR nach Westberlin einreist. Ob sie wirklich Libanesen sind, können die Behörden damals nicht überprüfen. Die Familie selbst bezeichnet sich als »staatenlos«. Keinen Pass zu haben ist am besten, wenn man nicht gerne zurückgeschickt werden will. Ihr Asylantrag wird 1989 abgelehnt. Allerdings verweigern sowohl der Libanon als auch die Türkei eine Zusammenarbeit. Die Abschiebung kann deshalb nie umgesetzt werden.

Ende der 80er-Jahre wird die Familie in Wiesmoor in Ostfriesland einquartiert. Bis 1997 wohnt sie dort in einem typischen Einfamilienhaus am Jannburger Weg. Roter Ziegelstein, Satteldach, Garage am Ende der gepflasterten Auffahrt. Für das Eigenheim bezahlt die Kommune.

Rechts neben der arabischen Großfamilie lebt ihr ostfriesisches Pendant. Vater, Mutter und zwei Kinder. Durch den Garten hinter dem Haus hoppeln zwei Schmusekaninchen. An ihre Nachbarn erinnert sich die Familie auch 20 Jahre danach noch mit Grauen.

Am schlimmsten war die permanente Angst, so erzählt es heute die Mutter. Die permanenten Anfeindungen und Bedrohungen. Morgens, mittags und nachts. Es hörte nie auf. Die deutsche Familie fährt sogar Umwege mit ihrem Auto, nur um das Nachbarhaus nicht zu passieren. Irgendwann schlachten die arabischen Nachbarn die Kaninchen. Die Deutschen wollen ihr Eigenheim am Ende nur noch verkaufen. Endlich wieder in Ruhe und Würde leben können. Aber wegen der Nachbarn ist das Haus praktisch wertlos geworden.

Es ist damals nicht einfach nur ein klassischer Nachbarschaftsstreit. Die vier Söhne der arabischen Familie haben praktisch der gesamten Kleinstadt den Krieg erklärt. Sie sind als gewohnheitsmäßige Ladendiebe in den Geschäften gefürchtet. Sie knacken in einem Jahr 21 Autos. Sie klauen sogar ein Fußballtor und schleppen es nach Hause. Selbst als einer der Söhne einen behinderten Mann vom Fahrrad tritt, um seine Taschen nach Geld zu durchsuchen, hat das strafrechtlich keine Konsequenzen. Der Junge ist noch nicht strafmündig zu dieser Zeit.

Am meisten leiden die Kinder in Wiesmoor. An der Schule presst der älteste Sohn der Familie Geld aus seinen Mitschülern heraus. Wer sich weigert zu zahlen, kassiert mindestens Ohrfeigen. 1997 landet der Sohn deswegen in Untersuchungshaft. Da ist er gerade mal 15. Zeitweise werden drei Brüder von der Schule verwiesen, weil sie mit Schreckschusspistolen und Messern in den Unterricht kommen. Beeindruckt hat sie auch der Verweis nicht, wie der Rektor später öffentlich zugibt.

Hinter den Kulissen gibt es Dutzende Krisengespräche. Polizei, Stadtverwaltung, Jugendamt – alle reden miteinander, alle reden über einander, keiner hat eine Lösung. Der Chef der Kommunalverwaltung sagt in der Lokalzeitung: »Das Problem ist nicht zu lösen. Diese Familie ist nicht zu integrieren. Sie ist einfach nicht dorffähig.«

Im Juni 1997 kocht die Volksseele über. Die arabischen Brüder haben einen 14-jährigen Jungen an der Bushaltestelle vor der Schule zusammengeschlagen. Einige Lehrer und der Busfahrer haben die Attacke gesehen, aber nicht eingegriffen. Dem Vater des Opfers, Jens-Peter Grohn, reicht es. Der SPD-Politiker will die soziale Kälte der vier Brüder nicht mehr hinnehmen und organisiert einen Elternabend. Es ist der Startschuss für eine Art soziale Bewegung in Wiesmoor. Schon am ersten Abend kommen 80 Personen. Circa 40 Eltern berichten, dass auch ihre Kinder bereits Erpressungsopfer geworden sind. Tenor des Abends: So geht es nicht weiter. Es wird eine Demonstration organisiert, die Eltern planen, gemeinsam vor das Haus der arabischen Familie zu marschieren und dort stumme Präsenz zu zeigen. »Wir wollten denen friedlich zeigen, dass wir nicht alleine sind. Dass wir zusammenstehen. Dass wir keine Angst mehr haben«, sagt eine Organisatorin von damals, die heute lieber anonym bleiben will.

Der öffentliche Protest gegen das Klima der Angst bleibt nicht lange unentdeckt. Überregionale Zeitungen und Fernsehstationen greifen die ganze Geschichte auf. »Schutzgelderpressungen an Schule«, lautet eine der Schlagzeilen. Ein RTL-Reporter schafft es in die Wohnung der arabischen Familie. Auf die Frage, warum sein größerer Bruder den deutschen Schüler zusammengeschlagen habe, antwortet Ramadan M. damals im Interview: »Der hat dreimal scheiß Ausländer gesagt.«

Rassismusverdacht ist aber nicht der Grund, warum die Demonstration wieder abgesagt wird. In Wiesmoor kursiert das Gerücht, der arabische Clan ziehe Dutzende Familienmitglieder zusammen, um sich zu verteidigen. Die Organisatoren befürchten eine Eskalation. Statt vor dem Haus der Großfamilie, treffen sich die Menschen von Wiesmoor auf dem Gelände der Freiwilligen Feuerwehr. Jetzt sind es schon 300 Menschen. Der Chef des Jugendamts erntet Buhrufe und Pfiffe, weil er öffentlich einräumen muss, dass er gegen die Praktiken der Familie keine Handhabe hat.

Der kleine Volksaufstand in Wiesmoor wirkt trotzdem. Angesichts der kollektiven Ablehnung stimmt die arabische Familie ihrer eigenen Abschiebung zu. Zwar nicht in die Türkei oder in den Libanon, aber raus aus Ostfriesland nach Bremerhaven. Die neue Wohnung organisieren die Menschen von Wiesmoor. An einem Donnerstagabend fährt ein Umzugswagen am Jannburger Weg vor. Sogar der Sozialamtsleiter und der Gemeindedirektor schleppen die Möbel mit. Das Problem wird nach Bremerhaven ausgebürgert.

Dort stapeln sich bald die Akten bei Polizei und Staatsanwaltschaft. Zum ersten Mal sieht der Vater eine deutsche Haftanstalt von innen. Die Polizei hat Heroin, Kokain und scharfe Waffen bei ihm gefunden. Eine Tochter sagt 1998 dem *Focus*: »Mein Vater ist ein ehrbarer Mann. Die Drogen wurden ihm untergeschoben.«

Das ist das Standard-Narrativ, mit dem die Clans jeden Vorwurf gegen sich abzufedern versuchen: Der verbrecherische Staat, der sie nur schikanieren und unterdrücken will. Auch das kann ein Vorfall mit der Familie M. – jetzt in Bremerhaven – exemplarisch illustrieren.

Es passiert am 3. Juli 2017. Trotz des Datums kein Sommertag, lausige 17 Grad, die Sonne versteckt sich hinter den Wolken. Gegen 17.15 Uhr fahren Walid M., 18, und sein Onkel Khodor M., 26, durch das Goetheviertel in Bremerhaven, sie kommen gerade von einer Apotheke. Ihnen kommt der Streifenwagen »Neptun 22-60« mit den Beamten Kerstin J., 26, und Marc K., 29 entgegen. Die Polizisten wenden und verfolgen das Auto, weil Khodor M. auf dem Beifahrersitz nicht angeschnallt ist. Eine

Ordnungswidrigkeit, laut Straßenverkehrsordnung kostet sie 30 Euro. Die jungen Männer parken ihr Auto vor der Goethestraße 52. Hier wohnen eine Schwester und drei Brüder von Khodor: Fadi, 35, Ramadan, 34, und Rabie, 32. Die Schwester heißt Zeinab und ist mit 37 die Älteste der Geschwister. Alle sind am 1. Januar in Beirut geboren, so steht es zumindest in den Akten. Ihre Herkunft wird noch eine wichtige Rolle spielen.

Zuerst wollen die Polizisten von Walid M. den Führerschein sehen. Das ist noch kein Problem. Danach soll sich Onkel Khodor ausweisen. Schließlich ist er es, der die Ordnungswidrigkeit begangen hat. Das führt auf direktem Weg in die Katastrophe. Khodor weigert sich, wird sofort laut und argumentiert, dass es schließlich überhaupt keine Zeugen gäbe. Im Polizeibericht steht: »Er war durchgehend hochaggressiv und uneinsichtig.« Die Polizisten geraten schnell in die Defensive. Gegen 17.17 Uhr fordern sie Unterstützung an. Streifenwagen »Neptun 22-70« mit den Beamten Nicole W., 26, Florian E., 20, und Lars S., 42, erreicht kurze Zeit später die Szene. Auch Khodor hat bereits Support. Seine große Schwester Zeinab ist gekommen. Sie filmt mit ihrem Handy den Einsatz. Das will die Polizei unterbinden und fordert auch ihren Ausweis. Jetzt ist die Eskalationsspirale nicht mehr zu stoppen: Khodor muss seine Schwester verteidigen, das verlangt der arabische Ehrenkodex, und schubst den Beamten weg, der seine Schwester kontrollieren will. Dies ist der Startschuss für eine Gewaltorgie. Schwester Zeinab und eine Polizistin ziehen sich an den Haaren. Ein Beamter schlägt auf Khodor ein, weil er den Widerstand brechen will, Khodor boxt natürlich zurück. In kürzester Zeit ist der ganze Platz voller Menschen. Das liegt daran, dass das Goetheviertel das Armenhaus einer sehr armen Stadt ist mit zu vielen Leute, die zu viel Zeit und zu viele Probleme haben. Der Polizeieinsatz ist für die Anwohner wie RTL am Vormittag, nur in echt und direkt vor der Haustür. Ein Polizist wird später in seinen Bericht tippen: »Bereits zum Zeitpunkt unseres Eintreffens hielten sich etwa 150 bis 200 Schaulustige mit Migrationshintergrund, darunter auch diverse Kinder, im Bereich des Tatortes auf, die sich zum Teil durch unqualifizierte Bemerkungen oder lautstarkes Pöbeln bemerkbar machten und den Einsatzablauf dadurch behinderten.«

Allen voran sind Khodors Brüder Fadi, Ramadan und Rabie, die alle keine Arbeit haben und deshalb zu Hause sind. Ihr Ziel ist es, den Bruder aus den Fängen der Polizei zu befreien. Sie können nicht anders. Auch das entspricht ihrem Wertesystem. Fadi wird später während der Gerichtsverhandlung erklären: »Mir ist das völlig egal, ob Polizei, Staatsanwalt oder Richter. Wenn mein Bruder angegriffen wird, mache ich das jederzeit wieder.«

In dem Hauseingang ringen derweil immer noch zwei Polizisten mit Khodor, der sich seiner Festnahme weiterhin widersetzt. Drei Kollegen stehen als menschliche Mauer zwischen dem Kampf und der anstürmenden Familie. Von der Szenerie existiert ein Video, das bei YouTube über eine Million Mal geklickt wurde. Ramadan schlägt einem Polizisten die Faust ins Gesicht, er versucht es auch noch bei einer Beamtin. Ein Polizist brüllt ins Funkgerät: »Wir brauchen hier schnell Unterstützung.« Ramadan feuert die Menge an: »Nehmt alles auf.« Der Zuschauer-Mob soll den Polizeieinsatz filmen, schließlich kämpft er für eine gerechte Sache. Zumindest aus seiner Sicht. Seine Brüder Rabie und Fadi gehen noch weiter. Sie bewaffnen sich mit leeren Bierflaschen, Marke »Ratskrone«. Die liegen im Viertel eigentlich immer herum. Als die Polizisten die Glasflaschen bemerken, greift eine Beamtin zum Pfefferspray und brüllt: »Legt die Flaschen weg, legt die Flaschen weg.«

Hinter der Absperrung aus Uniformen ringt Khodor jetzt in Bodenlage. Rabie wirft seine Flasche auf den Boden und stürmt erneut auf die Beamten zu. Die antworten mit Pfefferspray. Ein Zuschauer sprüht ebenfalls Pfefferspray auf die Polizei. Plötzlich flüchten alle, weil laute Sirenen aus allen Himmelsrichtungen die ersehnte Verstärkung ankündigen. Zurück bleiben fünf verletzte Polizisten mit Prellungen, geröteten Augen und zerrissenen Uniformen. Und Khodor. Noch einmal zur Erinnerung: Es ging um einen Anschnallgurt.

Als ihm einen Tag nach den Krawallen sein Haftbefehl verkündet wird, antwortet Khodor: »Was soll ich dazu sagen. Nach dem, was mir hier vorgelesen wurde, werden wir im Endeffekt die Schuldigen sein. So war es schon immer und so wird es immer sein. Ich sage es mal so: Die Familie ist in Bremerhaven unbeliebt. Und wenn hier etwas passiert, wird es immer in diese Richtung geschoben.«

Am 10. Oktober 2017 soll ein Richter darüber entscheiden, ob Khodors Untersuchungshaft bestehen bleibt. Khodors erster Satz in der Anhörung: »Meiner Ansicht nach wird hier nur über uns geurteilt und das, was die Polizei gemacht hat, wird nicht erwähnt.«

Die Prügelei in der Goethestraße nimmt die Bremerhavener Polizei zum Anlass, das kriminelle Netz der Brüder zu analysieren. Zuerst wollen sie schauen, wer wie oft schon bei der Polizei aufgefallen ist. Der Polizeicomputer wirft allein bis 2014 insgesamt 454 Taten aus, bei denen Fadi, Ramadan, Rabie oder Khodor als Tatverdächtige galten. Rabie taucht allein 234 Mal auf, er wird als Intensivstraftäter geführt.

Da die Systeme der Polizei nicht mit den Rechnern der Justiz verknüpft sind, bekommt die Polizei keine automatische Rückmeldung, wie ihre Ermittlungen vor Gericht ausgegangen sind. Rein theoretisch könnten die Brüder immer noch als unschuldig gelten.

Aber auch bei der Justiz gibt es Hunderte Akten mit Anklagen und Urteilen.

Der älteste Bruder Fadi ist ein verurteilter Räuber und Erpresser. Er ist auch derjenige, der schon in Ostfriesland von deutschen Kindern Wegzoll gefordert hat. Ramadan, der zweitälteste, ist ein notorischer Schläger und Dieb. 2013 wurde er wegen Bandendiebstahl verurteilt. Bei diesem Urteil lohnt es sich ebenfalls, etwas genauer hinzuschauen. Da lernt man viel über die Bremer Justiz: Ramadan und seine Mittäter haben halb Norddeutschland heimgesucht. Fünf Bäckereien, ein Autohaus, ein Sonnenstudio, ein Supermarkt, ein Pizzalieferservice, ein Imbiss, ein Krankenhaus und die Arbeiterwohlfahrt bekamen nachts Besuch von den Einbrechern. Die Richter errechneten für die zwölf Taten einzelne Strafen, die sich zu 120 Monaten addieren würden. Also zehn Jahre. Genau die Höchststrafe für Bandendiebstahl. All diese Taten hatte Ramadan begangen, als er zur Bewährung auf freiem Fuß war. Er sollte eigentlich zeigen, dass er auch ohne Straftaten sein Leben hinkriegt. Hat nicht geklappt, unter Juristen nennt sich das »Bewährungsversager«. Dennoch wird er wegen der Einbruchserie lediglich zu einer Haftstrafe von zwei Jahren auf Bewährung verurteilt. Die Richter berufen sich auf § 56, Absatz 2 des Strafgesetzbuchs: Wer wahrscheinlich sauber bleiben wird, weil seine Persönlichkeit, seine Lebensumstände, sein Verhalten nach der Tat und sein Vorleben Anlass zur Hoffnung geben, darf auch in Freiheit bleiben. Dabei stützen sich die Richter auf eine Prognose, die der Bewährungshelfer von Ramadan M. erstellt hatte. Dieser attestierte dem Intensivtäter eine »ungewöhnlich positive Entwicklung« nach der Untersuchungshaft. Ramadan hatte vorübergehend einen Job als Gerüstbauer.

Wie »positiv« sich Ramadan nach der U-Haft entwickelt, demonstriert er am 6. Mai 2013. Zwei Monate bevor das Gericht auf eine Haftstrafe bei ihm verzichten wird. An diesem 6. Mai 2013 stürmt er um 18.26 Uhr zusammen mit seinen Brüdern Khodor und Rabie die Spielothek »Penalty« in der Hafenstraße in Bremerhaven. Sie suchen einen Mann, der angeblich ihre Schwester Zeinab beleidigt hat. Als die Brüder den Mann finden, schlagen sie ihn nieder. Ramadan tritt noch auf das Opfer ein, als es längst schon am Boden liegt. Medizinische Bilanz der Wut-Orgie: Gehirnerschütterung, mehrere Prellungen am Kopf und ein geprellter Brustkorb. Auch für diese Tat wird Ramadan später verurteilt. Allerdings erst 2016, fast drei Jahre nach der Attacke. Es gibt eine Geldstrafe. Für das Amtsgericht Bremerhaven ist es ein »minder schwerer Fall«.

Auch aus dem dritten Bruder Rabie ist ein höchst aggressiver Krimineller geworden, der schon geraubt hat, als er noch gar nicht strafmündig war. Das Amtsgericht verurteilte ihn 2002, Rabie war 17 Jahre alt, zu drei Jahren Jugendstrafe. Für Bremerhaven ein hartes Urteil. Kaum war er wieder draußen, ging es weiter. Rabie gilt für die Polizei als der Schlimmste unter den Brüdern.

Der kleinste Bruder Khodor ist kein Räuber und kein Erpresser. Er hat Probleme mit dem Autoritätsanspruch des Staates. Er wurde vier Mal wegen Beleidigung verurteilt. Immer Verbalattacken auf Polizisten. Er droht auch gerne. Als er nach der wüsten Prügelei mit den fünf Polizisten auf der Goethestraße in Handschellen zur Wache gefahren wird, soll er zu den Beamten gesagt haben: »Das wird ein Nachspiel haben. Mal gucken, ob ihr ohne Uniform auch noch so mutig seid. Man sieht sich immer zweimal.« So notiert es ein junger Polizist, der noch ausgebildet wird und seinen ersten Tag auf dem Revier als Praktikant arbeitet.

Als Fazit schreiben die Beamten: »Diese Auswertung zeigt, dass die Brüder als durchweg gewaltbereit anzusehen sind. Sie scheuen sich nicht, diese Gewalt gegen Polizeibeamte einzusetzen. Insbesondere im Familienverband ist niemand bereit zurückzustecken, da sie durch ihre Clanzugehörigkeit den Familiengedanken höher einschätzen, als dass sie die staatliche Gewalt akzeptieren würden.«

Der zuständige Staatsanwalt trägt die Fakten zusammen und verfasst die Anklageschrift. Seit der wüsten Prügelei im Juli 2017 sitzen alle vier Brüder in Untersuchungshaft. Schon am 5. August ist die Anklage fertig. Jetzt liegt der Ball beim Bremer Landgericht. Und da liegt er lange. Die zuständige 61. Kammer ist vollkommen überlastet. Verhandlungen am Fließband. Und die Vorsitzende Richterin muss nebenbei noch in einer anderen Kammer aushelfen. Es herrscht akuter Personalmangel. So wie in Berlin wurde auch in Bremen die Justiz systematisch von der Politik vernachlässigt. Ein stotternder Rechtsstaat ist ein massives Problem für eine Gesellschaft.

Die Richter der 61. Kammer teilen den Rechtsanwälten und der Staatsanwaltschaft Anfang November 2017 mit, dass sie erst im kommenden Jahr Luft für eine Verhandlung gegen die vier Brüder und ihre Schwester Zeinab haben. Und dann auch nur an einem Tag in der Woche. Damit hat der Staat ein echtes rechtliches Problem: Wenn er Angeklagte einsperrt, muss er sich sputen. Schafft ein Gericht es nicht innerhalb von sechs Monaten mit dem Prozess zu beginnen, kommen die Verdächtigen wieder frei. Egal, wie gefährlich sie sind. Und genauso kommt es: Die Familie darf das Untersuchungsgefängnis wieder verlassen. Die Hauptverhandlung wird für den September 2018 anberaumt. Das ist über ein Jahr nach der Tat.

Im März 2019 wird der Prozess erneut abgebrochen. Es kommt heraus, dass ein Schöffe sich privat bereits für eine Verurteilung der Familie ausgesprochen hatte. Ein unverzeihlicher Fehler für einen Laien-Richter. Der zweite Anlauf des Prozesses startet erst im Januar 2020. Zweieinhalb Jahre nach den Krawallen. Ein Urteil ist noch immer nicht in Sicht.

Die geschenkte Freiheit nutzt der älteste Bruder Fadi auf seine Weise. Er schließt sich einer Einbrecher- und Räuberbande an. Im Februar 2019, da läuft der Prozess in Bremen noch, überfällt die Bande eine 88-jährige Frau in Bremerhaven. Die Seniorin tritt morgens um sieben Uhr vor ihre Tür, um die Zeitung aus dem Briefkasten zu holen. Die Täter zerren die Frau zurück ins Haus, schlagen sie und sperren sie über Stunden im Keller ein. Währenddessen versuchen sie erfolglos den Tresor zu knacken. Schließlich nehmen sie den Panzerschrank einfach mit. Für diese Tat wird Fadi M. im Dezember 2019 zu neun Jahren Haft verurteilt.

DIE JURISTISCHEN PROBLEME DES STAATS BEI DER BEKÄMPFUNG DER CLANS

Der Paragraf 129 des Strafgesetzbuchs ist Deutschlands schärfste Klinge gegen die Organisierte Kriminalität: Wer mit mindestens drei Personen eine Vereinigung gründet, um organisiert Straftaten zu begehen, wandert ins Gefängnis. So die Idee des Gesetzgebers. Dieser Paragraf zielt auf die Kriminalität mafiöser Organisationen, bei denen das Fußvolk ballert und die Bosse kassieren. Wenn der Staatsanwalt beweisen kann, dass einzelne Mitglieder sich zu einer kriminellen Vereinigung zusammengeschlossen haben, genügt das auch bei den Hintermännern für eine Verurteilung. Selbst wenn ihnen eine Beteiligung an den einzelnen Taten nicht nachweisbar ist. Die Organisation ist bereits eine Straftat für sich.

Im Zusammenhang mit den arabischen Clans ist dieser Paragraf allerdings ein stumpfes Schwert. Dabei unterscheiden sie sich in ihrem Verhalten, den Delikten und ihrer Organisationsform in nichts von einer kriminellen Vereinigung. Die Söhne brechen ein, die Frauen verstecken die Beute, die Brüder waschen das schmutzige Vermögen und das Oberhaupt trifft die strategischen Entscheidungen.

Eine Großfamilie kann nach geltender Rechtsprechung trotzdem niemals eine kriminelle Vereinigung im Sinn des Paragrafen 129 sein. Der Bundesgerichtshof hat festgelegt, dass ein wesentliches Merkmal einer kriminellen Vereinigung ihr freier

Zusammenschluss ist. Es muss der eigene Wille eines jeden Mitglieds sein, der Bande beizutreten. Das trifft bei einer Familie nicht zu. In eine Familie wird man hineingeboren, man tritt ihr nicht bei. Kein Mensch kann verurteilt werden dafür, dass er Teil einer Familie ist. Egal wie lang das Register der Straftaten ist. Schließlich hat jedes Familienmitglied – zumindest theoretisch – die Chance, sich an den illegalen Aktivitäten nicht zu beteiligen. Ohne dass es dabei seine Zugehörigkeit zur Familie verliert.

Für die Polizisten und Staatsanwälte bedeutet dies zweierlei: Sie müssen zum einen jedem einzelnen Familienmitglied die direkte Beteiligung an einer Straftat nachweisen, wenn sie es dafür verurteilen wollen. Und sie haben es zweitens in ihrer Ermittlungsarbeit viel schwerer, weil die Ermittlung in einer Familie viel höhere rechtliche Hürden hat als bei einer kriminellen Vereinigung. Um Telefone abzuhören, verdeckte Ermittler einzusetzen und sogar Wohnungen zu verwanzen, bedarf es in einer Familie eines personenbezogenen, begründeten Einzelverdachts. Da reicht es nicht, Mitglied dieser Familie zu sein.

Dieses Problem lässt sich auch nicht einfach durch den Gesetzgeber lösen. Wenn sich ganze Familien darauf verständigen, einfach jeden zu berauben, der sich außerhalb ihrer hermetisch abgeschlossenen Gruppe befindet, kommt die Strafverfolgung westlicher Prägung an ihre Grenzen.

Das deutsche Rechtssystem ist nicht konzipiert für solche ethnisch abgeschotteten Subkulturen.

Ein weiteres Problem für die Ermittlungsarbeit ist das Verhältnis der Clans zu Geld und Eigentum innerhalb der Familie. Viele Clans funktionieren nach dem Motto: Was meinem Bruder gehört, gehört auch mir. In der Logik der Parallelgesellschaft verfügt das Individuum nicht immer über Eigentum. In manchen Fällen gibt es stattdessen einen großen Gemeinschaftsbesitz. Für Polizisten und Staatsanwälte entstehen dadurch eine Vielzahl von Schwierigkeiten. Ermittler beobachten häufig, dass ein Clan-Mitglied durch kriminelle Geschäfte eigentlich im Geld schwimmen müsste, es aber nicht tut. Dagegen bricht an anderer Stelle des Clans der Wohlstand aus. Dort werden plötzlich Luxusautos oder Immobilien gekauft. Natürlich gehen die Ermittler davon aus, dass ein Bruder, Cousin, Neffe oder Onkel auf diese Weise das schmutzige Geld wäscht. Das zu beweisen ist allerdings nicht so einfach. Innerhalb der Großfamilien werden keine schriftlichen Verträge abgeschlossen. Der Kriminelle lässt sich auch nicht ins Grundbuch eintragen, um von den ergaunerten Häusern zu profitieren. Damit beauftragt der Clan unbedenkliche Strohmänner. Respektive Strohfrauen. Bei Durchsuchungen würden die Ermittler keinerlei Unterlagen finden, aus denen sich der Vorwurf der Geldwäsche ableiten ließe. Auch auf den Bankkonten, wenn es denn welche gibt, tauchen keine Zahlungseingänge auf. Alles basiert auf Vertrauen, beziehungsweise auf dem Bewusstsein, dass innerhalb der Großfamilie keiner übers Ohr gehauen wird. Viele Immobilienbesitzer oder Konteninhaber innerhalb der Großfamilie, oft sind es übrigens Frauen, können vor Gericht mit reinem Gewissen behaupten, dass sie keine Ahnung haben, woher das schmutzige Geld ursprünglich stammt. So wird es fast unmöglich, jemanden aus einer arabischen Großfamilie wegen vorsätzlicher Geldwäsche zu verurteilen.

Neue Gesetzte braucht das Land

Dieses Strohmannprinzip ist nicht das Einzige, das im System »Großfamilie« geeignet ist, illegale Gelder vor dem Zugriff des Staates zu sichern. Ausnahmslos alle Clans in Deutschland verfügen außerdem über ein riesiges Netzwerk im Ausland. Bevorzugt im Libanon und der Türkei. Es ist keine strategische Superleistung, schmutziges Geld in diese Länder zu bringen und über Strohleute wieder in Deutschland zu investieren. Die Polizei hat dann kaum noch Möglichkeiten, diese Finanzströme aufzuhellen, weil Ermittlungen gerne an der mangelnden Kooperation der Behörden in diesen Ländern scheitern.

Der deutsche Staat hat daran allerdings auch seinen Anteil. Nicht umsonst gilt die Bundesrepublik unter Kriminellen als idealer Finanzplatz für Gelder mit zwielichtiger Herkunft. Bis zum Jahr 2017 gründete das auf einer extrem kriminellenfreundlichen Gesetzeslage.

Ein Beispiel aus dieser Zeit: Der Zoll findet am Flughafen bei einem Hartz-IV-Empfänger über 100 000 Euro in einem Koffer. Nach dem gesunden Menschenverstand ist es unmöglich, dass der Besitzer sich dieses Vermögen selbst zusammengespart hat. Dennoch ist es nahezu ausgeschlossen, dass das viele Bargeld für die Allgemeinheit »abgeschöpft« wird, solange sich diese 100 000 Euro nicht einer ganz konkreten Straftat zuordnen lassen. Logisch gesehen ergibt diese Praxis wenig Sinn. Rechtlich ist sie bis in das Jahr 2017 für alle Ermittler bindend.

Am 1. Juli 2017 tritt dann ein neues Gesetz in Kraft, das diese »Abschöpfungslücke« schließen soll. Über 20 Jahre hat die Politik um diese Regelung gerungen. Wenn die Polizei jetzt zufällig auf viel Bargeld stößt, muss sie nicht zwangsläufig eine Vortat finden, um das Geld einzuziehen. Es genügt, wenn sein Besitzer nicht nachweisen kann, aus welchen Quellen dieses Vermögen stammt. Dann kann ein Richter entscheiden, dass das Geld beim Staat bleibt. Selbst wenn die Polizei keine Straftat gefunden hat. Das Gesetz ist eine kleine Revolution und für viele OK-Ermittler ein neuer Motivationsschub. »Offenbar wollen wir uns noch wehren«, lautet der Tenor in vielen Dienststellen. »Jetzt sind die Trümpfe zwischen Strafverfolgern und Kriminellen wieder gerecht verteilt.«

Allerdings hält die Euphorie gerade einmal zweieinhalb Jahre. Am 31. Januar 2020 fällt der Zweite Senat des Bundesverfassungsgerichts in Karlsruhe ein Urteil mit extremen Folgen für den Kampf gegen die Organisierte Kriminalität. Geklagt hatte ein pakistanischer Kellner aus Brandenburg, dessen

Wohnung die Polizei durchsucht hatte, weil auf sein Konto ungewöhnlich viel Geld in bar eingezahlt worden war. Den Durchsuchungsbeschluss begründete die Staatsanwaltschaft pauschal mit dem Verdacht auf Geldwäsche. Ohne Hinweise auf eine konkrete Vortat. Das war den obersten Hütern der Verfassung in Karlsruhe zu wenig: Wenn die Polizei in den 13. Artikel des Grundgesetzes (»Die Wohnung ist unverletzlich«) eingreift, muss sie mehr haben als einen Anfangsverdacht auf Geldwäsche. Die Ermittler müssen, so das Urteil in Karlsruhe, bereits Hinweise auf eine konkrete Straftat haben.

Mit dieser Urteilsbegründung setzt das Verfassungsgericht nach Meinung vieler Experten das neue Gesetz zur Vermögensabschöpfung in großen Teilen wieder außer Kraft.

Die Folge: Wenn Behörden zufällig große Summen Bargeld bei Hartz-IV-Empfängern finden, müssen sie gleichzeitig schon wissen, aus welcher Straftat die Kohle stammt – oder stammen könnte. Ansonsten dürften sie nach der Logik des Verfassungsgerichts keine strafprozessualen Maßnahmen umsetzen. Somit können sie das Geld auch nicht vorläufig beschlagnahmen, denn dafür ist ein richterlicher Beschluss notwendig.

Die 2017 gewonnene Beinfreiheit der Ermittler ist damit wieder passé, und die schmutzigen Gelder sind in Deutschland wieder relativ sicher. Wir kommen bei anderer Gelegenheit noch mal darauf zu sprechen.

Kriminelle Clans stellen die Machtfrage und der Staat kapituliert

Die Schwierigkeiten, die der Staat im Umgang mit den arabischen Clans hat, zeigen sich nicht nur in den Tücken seines Rechtssystems. Viel problematischer ist es, wenn seine Institutionen sich nicht mehr trauen, ihren Rechtsanspruch durchzusetzen, weil sie die Rache der Gegenseite befürchten. Es klingt wie eine dystopische Erzählung.

Im Frühjahr 2017 beispielsweise demonstriert ein krimineller Clan, wie wenig ihn die Verfolgungsbehörden noch schrecken. Die bislang nicht öffentlich gewordene Episode aus Niedersachsen offenbart, wie und warum aggressive Großfamilien versuchen, sich Stück für Stück über das Gewaltmonopol des Staates zu stellen.

Es passiert im Februar 2017, südlich von Braunschweig, als mehrere Brüder eines Clans eine Gaststätte überfallen und etwa 3000 Euro erbeuten. Die Täter gehen nicht besonders professionell vor und sind schnell gefasst. Auch die Beweislage ist eindeutig. Eigentlich ist eine Verurteilung der Täter Routine. Statt mit Zeugenbestechung oder falschen Alibis versucht es die Großfamilie diesmal mit stumpfer Einschüchterung und bedroht den Beamten mit dem Tod. Auch seine Familie wird zur Zielscheibe. Man kennt sich in der Provinzstadt. Das Braunschweiger Polizeipräsidium nimmt die Sache sehr ernst: Der Polizist und seine Frau werden sieben Wochen lang rund um die Uhr bewacht. Wie Staatsoberhäupter. Nach fast zwei Monaten wird der Schutz zurückgestuft. Das Gerichtsverfahren entscheidet der Rechtsstaat für sich. Aber er verliert einen gestandenen Polizisten. Der Ermittler kehrt nicht wieder an seinen Schreibtisch zurück. Die psychische Belastung ist zu groß. Die Großfamilie hat zumindest eines ihrer Ziele erreicht. Und wahrscheinlich schüchtert der Vorfall auch noch Dutzende seiner Kollegen in den Kommissariaten ein. So breitet sich der Einfluss der Clans unmerklich aus. Wo die Angst einsickert bei der Polizei, beginnt die Macht der Clans. Ohne dass sich ihr Einfluss tatsächlich messen ließe.

Die Geschichte aus dem Braunschweiger Umland ist kein Einzelfall. Im August 2014 joggt ein Streifenpolizist in seiner Freizeit durch den Landkreis Osterholz nördlich von Bremen. Aus einem Auto heraus bepöbelt ihn plötzlich ein Clan-Mitglied. Kurze Zeit später verprügelt der Mann ihn sogar mit einer Gürtelschnalle. Der Polizist war früher an einem Einsatz gegen den notorischen Schläger beteiligt.

Ein Jahr nach dieser Attacke muss sich der Angreifer vor dem Amtsgericht verantworten. Die Angehörigen seiner Familie stören die Verhandlung so massiv, dass eilig alarmierte Polizisten den Saal räumen müssen. Der Angeklagte wird zu einem Jahr und sechs Monaten Knast verurteilt. Ohne Bewährung.

In Niedersachsen gibt es keine Clan-Hotspots, wo Hunderte oder sogar Tausende Mitglieder an einem Ort wohnen und die Macht übernehmen können wie im Ruhrgebiet, in Bremen oder in Berlin. Dafür gibt es in der Provinz für die Beamten nicht den Schutz der Anonymität. In Städten wie Hameln, Melle oder Peine reichen ein paar Dutzend Angehörige, um die öffentliche Sicherheit zu gefährden. Oft trifft dabei eine gewaltbereite Familie mit vielen Kindern auf eine überalterte Polizei.

2017 will die »Ermittlungsgruppe Familie« der Kriminalpolizei in Melle bei Osnabrück den Kokainhandel der ansässigen Großfamilie stören. Zwei Razzien verlaufen negativ. Wie sich später herausstellt, wurde der Clan vor der ersten Durchsuchung gewarnt. Danach geht der Clan in die Offensive. Bei der zweiten Razzia folgt ein Auto der Einsatzleiterin. Wahrscheinlich um die Privatadresse auszuspähen. Die Verfolgung misslingt. Doch in diesen kleinen Städten ist es für die Polizei ein elementares Problem, dass die Clans keinerlei Skrupel haben, Beamte in ihrer Freizeit auszuspionieren und einzuschüchtern.

Natürlich versuchen die Großfamilien auch in Berlin unliebsame Ermittler durch gezielte Drohungen zu manipulieren. Söhne des Clan-Chefs Issa Rammo filmen beispielsweise einen Ermittler beim Einkaufen und verfolgen ihn danach mit dem Auto. Der Beamte legt ein filmreifes Wendemanöver auf der Straße hin, um seine arabischen Observierer abzuschütteln.

Dennoch haben es Polizisten in der Hauptstadt leichter als ihre Pendants in Niedersachsen, ihre Privatadresse, ihre Kinder und ihre Gewohnheiten vor den Großfamilien zu verbergen.

Die Angst der Behörden

In Berlin übernehmen Polizisten des LKA 641 die schweren Fälle der arabischen Kriminalität. Die Beamten arbeiten anonymisiert: In den Ermittlungsakten tauchen sie nur mit einer Codier-Nummer auf. Solche Abschottungen machen in Städten mit weniger als 50 000 Einwohnern keinen Sinn. Die Kommunen sind zu übersichtlich. Ein Bahnhof, eine Fußgängerzone, ein Kino. Wer sich hier als Vertreter des Staates den Clans in den Weg stellt, setzt sein unbeschwertes Privatleben ganz schnell aufs Spiel.

An manchen Stellen haben sich die kriminellen Großfamilien mit ihrer Aura der Gewaltbereitschaft bereits Freiräume erkämpft, die rechtstreue Bürger nicht besitzen. Der Rammo-Clan um Oberhaupt Issa hat zum Beispiel im Garten seiner Altbau-Villa eine große Gartenlaube mit Küche und Badezimmer gebaut. Sie dient als Unterkunft für die zwölffache Mutter der Großfamilie. Allerdings wurde das Domizil ohne eine Baugenehmigung errichtet. Das Bauamt reagierte nicht auf einen Hinweis der Polizei. Die Mitarbeiter hatten Angst, gegen den Rechtsbruch vorzugehen. Erst als der Fall öffentlich wurde, sah sich die Behörde genötigt, ihr Gesicht zu wahren. Am 8. April 2020 begutachteten Mitarbeiter die illegal errichtete Laube. Vorher wurde das Anwesen von einem Spezialeinsatzkommando der Polizei gesichert. Den Beschluss zum Abriss wird das Bezirksamt Neukölln anonymisiert verschicken. Kein Mitarbeiter soll in die Lage kommen, den Zorn der Rammos auf sich zu ziehen.

An solchen Beispielen zeigt sich vor allem ein Versagen des politischen Willens in den Bundesländern, die sich zu Hotspots der Clan-Kriminalität entwickelt haben. Und zwar unabhängig davon, ob ein roter oder ein schwarzer Innenminister (oder Innensenator) die öffentliche Sicherheit zu verantworten hatte. Am Wissen um das Problem kann es jedenfalls nicht gelegen haben. Hinweise von Polizisten, Staatsanwälten und weiteren

Experten gab es reichlich. Am 6. Juni 2003 forderte zum Beispiel der Migrationsforscher Ralph Ghadban in einem Interview in der linksalternativen Tageszeitung *taz*:

»Es muss dringend etwas passieren. Die einzige Chance des Staates ist, dass Polizei und Justiz entschlossen gegen diese Gruppen vorgehen.«

Zwei Monate danach tagte auch die »Kommission Organisierte Kriminalität«, kurz KOK, in Dresden. Hochrangige Polizisten aus ganz Deutschland tauschen sich in dieser Kommission zweimal pro Jahr über die aktuellen Entwicklungen in den kriminellen Milieus aus. Damals stellte die KOK in Dresden fest, »dass bei der Bekämpfung ethnisch abgeschotteter Subkulturen regionale Defizite bestehen und daher Handlungsbedarf gesehen wird«. Das Gremium initiierte eine Projektgruppe, die das »Bedrohungspotential« von Clan-Strukturen analysieren und notwendigen »Handlungsbedarf« aufzeigen sollte. Im August 2004 legten die 16 Polizisten ihren Abschlussbericht vor.

Aus heutiger Sicht ist er eine 148-seitige Anklage gegen die Untätigkeit der Politik. Das Fazit lautet: »Die Zerschlagung krimineller Strukturen innerhalb ethnisch abgeschotteter Milieus wird nur noch in Teilbereichen und dann auch nur unter konsequenter Anwendung sämtlicher zur Verfügung stehender ausländerrechtlicher Mittel, bis hin zur Rücknahme von Einbürgerungen, einer abgestimmten Zusammenarbeit aller mit der Thematik befassten Behörden, justizieller Unterstützung und dem Ausbau kriminaltaktischer Ermittlungsmaßnahmen möglich sein.«

Einfach ausgedrückt heißt das: Eigentlich ist es bereits zu spät, um das Problem noch lösen zu können. Vielleicht lässt es sich eindämmen. Aber auch nur, wenn konsequent gehandelt wird und alle Anstrengungen unternommen werden.

Dieses Fazit stammt, wie gesagt, aus dem Jahr 2004. Trotz der Dringlichkeit verschwand der Bericht danach in den Schubladen. Erst jetzt, nach 15 Jahren, werden Konzepte ausgearbeitet, die das aufgreifen, was schon 2004 offensichtlich war.

Wer Bremen sagt, muss auch Miri sagen

Wie ein Bundesland an der Clan-Kriminalität scheitert, lässt sich exemplarisch in der Hansestadt Bremen studieren. Innere Sicherheit ist in Deutschland ja bekanntlich Ländersache. Die Regierungen in München, Hannover oder Düsseldorf entscheiden darüber, wie viele Polizisten auf den Straßen patrouillieren und mit welchen Kompetenzen sie ausgestattet sind. Jedes Bundesland hat sein eigenes Polizeigesetz. Diese unterscheiden sich teilweise erheblich. In vielen Ländern dürfen Terrorfahnder beispielsweise Telefone zur Gefahrenabwehr abhören. Berliner Polizisten dürfen das nicht.

So unterschiedlich wie die Polizeigesetze ist auch der politische Wille in den Bundesländern ausgeprägt, die Bekämpfung der Kriminalität zu forcieren. Es ist wahrscheinlich kein Zufall, dass arabische Großfamilien besonders dort kriminell aufblühen, wo Polizei und Justiz von der jeweiligen Landesregierung lange vernachlässigt wurden. Oder bis heute vernachlässigt werden. Schwacher Staat, starker Clan. Diese Formel lässt sich zwar statistisch signifikant nicht belegen, spiegelt aber die Meinung vieler Experten wider.

In Bremen hat sich seit Ende der 80er-Jahre eine riesige Community des Miri-Clans angesiedelt. Die Mhallami-Großfamilie erarbeitete sich in bestimmten Stadtteilen schnell einen derart furchteinflößenden Ruf, dass junge Angehörige des Clans nur ihren Nachnamen nennen müssen, und andere Kinder und Jugendliche rücken ihre Portemonnaies heraus.

Die Miris drucken sich sogar T-Shirts mit einem goldenen »M« auf der Brust. Das T-Shirt demonstriert die Zugehörigkeit zur Familie und verleiht seinem Träger den Respekt der Straße. Und sogar den der Polizei. Es gibt Gerichtsvollzieher, die aus Angst an bestimmten Haustüren nicht mehr klingeln. Meiers oder Müllers müssen für Falschparken blechen, Miris nicht. Der kriminellen Chuzpe der Großfamilie hat der Stadtstaat nur wenig entgegenzusetzen.

Einmal probieren zwei Clan-Frauen in einer Boutique noble Abend- und Hochzeitskleider an. Danach bohren Einbrecher nachts das Schloss des Geschäfts auf und stehlen die teuren Kleider. Wenige Tage später tauchen sie auf einer Verlobungsfeier an Dutzenden Frauen aus dem Miri-Clan wieder auf. Ungeniert, als wären sie die rechtmäßigen Eigentümer, bewegen sich die Frauen in ihren Kleidern. Die Boutique-Besitzerin bekommt einen Tipp und informiert daraufhin die Polizei. Die allerdings zeigt sich komplett überfordert von der Situation. Zu viele Miris, zu wenig Beamte, die Clan-Frauen können weiterfeiern in der geklauten Garderobe. Erst später wird Ibrahim Miri, eines der kriminellen Schwergewichte der Großfamilie, der die Kleider an die Frauen verkauft haben soll, wegen Hehlerei verurteilt.

Zur Jahrtausendwende leben bereits geschätzte 2000 Männer und Frauen des Clans in Bremen. Mit dieser Manpower stoßen die Miris ins Bremer Nachtleben vor und übernehmen viele Türen auf der Disco-Meile im Bahnhofsviertel.

Natürlich wissen die politisch Verantwortlichen, was sich in der Stadt gerade zusammenbraut. Offen aussprechen will es keiner. Selbst als im Jahr 2003 der beliebte SPD-Politiker Henning Scherf als Bürgermeister in seinem Amt bestätigt wird, aber eine Koalition mit der CDU eingehen muss, fällt im 117-seitigen Koalitionsvertrag kein einziges Wort zur »Clan-Kriminalität« und ihrer Bekämpfung.

Erst 2006 wird das Thema auf die politische Agenda gehievt. Ursache ist eine Auseinandersetzung in der Nacht zum 6. Januar 2006 auf der Bremer Disco-Meile. Türsteher des Miri-Clans liefern sich eine wilde Schießerei mit den Männern einer

jesidischen Großfamilie. Am Ende bleiben sechs Schwerver-
letzte zurück. Darunter ein vollkommen Unbeteiligter. Die
Bremer Polizei reagiert mit einer »Ermittlungsgruppe Meile«,
die nicht nur die Schießerei aufklären soll. Die Behörde erhöht
außerdem mit Razzien massiv den Druck auf die Türsteher-
Szene.

2009 will Bremen in die Offensive gehen. Aufwendig durchleuchtet die Polizei die verwandtschaftlichen Verhältnisse
der riesigen Familie. Vier Polizisten bilden eine Analyse-Einheit mit dem sperrigen Namen »Informationsstelle ethnische
Clans« (ISTEC), die alle verfügbaren Informationen bündelt.
Der Innensenator Ulrich Mäurer (SPD) spricht vollmundig von
»Null Toleranz«. Behördenübergreifend soll die Clan-Kriminalität attackiert werden. Vor allem die Kinder des Clans sollen
lernen, dass sich Verbrechen nicht lohnt. Das Langzeit-Projekt
scheitert schnell und kläglich. Die Bremer Polizei ist personell
gar nicht in der Lage, wirksam und dauerhaft gegen die Miris
zu kämpfen. Als fünf Jahre später der islamische Terrorismus
in den Fokus der inneren Sicherheit rückt, wird das meiste Personal aus der Analyse-Einheit ISTEC abgezogen. Zwei große
Probleme ist für die Bremer Polizei mindestens eins zu viel.
Aktuell existiert die ISTEC nur noch auf dem Papier. Der letzte
verbliebene Mitarbeiter wurde pensioniert. Seine Stelle wurde
nicht nachbesetzt. Immerhin sammelt der pensionierte Clan-
Experte weiter Informationen über die Bremer Großfamilien.
Aber nur noch stundenweise auf Honorarbasis. Die Clan-Kriminalität ist den Bremer Behörden heute nicht mehr als eine
Nebentätigkeit wert.

KAPITEL 5
DER KOKSER, DEUTSCHER HIP-HOP UND FALSCHE POLIZISTEN

Die kriminellen Methoden der Clans

Man muss sich die kriminellen, kurdisch-arabischen Clans ganz allgemein vorstellen wie einen mittelständischen, hierarchischen Familienbetrieb. Sein wichtigster Geschäftszweck ist »Geld verdienen«. Die Geschäftsfelder dafür sind eher traditionsorientiert als modern und eher handgreiflich als technisiert und auf jeden Fall breit gefächert. Das meiste Geld wird wohl durch Handelstätigkeiten gemacht, wie An- und Verkauf von Drogen, Waffen und Edelmetallen aller Art. Einbrüche in Banken, Kaufhäuser oder Juweliere sind ebenfalls ein lukrativer Geschäftszweig. Und das dritte Standbein sind Dienstleistungen in der Sicherheitsbranche. Da geht es um Schutz in der Gastronomie, im Rotlichtmilieu und im Musikbusiness. Die brillante Geschäftsidee dabei ist, dass die Clans Lösungen anbieten können für Probleme, die es ohne sie gar nicht erst gäbe. Das ist eine Art Perpetuum mobile, das sich immer dreht und sich seine eigene Konjunktur kreiert.

Der Einsatz von Produktionsmitteln, die zum familiären Anlagevermögen gehören, ist dabei überschaubar: Bolzenschneider, Spreizgerät, Baseballschläger, Sig Sauer 9mm. Mehr braucht es nicht für die Bank nebenan. Oder den Geldtransporter.

Selbst vor Mord, Folter oder Entführung schrecken die Clans nicht zurück, und diese Taten sind dann nicht bloß Verbrechen, die bedauerlicherweise aus dem Ruder gelaufen sind. Sie gehören wesensmäßig zum Geschäftsmodell der Clans. Es gibt schlicht keine Grenzen in ihrem Business, schon gar keine moralischen, obwohl sie sich selbst gerne anders darstellen: »Wir nehmen es nur den Reichen, die Sachen sind auch immer versichert«, sagt beispielsweise einer aus dem Rammo-Clan. »Außerdem machen wir nie Aktionen gegen Muslime.«

Beides ist natürlich gelogen. Aber Selbstmarketing ist auch ein wichtiger Zweig ihres geschäftlichen Auftretens. Wie bereits dargelegt, ist der Erfolg eines Clans eng verknüpft mit der Reputation seines Namens und der Angst, die dieser bei anderen hervorruft.

Das unterscheidet die Clans von anderen Verbrecherorganisationen, die meistens versuchen, unter dem gesellschaftlichen Radar zu agieren.

Clans versuchen eher den öffentlichen Raum zu besetzen mit gewaltbetontem und aggressiv-selbstbewusstem Imponiergehabe. Nur um der Gesellschaft zu demonstrieren, dass sie stärker sind als der Rechtsstaat und dessen Gesetze. Da wird schon mal der Streifenpolizist in der Sonnenallee vom Bürgersteig geschubst, weil »dit unsere Straße is, du Scheißbulle«. Oder den Wachleuten auf einem Gerichtsflur wird deutlich gemacht, dass das Hausrecht soeben auf den Clan übergegangen ist. Dutzendfach geschehen in Bremen, Berlin und anderen Städten.

Dahinter verbirgt sich nicht einfach nur gelebte Rüpelei. Es hat Methode. Und zwar nicht nur nach außen, sondern auch innerhalb eines Clans. Durch spektakuläre Straftaten und durch dreiste Drohungen und Beleidigungen gegen Vertreter von Polizei, Justiz und anderen Behörden bringen es die Akteure auch intern zu Ansehen.

Nach außen wirkt dieses Verhalten oft ziemlich stumpf. Man darf sich dadurch nicht täuschen lassen. Viele Aktionen der

Clans sind gut geplant, auch wenn sie eher schlicht und brachial aussehen. Rein in den Laden, Waffe vors Gesicht halten, Beute einsammeln und schneller raus, als man reingekommen ist. Das klingt in der Regel nicht nach einem cleveren, durchdachten Vorgehen. In Wahrheit sind es Taten von hoher Effizienz. Das gilt genauso für die Logistik dahinter. Einfach, aber funktionell.

Das Problem der Clans ist, dass Outsourcing in ihrer Welt nicht funktioniert, weil man prinzipiell nur sich selbst vertraut. Einem außenstehenden Hehler das Diebesgut anzuvertrauen, kommt eigentlich nicht in Frage. Schließlich würde man selbst auch jeden anderen, der außerhalb des Clans steht, übers Ohr zu hauen versuchen. Vertrauen gibt es nur innerhalb des Clans, dort aber bedingungslos. Das ist einer der prinzipiellen Vorteile, die Clans gegenüber Strukturen wie der Mafia haben, wo es auch nach innen ein Hauen und Stechen um Macht und Einfluss ist und immer einer da ist, der einem die eigene Position streitig macht.

Was also machen Clans, wenn gerade 50 Breitling-Uhren rumliegen, die man besser schnell wieder loswird? Oder was macht man mit 1,5 Millionen Euro Bargeld, wenn man 50 Kilogramm Koks verkauft hat, für 28.500 Euro pro Kilo? (Bei 10 Kilo kostet das Kilo 31.500 Euro.) Oder wenn das Jobcenter den Hartz-IV-Empfängern mal wieder kein bisschen Vergnügen gönnt?

Das System der Clans funktioniert zum Beispiel über konspirative Wohnungen, die die Großfamilien auf unverfängliche Namen laufen lassen.

Diese Wohnungen dürfen in der Regel nur Frauen betreten, die Geld zur Lagerung dorthin bringen. Oder einer der Clansöhne, der für seinen Boss Geld holen muss oder ihm eine Waffe bringen, die gebraucht wird, um mit Nachdruck von einem Café-Besitzer das Schutzgeld einzutreiben. Auch dabei kommen exorbitante Summen zusammen, besonders wenn in dem Café nicht nur Heißgetränke verkauft werden, sondern auch Koks oder Gras. Dann erhöht sich der monatliche Obolus schon mal auf 10 000 Euro. Steuerfrei. Über Einnahmen und Ausgaben wird im Clan ganz genau Buch geführt. Es muss alles seine illegale Ordnung haben.

Trotz dieser breitgefächerten Geschäftsfelder gibt es einzelne Delikte, für die Clans eine spezielle Expertise haben. Signature-Verbrechen sozusagen. Bei den Sinti und Roma ist es zum Beispiel der Enkeltrick, mit dem ältere Menschen um ihre Ersparnisse gebracht werden. Unter den arabischen Clans existiert der Enkeltrick praktisch nicht. Dafür arbeiten sie gerne als sogenannte »Falsche Polizisten«.

BEI ANRUF BANKROTT – »FALSCHE POLIZISTEN« ZERSTÖREN BIOGRAFIEN

Auf dem Ehering von Rosemarie J. ist nicht nur der wichtigste Mensch ihres Lebens, sondern auch ihr schönster Tag eingraviert. »Heinz 18.05.1961«, steht dort auf der Innenseite. Der Ring ist stummer Zeuge einer sehr, sehr langen Beziehung. Aufgeladen mit Erinnerungen und Emotionen. Unersetzlich, unverkäuflich, einzigartig. Rosemarie und Heinz J. waren fast 57 Jahre verheiratet. Als Rosemarie J. vor wenigen Monaten starb, wurde dieser Ring für Heinz J. eine Brücke, auf der er zurückgehen konnte in eine schöne, vergangene, gemeinsame Zeit. Seit dem Sommer 2018 ist der Ring für immer verloren. Da wurde Heinz J. von »Falschen Polizisten« hereingelegt.

Mit dieser Betrugsmasche bestehlen arabische Clans systematisch deutsche Rentner. Die gesamte Bundesrepublik wird dafür von türkischen Callcentern aus abgegrast. Die Täter erbeuten jedes Jahr Schmuck und Bargeld im Wert von dreistelligen Millionenbeträgen. Tausende alte Menschen verlieren nicht nur ihr Erspartes: Viele sind danach verschreckt und verängstigt. Die Polizei geht davon aus, dass viele Opfer aus Scham keine Anzeige erstatten. Einige wollen nur noch sterben. Den Tätern dagegen geht es blendend. Farhad B., der zu dieser Bande gehört, ist bis zu seiner Verhaftung mit einem Porsche durch das niedersächsische Hameln gecruist. Nebenbei kassierte er noch Hartz IV.

Bei Heinz J. funktionierte die Masche folgendermaßen:

Im Juni 2018 lebt der 83-jährige Rentner im Kölner Süden in seiner Doppelhaushälfte. Die Siedlung ist umringt von viel Grün und Spargelfeldern. Ein großer Reitstall liegt um die Ecke. Eine Putzfrau und ein Pflegedienst helfen Heinz J. im Alltag, so dass er noch im Eigenheim bleiben kann.

Am 1. Juni 2018 klingelt bei dem alten Mann abends das Telefon. Heinz J. hebt ab und das Unglück rollt auf den Witwer zu. In der Leitung meldet sich ein »Herr Balder«. Angeblich sei er von der Kölner Polizei. Herr Balder informiert den Witwer, dass Ermittler zwei rumänische Einbrecher festgenommen haben. Bei den Osteuropäern habe die Polizei die EC-Karte von Heinz J. gefunden. Tatsächlich vermisst Heinz J. seine EC-Karte. Im Verdacht hatte er seine Putzfrau. Das erzählt er auch dem angeblichen Polizisten. Damit ist der erste Teil der Masche beendet.

Die Gespräche starten in Callcentern in der türkischen Stadt Izmir. Die Anrufer, von der Polizei »Keiler« genannt, arbeiten sich systematisch durch deutsche Telefonbücher. Abzurufen mit ein paar Klicks im Internet. Sie filtern Namen wie Hans, Heinrich, Gerda oder Erna heraus, weil sie sich dann sicher sind, dass der Angerufene schon auf der Zielgerade des Lebens ist. Die Täter sind meistens in Deutschland aufgewachsene junge Araber oder Türken mit viel krimineller Energie. Typen wie Mahmoud S., Angehöriger einer arabischen Großfamilie aus Bremen.

Die Täter haben es perfektioniert, in teilweise stundenlangen Gesprächen Informationen aus den alten Menschen zu saugen. Hinterher wissen die Senioren gar nicht mehr, was sie alles den vermeintlichen Herren von der Kripo erzählt haben. Die Details aus der Lebensgeschichte oder dem Alltag weben die Kriminellen dann in ihre Märchen ein und machen die Masche für das Opfer immer plausibler. Bei dem Kölner Witwer gehen die Ermittler später davon aus, dass Heinz J. selbst am Telefon erzählt hat, dass er seine EC-Karte vermisse. Tarnen und Täuschen sind die Basis: Die Betrüger lassen im Hintergrund auch Sirenen oder Funkgeräte ertönen. Kopfkino für die betagten Menschen, die Polizeiarbeit meistens nur aus TV-Krimis kennen. True Crime made in Izmir. Leider sind die Banden damit äußerst erfolgreich.

Am 2. Juni, einen Tag nach dem ersten Anruf, meldet sich Herr Balder erneut bei dem Kölner Witwer. Der Polizist übergibt den Hörer zeitweise an einen »Staatsanwalt Jens Lehmann«. Beide erzählen ihrem Opfer, dass auch sein Schließfach bei der Bank nicht mehr sicher sei, weil ein ehemaliger, korrupter Leiter der Bank es einer dritten Person ermöglicht hätte, die Schließfächer zu plündern. Der Kölner Witwer setzt sich sofort in seinen VW Tiguan, fährt zur Filiale der VR-Bank und räumt im Keller das Schließfach leer. In einer späteren E-Mail an die Polizei listet der Witwer den Inhalt des Schließfaches auf: 14 000 Euro in 50er-Scheinen, 10 000 Euro ebenfalls in 50er-Scheinen, 6000 Euro in kleineren Noten, zwei 100-Gramm-Goldbarren, ein 20-Gramm-Goldbarren, diverse Goldmünzen, Ohrringe, Ketten, Broschen. Und der Ehering von Rosemarie »Heinz 18.05.1961«. Wert insgesamt: circa 60 000 Euro. Alles zusammen soll er in eine Tüte packen und den sogenannten »Abholern« übergeben. Die sitzen zurzeit noch im Auto auf dem Weg nach Köln.

Ein Porsche Macan S, 354 PS, Höchstgeschwindigkeit: 254 Kilometer pro Stunde. Gestartet sind sie im niedersächsischen Hameln. Tolga sitzt hinter dem Steuer, sein Beifahrer heißt Ahmad K. Der tauscht sich die ganze Zeit übers Handy mit »Mussa« und »Abu Tareq« aus, die beide im Callcenter in Izmir sitzen und den Kontakt zu ihrem Opfer halten. Dummerweise fahren die Abholer zuerst zum falschen Ziel, weil es in Köln die Straße zweimal gibt. Sie haben nicht auf die Postleitzahl geachtet. Zum Glück für die Betrüger ist Abu Tareq ein geschickter Anrufer, der den Rentner noch hinhalten kann.

Um 18.56 Uhr ist der Porsche endlich vor Ort. Ahmad K. observiert das Doppelhaus. Offenbar ist es eines seiner ersten Verbrechen, man erkennt noch die Angst in seiner Stimme. Die Männer im Callcenter sind da schon routinierter. Mussa fragt: »Wo kann er es hinpacken?« Gemeint ist ein sicherer Ablageplatz für die Beute. Die Betrüger vermeiden, wenn es irgendwie geht, einen persönlichen Kontakt.

Ahmad K. sagt: »Schräg gegenüber steht ein leerer Wohnwagen.«

Mussa brüllt durch den Raum: »Leerer Wohnwagen, Jungs.« Arbeitssprache im Callcenter ist Deutsch.

Um 19.09 Uhr sagt Heinz J., dass er jetzt seine Doppelhaushälfte verlässt.

Mussa meldet an den Abholer: »Eine blaue Plastiktüte von Saturn.« Doch Ahmad K. sieht den Rentner nicht. Dafür taucht ein Mann mit Hund auf. Ahmads Kreislauf rast. Er wittert überall Zivilpolizisten.

»Ich schwöre bei Gott, ich schwöre auf Koran, ich habe ganz fair gemacht«

Mittlerweile hat Heinz J. die Tüte auf den Reifen abgelegt. Ahmad K. schlendert unauffällig daran vorbei. Immer noch ist er telefonisch mit Izmir verbunden

Ahmad: »Mein Lieber, hier sind richtig viele, ne.«

Mussa: »Wie?«

Ahmad: »So Leute, alles voll.«

Mussa: »Geh weiter, nimm das nicht, geh weiter.«

Die Betrüger sind kurz davor, die Aktion abzubrechen. Doch kurze Zeit später meldet Ahmad:

»Ich habe das geholt. Ich habe das in meiner Hand, mein Lieber.«

Ahmad K. schwimmt mittlerweile im Adrenalin. Seine Nerven flattern aus Angst vor der Polizei.

Mussa sagt: »Beruhige dich, ich küsse deine Augen, beruhige dich. Bleib ruhig, Mann.«

Ahmad: »Ich schwöre, noch ein Polizeiauto. Es war einer drinne und jetzt kommt einer mit Grün, auch nur einer drinne, Transporter.«

Kurze Zeit später erreichen die Betrüger die Autobahn 555 und Ahmads Puls verlässt den roten Bereich.

Mussa: »Bruder, fahr Richtung, äh, Richtung meine Heimat, ne.«

Mussa ist in Bremen aufgewachsen und genau dahin soll Ahmad K. die Beute jetzt bringen. Doch er hat den Fahrer nur nach Köln und wieder zurück nach Hameln gebucht. Bremen wäre ein Umweg. Tolga will deshalb mehr Geld für seine Dienste.

Mussa sagt: »Bruder, du musst dir ein Auto irgendwie holen, Mann.«

Ahmad: »Aber ich hab keinen Schein. Ja, ist aber auch nicht schlimm, fahr ich so, ich hole mir ein Automatikauto und fahr so.«

Außerdem hat Ahmad K. jetzt Blut geleckt und will größer einsteigen in das Geschäft. Sein Anteil an der Beute passt ihm noch nicht. Offenbar bekommt er nur fünf Prozent der Beute, trägt aber 100 Prozent des Risikos.

Die Kritik wird in Izmir wegdiskutiert.

Mussa: »Ich schwöre bei Gott, ich schwöre auf Koran, ich habe ganz fair gemacht, als wenn nix wäre.«

Dann wird das Telefonat beendet. Dass es von der Polizei abgehört wird, wissen die Beteiligten nicht. Mussa hat Hunger.

Er hat ganzen Tag noch nichts gegessen. Es ist Ramadan und da wird natürlich gefastet. Auch Kriminelle haben Prinzipien.

Für den Abfluss der Beute in die Türkei nutzen die arabischen Hintermänner ihren weit verzweigten Clan. Auf jeder Zwischenstation bleibt etwas von der Beute hängen, so dass viele davon leben, dass Mussa, Abu Tareq und Co. jeden Tag alte Menschen in die Armut dirigieren.

Der Abholer Ahmad K. ist deutscher Staatsbürger und 1996 in der syrischen Stadt Amuda geboren. Seine Eltern sind Kurden, seine Muttersprache Kurmandschi. Die Familie zieht ins niedersächsische Hameln, als er noch ein Kleinkind ist. 2011 wird er eingebürgert. Den deutschen Pass versteht er offenbar als Freikarte für kriminelle Aktivitäten: gefährliche Körperverletzung (2011), Diebstahl (2012), vorsätzliche Körperverletzung (2014), schwerer Diebstahl (2015). Bevor er im Herbst 2018 verhaftet wird, jobbt er sporadisch als Türsteher. Ansonsten empfängt er monatliche Zahlungen vom Jobcenter.

Ahmad K. ist der Cousin von Farhad B., der bei der »Falsche-Polizisten-Betrugsmasche« so etwas wie die deutsche Zentrale ist. Farhad B. ist ein schwerkriminellen Syrer, der in Hameln bei seinem Bruder lebt. Zumindest ist er da gemeldet. Die Polizei weiß nie genau, wo er gerade nächtigt. Mal schläft er bei seiner Freundin, mal in der Wohnung seiner Eltern, wenn die gerade in Syrien sind. Er verweilt aber auch gerne auf Lanzarote in einem 4-Sterne-Plus-Hotel. Durch Hameln bewegt er sich in einem blau-grauen Porsche-SUV und postet bei Facebook eine Menge Fotos von sich und der schwäbischen Nobelkarosse. Offiziell bekommt er Geld vom Jobcenter.

Seit seiner Einreise im Jahr 2000 hat er deutliche Spuren bei der Justiz hinterlassen: Verstoß gegen das Waffengesetz (2009), gefährliche Körperverletzung plus Widerstand gegen Vollstreckungsbeamte (2010), Drogenhandel (2012), Nötigung plus Hausfriedensbruch (2016) und Wohnungseinbruch (2016). Bei der Polizei nennen ihn einige Beamte »den Paten von Hameln«.

Kein Wunder, dass der Syrer das Städtchen an der Weser als sein Territorium betrachtet. Wie ein Patron wird er bei Problemen um Rat gefragt, die der deutsche Rechtsstaat nicht lösen kann. Eine Frau will sich an ihrem Ex-Mann rächen, der im Keller eine Marihuana-Plantage betrieben hat. Anruf beim Hamelner Paten: »Der hat hier im großen Stil angebaut unten im Keller. Und wir wollten euch eigentlich nur Bescheid geben, dass in eurem Revier ein bisschen Heu angebaut wird.«

Die Frau weiter: »Kann man da was machen?«

Farhad B.: »Na klar, man kann alles machen, aber nicht am Telefon.«

Später schickt Farhad B. zwei Einbrecher zum Ex-Mann und seiner neuen Flamme.

Gerne prahlt der Glatzkopf mit dem schwarzen Vollbart und den tätowierten Armen mit seinen Kontakten zur Polizei. Er sei über alle Ermittlungen informiert, da er eine Quelle beim LKA in Hannover habe. Ob der Kriminelle tatsächlich einen Maulwurf bei den Behörden hat, ist nicht bekannt. Absolut sicher dagegen ist, dass Farhad B. bestens verdrahtet ist mit der arabischen Großfamilie S., die aus dem Libanon stammt. 2018 hört die Polizei mal wieder Farhad B.s Telefon ab, weil sie davon ausgeht, dass er zusammen mit dem ebenfalls nicht zimperlichen Ibrahim S. in Wohnungen einbricht und Menschen gewaltsam ausraubt. Ibrahim S. ist ein stadtbekannter Einbrecher, Räuber und Dieb. Er war der Haupttäter beim »Fenstersturz von Hameln«. (Siehe Kapitel 7)

Für die Betrugsmasche »Falsche Polizisten« regelt Farhad B. die deutsche Logistik. Wenn der Anrufer im Callcenter, der sogenannte »Keiler«, ein Opfer »klargemacht« hat, muss es schnell gehen, weil immer ein Angehöriger oder die Polizei noch dazwischengrätschen können. Deshalb kontaktiert das Callcenter parallel zu den Gesprächen mit den Rentnern bereits Farhad B., der viele junge Männer wie Ahmad K. kennt. Junge Migranten mit wenig Skrupel. Vor allem dürfen die Männer keiner geregelten Arbeit nachgehen. Sonst sind sie nicht flexibel genug. Die Abholer haben ständige Rufbereitschaft und müssen dann schnell Hunderte Kilometer auf der Autobahn überbrücken können.

Wie der Hamelner Mesut A., der ebenfalls als Abholer für die Bande um Farhad B. arbeitet. Dabei ist Mesut A. als Abholer eigentlich gar nicht geeignet. Mesut A. hat keinen Führerschein. Aber er hat eine Mama, die fahren kann. Am 14. Juni 2018, nachts um 1.55 Uhr, schickt Mesut A. seiner Mutter eine WhatsApp-Nachricht: »Mama Ruf mich morgen früh an Brauche Dich.« Die Sätze sind bei ihm grundsätzlich ohne Punkt und Komma und auch sonst hält er nicht viel von Regeln und Gesetzen. Als er einmal eine legale Arbeit in einem Handyshop hatte, stimmte danach die Kasse nicht. Außerdem manipulierte er Kundenverträge und ergaunerte sich so ein neues iPhone 6 und zwei Samsung S6. Weiterhin sammelt er Vorstrafen: Körperverletzung, Diebstahl, Widerstand gegen Vollstreckungsbeamte.

Nichts ist ihnen heilig und Herr Brinkmann vom BKA

Am Vormittag des 14. Juni 2018 holt die 49-jährige Mutter ihren Sohn Mesut A. mit einem grauen Audi A4 ab. Der Wagen gehört ihrem Lebensgefährten. Zusammen fahren Mutter und Sohn von Hameln aus ins 150 Kilometer entfernte Rheine an der niederländischen Grenze. Zur gleichen Zeit telefoniert in Rheine das Ehepaar Josef, 82, und Paula F., 78, mit »Thorsten Brinkmann vom Bundeskriminalamt« in Wiesbaden. Das glauben zumindest die beiden Rentner. Sie haben den Apparat auf Lautsprecher gestellt und hören aufmerksam zu. Auf ihrem Display sehen sie die Telefonnummer »0611/550 23727«, die sich das Ehepaar auf einem karierten Zettel notiert. Sie sieht aus wie eine Nummer mit Wiesbadener Vorwahl. Auch die »550« passt zum BKA. Doch Herr Brinkmann sitzt in der Türkei und nutzt ein sogenanntes Spoofing-Programm (zu Deutsch: Verschleierung), das beim Angerufenen eine beliebige Nummer anzeigt, während man eigentlich über das Internet von einem ganz anderen Ort aus telefoniert.

Das so genannte Spoofing ist der wichtigste Baustein bei der Masche »Falsche Polizisten«. Oft senden die Betrüger eine Nummer, die auf »110« endet, um den Opfern vorzugaukeln, dass die Polizei in der Leitung sei.

Der falsche BKA-Brinkmann zieht die bekannte Masche ab. Angeblich ist ein Mitarbeiter der Sparkasse kriminell und überweist Geld ins Ausland. Um das Ersparte zu retten, müssten Josef und Paula F. es schnell abheben. Das Ehepaar steigt aufs Fahrrad und strampelt zur Sparkasse. Es löst das komplette Festgeldkonto auf: 39.969 Euro und 72 Cent.

Jeden Tag passieren in Deutschland solche Taten. Doch der Fall an der niederländischen Grenze liegt noch etwas anders, weil das Ehepaar schon einen Tag zuvor einen Anruf von den Betrügern erhielt. Darin erschufen die Anrufer in der Türkei zunächst einen Betrüger in Genf, der angeblich Zugriff auf das Bankkonto habe. Offenbar war diese Masche nicht überzeugend genug, denn um 17.35 Uhr erschien das Ehepaar bei der Polizei in Rheine und wollte wissen, »ob das alles so richtig« sei. Ein Kriminalhauptkommissar schreibt eine Anzeige und weist »eindringlich auf die Betrugsmasche« hin und spricht »Handlungsempfehlungen« aus. So steht es in den Akten. Mehr passiert nicht. Danach fährt das Ehepaar wieder nach Hause und ist allein. Mit sich und dem Telefon. Am nächsten Tag ruft der falsche Herr Brinkmann vom BKA wieder an. Da ist es 9.30 Uhr in Rheine. Um 10 Uhr hat der Betrüger das Ehepaar umgedreht. Es radelt zur Sparkasse und holt die knapp 40 000 Euro. Zurück in den eigenen vier Wänden liest Josef F. den Tätern die Nummern der Geldscheine vor. Das ist ein wichtiger Teil dieser Masche, denn der angebliche BKA-Brinkmann lässt die Scheine angeblich von der Bundesbank prüfen, die ihm »per Fax« dann bestätigt, dass es sich um Falschgeld handelt. Die Blüten müssten sofort zur kriminaltechnischen Untersuchung nach Wiesbaden, so der Anrufer. Eine geheime Spezialeinheit werde das Geld abholen, darf dabei aber nicht gesehen werden. Deshalb müsse der Rentner das Geld alleine in einen Mülleimer an der Straße werfen.

Für Außenstehende klingt die Masche abstrus und jeder fragt sich: »Wie kann man nur?« Es gab sogar Richter in Deutschland, die so argumentierten und die Strafverfolgung deshalb einstellten. Wer aber einmal die Anrufe im Original gehört hat und realisiert, wie raffiniert und abgebrüht die Täter agieren, bekommt eine Ahnung, warum gutgläubige Rentner darauf hereinfallen. Zumal sie oftmals alleine sind und niemanden haben, den sie um Rat fragen können.

In der Regel sind es Senioren, die Jahrzehnte gearbeitet haben und noch nie mit der Kriminalpolizei in Berührung gekommen sind. Jedenfalls fallen Tausende auf diese Masche herein. Nach SPIEGEL-Recherchen war sogar mal ein Bundestagsabgeordneter darunter.

Gegen 11.45 Uhr wirft Josef F. eine Tüte mit den 40 000 Euro in den Mülleimer an der Bushaltestelle. Die Informationen zum Ablageort liefert der Abholer Mesut A., der mit seiner Mutter im Audi sitzt und das Reihenhaus der Senioren im Blick hat.

Josef F. telefoniert die gesamte Zeit mit den Tätern übers Handy. Die Betrüger haben so die ständige Kontrolle. Sie würden merken, wenn der alte Mann doch die Polizei eingeschaltet hätte. Nur wenige Menschen sind in der Lage über Stunden zu schauspielern. Als Josef F. wieder nach Hause spaziert, trichtern ihm die Täter ein, sich nicht umzudrehen.

Kurze Zeit später hält der graue Audi A4 mit dem Hamelner Kennzeichen neben dem Mülleimer. Mesut A. sackt die Beute ein. Seine Mutter sitzt am Steuer. Angeblich weiß sie nicht, um was es da geht. Eigentlich läuft es für die Täter perfekt. Wäre da nicht Monika B., die gegenüber der Bushaltestelle wohnt und gerade bügelt. Durchs Fenster beobachtet sie, wie Josef F. eine Tüte in den Mülleimer wirft. Der alte Mann wirkt auf die Frau »hektisch«. Den Abholer Mesut A. beschreibt sie als »dunkelhaarig«, »korpulent« und von »südländischem Erscheinungsbild«. Diese Informationen bringen der Polizei nicht viel. Allerdings notiert Monika B. noch das Kennzeichen des grauen Audis.

Normalerweise tendieren die Chancen der Polizei gegen null, wenn alte Menschen von »Falschen Polizisten« abgezockt wurden. Häufig gehen die Opfer erst Tage später zur Polizei. Viele müssen erst von ihren Kindern aufgeklärt werden, dass sie betrogen wurden. Angaben zum Abholer können sie in der Regel nicht machen, weil sie ihn gar nicht zu Gesicht bekommen. Die Telefonnummern führen wegen des Spoofings ebenfalls ins Leere. Meistens analysieren die Ermittler, welche Handys am Tatort eingeloggt waren. Aber nur die dummen Abholer fahren mit ihrem Privathandy zur Straftat, die cleveren nutzen billigste Telefone, die nach der Tat aus dem Autofenster fliegen.

Das Hamelner Autokennzeichen aber ist eine heiße Spur. Eine Rarität für die Polizei. Einen Tag später durchsuchen Polizisten die Wohnungen von Mesut A. und nehmen den »korpulenten Südländer« vorläufig fest.

Das Auffliegen des Abholers löst in der Bande Panik aus. Der zweite Abholer Ahmad K. ruft um 18.42 Uhr seine Schwester an, damit zu Hause die Beweise verschwinden. Die Mutter soll ein neues Versteck suchen. Wörtlich sagt er auf Kurdisch: »Los, sie soll das von dort wegnehmen. Dieses Versteck, was ich dir schon einmal gezeigt habe, bei meiner Matratze.« Wie gesagt, ist es durchaus üblich, dass die Frauen in den Familienclans logistische Dienste für ihre kriminellen Brüder, Söhne, Väter, Ehemänner oder Onkel übernehmen. Sie verstecken Beute in ihren Wohnungen oder mieten Schließfächer an. Manchmal kaufen sie als Strohfrauen sogar ganze Häuser.

Auch die Hintermänner werden aktiv, um das Risiko einzudämmen. Beim Logistiker und Porschefahrer Farhad B. ruft ein arabisches Clan-Mitglied aus Bremen an. Der Bremer: »Mahmoud hat angerufen. Er will, dass du zu mir kommst und mir die Daten gibst. Ich besorge einen Rechtsanwalt.«

Mahmoud S. ist für die Ermittler die eigentliche Schlüsselfigur in der ganzen Geschichte. Das Mitglied einer arabischen Großfamilie ist wegen eines offenen Haftbefehls in die Türkei geflüchtet und steuert von dort die Abzocke. Jetzt befiehlt Mahmoud, dass der vorläufig festgenommene Mesut A. einen guten Anwalt bekommt. Gut für den Clan, nicht unbedingt für den Festgenommen. Der Anwalt soll Mesut beruhigen, damit dieser schweigt.

Der Bremer Mahmoud S. gehört zu einer arabischen Großfamilie, die vor allem in Niedersachsen wohnt. Hildesheim, Peine und Hameln sind die Hotspots des Clans. Die Familie ist nicht so groß wie die Al Zeins oder die Miris, aber unter Ermittlern gilt sie als ähnlich gefährlich. Der 1993 in Bremen geborene Mahmoud S. hat sich zumindest sehr oft erwischen lassen. 2007 wurde er strafmündig. Im selben Jahr die erste Verurteilung: Raub, Körperverletzung, schwerer Diebstahl, Hausfriedensbruch, Beleidigung. Der Richter beließ es bei einer Bewährungsstrafe. Danach sammelte er Urteile wie andere Fußballsticker: sexueller Missbrauch eines Kindes (2008), gefährliche Körperverletzung (2008), besonders schwerer Diebstahl (2008), Computerbetrug (2008), Körperverletzung (2010), gefährliche Körperverletzung (2011), Widerstand gegen Vollstreckungsbeamte (2011 und 2012), Hehlerei und Computerbetrug (2013). Für diesen Kreuzzug gegen das Strafgesetz hat er zwei Jahre und sechs Monate Jugendstrafe bekommen. Aus dem Bundeszentralregister geht allerdings hervor, dass er nicht die komplette Zeit hinter Gittern schmorte. Eine Reststrafe wurde zur Bewährung ausgesetzt.

2018 flüchtete er in die Türkei, weil die Staatsanwaltschaft

Kiel einen erneuten Haftbefehl (Aktenzeichen: 30 GS 28/18) gegen ihn beantragt hatte. Irgendwie muss er gewarnt worden sein. Die Ermittler wollten ihn ins Gefängnis stecken, weil er als »Falscher Polizist« drei Rentner ausgenommen haben soll. Damals als Logistiker, der die Abholer zu den Opfern schickte. Nach Erkenntnissen der Staatanwaltschaft hat Mahmoud S. aus dem türkischen Callcenter den Rentner Heinz J. aus Köln und das Ehepaar in Rheine erleichtert. Und Dutzende weitere Opfer. Das Ausnehmen von unschuldigen Rentnern scheint so etwas wie die Spezialität des Hauses zu sein. Ein Familienbetrieb sozusagen. Die Freundin von Mahmoud S. äußert in einem abgehörten Telefonat ganz offen, wie ihr Partner sein schmutziges Treiben gelernt hat: »Seine Cousins machen das seit Jahren.«

Auch für das Abfließen der erlangten Beute in die Türkei nutzen die Hintermänner die Strukturen der weit verzweigten Großfamilie.

Am 11. Juli 2018 schnappt sich der Abholer Ahmad K. um 22.30 Uhr eine Tüte mit 4750 Euro, die hinter einem Stromkasten im Bielefelder Ortsteil Senne liegt. Platziert wurde das Geld von der 79-jährigen Annagrete H. Die Betrüger hatten ihr eingeredet, die Polizei brauche Geld für »Scheingeschäfte«. An Fantasie mangelt es den Tätern jedenfalls nicht. Die Rentnerin belügt sogar die Mitarbeiterin der Sparkasse, als sie das Geld abhebt. Offenbar sind die Täter mit ihrer Ausbeute unzufrieden, denn sie bitten die alte Frau, noch ihre EC-Karte in die Tüte zu legen. Annagrete H. gehorcht und nennt am Telefon die PIN. Die Beute wandert in die Hände von Sefik C. Er ist der Vater des Organisators Mahmoud S. Mit der EC-Karte fährt er von Bremen nach Hannover-Linden und hebt dreimal Geld ab. Insgesamt 2485 Euro. Nachts um 1.20 Uhr, am 13. Juli 2018, steht er dort mit einer fremden Frau vor einer Sparkasse. Er hat sich ein gelb-weiß-schwarz gemustertes Kopftuch umgebunden, damit er von hinten aussieht wie eine muslimische Frau.

Allerdings filmt ihn eine Kamera auch von vorne. Sefik C. kann von der Polizei identifiziert werden, wer die Frau neben ihm ist, wird sich nicht klären.

Viel Geld, viel Streit

Obwohl bei der Betrugsmasche sehr viel Geld in sehr kurzer Zeit zu ergaunern ist, gibt es innerhalb der Bande ständig Streit um die »gerechte« Verteilung der Beute. Die Zentrale in der Türkei traut den Deutschen nicht mehr über den Weg und die Deutschen fühlen sich durch die Zentrale beschissen. Bei seiner nächsten Tour muss Mesut A. einen Umschlag mit 20 000 Euro aus Bielefeld holen und ihn mit eingeschalteter Kamera öffnen, damit die Hintermänner ihm dabei zusehen können. Von der Beute soll er »fünf große Scheine«, also 2500 Euro, behalten. Den Rest soll er in Bremen »dem Cousin« übergeben, wie man ihm in einem abgehörten Telefonat mitteilt. Für Mesut A. ist das ein Hungerlohn, zumal er sich seinen Anteil noch mit dem »Logistiker« Farhad B. teilen muss. Auch Farhad B. fühlt sich finanziell ausgebremst und ruft in der Türkei an. Am Ende erhöht sich der Anteil der Hamelner auf 3000 Euro. Doch der Frust bleibt.

Mitte Juni 2018 eskalieren die deutsch-türkischen Beziehungen. Die Hintermänner in Izmir glauben, dass der Abholer Mesut A. eine komplette Beute in Höhe von 40 000 Euro unterschlagen hat. Es ist das Geld aus Rheine, das Mesut A. vor seiner Verhaftung nicht in Bremen abgeliefert hat. Wahrscheinlich hat ihm der Logistiker Farhad B. die Beute gewaltsam abgenommen. Die Polizei hat sie bei dem »korpulenten Südländer« jedenfalls nicht gefunden. Trotzdem lastet der Zorn des Clans auf dem Türken. In einem geschlossenen Chat für arabische Teilnehmer wird mit einem Foto von Mesut A. regelrecht nach ihm gefahndet. Überschrift: »1000 Euro Belohnung«.

Auch Farhad B. ist in Ungnade gefallen. Der Ableger des

Clans in Bremen und die Organisatoren in Izmir geben ihm keine lukrativen Aufträge mehr. Der Logistiker ist raus aus der kriminellen Nahrungskette, aber er robbt sich durch die Hintertür wieder herein. Er tut es auf seine Art: mit einer Frau. Eine seiner Gespielinnen ist Mirwet S., 28. Die ledige Frau gehört zur Großfamilie S., dem arabischen Clan in Hameln, und ist verwandt mit den Hintermännern in Bremen und der Türkei. Auf Anweisung von Farhad B. bittet die junge Frau um Arbeit bei ihrer Verwandtschaft in der Türkei. Angeblich wolle sie in das Abzockgeschäft miteinsteigen. In einem abgehörten Telefon gibt Farhad seiner Affäre genaue Anweisungen, wie sie den Hintermann Mahmoud S. überzeugen soll.

Farhad B.: »Sag ihm: Ich habe Altersheim gearbeitet. Jetzt hab ich kein Arbeit. Und du weißt, wie Frauen sind. Müssen immer Nägel machen.« Tatsächlich geht der Mann in der Türkei auf den familiären Wunsch ein und stellt Mirwet S. als neue Logistikerin ein. Ihr erster Job ist das Koordinieren einer Abholung bei einem Opfer in Bielefeld. Finanziell profitiert sie kaum von der Tat, obwohl sie doch Teil der Bande ist. Ihren Anteil streicht Farhad B. ein.

Dass die Polizei mittlerweile ihm auf den Fersen ist, weiß er noch nicht. Die Hamelner quatschen einfach zu viel am Telefon.

Am 11. September 2018 fährt eine Spezialtruppe der niedersächsischen Bereitschaftspolizei über die Bundesstraße 217 von Hannover nach Hameln. Der Einsatz wurde wochenlang akribisch vorbereitet. Um sechs Uhr stürmen die Festnahmeeinheiten (BFE) elf Wohnungen. Farhad B. und Ahmad K. wandern in Untersuchungshaft. Der Hamelner Sumpf ist ausgetrocknet. Trotzdem geht die Abzocke weiter. Im Juni 2019 beginnt am Landgericht Hannover ein weiterer Prozess gegen sechs Männer und Mirwet S.. Die Frau aus dem Clan wird von ihrem großen Bruder Ibrahim »Ibo« S. in den Saal 127 begleitet. Ibo: »Wir haben mit der ganzen Sache nichts zu tun.« In der Familie gärt es. Der Hass richtet sich vor allem gegen Farhad B., weil er Mirwet S. mit hineingezogen hat. Aus Sicht des Clans hat er sie ausgenutzt. Finanziell und körperlich. Eine Liebschaft mit einer unverheirateten Frau ist im Clan-Milieu nicht bloß eine Ordnungswidrigkeit. Da geht es um Ehre, also um sehr viel mehr. Allerdings muss die Rache warten, weil Farhad B. im Gefängnis sitzt. Er wird bei der Verhandlung gefesselt in den Saal geführt. Genau wie Ahmad K. Beide haben mittlerweile über ein Jahr Untersuchungshaft hinter sich.

In der Regel kommen deutsche Staatsanwälte nicht so weit, wenn sie gegen »Falsche Polizisten« ermitteln. Wenn überhaupt, schnappen sie nur die Abholer. Und wenn diese schweigen, ist der Prozess schneller zu Ende, als er begonnen hat. Die meisten Prozesse an den Amtsgerichten enden dann mit Bewährungsstrafen, und der Abholer geht lachend seines Weges. Vielleicht zum nächsten Opfer. Bewährung gleich Freispruch, so rechnen notorisch Kriminelle.

Wer diesen Sumpf ganz trockenlegen will, muss deshalb an die Hintermänner in der Türkei ran. Für Ermittlungen in Izmir brauchen Polizisten und Staatsanwälte drei Dinge: viel Zeit, ein dickes Fell und wenig Freude am Privatleben. Theoretisch ist das möglich. Praktisch eher nicht, weil dafür sogenannte Rechtshilfeersuchen nötig sind, die dann ihren diplomatischen Gang gehen: von der Staatsanwaltschaft zur Generalstaatsanwaltschaft. Weiter zum Landesjustizministerium. Dann zum Bundesjustizministerium. Von dort wandern die Akten zum Auswärtigen Amt, das sie an die deutsche Botschaft in Ankara übermittelt. Dort liegt die Schnittstelle zum türkischen Außenministerium, und von dort klettern die Akten die türkische Hierarche wieder hinunter, bis sie endlich beim zuständigen Staatsanwalt auf dem Schreibtisch liegen. Allein dieser Marathon dauert oft Monate. Und auf jeder Zwischenstation droht dem Verfahren ein Totalschaden. Alle prüfen, alle haben Bedenken. Das Vertrauen in die türkische Justiz ist auf deutscher

Seite wenig ausgeprägt. Geht das auch alles rechtsstaatlich zu? Droht dem Verdächtigen vielleicht eine inhumane Behandlung? Falls ja, Abbruch.

Und wenn eine deutsche Akte doch einmal in Ankara anlandet, ist die Bearbeitung oft pures Glück. Oder große Politik. Je nach Sichtweise. Die Türken gelten bei deutschen Ermittlern als sehr wetterfühlig. Als der Bundestag 2016 eine Resolution zum Völkermord an den Armeniern verabschiedete, wurden etliche Rechtshilfeersuchen über Nacht gestoppt. Diplomatische Eiszeit. Hört sich in den Nachrichten immer so abstrakt an, ist für deutsche Ermittler aber ein sehr konkretes Problem.

Denn die Abzocke durch »Falsche Polizisten« läuft trotz der Festnahmen momentan ungebremst weiter. Fast jeden Tag berichten Lokalzeitungen über aktuelle Fälle in ihrer Region. Das LKA Niedersachsen registrierte im Jahr 2019 über 7000 Fälle. Rund 3000 mehr als 2018.

Dass das Vorgehen nicht gestoppt wird, liegt aber nicht nur an dem vermeintlichen Schurkenstaat Türkei. Die deutsche Polizei ist mit der Betrugsmasche schlicht überfordert. Gerade in den Flächenländern wie Niedersachsen, wo viel Gegend und wenig Polizei ist.

Selbst in der reichen Hansestadt Hamburg mit ihren kurzen Wegen sind die Fahnder des LKA 43 »Trickbetrug« oft zweiter Sieger, wenn die Callcenter in der Türkei ganze Stadtviertel heimsuchen.

Bitte sprechen sie nicht so laut. Die Nachbarn …

2018 klingelt es bei SPIEGEL-Reporter Bruno Schrep. Ein falscher »Kommissar Krause vom BKA« will den schnellen Euro, und der Vorname »Bruno« passt in das Beuteschema. Doch der Journalist entlarvt die Masche nach zwei Sätzen. Allerdings legt er nicht auf, sondern schneidet das Gespräch mit dem Handy mit. In einer Pause wählt Schrep die 110. Ein Elfmeter ohne Torwart für die Polizei, um wenigstens den Abholer aus dem Rennen zu nehmen. Doch die Polizei meldet zurück, dass gerade keine Fahnder zur Verfügung stehen. Er solle den Kontakt mit den Betrügern beenden. Ende, Aus, Vertrauen in den Staat erschüttert.

Auch in Hamburg hat die Politik auf eine schlanke Polizeibehörde gesetzt. Viele Kommissariate sind personell ausgelaugt. Mit Hochdruck werden nur Probleme bekämpft, die im Fokus der Öffentlichkeit stehen. In den vergangenen Jahren war es der islamistische Terrorismus. Trickbetrug belegte einen der hinteren Plätze.

Kein Wunder, dass viele Opfer das Gefühl beschleicht, der Staat sei machtlos gegen die arabischen Clans. In den Medien ist wenig oder fast gar nichts über die Opfer zu sehen. Es ist nicht so, dass sich Journalisten nicht für die Sicht der Opfer interessieren. Aber kaum ein betrogener Rentner möchte öffentlich darüber sprechen. Die Scham ist zu groß. Das Vertrauen in fremde Menschen ruiniert. Einsame Menschen werden noch einsamer.

Im Juni 2019 fährt ein SPIEGEL-TV-Reporter in den Hamelner Ortsteil Afferde und klingelt bei Familie S. Hier hat die Bande in der eigenen Nachbarschaft abgezockt. Der Logistiker Farhad B. wohnt offiziell in der Parallelstraße. Das Ehepaar S. ist 93 und 88 Jahre alt und lebt in einem verklinkerten Einfamilienhaus. Niemand kommt an die Haustür. Dafür öffnet die Tochter ein Fenster. Eine nette Frau, die eigentlich in Hessen lebt, jetzt aber ihre Eltern zu Hause betreut. Dialog über den Gartenzaun:

Reporter: »Möchten Ihre Eltern über das Erlebte sprechen?«

Tochter: »Nein. Auf keinen Fall. Sie haben auch schon Angst vor dem Gerichtsprozess, bei dem sie als Geschädigte aussagen müssen. Und bitte sprechen Sie nicht so laut. Die Nachbarn sollen nichts davon wissen.« Die Betrüger haben bei dem Ehepaar 130 000 Euro erbeutet. 90 000 in Gold, 40 000 cash. Mittlerweile lebt die alte Dame im Pflegeheim. Genau dafür war das Geld gedacht. Jetzt muss vielleicht das Haus verkauft werden.

Beim Prozess am Landgericht Hannover sagen mehrere Geschädigte aus. Ein Opfer berichtet, dass es sich die 10 000 Euro mühsam für seine Beerdigung zusammengespart habe.

Anfang Dezember 2019 fällt die Richterin ihr Urteil. Zehn Jahre für den Abholer Ahmad K., neun Jahre für den Logistiker Farhad B. Die Freundin Mirwet S. kassiert auch noch drei Jahre. Die Richterin: »Ich habe keine Reue gesehen.«

WEISSES GOLD UND EINE WEISSE VILLA – WIE DIE CLANS IHRE DROGENGELDER WASCHEN

Adnan A. sieht aus wie Bud Spencer in einem Italo-Western aus den 70er-Jahren. Schwarzer Vollbart, mächtiger Bauch und fleischige Oberarme. Andere Männer haben Oberschenkel mit diesem Umfang. Geboren 1960, Nationalität: Türke. Seine Erscheinung strahlt Gemütlichkeit aus. Besucher empfängt der Mann gerne im Wohnzimmer seiner Dreizimmerwohnung. Barfuß und im Unterhemd. Dann bietet er den Gästen Wasser ohne Kohlensäure auf einem Silbertablett an. Der Fußboden ist beige gekachelt, an der Wand hängt ein Bild mit einem Gebetstext: »Allah, erhaben sei er.« Es ist Juni 2013. Seine Nachbarn in der türkischen Stadt Karabaglar nennen ihn ehrfürchtig Hadschi, weil Adnan A. zu den heiligen Städten nach Mekka gepilgert ist. Adnan A. führt das Leben eines gläubigen Durchschnittsmenschen. Mittelklasse-Gegend, man verdient hier in Karabaglar am Mittelmeer durchschnittlich ungefähr 500 Euro im Monat. Aber Adnan A. ist ein millionenschwerer Immobilieninvestor.

Zumindest steht das in den Akten des Amtsgerichts Berlin-Neukölln. Am 27. Januar 2011 unterschreibt Adnan A. bei einem Berliner Notar den Kaufvertrag für einen Gewerbepark für zwei Millionen Euro. Das ist 4000-mal mehr als der monatliche Durchschnittslohn in seinem Viertel. Für die Finanzermittler des Berliner Landeskriminalamts ist der osmanische Bud Spencer eine kleine, aber nützliche Figur im weltweiten Kokaingeschäft. Aus Sicht der Polizei hat der Türke seinen Namen hergegeben, um schmutziges Geld zu säubern.

Doch wie kommen internationale Drogenhändler auf einen Mann wie Adnan A.? Die Antwort ist einfach: Familie. Adnan A. hat einen Schwiegersohn. Der Schwiegersohn hat eine Schwester. Und diese Schwester ist mit Mehmet H. (*Name geändert) aus Berlin verheiratet. Der Mann aus dem Stadtteil Neukölln hat in der Unterwelt einen Spitznamen wegen eines markanten Details im Gesicht. In dieser Geschichte nennen wir ihn abweichend »Nase«. Für die Polizei ist er einer der Strippenzieher in der arabischen Unterwelt. Ein Ermittler: »Er ist der Staatsfeind Nummer eins.«

Mehmets Biografie enthält alle Zutaten eines Hollywood-Streifens. Oder sogar einer ganzen Netflix-Serie: Da sind libanesische Narcos in Brasilien, eine weiße Villa in Berlin, wilde Verfolgungsjagden, Nobelautos, Liebe und Verrat. Es geht um Freundschaften im Clan-Milieu, die sich in frostige Feindschaften wandeln. Und um akribische Kripobeamte, die 15 Jahre lang versuchen, den Kriminellen ihre dreckigen Erlöse wieder abzujagen. Aktuell sind sie zweiter Sieger. Es ist die Geschichte einer Bundesrepublik Deutschland, die für Geldwäscher das Schlaraffenland ist. Vorläufiges Fazit: Verbrechen lohnt sich.

Man kann diesen Krimi auch mit Gerd Leidl beginnen. Am 25. November 2004 steht der weißhaarige Berliner in der Lobby eines Nobelhotels in der brasilianischen Metropole São Paulo. Leidl ist Mitte 50, hat schon viel gesehen, aber so etwas noch nicht. Ein künstlicher Fluss plätschert durch die Empfangshalle. »Da waren sogar Fische in diesem Fluss«, schreibt der passionierte Angler in seinen Erinnerungen. Ein Page beglei-

tet ihn auf sein Zimmer, »das an Ausstattung nichts zu wün-
schen übrig ließ.« Ein Kontaktmann der Drogenmafia übergibt
ihm einen Umschlag randvoll mit brasilianischen Scheinen.
Urlaubsgeld zum Verjubeln. Gerd Leidl hat beste Laune.

In Berlin ist sein Dasein eher trist. Zwei Ehen hat er vergeigt,
die dritte läuft so la la. Außerdem plagen ihn Schulden. Er hat
viel verloren. Nur der Humor und die hellblauen Augen sind
geblieben. Sein Motto: »Ich sehe nicht aus wie Brad Pitt, habe
aber dieselbe Augenfarbe wie Terence Hill.«

In São Paulo geht er als Erstes zum Maßschneider und bestellt sich einen dunkelblauen und einen hellgrauen Anzug.
Abends räumt er beim Bingo den Jackpot ab und begießt den
Gewinn mit Rum-Cola. Als er zurück ins Hotel torkelt, zeigt
ihm der Nachtportier einen Leitz-Ordner mit Bildern von käuf-
lichen Frauen. »Lächerliche Preise für eine ganze Nacht.« Trotzdem geht er alleine aufs Zimmer. Das schreibt er zumindest.

Am 6. Dezember endet das süße Leben in Südamerika. Mit
einer Swiss-Air-Maschine fliegt Gerd Leidl von São Paulo nach
Zürich. Seine Auftraggeber haben ihn in der Businessklasse
eingebucht. Leidl mimt die Rolle des seriösen Geschäftsmanns.
In Zürich steigt er um und nimmt Flieger LX 966 nach Berlin-
Tegel. In der deutschen Hauptstadt warten schon die Zöllner
auf ihn und seinen Koffer der Marke Delsey. Sie haben einen
Tipp aus der Schweiz bekommen. Bei der Kontrolle am Flughafen Tegel finden die Beamten 18 Kilogramm Kokain in Leidls
Koffer. Reinheitsgehalt: 83 Prozent. Einkaufspreis in Südame-
rika: zwischen 2500 und 5000 Euro pro Kilogramm. In Deutschland wurde Kokain damals an Zwischenhändler für ungefähr
30 000 Euro verkauft. Im Koffer stecken also 540 000 Euro. Der
Straßenverkaufswert liegt bei fast einer Million. Eine einzige
Lieferung macht Habenichtse zu Ausgesorgten. Kokain lässt
Sehnsüchte wahr werden. Es ist ein Rausch. Für Konsumenten
und Schmuggler.

Als Gerd Leidl in Untersuchungshaft schmort, bekommt er

Besuch von Rechtsanwalt Olav Franke. Leidl hatte ihn nicht kontaktiert. Franke ist einer der besten Anwälte in Berlin. Zu seinen Mandanten gehören viele Mitglieder arabischer Großfamilien. Franke will, dass Leidl keine einzige Aussage macht. Irgendwann hat der Drogenkurier den Eindruck, sein Anwalt vertritt nicht seine Interessen, sondern die der Hintermänner. Er sucht sich einen neuen Verteidiger. Am 23. Mai 2005 wird Gerd Leidl vom Berliner Landgericht zu fünf Jahren Gefängnis verurteilt. Damit hat er vergleichsweise Glück gehabt. Als der Zoll am Flughafen Nürnberg einen Kurier mit 20 Kilogramm Kokain im Koffer erwischt, verurteilt ihn die bayrische Justiz zu neun Jahren Haft. Vier Jahre mehr als in Berlin bei identischer Startaufstellung. Bayern und Berlin sind ziemlich konsequent darin, Sonderrollen einzunehmen. Bayern zeigt gern Härte. Berlin hat einen anderen Ansatz.

Der Mann, den alle nur »Psycho« nennen

Nach der Verhaftung von Gerd Leidl ermittelt die hauptstädtische Polizei auf Hochtouren. Schnell kriegen die Drogenexperten des LKA 214 heraus, dass die Flüge in einem Reisebüro im Stadtteil Moabit gebucht worden sind. Über die Daten des Reisebüros und mit Hinweisen der Schweizer Polizei filtern sie einen dritten Kurier heraus, der dann bereits in Brasilien mit 20 Kilogramm Kokain im Koffer auffliegt. Auch er stammt aus Berlin. Als die Polizei seine Wohnung filzt, findet ein Beamter unter einem Lautsprecher einen Zettel mit einer Handynummer und einem Namen: »Body«. Es ist der Startschuss für monatelange Telefonüberwachungen. Weitere Verdächtige werden ermittelt. Während der heißen Phase müssen die Ermittler allerdings betteln gehen. Sie wollen einen so genannten IMSI-Catcher einsetzen. Das Gerät, meistens verbaut in einem unauffälligen Kleintransporter, ist eine mobile Mobilfunkzelle. Alle Handys in einem bestimmten Umkreis loggen sich beim

IMSI-Catcher ein und können abgehört werden. Allerdings hat die Berliner Polizei kein solches Gerät. Zum Glück für die Ermittler besitzt eine befreundete Behörde freie Kapazitäten und hilft aus.

Nach und nach kristallisiert sich die Bandenstruktur heraus: Der Libanese Boutros El Khoury ist der Statthalter Berlins in dieser internationalen Kokain-Connection. »Nase« hat nach Ansicht der Ermittler den Hut auf, wenn es um die Rekrutierung der Kuriere geht. Dazu kommt eine Handvoll Helfer wie »Body«. Gerd Leidl wurde von einem Mann angeworben, den alle nur »Psycho« nennen.

Boutros El Khoury wurde 1977 geboren und ist nach eigenen Angaben staatenlos. »Staatenlos« ist praktisch, wenn man abgeschoben werden soll. Nach »Staatenlos« gehen keine Flieger. Tatsächlich ist Boutros El Khoury Libanese. Seine Familie ist christlich und betrieb in West-Beirut eine Bäckerei, bevor sie im Bürgerkrieg vertrieben wurde. Seit 1986 leben die Eltern mit ihren sechs Kindern in Berlin. El Khoury wurde in der achten Klasse »ausgeschult«. Für die Behörde war er »unauffindbar«. In den Akten der Berliner Staatsanwaltschaft taucht er mit etlichen Aliasnamen auf: Pierre Khoury, Tamer Sen, Ilias Karamanlis, Naji Jaajaa, Mahmut Sallar, Boris, Mohamed, Luiz. Dazu unterschiedliche Geburtsorte und Geburtstage. Ähnlich ausufernd ist sein Vorstrafenregister: Diebstahl (1992), Diebstahl (1992), gemeinschaftlicher Diebstahl (1993), gemeinschaftlicher Diebstahl (1994). El Khoury klaut gerne Autos und bringt sie nach Tschechien. 1997 schmuggelte er Heroin über die Grenze. Ein Kronzeuge sagte über El Khoury, der in der Szene nur »Pierre« genannt wurde: »Pierre war kein Straßenhändler. Er war durchaus ein mittlerer Händler.« El Khoury ist damals 19 Jahre alt. Seine Heroingeschäfte bringen ihn über fünf Jahre ins Gefängnis. Hier trifft er die Schlüsselfigur für sein weiteres Leben: Mahmoud Al Zein. Prototyp eines kriminellen Clan-Oberhaupts. Bekannt und berüchtigt als »El Presidente«. Wieder in Freiheit übernimmt El Khoury die Rolle des Ziehsohns des Patriarchen, obwohl der neun Kinder hat. El Khoury ist auch so etwas wie der Pressesprecher für »El Presidente«, dem selbst ernannten Unterweltkönig der Hauptstadt. In einem SPIEGEL-TV-Interview sagt El Khoury 2004: »Wir sind hier gekommen nach Deutschland, weil es Bürgerkrieg war. Ich denke, man kann auch Probleme lösen mit Worten.« Ein typischer Satz von dem Mann mit den vielen Namen. Er schraubt die massive Kriminalität der Clans gerne herunter. Seine Strategie: Wir sind harmlose Familienväter. Schwarze Schafe gibt es überall.

Das Koks ist weg und keiner war's gewesen

»Nase« gilt in der arabischen Unterwelt als »the Brain«. Hochintelligent und verschlagen. Er hebt sich ab von den anderen Alphatieren. Deren Respekt beruht vor allem auf der Größe ihres Clans und dem Umfang ihrer Oberarme. »Nase« hat das nicht nötig. Er hat Kopf. Nicht Körper. »Der hat Hände wie ein Waschweib«, sagt ein Szenekenner der Polizei. »Nase« gilt als sparsam und geizig. Keiner, der mit einem geleasten Lamborghini auf dem Ku'damm protzt. Das machen die Deppen. Er macht Business.

Frage an einen erfahrenen LKA-Ermittler: »Woran machen Sie seine Intelligenz fest?«

Antwort: »Dass er noch lebt. Er haut alle übers Ohr.«

2004 soll »Nase« 16 Kilogramm Kokain von seinem Partner Boutros El Khoury unterschlagen haben. Aufgeflogen ist er allerdings erst zehn Jahre später. »Nase« hatte offenbar das Märchen verbreitet, die Polizei habe die Drogen gefunden. Später dazu mehr. Der Mann versteht es meisterhaft, die Schuld von sich auf andere zu schieben.

Tricksen, ablenken, Zwietracht säen zum eigenen Vorteil.

Dafür gibt es im Arabischen ein spezielles Wort: Fitna. Wer Fitna macht, streut beispielsweise falsche Gerüchte zwischen zwei Parteien. Es kommt zum Streit und die Parteien schwächen sich gegenseitig. Der Urheber der Gerüchte profitiert. In Berlin wird viel Fitna gemacht.

»Nases« Familie stammt aus dem Libanon. Laut Gerichtsakten wurde der Vater im Bürgerkrieg schwer verletzt und ist seitdem behindert. Am 3. August 1981 reist er mit Frau und sechs Kindern nach Deutschland. Die Mutter ist hochschwanger. »Nase« kommt vier Wochen später zur Welt. Die Familie gilt als streng religiös, was für »Nase« später offenbar zum Problem wird. Ein Kronzeuge sagt 2016 über ihn: »Er hatte Angst, dass sein Vater erfährt, dass er mit Drogen handelt.« Drogenhandel ist für gläubige Moslems auch gegenüber Allah ein Verbrechen. Es ist »haram«, nach den Gesetzen der Scharia verboten. Genauso wie die Prostitution.

»Nases« Familie wird 1992 eingebürgert. Dadurch landen die Ausländerakten im Reißwolf. Oft enthalten diese Papiere wichtige Informationen über Verwandtschaftsverhältnisse. Manchmal sind das die entscheidenden Trümpfe, die der Ermittler bei einem Geldwäsche-Verfahren auf der Hand hat.

Zurück zu den Kokain-Ermittlungen: Am 14. März 2005 parkt die 32-jährige Methap E. vor der Dresdner Bank am Bayrischen Platz in Berlin in zweiter Reihe. Sie blockiert eine komplette Spur für den Verkehr. An Regeln halten sich Idioten, scheint ihr Lebensmotto zu sein. Die hübsche Frau bekommt Hartz IV und fährt Benz. Die C-Klasse ist auf ihre Mutter zugelassen. Methap E. pendelt zwischen Brasilien, Beirut und Berlin. Ihre 120-Quadratmeter-Altbauwohnung wird vom Amt finanziert. Angeblich teilt sie sich die Räume mit einer anderen Hartz-IV-Familie. Die ist aber nie da. So kann Methap E. alleine mit Boutros El Khoury die weißen Ledermöbel und die Accessoires aus libanesischen Goldmünzen genießen. Methap ist die Freundin des Berliner Narco. Und seine Geldwäscherin.

In der Dresdner Bank steuert sie das Schließfach Nummer 40 an. Darin lagern 453 000 Euro. Schmutziges Drogengeld ihres Freundes. Die Frau wird in der Bank verhaftet. In ihrer Handtasche finden die Polizisten weitere 34 000 Euro. Im Auto 59.500 Euro. Insgesamt beschlagnahmen die Fahnder 621 000 Euro und 9900 Dollar. Boutros El Khoury wird später behaupten, er habe das Geld mit einem blühenden Autohandel verdient. Kaufverträge? Hat er zerrissen. Buchführung? Alles im Kopf gemacht. Die 34. Strafkammer verurteilt Methap E. zu vier Jahren Haft wegen Geldwäsche. Die Richter gehören eigentlich zur gutgläubigen Fraktion am Landgericht. El Khourys orientalische Märchen erschienen aber auch ihnen wenig plausibel. Bevor Methap E. verhaftet wurde, versuchte sie monatelang das Kokain-Geld zu waschen. Zusammen mit ihrer Mutter.

Es ist das große Problem aller Drogenhändler auf der ganzen Welt: Wohin mit den Bargeld-Massen? Junkies kaufen sich ihre Portion Koks oder Heroin mit kleinen Scheinen. Beim Dealer stapeln sich abgegriffene Fuffis und Zwannis. Damit wird der Zwischenhändler bezahlt. Der bezahlt seinen Großhändler. Und so weiter.

Der erste Schritt vieler Geldwäscher ist, die gebrauchten Scheine gegen eine neue, größere Stückelung zu tauschen.

Neue Scheine erregen viel weniger Verdacht, wenn man damit Uhren, Schmuck oder Autos kauft. Methap E. ist mit ihrer Mutter durch Berlin getingelt. Einem türkischen Gemüsehändler in Berlin-Moabit übergibt die Mutter 10 000 Euro in bar. 5er-, 10er- und 20er-Banknoten. Der Mann geht zu seiner Bank und hebt die gleiche Summe in 500er-Scheinen ab. So schnell, so einfach.

Einen Monat vor ihrer Verhaftung betritt Methap E. zusammen mit ihrer Mutter das Spielcasino am Berliner Alexanderplatz. Es gibt Videoaufnahmen von dem Besuch. Die Frauen wollen nicht gewinnen. Sie wollen frisches Geld. Druckfrisches. Nachmittags tauschen sie über 20 000 Euro in Spielgeld fürs Roulette. Kurze Zeit später wollen sie große Scheine fürs Spielgeld zurückhaben. Doch der Plan misslingt. Sie kriegen die alten Scheine wieder. Es gab schon bessere Geldwäscher. Vor allem in Deutschland, wo es eigentlich ein Kinderspiel ist.

Mehmet »Nase« H. soll ein Meister darin sein. Am 1. Juli 2005 durchsucht die Berliner Polizei seine Wohnung in der Weichselstraße in Neukölln. Die Drogenfahnder haben einige Indizien gesammelt, dass »Nase« hinter Boutros El Khoury die wichtigste Rolle beim Kokain-Import spielt. Bei der Razzia sind auch Beamte des L K A 313 dabei. Es ist der erste Kontakt zwischen dem Drogenhändler und den Finanzermittlern der Polizei. Auch das L K A 313 hat einen legendären Ruf. Beide Parteien werden sich in den kommenden 15 Jahren ein zähes Duell um Häuser, Bargeld und Grundstücke liefern. Bis zum Redaktionsschluss für dieses Buch war es noch nicht entschieden.

Der Clan aus der Bekaa-Ebene

Das L K A 313 ist der Moneymaker der Polizei: Die Beamten stöbern Geld, Gold und Grundstücke aus Straftaten auf und nehmen sie den Kriminellen weg. Wir hatten das vorne schon: Der Vorgang heißt »Vermögensabschöpfung«. Kein Gauner soll von seiner Tat finanziell profitieren dürfen. Hört sich logisch und einfach an, ist, wie erwähnt, in der Praxis aber sehr kompliziert.

Vermögensabschöpfung ist die Königsdisziplin. Das L K A 313 sitzt in einem Gebäudeteil des ehemaligen Flughafens Tempelhof. Die Fahrstühle sind eng und klapprig. Die Büros sind höher als breit und die Fenster sind so alt, dass sich mit ihnen der Klimawandel garantiert nicht stoppen lässt. Berliner Sanierungsbau. Einige Ermittler radeln morgens ins Büro und verschwinden dann im »Spa-Bereich«. So nennen die Beamten zynisch eine veraltete Dusche, die nur kaltes Wasser liefert. Trotz der Umstände gilt das Kommissariat als akribische Truppe mit hoher Durchschlagskraft. »Die sind eine Waffe«, sagt ein ranghoher Bundespolizist aus dem Westen.

Beim ersten Kennenlernen finden die Finanzermittler nicht viel bei »Nase«. Hinweise auf eine luxuriöse Hochzeitsreise sind das Einzige. Doch die ist vorbei und kann dem damaligen Hartz-IV-Empfänger nicht mehr weggenommen werden.

Bei seinem damaligen Partner und späteren Erzfeind Boutros El Khoury läuft es besser für die Beamten. Am 1. Juli 2005 wird die Altbauwohnung mit den weißen Ledermöbeln und den stets abwesenden Mitbewohnern erneut durchsucht. Die Ermittler finden ein Foto, das sie elektrisiert: Ganz links ist Methap E. zu sehen. Sie trägt einen schwarzen Pullover mit Ärmeln bis zu den Ellenbogen. Neben ihr posiert im weißen Hemd Boutros El Khoury. Rechts neben ihm stehen zwei Libanesen: Abdel Monem Ahmad, Spitzname Menem und Youssef Ahmad Yassin.

Sie gehören zu einer weltweit verzweigten Familie aus der libanesischen Bekaa-Ebene. Der Clan mit all seinen Brüdern, Cousins, Neffen und Onkeln hat damals Europa mit Kokain überschwemmt: Aus den Labors in Kolumbien wird die Aufputschdroge in Zwischenlager nach Paraguay transportiert. Schmuggler, so genannte »Maultiere«, bringen den Stoff über die kaum gesicherte Grenze nach Brasilien. Dort übernehmen die arabischen Clans. Sie eignen sich hervorragend für globale Schweinereien. Oft sind die Familien auf mehreren Kontinenten präsent. Überall Verwandte, überall Kontakte, überall Vertrauen. Kein verdeckter Ermittler der Welt stößt in das Innere vor. Kommuniziert wird über Vornamen, Spitznamen und interne Codes. Ein Horror für jeden Fahnder. Dennoch haben es deutsche Polizisten geschafft, das Netzwerk von El Khourys Lieferanten zu dechiffrieren. Ein Team des Landeskriminalamts Nordrhein-Westfalen ermittelt von 2001 bis 2005 gegen die Narco-Libanesen. Die Organisation liefert das Rauschgift auch ins Rheinland. Das LKA in Düsseldorf verfolgt die Spur zurück bis nach Südamerika. Auch die Libanesen quatschen zu viel am Telefon. Wahrscheinlich fühlen sie sich unantastbar. Die Ermittlungen kosten Überstunden, Geld und Nerven. Am Ende verhaftet die brasilianische Polizei die Hintermänner der Berliner Kokain-Importeure. Menem wird von einer brasilianischen Bundesstrafkammer zu 56 Jahren Gefängnis verurteilt. Sein engster Vertrauter bekommt 39 Jahre.

Als die brasilianischen Ermittler Menem am 17. Juni 2005 in São Paulo festnehmen, finden sie ein Notizbuch. Es ist seine Buchhaltung: Ein- und Ausgaben, Forderungen und Verpflichtungen des Geschäfts. Wie in der legalen Wirtschaft. Unter der Überschrift »Bei meinem Vater für Pierre« listet der Drogenboss das Guthaben von Boutros »Pierre« El Khoury auf: 719 000 Euro. Nicht schlecht für einen Mann, der in Berlin staatliches Geld nach dem Asylbewerberleistungsgesetz kassiert. Verwahrt wird das schmutzige Geld im Libanon. Unerreichbar für das Berliner LKA 313.

Eigentlich hat der Staatsanwalt im Jahr 2005 ein gutes Blatt gegen El Khoury, »Nase« und ihre Mitläufer: Abgehörte Telefonate, Fotos, Aussagen der inhaftierten Kuriere. Der Staatsanwalt arbeitet in der Abteilung 69 – spezialisiert auf die Drogen der Organisierten Kriminalität. Doch es wird sechs Jahre dauern, bis ein Urteil fällt. Und auch dieses betrifft nur »Nase« und das Fußvolk. El Khoury wird für die 100 Kilogramm Kokain nie verurteilt. Eine Farce. Allerdings eine komplizierte.

Im April 2005 verweilt El Khoury in Beirut. Das Klima ist herrlich zu der Jahreszeit. Viel besser als im nasskalten Deutschland. El Khoury hat es gern angenehm. Und es nerven keine Polizisten und Staatsanwälte, die gerade in Berlin seine Freundin verhaftet haben. Aus dem Libanon ist er 1986 mit seinen Eltern geflohen. Zwar hat der Bürgerkrieg 1990 aufgehört, El Khoury ist aber nicht zurückgekehrt. Er ist in Deutschland immer noch Asylsuchender, dessen Antrag allerdings schon lange abgelehnt wurde. Er ist noch »geduldet«. Sein Status würde sofort entfallen, wenn er wieder in seine alte Heimat reist. Deshalb benutzt El Khoury einen gefälschten Pass (Nummer 25 00 37 483). Ausgestellt auf den Namen eines Berliner Laufburschen. Das Leben ist so schön mit den richtigen Beziehungen.

Am 24. April sitzt El Khoury in einer Air-France-Maschine, Flug A F 1024, nach Lissabon. Die Maschine landet um 10.03 Uhr. Zwei Minuten später versucht er, einen Kokain-Kurier anzurufen. Der Mann hebt nicht ab. El Khoury fährt in die Stadt zum Ibis-Hotel. Hier wird er gegen Mittag verhaftet. Den Drogenschmuggler hatte die portugiesische Polizei bereits in der Nacht mit 15 Kilogramm Kokain im Rollkoffer festgenommen. Die Ermittler glauben, El Khoury wollte den Stoff übernehmen. Doch die Beweise sind dünn. Ein Jahr später verurteilen ihn portugiesische Richter zu einem Jahr und neun Monate Haft. Allerdings nur wegen Urkundenfälschung (der Reisepass) und Falschaussage. Drogenhandel ist ihm nicht nachzuweisen. Im September 2006 wird El Khoury nach Deutschland ausgeliefert. Seitdem ist in Berlin viel passiert.

Die in der Abwesenheit des Bosses verhafteten Laufburschen sind längst wieder draußen. Es gilt das Beschleunigungsgebot: Menschen haben ein Grundrecht auf Freiheit (zumindest in Deutschland) und wenn der Staat in dieses Recht eingreift (U-Haft), muss er sich sputen. Das ist auch gut so. Boutros El Khoury kommt in Berlin in Untersuchungshaft. Allerdings wegen eines anderen Drogenverfahrens. Der Mann fährt gerne mehrgleisig. Der Haftbefehl für das aus Brasilien importierte Kokain wird aufgehoben. Hört sich wie ein langweiliger Verwaltungsakt an, ist aber für einen Staatsanwalt eine Katastrophe. Zumindest, wenn er in der deutschen Hauptstadt arbeitet. Berliner Gerichte sind notorisch überlastet. Jeder weiß das. Kein Justizsenator ändert das. Die Richter müssen sich die Verfahren rauspicken, bei denen die Angeklagten in U-Haft sitzen. Der Rest rutscht nach hinten. Häufig für mehrere Jahre.

Wenn die Verdächtigen aus der U-Haft entlassen werden, ist die Luft raus für den Staatsanwalt. Aus einem Krimi mit Überstunden und Nachtschichten wird ein dröger Altfall, der im Hinterkopf nervt. El Khoury, »Nase« und Co. profitieren vom stotternden Rechtsstaat.

Über sieben Brücken musst du gehn, sieben dunkle Jahre überstehn

2006 wechselt der Staatsanwalt den Aufgabenbereich. Er wird Chef von einer anderen Drogenabteilung und nimmt das Kokain-Verfahren mit. Zeit hat er nicht wirklich. Die Anklage wird erst am 14. Juli 2009 fertig. Fast fünf Jahre nachdem der erste Kurier auf dem Flughafen Tegel geschnappt wurde.

Es sind diese Berliner Realitäten, die Polizisten jegliche Motivation austreiben. Überstunden, abgesagte Privattermine, Stress mit dem Ehepartner – alles für (fast) nichts. Laut einer aktuellen Studie der Freien Universität Berlin leiden 19 Prozent aller Hauptstadtpolizisten unter Burnout-Symptomen. 25 Prozent haben einen riskanten Alkoholkonsum.

In der 197-seitigen Anklageschrift (Aktenzeichen: 5 Op JS 708 /09) ist der Boss El Khoury einer von sieben Bösewichten. Angeklagt in allen acht Fällen, »Nase« in drei Fällen. El Khoury wird nie verurteilt. Hintergrund ist das Urteil in Portugal. Sein Verteidiger argumentiert, El Khoury sei bereits in Lissabon vom Vorwurf des Drogenhandels freigesprochen worden. Der juristische Grundsatz »ne bis in idem« bedeutet, dass niemand wegen desselben Verbrechens zweimal angeklagt werden darf. Strafklageverbrauch nennen das die Juristen. Der Anwalt droht dem Gericht, notfalls vor den Europäischen Gerichtshof für Menschenrechte zu ziehen, wenn die Anklage zugelassen wird. Bei näherem Hinsehen sind die Argumente des Anwalts ziemlicher Unsinn. Der in Lissabon festgenommene Kurier hatte nichts mit den in Deutschland verhafteten Schmugglern zu tun. Es sind komplett getrennte Fälle. Dennoch zucken die Richter der 6. Großen Strafkammer zusammen. Sie wollen erst einmal ein mögliches Urteil der EU-Kollegen in Straßburg abwarten. So etwas kann Jahre dauern. Die Staatsanwaltschaft stimmt schließlich zu, das Verfahren gegen den Boss El Khoury komplett zu beerdigen. El Khoury ist raus, straffrei trotz 100 Kilogramm Kokain. Berlin – das Land der Richter und Schenker.

Im September 2011 beginnt endlich der Prozess gegen Mehmet »Nase« und die Helfer. Mittlerweile sind fast sieben Jahre vergangen. Vor dem ersten Prozesstag haben die Beteiligten im Hintergrund gedealt – Strafrabatt gegen Geständnisse. Vorteil für alle Beteiligten: ein schnelles Ende. Nach nur drei Verhandlungstagen wird »Nase« zu fünf Jahren und einem Monat verurteilt. Allerdings gelten 22 Monate als verbüßt, weil das Verfahren so lange gedauert hat. Er wird nur in einem von drei angeklagten Fällen schuldig gesprochen. Laut Urteil hat er nicht einen Cent Gewinn aus dem Geschäft gezogen, weil der Drogenkurier bereits in Brasilien verhaftet wurde. Somit kann ihm der Staat auch nichts wegnehmen. Dieses Urteil deckt sich so gar nicht mit den Einschätzungen der Finanzermittler vom LKA 313.

Das LKA geht davon aus, dass »Nase« zwischen 2004 und 2011 das schmutzige Geld gut versteckt hat. Hinter dem Berliner Hotel Estrel, nicht weit weg von der ehemaligen Sektorengrenze, steht eine schiefe Mauer aus weißen Ziegelsteinen. Stacheldraht auf der Mauerkrone soll Langfinger abschrecken. Dahinter stehen Autos, die von einer türkischen Familie zum Verkauf angeboten werden. »Unfaller, Gebrauchte, Exoten«, steht auf einem blauen Schild. Ein schmuddeliges Viereck, wo der Kunde Schnäppchen sucht und auf Seriosität verzichtet. Auf dem Papier hat »Nase« nichts mit dem Autohandel zu tun. Allerdings sagt ein Kronzeuge das Gegenteil:

»Auch der Autohandel hinter dem Estrel gehört ihm. Ich war zweimal da und habe die ganzen teuren Autos gesehen.« Als die Drogenfahnder den Kokain-Handel auffliegen lassen, steigt der Umsatz auf dem Autoplatz auf Rekordniveau. 2005 machte die Autobude 150 000 Euro Umsatz. Ein Jahr später sind es fast vier Millionen. Eine Umsatzsteigerung wie in der Start-up-Branche. Die blühenden Autolandschaften werden vor allem mit dem Export ins Ausland erwirtschaftet. Überprüfen lässt sich das für einen deutschen Ermittler nicht.

Kein Wunder, dass Deutschland ein Schlaraffenland für Geldwäscher ist.

Ein italienischer Staatsanwalt namens Roberto Scarpinato hat einmal gesagt: »Wäre ich Mafioso, würde ich in Deutschland investieren.« Der Satz lässt sich bis heute doppelt unterstreichen. Experten von der Universität Halle-Wittenberg haben 2015 geschätzt, dass in Deutschland unfassbare 100 Milliarden Euro jährlich gewaschen werden. Vor allem mit Immobilien, die hier immer noch bar bezahlt werden können. Das heizt die Immobilien- und Mietpreise an und sorgt für sozialen Frust.

Zurück zu den türkischen Autohändlern mit den paradiesischen Umsätzen: Am 19. Juni 2006 kaufen sie ein Grundstück in einer Einfamilienhaussiedlung in Berlin-Rudow. Die Autohändler überweisen 110 000 Euro für die 714 Quadratmeter an eine Nachlassverwalterin. Der Vorbesitzer ist einsam verstorben. Auf dem Gelände entsteht eine weiße Villa. Zwei Etagen plus ausgebautes Dachgeschoss, weißer Klinker. Im Erdgeschoss ziehen die Autohändler ein. Erste Etage und Dachboden sind für »Nase« mit Frau und Kindern reserviert. Schon während der Bauphase überwacht »Nase« offenbar die Fortschritte. Zumindest deuten Fotos darauf hin, die beim Bauleiter gefunden werden. Die türkischen Autohändler sind später die nettesten Vermieter der Welt. Sie kassieren von ihrem Mieter monatlich nur so viel Geld, wie das Jobcenter Neukölln zu zahlen bereit ist. »Nase« bezieht damals Hartz IV. Eine Villa auf Staatskosten. Natürlich gehen die Finanzermittler vom LKA 313 davon aus, dass »Nase« der eigentliche Eigentümer ist. Sie können es nur nicht beweisen.

In Italien wäre die Villa wahrscheinlich schnell weg. Südlich der Alpen hat der Staat noch ganz andere Mittel. Ein Mafioso fährt im roten Sportwagen durch die Innenstadt? Ciao, ciao, Ferrari. In Italien geht es um die »Verfügung«. Verfügt ein Mafioso über Geld, Autos oder Immobilien, kann das Vermögen eingezogen werden. Egal, wer der Eigentümer auf dem Papier ist. In Deutschland ist das nicht möglich. Hier muss der Eigentümer ermittelt werden, was sehr kompliziert werden kann. Vor allem, wenn er im Ausland wohnt.

2011 ermittelt das LKA mal wieder gegen »Nase«. Es geht um Hehlerei mit Autos. Nach Erkenntnissen der Polizei werden bei den türkischen Autohändlern Unfallwagen aus dem Luxussegment repariert. So weit, so legal. Aber die Praxis hat auch eine kriminelle Komponente. Schritt eins: Die für die Reparaturen nötigen Kotflügel, Stoßstangen und Türen werden nicht beim Händler bestellt, sondern bei Mietwagen ausgebaut. Schritt zwei: Die geliehenen Karossen kriegen die kaputten Teile angeschraubt. Schritt drei: Die Leihfahrzeuge werden zu Schrott gefahren, um den Diebstahl der Teile zu kaschieren. So die These der Ermittler.

Bei Ermittlungen in diesem Fall kriegen die Fahnder den Inhalt eines Gesprächs mit, das sie aufhorchen lässt. Am 23. Januar 2011 sagt »Nase« am Handy zu seinem Anwalt: »Wir bringen das Geld in die Türkei und holen es dann zurück.« Einen Tag später steuert »Nase« zum Flughafen Berlin-Tegel. Sein Begleiter ist Muzaffer S., der Bauleiter für die weiße Villa. Davor war er Busfahrer.

Muzaffer S. trägt 200 000 Euro versteckt am Körper. »Nase« 100 000 Euro. Die Männer wollen um 19.15 Uhr eine Maschine nach Izmir nehmen. Dort lebt der osmanische Bud Spencer –

Adnan A. Er wird drei Tage später für zwei Millionen einen Gewerbepark in Berlin-Neukölln kaufen.

Am Flughafen Tegel filzen die Zöllner »Nase« und Muzaffer S. und finden das Bargeld. Es wird beschlagnahmt, weil sie den Bargeldtransport hätten anmelden müssen. Das ist erst mal nur eine Ordnungswidrigkeit und die Strafe ist in der Regel lächerlich gering. Wer große Mengen Bargeld ins Ausland schaffen muss, sollte es über einen deutschen Flughafen machen.

Die SPD und eine Bundestags-Drucksache

Das LKA 313 startet aber einen neuen Versuch, Mehmet »Nase« die mutmaßliche Kokain-Kohle wegzunehmen. Die Polizei zieht die 300 000 Euro vorläufig ein und leitet ein Verfahren wegen Geldwäsche in die Wege. Allerdings haben die Polizisten ein Problem. Sie müssen ja beweisen, dass das Geld illegal ist. Das heißt, sie müssen eine Tat finden, aus der das Geld stammt. »Nase« wird zwar im Herbst 2011 wegen Kokain-Schmuggel verurteilt. Aber nur für einen Fall, bei dem der Kurier bereits in Brasilien geschnappt worden war. Für die anderen Taten wird er freigesprochen. Laut Urteil hat »Nase« nicht einen Cent mit der Droge verdient. Dass »Nase« als Hartz-IV-Empfänger in einer weißen Villa lebt, ist dem deutschen Rechtssystem dabei vollkommen egal.

»Nase« ist kein Einzelfall. Eher der Klassiker: ein Hartz-IV-Empfänger mit krimineller Vergangenheit wird mit viel Bargeld erwischt, das nicht zu seinem Einkommen (Sozialhilfe) passt. Die Polizei beschlagnahmt es. Die Ermittler finden aber keine Straftat. Das Geld muss zurückgezahlt werden. Es gilt der Grundsatz: Der Staat muss die Illegalität der Gelder belegen. Und nicht: Der Kriminelle muss die Legalität beweisen. Letzteres wäre eine Beweislastumkehr. Würde eine Beweislastumkehr in Deutschland gelten, müsste ein Drogendealer belegen, dass er den Haufen kleiner Scheine sauber erarbeitet hat.

Kann er das nicht, ist die Kohle weg. Eine Beweislastumkehr wäre eine sehr scharfe Klinge im Kampf gegen die Organisierte Kriminalität.

Die Bundestagsfraktion der SPD brachte bereits 1994 einen Gesetzesentwurf (Drucksache 12/6784) ins Parlament ein, dessen Kern die Beweislastumkehr war. Die Sozialdemokraten waren damals Opposition. Der Entwurf blieb ein Entwurf. Ab 1998 stellte die SPD den Kanzler und den Innenminister. Der Gesetzesentwurf versauerte trotzdem in der Schublade. »Da haben wir etwas versäumt. Eindeutig. Die Chancen wären da gewesen. (…) Der entscheidende Schlag Richtung mutmaßlich kriminellen Vermögens ist uns nicht gelungen«, sagt der ehemalige innenpolitische Sprecher der SPD Dieter Wiefelspütz in einem Interview mit SPIEGEL TV.

2013 unterschreiben CDU, CSU und SPD den Koalitionsvertrag »Deutschlands Zukunft gestalten«. Grundlage für Angela Merkels dritte Amtszeit. Auf Seite 145 des Vertrags verspricht die Große Koalition nichts Geringeres als die Revolution: »Wir regeln, dass bei Vermögen unklarer Herkunft verfassungskonform eine Beweislastumkehr gilt, so dass der legale Erwerb der Vermögenswerte nachgewiesen werden muss.«

Staatsanwälte und Polizisten können ihr Glück kaum fassen. Die Epoche der Sozialhilfe abgreifenden Drogendealer in weißen Villen scheint beendet. Der Ehrliche wäre nicht mehr länger der Dumme. CDU, CSU und SPD revitalisieren den Glauben an eine Gesellschaft, in der sich Verbrechen nicht lohnt. Es gibt nur einen Haken: Merkel und Co. setzen ihr Vorhaben nicht um.

Stattdessen verabschiedet der Bundestag das Gesetz »Zur Reform der strafrechtlichen Vermögensabschöpfung«. Wichtigste Botschaft: keine Beweislastumkehr. Das Gesetz verbessert ab dem 1. Juli 2017 zwar die Karten der Ermittlungsbehörden. Sie haben es jetzt etwas leichter, den Kriminellen das Geld abzujagen, wenn bereits Erkenntnisse über Vorstrafen der Täter existieren. Im Fall von »Nase« stünden die Aktien heute besser als 2011, weil er ein verurteilter Kokainhändler ist. Die Polizei würde Durchsuchungsbeschlüsse oder eine vorläufige Einziehung des Geldes von einem Ermittlungsrichter genehmigt bekommen. Aber es ist nur eine kleine Revolution. Augenscheinlich unbescholtene Hartz-IV-Kassierer mit einem Koffer voller Bargeld müssen das Gesetz aus 2017 nicht mehr fürchten, nachdem der Bundesgerichtshof im Januar 2020 das oben beschriebene Urteil fällte. Der große Wurf wurde zu einem winzigen Hopser. Später noch mal mehr dazu.

Zurück zu »Nase«, seinem Geschäftspartner und den 300 000 Euro. Die Beamten des LKA 313 finden 2011 keine Straftat, mit der das Geld »inkriminiert« wurde. Die Staatsanwaltschaft stellt das Geldwäsche-Verfahren ein. Eigentlich muss der Staat das Geld jetzt wieder herausrücken. Aber das LKA 313 startet noch einen Versuch mit dem Gesetz zur Gefahrenabwehr (ASOG). Argument der Ermittler: 300 000 Euro in den Händen eines Kokain-Schmugglers sind eine Gefahr für die Bevölkerung. Der Kriminelle könnte damit neue Drogen einkaufen. Der Versuch zeigt, wie kreativ und hartnäckig das LKA 313 auftritt. Der Endgegner eben. Allerdings ist das Gesetz zur Gefahrenabwehr kein besonders geeignetes Instrument, dreckiges Drogengeld einzuziehen. Dafür wurde es nicht verabschiedet. Der Versuch verzögert die Herausgabe des Geldes. Er verhindert sie aber nicht.

»Nase« und Muzaffer S. bekommen das Geld zurück.

2011 sieht es aus, als hätte »Nase« gegen den Staat gewonnen. Der Schwiegervater seines Schwagers, der osmanische Bud Spencer, Adnan A., kauft für zwei Millionen Euro den »Gewerbepark Neukölln«. Auf dem Areal an der Mohriner Allee mieten sich vor allem Handwerker ein. Gerüstbauer, Fassadenreiniger, Gas-Wasser-Installateure. Sie überweisen jedes Jahr schätzungsweise einen sechsstelligen Betrag. Chef des Gewerbeparks wird Muzaffer S., der Bauleiter der weißen Villa.

Er stellt »Nase« als seinen Mitarbeiter ein. Nicht Vollzeit, nur geringfügig beschäftigt für 1000 Euro. Für das LKA 313 ist es keine Überraschung. Die Anstellung hilft ihm vor allem bei seiner Haftstrafe. Zur Erinnerung: Das Landgericht Berlin verurteilt »Nase« im September 2011 wegen Drogenhandels zu über fünf Jahren Haft. Weil er eine Arbeit nachweisen kann, landet er schon nach kurzer Zeit im offenen Vollzug. Das heißt, er schläft nur im Knast und fährt tagsüber zur Arbeit. Abschreckung sieht anders aus.

16 Kilogramm Koks, die AI Zeins und ein Geldtransporter

Wäre der Krieg zwischen »Nase«, Boutros El Khoury und dem LKA 313 ein Spielfilm, wäre die folgende Episode der dramatische Höhepunkt. 2014 schmort der Libanese Boutros El Khoury in der JVA Berlin-Moabit. Er sitzt mal wieder wegen Kokainhandels. 36 Kilogramm sind es diesmal. Mittelmaß für El Khoury. In seiner Zelle studiert El Khoury alte Ermittlungsakten und findet nichts. Er sucht das Beschlagnahmeprotokoll für 16 Kilogramm Kokain, die er 2004 »Nase« anvertraut hat und die von der Polizei angeblich in einem schwarzen BMW gefunden wurden. Aber El Khoury findet dazu nichts in den Akten. Wut und Hass steigen in ihm auf. Er ist überzeugt, dass sein alter Partner ihn ausgetrickst hat.

Das Drama ist gut dokumentiert, weil die Polizei El Khoury engmaschig überwacht. Die Fahnder glauben, dass der Libanese aus dem Gefängnis heraus sein Drogenbusiness weiter steuert. Die Polizei hört deshalb sein Telefon ab. Handys im Knast sind so normal wie draußen. Obwohl streng verboten, verfügen viele Insassen über ein Telefon. El Khoury hatte sich mit einem Wärter angefreundet. Typisch für ihn. Seine Macht ist vor allem das Wort. Über das enge Verhältnis zu dem Beamten sagt El Khoury später: »Auch ich brauche Menschlichkeit.

Auch ich will weinen.« Der Beamte liefert Sushi und Döner in die Zelle. Wahrscheinlich auch eine Shisha-Wasserpfeife, Parfum und das Telefon.

Aus der Zelle heraus will El Khoury seinen alten Partner und neuen Rivalen erledigen: Am 9. Januar 2015 greift El Khoury zum Telefon. Zur selben Zeit sitzen die Autoritäten der Al-Zein-Großfamilie in der Bar Savage Rooms in der Augsburger Straße beim KaDeWe. Die Kneipentür ist abgeschlossen. Der Clan braucht Ruhe. Es brodelt bereits. Mit dabei sind Mahmoud Al Zein (»El Presidente«) und zwei seiner Söhne. Außerdem sein Bruder Nasser, genannt »Der Zwerg«. Aus dem Libanon ist extra der Vater, Abu Riad, angereist. So was geschieht nur, wenn der Haussegen im Clan äußerst schief hängt. Die filmreife Szenerie ist durch das Mithören der Polizei gut dokumentiert. Außerdem ist ein Mann in der Bar, der später als Kronzeuge auspackt. Und natürlich sitzt der Angeklagte bei diesem Tribunal am Tisch: »Nase«. Er spaltet die Al-Zein-Familie in zwei Fraktionen. Die eine würde ihn am liebsten mit den Barhockern massieren. Die andere schützt ihn. Geklärt werden soll das Verschwinden der 16 Kilogramm Kokain aus dem schwarzen BMW im Jahr 2004, die laut »Nase« von der Polizei beschlagnahmt wurden. Das ist zwar schon über zehn Jahre her, aber eine Verjährung gibt es in diesen Kreisen nicht. Die Al Zeins wollten damals mitverdienen und würden nun gerne wissen, wie es zu dem Verdienstausfall kam. Fehlende Einnahmen kann »El Presidente« gar nicht leiden. Er braucht ständig Nachschub. Koks und Euros.

Alle starren auf das Handy in der Mitte, als Boutros El Khoury um 18.41 Uhr anruft. Das Telefon wird auf Lautsprecher gestellt. El Khoury hat seine höfliche Art im Knast nicht verlernt und begrüßt die Bosse der Al Zeins der Reihe nach und erkundigt sich nach ihrem Befinden. Dann geht es zur Sache: Laut El Khoury kann nur »Nase« das Kokain unterschlagen haben, weil kein anderer den Standort des Autos kannte.

Der Angeklagte kontert: Angeblich sei der Kofferraum bereits aufgebrochen gewesen, als er beim Auto eintraf. El Khoury droht, ihn »kaputt zu machen und in den Knast zu bringen«. Plötzlich stellt »El Presidente«, Mahmoud Al Zein fest, dass »Nase« schuldig sei. El Khoury beendet das Gespräch. »El Presidente« fordert von »Nase« 750 000 Euro. Am Tisch entbrennt eine heftige Diskussion, ob »Nase« wirklich schuldig sei und ob er zahlen müsse. Reicht die Einzelmeinung von »El Presidente«? »Nase« schafft es kurzfristig, die Fraktionen innerhalb des Al-Zein-Clans gegeneinander auszuspielen. Zwietracht säen, tricksen, täuschen. Fitna vom Feinsten. Allerdings kommt er dieses Mal aus der Nummer offensichtlich nicht heraus. Der Kronzeuge berichtet später dem LKA:

»Er gab nun auf einmal nach und gab zu, dass er das Kokain genommen hat. Er hatte Angst, dass sein Vater erfährt, dass er mit Drogen gehandelt hat.« Später soll es noch Streit zwischen den Fraktionen gegeben haben, wer die Strafzahlung von »Nase« einstreichen darf. Der Ausgang ist nicht überliefert.

Für das LKA 313 ist das abgehörte El-Khoury-Telefonat eine Frischzellenkur. Eine Wiederbelebung der Ermittlungen. Zum ersten Mal haben die Finanzermittler etwas Handfestes, dass »Nase« bei den Kokain-Importen 2004 satt kassiert hat. 16 Kilogramm Kokain. Außerdem erwähnt El Khoury in dem Gespräch weitere acht Kilogramm Kokain, die »Nase« zusätzlich gehören. Macht insgesamt 24 Kilogramm. Damaliger Wert: über 700 000 Euro. Auf der Straße über eine Million. Damit lässt sich arbeiten beim LKA 313.

Und es kommt noch besser. Ermittler fahren in die JVA Tegel, wo El Khoury mittlerweile einsitzt. Der Schwerverbrecher ist bereit. Er will reden. Der Hass ist stärker als die Omerta, das Gesetz des Schweigens. Es wird ein denkwürdiges Gespräch. El Khoury quatscht und quatscht. Er belastet »Nase«. Aber er belastet sich auch selbst. Die Polizisten sind happy. Die Staatsanwaltschaft nicht. Die Aussagen seien wertlos, so das Argument der Juristen. El Khoury hätte belehrt werden müssen, dass er Beschuldigter sei, als er sich während der Zeugenvernehmung selbst belastete. Die Polizisten halten dagegen: Die Aussagen von El Khoury gegen sich selbst seien zwar unbrauchbar, die Aussagen gegen »Nase« aber nicht. Doch die Staatsanwaltschaft verweigert die Anerkennung. »Nase« schafft es schon wieder, zwei Parteien gegeneinander in Stellung zu bringen.

Auch ohne die Aussage von El Khoury legen die Beamten los. Gegen »Nase« ermitteln wieder die Drogenfahnder. Außerdem leitet das LKA 313 ein Geldwäsche-Verfahren gegen die türkischen Autohändler ein und beschlagnahmt die weiße Villa und den Gewerbepark Neukölln. Die Eigentümer können die Immobilien jetzt nicht mehr verkaufen. Es ist aber nicht so, dass die Polizei den Drogenhändler aus der luxuriösen Villa wirft. Die Immobilien sind vom Staat nur vorläufig beschlagnahmt. Erst wenn ein Gericht feststellt, dass die türkischen Autohändler tatsächlich Geldwäscher sind, kassiert der Staat die Immobilien dauerhaft ein. So lange fließen sogar die Mieteinnahmen vom Gewerbepark weiter.

2016 kippt das Berliner Landgericht die Beschlagnahmung. Für die Richter ist der Eingriff des Staates »unverhältnismäßig«. Beim LKA 313 kocht die Polizistenseele. Die Beamten halten die juristische Begründung für »aberwitzig«. Sie glauben, die Richter haben zugunsten der geringsten Arbeitsbelastung entscheiden. Bloß schnell runter vom Schreibtisch mit den lästigen Akten.

Das Geldwäsche-Verfahren war zum Redaktionsschluss dieses Buches noch im Gange. Theoretisch könnten die weiße Villa und der Gewerbepark Neukölln vom Staat noch dauerhaft einkassiert werden. Aber so richtig glaubt keiner mehr daran. Selbst beim LKA 313 nicht.

Das neue Drogenverfahren gegen »Nase« (Aktenzeichen: 254 JS 186 / 15) läuft seit über fünf Jahren. Aber es bewegt sich nichts mehr. Da kein Beschuldigter in U-Haft sitzt, macht auch niemand Stress. Die junge Staatsanwältin hat genügend andere Drogenhändler, die sie verfolgen muss. Wahrscheinlich kommt »Nase« ohne Anklage aus der Nummer raus. Die Aussagen von El Khoury im Knast hätten eventuell gereicht. Doch die Staatsanwaltschaft verweigert nach wie vor die rechtliche Würdigung.

»Nase« bleibt für das LKA 313 eine Berufung. Ein Dauerlauf ohne Ziel in Sicht. Einige Ermittler arbeiten seit 15 Jahren an dem Fall. Noch ist er unerledigt. »Nase« ist oft in der Nähe, wenn arabische Verbrecher in Berlin ein großes Ding durchziehen. Aber immer weit genug weg, um sich nicht zu verbrennen. So auch beim spektakulärsten Raubüberfall der vergangenen Jahre.

Am 19. Oktober 2018 rollt ein Geldtransporter morgens um 7.30 Uhr durch die Schillingstraße in der Nähe des Alexanderplatzes. Vor dem weißen Transporter fährt sehr langsam ein schwarzer Audi A6. »Der sucht wohl einen Parkplatz«, denken Fahrer und Beifahrer des Geldtransporters. Plötzlich setzt der Audi zurück und blockiert den Geldtransporter. Hinten keilt ein Mercedes R-Klasse den weißen Transporter ein. Fünf maskierte Täter springen aus den Autos: Zwei bedrohen die Fahrer und sichern den Tatort mit jugoslawischen Kalaschnikows. Von dem Überfall existiert ein Handyvideo, das im Internet abrufbar ist. Die Täter bewegen sich ohne Hektik. Null Panik. Äußerst professionell. »Das war das Who is Who der arabischen Unterwelt«, wird ein LKA-Beamter später sagen.

Zwei Räuber brechen mit hydraulischen Spreizgeräten die hintere Tür des Geldtransporters auf und erbeuten sieben Millionen Euro. Allerdings haben die fünf Täter Pech: Eine Polizeistreife ist zufällig in der Nähe und stört das Unternehmen. Es folgt eine filmreife Jagd durch Berlin-Mitte und Kreuzberg. Ein Täter schießt mit einer jugoslawischen Kalaschnikow auf den Streifenwagen. Die Kugel bohrt sich in den Kühler. Zum Glück für die Polizisten klemmt die Waffe. Keine weiteren

Schüsse. Dennoch brechen sie die Verfolgung ab. Beim flüchtenden Mercedes bricht nach mehreren Crashs die Hinterachse. Die drei Täter türmen zu Fuß. Sie lassen die Beute, die Kalaschnikow und DNA zurück. Die Polizei ermittelt später, dass der Fahrer ein guter Bekannter von »Nase« ist. So steht es zumindest in der Anklage der Staatsanwaltschaft.

In dem Fluchtwagen findet die Spurensicherung einen Schlüssel für einen BMW 218d. Die Fahnder ermitteln, dass der BMW einer Autovermietung gehört, die schon öfters bei Verbrechen arabischer Clans aufgefallen ist. Die Polizei ortet den BMW in einem Parkhaus in Neukölln und observiert ihn. Plötzlich taucht »Nase« auf und untersucht den BMW. Er läuft ums Auto herum und blickt ins Innere. Er fasst das Auto nicht an. Dann verschwindet er wieder.

Es ist nicht die einzige Verbindung zwischen »Nase« und den Räubern. Vor dem spektakulären Überfall auf den Geldtransporter testen die Täter die hydraulischen Spreizer, mit denen die Feuerwehr normalerweise eingeklemmte Unfallopfer befreit. Dreimal üben die Räuber nachts das Aufbrechen von Geldtransportern. Dafür benutzen sie abgestellte Transporter, die leer sind.

Ein Geldtransporter parkt auf einem Areal in der Mohriner Allee. Es ist der Gewerbepark Neukölln, der dem osmanischen Bud Spencer, Adnan A., gehört. Und der Schwiegersohn von Adnan A. ist der Schwager von »Nase«. Kokain, Geldwäsche, Überfälle – es ist und bleibt ein Spiel des Lebens für die ganze Familie.

DER MENSCH ALS WARE – DIE GESCHICHTE EINES SCHLEUSERVERFAHRENS

Wie bei den Drogen können arabische Großfamilien auch beim Menschenhandel perfekte Strukturen bieten. Mit Anlaufstellen auf jedem Kontinent, international bestens verdrahtet. Kontakte sind für Kriminelle das wichtigste Kapital. Bestes Beispiel ist eine Großfamilie, die in Essen und Berlin ihr Kerngebiet hat. Vom Ruhrgebiet aus organisiert sie den Schmuggel zahlungskräftiger Kunden nach Deutschland. Der Drahtzieher ist Hussein O., 23. Der Mann hat mal eine Lehre zum Metzger gemacht, dann aber abgebrochen, jetzt lebt er von Hartz IV. Für einen BMW reicht es dennoch. Einen Führerschein hat er nicht.

Der Weg, den er anbietet um nach Deutschland zu kommen, führt über Asien.

Interessiert ist zum Beispiel Mohamad S., der es im Libanon nicht mehr aushält und versucht seine Frau und acht Kinder nach Deutschland zu bringen. Eigentlich ist die Familie vor dem Krieg in Syrien in die libanesische Hauptstadt geflohen. Jetzt soll es weitergehen nach Europa. So wie für Hunderttausende Landsleute auch. Aber im Gegensatz zu anderen verfügt Mohamed S. über Kapital. Im Beiruter Reisebüro Anytime Travel bekommt er von einem Libanesen die Garantie, ganz bequem mit dem Flugzeug nach Europa zu reisen – eine Flucht de luxe. Allerdings wird der Trip nicht billig: 90 000 Dollar für alle zehn Personen.

Davon bleiben 20 000 bei Hussein O. hängen, der alles organisiert. So ist es mit seinem libanesischen Partner vereinbart. Hussein O. reist nach Istanbul, wo ein Kontaktmann namens »Abu Haval« einen Passfälscher vermittelt. Für 5000 Euro bekommt der Mann aus dem Ruhrgebiet zehn getürkte Aufenthaltstitel. Das Dokument ermöglicht die Einreise und den Verbleib in Deutschland. Vorausgesetzt, die Fälschung ist gut genug und fliegt nicht auf.

Im Oktober 2014 trifft Hussein O. die zehnköpfige Flücht-lingsfamilie in einem Hotel in Malaysia. Fast 10 000 Kilometer vom Ruhrpott entfernt. Er klebt die gefälschten Aufenthaltstitel in die Reisepässe der Syrer. Mit dem Flugzeug soll die Fami-lie zunächst nach Paris fliegen. Dann weiter nach Deutschland. Die Tickets hat ein Reisebüro im berüchtigten Essener Stadtteil Altenessen gebucht. Allerdings scheitert die Operation schon an der Passkontrolle. Die gefälschten Dokumente fallen bei der Ausreise auf. Die syrische Familie strandet zunächst in Malay-sia.

Husseins Business scheitert nicht bei jedem Versuch. Seine Fähigkeiten sprechen sich deshalb in der arabischen Commu-nity schnell herum. Der Bedarf ist groß. Die Clans in Deutsch-land haben noch eine Menge Verwandte, die lieber in Bottrop als in Beirut leben würden. Husseins Standardpreis für eine Schleusung beträgt 6000 Euro bei einer Person. Pass und Flug inklusive. Auch in Deutschland hat er die nötigen Drähte. Ein Tunesier namens »Abou Eso« fälscht die Dokumente. Hussein bringt außerdem Männer mit dem echten Reisepass seines Bru-ders nach Deutschland. Wenn die Ähnlichkeit passt. Für diese schnelle und unkomplizierte Variante ist der Preis etwas nied-riger.

Im Februar 2015 bekommt der Schleuser von einem Mann aus einer anderen Großfamilie den Auftrag, zwei Neffen aus dem Libanon nach Deutschland zu schmuggeln. Dieses Mal fälscht der Tunesier »Abou Eso« zwei Aufenthaltstitel. Ein Ku-rier bringt die Dokumente nach Beirut. Die zu schleusenden Neffen sollen eine besonders ausgefeilte Route nehmen. Und zwar über den Himalaya-Staat Nepal. Von Beirut aus geht es über Istanbul zum Dach der Welt. Dort scheitert die Weiter-reise nach Europa erneut. Die gefälschten Dokumente sind nicht gut genug.

Am 4. November 2015 übernimmt der deutsche Staat mal wieder für einen Tag die volle Kontrolle über Altenessen. Die

Spezialeinheit GSG9, der legendäre Pitbull der Bundespolizei, stürmt die Wohnung von Hussein O. Weil der Einsatzleiter Polizeidirektor Martens das Clan-Mitglied für besonders gefährlich hält, dürfen die Maskenmänner sogar Blendgranaten einsetzen. Ein halbes Jahr später wird der Schleuser zu vier Jahren Haft verurteilt.

Die in Malaysia gestrandete Familie S. lebt trotzdem mittlerweile in der Bundesrepublik. Aus humanitären Gründen durfte sie einreisen. Die Flugtickets hat der deutsche Steuerzahler gekauft.

Schleusungskriminalität ist kein Alleinstellungsmerkmal der arabischen Clans in Deutschland. Auf diesem lukrativen Feld tummeln sich viele Akteure. Aus den Statistiken der Polizei lässt sich nicht herausrechnen, welchen Anteil die Großfamilien für sich abgreifen. Weil die Erkenntnislage zu diesem Phänomen relativ schmal ist, fällt auch das Kapitel zu diesem Aspekt relativ kurz aus.

KAPITEL 6
DIE JAGD NACH DER BEUTE

Wie die Clans ihre Millionen sichern. Und wie der Staat sie ihnen wieder streitig macht

Der 13. Juli 2018 ist einer der wichtigsten Tage in der Bundesrepublik, wenn es um die Bekämpfung des Organisierten Verbrechens geht. Es ist eine konzertierte Aktion, die hier stattfindet, verteilt über das ganze Berliner Stadtgebiet. Auch die vier Gestalten vor dem sanierten Altbau in der Wildenbruchstraße in Neukölln gehören dazu. Drei Männer und eine Frau, allesamt Zivilpolizisten. Um 11.15 Uhr rücken sie in das Zielobjekt vor. Ihre Pistolen tragen sie verdeckt unter Poloshirts und schwarzen Jacken. Kein Anwohner schreckt auf und zückt seine Handykamera. Ein Einsatz auf leisen Sohlen, den es so in der deutschen Kriminalgeschichte noch nicht gegeben hat. Hier und heute lotet der Staat aus, wie weit er die Krallen gegen die arabischen Clans ausfahren kann. Aber er haut dabei nicht auf die Pauke. Keine SEK-Maskenmänner, keine Ramme, keine Presse. Der rechtsstaatliche An- oder besser Eingriff steht auf Papier: richterliche Beschlüsse, die parallel zu der Razzia bei den Grundbuchämtern eingehen.

In der Wildenbruchstraße haben es die Beamten auf ein Büro und eine Wohnung des berüchtigten Rammo-Clans abgesehen. Sie fahnden nach Beweisen für ihre Theorie, dass die Großfamilie mit erbeuteten Millionen zum Großgrundbesitzer aufgestiegen ist. Was sie finden, ist ein braunes Adressbuch, in das jemand eine libanesische Handynummer und den Namen einer Frau gekritzelt hat: »Zeinab F.« Wie sich später zeigen wird, ist sie eine der Schlüsselfiguren in diesem Krimi.

Fünf Tage später kann SPIEGEL ONLINE exklusiv melden, dass die Berliner Staatsanwaltschaft insgesamt 77 Immobilien im Wert von knapp zehn Millionen Euro beschlagnahmt hat.

Es ist das Resultat von drei Jahren intensiver Arbeit bei Polizei und Staatsanwaltschaft. Finanzermittler vom Landeskriminalamt hatten Hunderte Konten durchleuchtet und die Spuren des Geldes bis in den Libanon verfolgt.

Es ist auch ein Praxistest für das neue Gesetz aus dem Jahr 2017, das die Chancen der Ermittler verbessern soll, die kriminelle Schattenwelt finanziell leer zu pumpen. Noch steht nicht fest, ob das Gesetz ein scharfes Schwert oder ein Rohrkrepierer ist. Juristen und Polizisten aus ganz Deutschland beobachten sehr gespannt, ob die 77 vorläufig beschlagnahmten Immobilien auch endgültig Staatseigentum werden. Denn dieser Fall ist anders gelagert als jener, über den im Januar 2020 in Karlsruhe entschieden wurde: Der Rammo-Clan ist bereits mit zahllosen Straftaten in Erscheinung getreten, es liegen also Vorkenntnisse zu den Verdächtigen vor, sodass die Polizei hier berechtigt ist, Häuser zu durchsuchen und Gelder vorläufig einzuziehen.

Es wird, so viel lässt sich bereits prognostizieren, einen Showdown am Bundesgerichtshof oder am Bundesverfassungsgericht geben.

Erst danach wird die Republik wissen, ob der Staat für kriminelle Großfamilien noch ein echter Gegner ist. Die 77 Immobilien sind der erste Meilenstein der neu ausgerufenen Null-Toleranz-Strategie in Deutschland.

Die Immobilienkrise des Rammo-Clans beginnt am 19. Oktober 2014 mit einem großen Knall in Berlin-Mariendorf. Für den Clan ist es zunächst die Nacht ihres größten Coups. Die Männer der Großfamilie haben in drei Jahrzehnten schon Hunderte Brüche gemacht. So einen aber noch nicht.

Drei Einbrecher durchschneiden um 1.13 Uhr die Telefonleitungen der örtlichen Sparkasse. Die Alarmanlage soll keinen Mucks von sich geben. Es bimmelt trotzdem in der Zentrale der Firma Securitas. Aber der zuständige Wachmann ignoriert die Alarmmeldung.

Die Täter brechen in die Bank ein und machen sich fünf Stunden lang über 323 Schließfächer her: Juwelen, Rolex-Uhren, Platinmünzen, Perlenketten, Goldbarren und über fünf Millionen Euro Bargeld wandern in ihre Taschen. Beute insgesamt: über zehn Millionen Euro. Außerdem klauen die Diebe den Server, auf dem die Überwachungsbilder gespeichert werden. Um die letzten Spuren zu verwischen, riskieren sie das Leben der Anwohner über der Bankfiliale: Die Einbrecher verschütten Benzin im Schließfachraum. Wahrscheinlich waren sie in Chemie keine besonders hellen Kerzen, denn es bildet sich schnell ein hochexplosiver Mix aus Luft und Benzin. Wie im Zylinder eines Motors.

Der Kraftstoff im Keller entfaltet eine solche Energie, dass in einem Schlafzimmer zwei Etagen höher der Putz von der Decke fällt. Das Ehepaar in der Wohnung bleibt unverletzt, weil es zufällig in einem anderen Zimmer schläft. Im Erdgeschoss der Sparkasse fliegen die riesigen Schaufenster aus den Rahmen. Der gesamte Außenbereich der Bank ist übersät mit Splittern. Und genau in diesem gläsernen Tohuwabohu finden Polizisten später Blut auf Scherben. Die DNA führt zu einem Treffer in der Datenbank. Das Blut stammt von Toufic Rammo, zweitjüngster Spross des berüchtigten Clans mit 12 Brüdern und vier Schwestern. Toufic Rammo flüchtet nach der Tat nach Italien, wo er im Januar 2015 festgenommen wird. Ein Jahr später verurteilt ihn das Landgericht zu acht Jahren Gefängnis.

Bruder Karim und die seltsame Vermehrung von Geld

Für das L K A 43 ist die Sache damit aber noch nicht vom Tisch. So einen Raub kann Toufic Rammo nicht alleine geplant und realisiert haben. Außerdem fehlt noch immer die gesamte Beute.

Allerdings filtern die Beamten aus abgehörten Telefonaten heraus, dass der ältere Bruder Karim Rammo plötzlich das Internet nach Dingen durchforstet, die er sich eigentlich gar nicht leisten kann.

Der Mann lebt bis Juli 2015 von Hartz IV und ist offiziell ein lediger, kinderloser Bürger. Inoffiziell verbringt er viel Zeit mit einer schwangeren Frau, die im Sommer ihr viertes Kind zur Welt bringt und auf deren Konto vor allem öffentliches Geld eingeht: Unterhaltsvorschuss, Betreuungsgeld, Kindergeld, Hartz IV. Sogar eine Spende der Hilfsorganisation Familien in Not.

Dennoch sucht Karim Rammo nach Immobilien. Vor allem interessiert er sich für ein Objekt, das knapp zwei Millionen Euro kostet. Im Juli und August 2015 ersteht er außerdem drei Wohnungen in Neukölln für 344 000 Euro. Den Kaufpreis begleicht er teilweise mit Geld, das kurz zuvor bar auf sein Konto eingezahlt worden ist. Der größte Teil der Kaufsumme kommt aus dem Libanon.

Alles innerhalb der Familie riecht nach Geldwäsche. Kriminelles Geld müsste im Überfluss vorhanden sein. Nicht nur wegen der Sparkasse. Wenn die Polizei ihre Rechner durchforstet, kommt sie auf 1146 Einbrüche, Diebstähle und Raubtaten, bei denen Mitglieder des Rammo-Clans tatverdächtig waren. Schadenssumme: insgesamt 28 Millionen Euro. Viele Verfahren führten allerdings zu keinem Urteil. Noch nicht einmal zu Anklagen.

Am Dienstag, den 15. September 2015 öffnet eine Ermittlerin des L K A 443 um 10 Uhr in ihrem Computer einen neuen Fall.

Delikt: Geldwäsche.

Rechtsnorm: § 261 Strafgesetzbuch.

Es ist der Startschuss für eine der größten Operationen der Berliner Polizei.

Das Mammutprojekt wandert von den »Räubern« bei LKA 443 zu den Finanzermittlern bei LKA 313. Zunächst werden nur die Konten von Karim Rammo und der Mutter seiner Kinder durchleuchtet. Doch die Beamten expandieren. Der gesamte Clan wird finanziell überprüft. Systematisch analysieren die Fahnder anhand von Grundbuchakten, welche Wohnungen und Häuser der arabischen Großfamilie zuzurechnen sind.

Auch der Neuköllner Altbau in der Wildenbruchstraße landet sehr schnell auf der Liste. Das Haus wurde zwischen 2011 und 2013 in drei Schritten für circa 800 000 Euro von der Libanesin Zeinab F. gekauft. Allerdings ist die Dame dafür nie in Deutschland gewesen. Sie beauftragte eine Frau aus dem Rammo-Clan per Generalvollmacht. Im Vertrag taucht die libanesische Eigentümerin nur mit einer Fotokopie ihres libanesischen Passes auf. Lange zweifeln die Ermittler, ob die Frau überhaupt existiert. Das Geld kommt zum großen Teil von einem Konto in Beirut auf ihren Namen. Ein anderer Teil stammt von Hassan O. Der Mann gehört ebenfalls zu der weitverzweigten Großfamilie. Er musste 1992 aus Deutschland flüchten, nachdem er einen Mann aus dem ehemaligen Jugoslawien mit fünf Schüssen in einem Lokal erschossen hatte. Für die Finanzermittler ergibt sich folgende Theorie: Die Rammos haben die Beute aus ihren Raubzügen in die alte Heimat geschafft. Strohleute wie Zeinab F. und Hassan O. haben das Geld dort auf ihre Konten eingezahlt und später damit in Deutschland Immobilien gekauft. Klassische Geldwäsche also. Eigentlich ist das in Deutschland für die Täter nicht ganz risikofrei, weil die Banken auch damals schon angehalten sind, die Polizei über solche auffälligen Kontobewegungen zu informieren. Allerdings landen die so genannten Geldwäsche-Verdachtsanzeigen mittlerweile beim Zoll, der damit – vorsichtig ausgedrückt – tendenziell überfordert ist. Aber das ist eine andere Geschichte.

Die Finanzermittler vom Berliner Landeskriminalamt finden einen weiteren Libanesen, den sie für einen finanziellen Strohmann halten. Abdulrahim M., geboren 1952, wohnhaft in Beirut. Im Dezember 2013 kauft er einen hässlichen Flachbau im Berliner Süden für 250 000 Euro. Nach Deutschland kommt er dafür nicht. Beim Notar wird er von Karim Rammo vertreten. Ausgestattet mit einer Vollmacht. Rammo eröffnet für den Mann im Libanon außerdem ein Konto bei der Commerzbank, über das er offenbar selbst verfügen kann. Mit der EC-Karte wird in der deutschen Hauptstadt öfters Geld abgehoben.

Der zweigeschossige Flachbau im Berliner Süden ist eine Lizenz zum Gelddrucken. In dem Objekt befinden sich sechs neu geschaffene Ferienwohnungen, in die Karim Rammo Flüchtlinge einquartiert. Es ist der Sommer 2015 und über eine Million Menschen strömen nach Deutschland. Goldene Zeiten für Männer wie Karim. Allein von Juni 2015 bis Februar 2016 überweist die Agentur für Arbeit fast 50 000 Euro Miete.

Die Auswertungen der Finanzermittler landen bei der Staatsanwaltschaft in der Abteilung 255 für Organisierte Kriminalität (OK). An der Spitze steht Oberstaatsanwältin Petra Leister. Eine Juristin mit leiser Stimme und großem Pensum. Auch im Sommer geht sie erst nach Hause, wenn es draußen schon wieder dunkel ist. Leister kennt die Rammos seit fast 20 Jahren. Damals hat sie vier Brüder von Karim wegen einer Einbruchsserie angeklagt.

Die Immobilien-Akten hätten auch bei der Abteilung 241 auflaufen können. Die ist eigentlich zuständig für Geldwäsche. Vielleicht wäre dann schon alles zu Ende, denn den Wirtschaftsstaatsanwälten eilt der Rauf voraus, möglichst viele Verfahren kreativ zu beerdigen.

Im Januar 2017 kommt Staatsanwalt Martin Laub in das Team von Frau Leister. Ein erfahrener Strafverfolger, der seit Jahrzehnten die Unterwelt ausleuchtet. Laub hat ausnahmsweise freie Kapazitäten und zieht die Akten an sich. Zeitliche Ressourcen bei der Justiz sind mittlerweile wie Schnee in Berlin. Äußerst selten und nur von kurzer Dauer. Staatsanwalt Laub kennt die beteiligten Fahnder vom LKA 313 seit über 20 Jahren. So entsteht die Keimzelle des Projekts: Attacke auf das Immobilienvermögen des Rammo-Clans. Die kühne Idee wird später in Lehrbüchern nachzulesen sein. Vielleicht als Erfolg, vielleicht als Flop. Lorbeeren sind bis heute noch nicht verteilt.

Die Angst vor einem Bauchklatscher wird von dem besagten Gesetzesentwurf abgefedert, der Anfang 2017 im Rechtsausschuss des Bundestags diskutiert wird. Im Kern soll der Staat kriminelles Vermögen leichter für sich behalten dürfen. Konkret geht es um die Erweiterung des Paragrafen 76 des Strafgesetzbuchs. So soll es möglich sein, Geld, Autos oder Immobilien eines Angeklagten einzuziehen, obwohl er im vorliegenden Fall vom Verdacht der Geldwäsche freigesprochen wird. Staatsanwälte müssen also nicht mehr zwangsweise eine konkrete Straftat nachweisen, um einem Hartz-IV-Empfänger seinen Ferrari abzunehmen. Ein Freigesprochener geht eventuell ohne Vermögen wieder nach Hause.

Der Entwurf geht noch weiter: Es muss noch nicht einmal eine Anklage geben. Der Staatsanwalt schließt die Akten ohne hinreichenden Tatverdacht. Und dennoch kann ein Richter in einem »objektiven Verfahren« – also nicht gegen eine subjektive Person gerichtet – kriminelles Vermögen einziehen. Das ist absolutes Neuland für den Rechtsstaat. Der Richter soll seine Entscheidung »insbesondere auf ein grobes Missverhältnis zwischen dem Wert des Gegenstandes und den rechtmäßigen Einkünften des Betroffenen stützen«. Man könnte denken, das Gesetz sei nur für die arabischen Clans entworfen worden. Stütze kassieren und AMG fahren, ist in Neukölln gängige Praxis.

Ganz falsch ist der Eindruck nicht. Das LKA 313 hat den

jahrelangen Prozess von der Idee bis zum fertigen Gesetzesentwurf aktiv mitgestaltet. Kaum eine Kripo-Dienststelle in Deutschland kennt die finanziellen Tricks der Unterwelt besser als die Berliner Polizei. Am 23. März 2017 stimmt die Große Koalition aus CDU/CSU und SPD für das neue Gesetz. Anwendbar ab Juli 2017. Staatsanwälte können jetzt Prozesse um Haftstrafen verlieren, aber Millionen gewinnen. Mit so einem juristischen Hintertürchen lässt es sich etwas beruhigter ermitteln. Allerdings muss es, wie wir gesehen haben, Vorkenntnisse zu den Tätern und eventuell in der Vergangenheit begangenen Straftaten geben. Sonst greift das Urteil aus dem Januar 2020 und der Polizei sind zu Beginn der Ermittlungen die Hände gebunden.

Ob sich das Gesetz also bewährt, muss sich noch zeigen. Auch deshalb blickt die halbe Republik auf die 77 Immobilien. Alles wartet auf ein klärendes Grundsatzurteil vom Bundesgerichtshof (BGH). Oder vom Bundesverfassungsgericht. Doch so weit ist es noch nicht.

Der Schwindler aus dem Morgenland

Ende April 2018 fliegen zwei SPIEGEL-TV-Reporter nach Beirut. Sie wollen in der libanesischen Hauptstadt Abdulrahim M. aufstöbern, den Mann hinter der Flüchtlingsunterkunft im Berliner Süden. Es geht um die wichtige Frage, ob hinter dem Namen aus den Akten ein echter finanzkräftiger Immobilieninvestor steckt oder nur ein Strohmann der Rammos. In einem Papier aus den Grundbuchakten steht seine Adresse und eine libanesische Handynummer.

Abdulrahim M. lebt im Stadtteil Tareek-El-Jadeedah hinter der arabischen Universität. Hier wohnt die untere Mittelschicht. Kein Ort für Menschen, die mal eben eine Viertelmillion Euro für eine Immobilie investieren können. An seinem Wohnhaus in der El-Khartoum-Straße hängen im April 2018

Plakate von lächelnden älteren Herren. Der Libanon steht vor den Wahlen zu einem neuen Parlament.

Unter dem Vorwand rufen die Reporter den Mann aus den Berliner Ermittlungsakten an. Sie wollen mehr über seinen finanziellen Hintergrund erfahren. Im Hotel wählen sie seine libanesische Handynummer.

Abdulrahim: »Hallo?«

Reporter: »Hallo.«

Die SPIEGEL-TV-Journalisten geben vor, eine Umfrage vor der Wahl durchzuführen.

Reporter: »Was arbeiten Sie?«

Abdulrahim: »Ich? Ich bin Taxifahrer.«

Reporter: »Taxifahrer?«

Abdulrahim: »Und ich arbeite auch als Gärtner.«

Reporter: »Als Gärtner?«

Abdulrahim: »Ja, ich arbeite. Ich muss viele Blutdruck-Medikamente kaufen für meine Frau.«

Reporter: »Verdienen Sie mehr oder weniger als 1000 Dollar?«

Abdulrahim: »Etwas weniger als 1000 Dollar.«

Wenn er am Telefon die Wahrheit sagt, ist es schwer vorstellbar, dass er den Kaufpreis für die Berliner Immobilie selbst aufgebracht hat. Zwei Tage nach der angeblichen Umfrage bitten die Reporter den 66-Jährigen in ein Luxushotel in der Beiruter Innenstadt.

Gegen 15 Uhr taucht Abdulrahim M. mit seinem koreanischen Kleinwagen-Taxi auf. Er ist ein freundlicher, älterer Herr mit weißen Haaren und weißem Schnurrbart. In seinem Mund fehlen einige Zähne.

Diesmal gibt sich der Arabisch sprechende Reporter als Kaufinteressent für die Berliner Immobilie aus. Abdulrahim ist sehr misstrauisch und will wissen, wieso seine Handynummer bekannt ist.

Abdulrahim: »Wer hat dich geschickt?«

Reporter: »Mich hat meine Firma geschickt. Wir wollen gern wissen, ob Sie Ihr Haus in Berlin verkaufen möchten?«

Abdulrahim: »Hmmm, nein, ich habe kein Interesse.«

Reporter: »Wie sind Sie darauf gekommen, ein Haus in Berlin zu kaufen?«

Abdulrahim: »Na ja, eine Investition eben. Wenn du im Libanon investierst, verlierst du dein Geld. Die Wirtschaft hier liegt am Boden.«

Reporter: »Kann man als Taxifahrer Häuser kaufen?«

Abdulrahim: »Ich bin kein Taxifahrer. Das Fahren mache ich nur nebenbei. Allah meint es gut mit mir.«

Reporter: »Was machen Sie denn beruflich?«

Abdulrahim: »Ich bin Bauleiter für Immobilien und Grundstücke. Für alles Mögliche. Aber meistens für Häuser und Grundstücke.«

Das ist eine steile Karriere. Vom Gärtner zum zahnlosen Bauleiter innerhalb von zwei Tagen. International operierende, finanzstarke Investoren stellt man sich anders vor.

Auch die Berliner Finanzermittler haben Abdulrahim M. auf ihrer Wunschliste. Genauso wie die Libanesin Zeinab F., die Dutzende Häuser, Wohnungen und sogar eine Kleingarten-Kolonie in Berlin gekauft hat. Insgesamt 52 Objekte. Doch deutsche Polizisten dürfen nicht einfach so in den Libanon fliegen und verdächtige Personen interviewen. Das nötige Rechtshilfeersuchen kann Monate dauern.

Aufmachen! Polizei!

Es ist Anfang Juli 2018 – wenige Tage vor der Razzia bei den Rammos – als Staatsanwalt Martin Laub dann endlich die Beschlüsse zur Beschlagnahmung der 77 Immobilien in seinen Computer tippt. Er sitzt im Büro an seinem in der Höhe verstellbaren Schreibtisch und arbeitet das ganze Wochenende, bis er alle Beschlüsse geschrieben hat.

Von dort wandern die Papiere zu einem Amtsrichter, der sie unterzeichnen muss, dann erst können die Beamten des LKA 313 bei den Grundbuchämtern die Immobilien beschlagnahmen. Das passiert an diesem 13. Juli 2018. Formal lässt sich dabei die Staatsanwaltschaft in die Akten der Immobilien eintragen. Wie ein Gläubiger. Die Wohnungen, Häuser und die Kleingarten-Kolonie können jetzt nicht mehr verkauft werden. Ob sie dann tatsächlich in Staatseigentum übergehen, wird erst die Zukunft zeigen.

Um kurz vor sieben Uhr an diesem Tag parken drei kantige Männer in schwarzen T-Shirts einen E-Klasse-Benz auf dem Bürgersteig im Süden von Berlin. Mitten auf dem Fahrradstreifen. Das schwarze Auto ist bei den Großfamilien bekannt. Wenn es mit Tempo 30 über die Sonnenallee rollt, drehen sich die Köpfe in den Shisha-Bars zur Straße und die Gespräche verstummen. Die drei Polizisten gehören zur »Araberstreife« von LKA 641, die den genauesten Blick auf das kriminelle Treiben hat.

Heute sichert das Trio in Jeans und Nike-Turnschuhen die Wohnungsdurchsuchung bei Lina D. In den Akten wird sie als Geliebte beziehungsweise Zweitfrau des Clan-Oberhaupts Issa Rammo geführt. Für die Kripo ist sie außerdem eine mutmaßliche Geldwäscherin. Im Oktober 2012 hat sie 40 000 Euro auf ein Konto überwiesen, das offiziell Issas zweitältestem Sohn gehört. Erstaunlich viel Geld für eine Frau, die keine Arbeit hat, von Hartz IV lebt und die meiste Zeit des Tages vor dem Fernseher sitzt. Das Geld brauchte der Rammo-Sohn, um damit eine sanierungsbedürftige Villa in Berlin-Buckow für insgesamt 200 000 Euro zu kaufen. Der Spross war damals gerade einmal 21 Jahre alt und hatte noch nie einen Cent Lohnsteuern bezahlt. Offiziell betrieb er einen Imbiss. Aber auch nur ein paar Monate lang. An diesem 13. Juli 2018 wird auch die gelbe Villa in Buckow beschlagnahmt.

Insgesamt sieben Wohnungen und vier Büros durchkämmt

das LKA bei der Aktion. Gegen 16 Uhr ist alles vorüber. Danach herrscht Ruhe. Wochenende, keine Pressekonferenz der Behördenleiter, die Ermittler fürchten, dass die Rammos es vielleicht doch noch schaffen, die Immobilien zu verkaufen, bevor die Beschlüsse in den Akten eingetragen sind. Deshalb wird kein Wirbel gemacht.

Ein halbes Jahr später führt auch das Rechtshilfeersuchen mit dem Libanon zu einem Erfolg. Es ist der 28. Januar 2019, als ein Stabsoberfeldwebel und sein Stellvertreter von der libanesischen Justizpolizei endlich die Schlüsselfigur des deutschen Justizkrimis vernehmen können: den Taxifahrer/Gärtner/Bauleiter Abdulrahim M., offizieller Eigentümer der Flüchtlingsunterkunft im Berliner Süden. Die libanesischen Beamten vernehmen den weißhaarigen Mann, weil sie von den Deutschen darum gebeten wurden. Falls Abdulrahim M. jetzt aussagen würde, dass er ein reicher Mann sei, und das auch noch belegen könnte, hätten die Fahnder in Berlin ein echtes Problem. Ihre Theorie fußt entscheidend darauf, dass der offizielle Eigentümer eigentlich nur ein Strohmann ist.

Am Ende stürzt das deutsche Gedankengebäude nicht in sich zusammen. Im Gegenteil: Im Verhör zementiert Abdulrahim M. ihre These. Er teilt mit, dass er in das Flüchtlingsheim nur einen Beitrag »zwischen zwanzig- und dreißigtausend US-Dollar« investiert habe. Seine gesamten Ersparnisse. Mehr hatte er nicht. Das sind nur zehn Prozent der Kaufsumme. Dann konfrontieren ihn die Justizpolizisten mit einer Information, die von einem weiteren Strohmann stammt.

Polizist: »Uns liegen Informationen vor, wonach Sie dem genannten Imad A. 400 000 Euro in bar ausgehändigt hätten und zwar auf Veranlassung des Karim Remmo.«

Abdulrahim: »Offen gesagt, es stimmt, das ist geschehen, aber ich kenne die Quelle des Geldes von Karim Remmo nicht.«

Das Geld, so Adulrahim M. weiter, sei von dem zweiten Strohmann in Schecks umgetauscht worden, die wiederum an ihn zurückgewandert seien. Dann habe Abdulrahim M. die Schecks bei seiner Bank eingezahlt und die Summe nach Deutschland transferiert. Das ist Geldwäsche vom Allerfeinsten. Und ein echter Wirkungstreffer im Kampf gegen den Rammo-Clan. Die Fahnder vom LKA 313 können ihr Glück wahrscheinlich kaum fassen, als die Vernehmungen übersetzt vorliegen.

Auch Zeinab F., die Frau mit den 52 Immobilien, sagt bei der Justizpolizei aus. Ihre Angaben sind nicht so eindeutig wie die von Abdulrahim M. Aber sie erschüttern auch nicht die Thesen der Berliner Fahnder. So gibt die Frau an, ein einziges Mal eine Summe von 300 000 Euro nach Deutschland geschickt zu haben. Das ist nur ein Bruchteil des Wertes der Immobilien, die ihr angeblich in Berlin gehören. Woher die anderen Gelder für ihre Objekte kamen, erzählt sie nicht.

Auch in Berlin haben sich die Ermittlungen inzwischen weiterentwickelt. Allerdings ganz anders als geplant. Anfang 2019 herrscht plötzlich eisige Kälte zwischen Polizei und Staatsanwalt. Beim LKA 313 sind die Polizisten so erbost, dass man ganz grundsätzlich »über die künftige Zusammenarbeit« nachdenken will. So als gäbe es irgendwo eine zweite Staatsanwaltschaft, mit der man es mal versuchen sollte. Es gibt Krisensitzungen, an denen LKA-Leiter Christian Steiof teilnimmt. Der Krach ist sehr weit oben aufgehängt. Er weitet sich aus zu einer Krise, die die gesamten Ermittlungen bedroht.

Was war passiert? In der Staatsanwaltschaft gibt es die neue Spezialabteilung 247, die sich ausschließlich um Vermögensabschöpfung kümmern soll. Vier Strafverfolger sollen nichts anderes tun, als für die Allgemeinheit Kasse zu machen. Die Geldeintreiber übernehmen auch die Ermittlungen bei den 77 Immobilien der Rammos, die Staatsanwälte für Organisierte Kriminalität sind raus aus dem Spiel.

Noch ehe sie sich wahrscheinlich richtig in Akten reinfuchsen konnten, müssen die Neuen eine wichtige Entscheidung

treffen. Bei der Hausverwaltung des Altbaus in der Wildenbruchstraße (Zeinab F.) sind seit dem Sommer rund 200 000
Euro Miete aufgelaufen. Jetzt will der Verwalter wissen, ob er
das Geld in den Libanon überweisen darf. Oder ob damit eine
Straftat begeht.

Die Polizei will den Abfluss des Geldes natürlich verhindern.
Und nicht nur das. Das LKA 313 will darüber hinaus auch die
Mieten aus den anderen Immobilien einfrieren lassen. Das ist
juristisch schwierig. Außerdem sehr viel Arbeit. Aber die Polizisten wollen es versuchen.

Die neue Spezialabteilung der Staatsanwaltschaft will das
nicht. Ihre Haltung ist: Dass der Staat eine Immobilie zwangs-
verwaltet und die Mieten pfändet, ist vom neuen Gesetz nicht
gedeckt.

Die Staatsanwälte für Organisierte Kriminalität reagieren
mit Kopfschütteln. »Das neue Gesetz ist wie ein Rennwagen«,
sagen sie. »Den muss man ausreizen bis in den Grenzbereich.
Die Kollegen fahren aber nur mit Tempo 30.« Ein Kollege wird
sogar noch deutlicher: »Das sind bestimmt tolle Juristen in der
neuen Abteilung. Leider auch total feige.«

Mitte Februar 2019 sickert an die Presse durch, dass das
Klima zwischen Finanzermittlern der Polizei und Geldeintrei-
bern der Staatsanwaltschaft sehr frostig ist. Dass 200 000 Euro
in den Libanon abfließen könnten und die Mieten generell nicht
eingefroren werden, produziert etliche Überschriften. Der öffentliche Druck wirkt. Jetzt will die Spezialabteilung doch noch
einmal neu überlegen. Anweisung von oben. Eigentlich bleibt
der Staatsanwaltschaft nichts anderes übrig, als ihre ursprüngliche Haltung zu revidieren. Und genauso kommt es.

Der Kursschwenk ist im Sinne der Finanzermittler des LKA.
Doch er bedeutet für die Ermittler sehr viel Arbeit. Sie müssen recherchieren, wer eigentlich in den 77 Immobilien wohnt.
Manchmal ist nicht klar, wer die Objekte verwaltet und an wen
die Miete gezahlt wird. Im Stadtteil Reinickendorf liegt ein be-

schlagnahmtes Haus, in dem überwiegend Asylsuchende leben. Eine Beamtin recherchiert vor Ort und stellt fest, dass die Klingelschilder teilweise nicht zu den Meldedaten passen. Die Hausverwaltung ist auch keine große Hilfe. Die Daten müssen aber stimmen, sonst lassen sich die Mieten nicht sauber einfrieren.

Ende April sind die Pfändungsbeschlüsse fertig. Die Beamtin vom LKA geht in Reinickendorf wieder von Haustür zu Haustür. Im ersten Stock öffnet ein Aserbaidschaner, der nur Russisch spricht. Zur Verständigung ruft die Beamtin eine Kollegin im Büro an, die übers Telefon dolmetscht. Der Aserbaidschaner kenne seinen Vermieter gar nicht. Außerdem reise er morgen ab. Im zweiten Obergeschoss wohnt eine marokkanische Familie. Weil der Mann seine Frau öfters verprügelt hatte, war sie vom Jugendamt zeitweise woanders untergebracht worden. Jetzt ist sie zurück und es ist unklar, ob sie überhaupt einen Mietvertrag hat. Die meisten Papiere können gar nicht persönlich übergeben werden und landen in den Briefkästen, von denen niemand weiß, wer sie leert.

Seitdem ist es ziemlich ruhig geworden. Die Staatsanwaltschaft bereitet aktuell die Anklagen gegen die mutmaßlichen Geldwäscher aus Deutschland und dem Libanon vor. Wer alles angeklagt wird und ob die Libanesen vor einem deutschen Gericht erscheinen, ist völlig offen.

Die Fahnder vom LKA 313 fürchten vor allem ein Szenario: In den anstehenden Prozessen könnten die Rechtsanwälte behaupten, das viele Geld stamme ursprünglich aus Immobilien, die der Clan im Libanon verkauft habe. Das Geld sei damit völlig legal. Tatsächlich wissen die Fahnder, dass die Rammos auch kräftig in ihrer alten Heimat investiert haben. Teilweise schon vor über zehn Jahren.

Die Theorie des LKA ist, dass auch das Eigentum am Mittelmeer mit dreckigem Geld aus Straftaten finanziert wurde. Um das zu belegen und so den Verteidigern die wahrscheinlichste

Strategie zu versalzen, wollen Berliner Ermittler weiterhin in den Libanon reisen. In Beirut wollen sie in abgespeckter Form das machen, was sie drei Jahre lang in Berlin gemacht haben. Die Finanzströme des Clans aufklären.

Mitte Januar 2020 fliegen zwei Ermittler vom LKA 313 tatsächlich nach Beirut. Die Reise ist ein Kennenlern-Trip: Behördenchefs kontaktieren, Vertrauen schaffen, Netzwerk aufbauen.

Ermittelt wurde bisher noch nicht.

KAPITEL 7
CLANS IN DEN MEDIEN

Spektakuläre Fälle

MOMO UND 'NE HANDVOLL RÄUBER

Einer der spektakulärsten Raubüberfalle Berlins beginnt ganz unspektakulär am 6. März 2010 mit einem Anruf bei einem jungen Berliner mit türkischem Pass. Sein Name ist Mustafa U., alle Freunde nennen ihn »Mistik«. Es ist 11.09 Uhr an diesem Samstag, als das Telefon klingelt. Wie immer schläft der 20-Jährige um diese Zeit noch. Arbeit ist nicht so sein Ding. In den Akten wird später stehen: Erlernter Beruf: ohne. Ausgeübter Beruf: ohne. Stellung im Beruf: ohne. Familienstand: ledig.

Dabei gibt es in Mustafas Leben durchaus Momente mit Tempo und Zielstrebigkeit. Zum Beispiel, wenn es darum geht, mit einer Waffe in einen Laden zu rennen, eine Angestellte zu bedrohen und in die Kasse zu greifen. Zwei Jahre lang saß Mustafa bereits im Jugendknast. Jetzt ist er seit knapp zwei Monaten wieder draußen. Als sein Handy ihn aus dem Schlaf reißt, will er eigentlich gar nicht rangehen, aber dann sieht er auf dem Display, dass es Vedat ist, der ihn zu erreichen versucht. Und Vedat ist wie ein Bruder, obwohl er Kurde ist.

Vedat macht richtig Alarm am anderen Ende der Leitung. Mustafa müsse augenblicklich zur U-Bahn-Haltestelle Schönleinstraße kommen. Natürlich rennt Mustafa sofort los. »Ohne mich zu waschen oder meine Zähne zu putzen«, sagt er zwei Wochen später in seiner Vernehmung. Er denkt, dass Vedat massiven Stress hat und Hilfe braucht. Vielleicht droht ihm gerade jemand mit Prügel.

An der U-Bahn-Station wartet Vedat S. in seinem verbeulten Mercedes mit dem Kennzeichen B-RD-8182. Vedat hat richtig Druck. Der Tag muss ein Erfolg werden. Ihn plagen Schulden. Das Jobcenter hat die Leistungen gestrichen, weil er einen Ausbildungsplatz nicht angenommen hat. Sogar die Miete kommt nicht mehr vom Staat. Vedat hat sich Kohle von einem Freund gepumpt. Verprasst und nie zurückgezahlt. Er glaubt, es liege an den Drogen, dass er keine Lust mehr auf Arbeit hat. Vedat S. kifft und schluckt das Schmerzmittel Tilidin. Das Medikament ist ein Opiat, das euphorisiert und enthemmt und nach dem Kick umso antriebsloser zurücklässt. Es ist die Droge der jungen Männer von Neukölln.

Vedats Biografie hätte auch anders verlaufen können. In der sechsten Klasse sind seine Leistungen so gut, dass ihn die Lehrer fürs Gymnasium empfehlen. Als Jugendlicher ist er ein begnadeter Breakdancer, der den Hip-Hop-Tanz auch anderen Kids in einem Jugendzentrum beibringt. Doch irgendwann geht es nur noch bergab. Vielleicht hätten seine Eltern die Abwärtsspirale stoppen können. Allerdings haben seine Eltern nicht nur Vedat. Sondern noch elf weitere Kinder.

Als sich Mustafa auf die Rückbank des alten Daimlers quetscht, hockt vorne auf dem Beifahrersitz bereits Ahmad E. Er ist der Dritte im Bunde. In Neukölln nennen ihn alle nur »Ahmad der Boxer«. Auch sein Leben ist schon zerbeult, bevor es richtig angefangen hat. Weil zu Hause nur Arabisch gesprochen wird, kann er als Kind so wenig Deutsch, dass er die Vorschule wiederholen muss. In der Grundschule hat er Probleme sich zu konzentrieren. Doch das legt sich irgendwann, er schafft die Realschule und will später das Fach-Abitur machen. Allerdings übersteht er das Probejahr nicht. Zu viel Schwänzen, zu viel Kiffen, zu viel Neukölln. Trotzdem bietet ihm das Bildungssystem eine zweite Chance. Auf einer speziellen Schule beginnt er eine Ausbildung zum Rettungsassistenten. Ahmad A. hält acht Monate durch, dann hat ihn Neukölln wieder aufgesaugt. Langsam beginnt seine kriminelle Karriere. Nicht heftig, aber sie kommt. 2009 marschiert der bereits Volljährige in einen Supermarkt, schnappt sich 24 Pakete Kaffee für 220,32 Euro und geht durch den Kassenbereich, ohne zu bezahlen. Einfach so. Der Richter diagnostiziert »eine nicht unerhebliche kriminelle Energie«, verurteilt ihn aber nach Jugendstrafrecht zu einer Woche Dauerarrest.

Zielstrebigkeit und Power hat er zu dieser Zeit eigentlich nur beim Boxen. Ahmad E. ist eines der größten Berliner Talente. 2006 wird er Landesmeister im Mittelgewicht bis 75 Kilogramm. Allerdings bricht er seine Sportkarriere nach einem verlorenen Kampf von einem Tag auf den anderen ab. Danach lebt er nach eigenen Angaben von 150 Euro Taschengeld im Monat. Die Leistungen vom Jobcenter kassieren die Eltern ein.

Zu dritt steuern Mustafa, Vedat und Ahmad der Boxer an diesem 6. März 2010 von Neukölln aus gen Westen. Alle schalten ihre Handys aus. Ihr nächster Zwischenstopp ist der McDonald's am Potsdamer Platz.

Hier treffen die drei auf Ibrahim M., den alle nur Ibo nennen, und seinen Neffen Jihad C. Außerdem dabei ist eine sechste Person, deren Identität nie geklärt wird – und der hier Mister X. heißen soll.

Im Restaurant erläutert Ibrahim, der Älteste der Truppe, seinen Plan: Vedat, Ahmad, Mustafa und Mister X sollen ein internationales Pokerturnier überfallen, das gerade im Hyatt Hotel direkt um die Ecke stattfindet. Ibrahims Infos: Die Pokerspieler bezahlen ihre Startgelder in bar und die gesammelten Euros liegen dort nur schlecht bewacht herum. Außerdem haben sie drinnen unter den Spielern jemanden, der ihnen einen Tipp gibt, wann genau der richtige Zeitpunkt für den Überfall ist.

Die Namen der Tippgeber werden nicht genannt. Mustafa geht aber davon aus, dass sie zu einer arabischen Großfamilie gehören müssen. »Sonst könnten sie es sich ja auch nicht leisten, an diesem Turnier teilzunehmen.« In Mustafas Denken machen die Großfamilien die dicken Geschäfte und stehen oben in der kriminellen Nahrungskette.

Das Turnier im Hyatt Hotel gehört zur »European Poker Tour« (EPT). Ein zockender Wanderzirkus, bei dem die Profi-Spieler mit großer Wahrscheinlichkeit sich selbst überschätzende Amateure ausnehmen. Gespielt wird im Ballsaal des Hotels auf der ersten Etage. Ein Viereck aus über 40 Spieltischen mit jeweils zehn Plätzen. In der linken Ecke des Raums steht auf einem etwas erhöhten Podest der TV-Tisch. Das Kartenspiel ist so beliebt, dass ausgesuchte Runden live ausgestrahlt werden. Fast 1000 Zocker versuchen an sechs Tagen ihr Glück. Am Ende gewinnt der Beste eine Million Euro.

Ahmad der Boxer nimmt die Machete

Auch Prominente sitzen an den Tischen. Nicht unbedingt, weil sie professionell bluffen können; sie sollen dem Event den Glamour verleihen, der das Turnier auch für die Presse interessant macht. Am 3. März sieht man zum Beispiel die Autorin Charlotte Roche (»Feuchtgebiete«) in einer Bluse mit Sponsorenlogo am Tisch Nummer 49, Platz 8. Neben ihr auf Platz 9 hockt ein bulliger Kerl mit schwarzer Kurzhaarfrisur. Sein Name ist Mohamed Abou-Chaker. Spross eines stadtbekannten Clans. Er wird in dieser Geschichte später noch die Hauptrolle spielen.

Vor dem großen Coup soll Vedat S. die Lage für das Einsatzkommando checken. Er zieht seine auffällige rote Jacke aus und spaziert über einen Seiteneingang ins Hyatt Hotel. Diese Tür steht offen, damit die Pokerspieler dort eine schnelle Zigarette inhalieren können. Über eine Treppe, die mit rotem Teppich ausgelegt ist, gelangt Vedat S. in den Vorraum des Ballsaals. Dort stehen zwei Tresen, an denen sich die Spieler an jedem Tag des Turniers einchecken müssen. Zum Bezahlen des Startgelds werden sie von netten Hostessen zur Kasse in die hintere Ecke geführt. Dort befindet sich der Tresor, in dem die Startgelder während des Turniers aufbewahrt werden. Auf der gegenüberliegenden Seite des Raumes führen zwei große Türen zum Ballsaal mit den Spieltischen.

Vedat S. schafft es nach eigener Aussage bis auf drei Meter an den Tresor, dessen Tür zu diesem Zeitpunkt offen steht. So berichtet er es der Crew, die mittlerweile draußen vor dem McDonald's wartet. Außerdem seien die Wachmänner unbewaffnet, erzählt Vedat.

Danach verteilt Jihad die nötigen Utensilien für den Überfall. Ahmad der Boxer bekommt eine Machete und steckt sie sich unter das T-Shirt. Vedat kriegt einen Revolver. Ob er geladen ist, wird nie geklärt. Außerdem nehmen sich alle noch schwarze Handschuhe und Masken. Für Vedat bleiben nur gelbe Gummihandschuhe übrig. Die findet er peinlich und zieht lieber gar keine an. Er ist sowieso der Motivierteste. Er will auf jeden Fall durchziehen. Offenbar hat er seinen Anteil an der Beute in Gedanken schon verteilt. Mister X dagegen ist die ganze Geschichte zu heiß. Als er aussteigt, fangen auch Ahmad und Mustafa an zu wackeln, aber Ibrahim findet die richtigen Worte: »Wir blamieren uns, wenn wir das jetzt nicht durchziehen«, sagt er, »alle Leute im Kiez werden über uns lachen.« Für Mister X wechselt er seinen Neffen Jihad ein. Jetzt sind es wieder vier Räuber.

Drinnen im Schnellrestaurant sitzen zu dieser Zeit Sabine O., 49, und ihr Mann Friedhelm D., 63, die gerne in Kunstausstellungen gehen und danach immer in der McDonald's-Filiale am Potsdamer Platz zu Mittag essen. Von dort beobachten sie, wie sechs junge »Südländer« draußen auf der Straße neben einem zerbeulten Daimler stehen. Unter ihnen fällt Sabine O. besonders ein »gut aussehender, attraktiver« Mann mit »harmonischen Gesichtszügen« auf. Es ist Ibrahim, der Organisator des Coups. Das Herumlungern der jungen Migranten findet Sabine O. suspekt. Sie glaubt an Drogengeschäfte. Dann beobachtet

sie, wie sich einer der Männer einen »circa 20 Zentimeter langen Gegenstand« unter das weiße T-Shirt schiebt. Was es genau ist, erkennt sie nicht. Als sich der Mann mit den »harmonischen Gesichtszügen« in den Daimler setzt und davonfährt,
merkt sie sich das Kennzeichen seines Fahrzeugs.

Um exakt 14.08 Uhr und 45 Sekunden betreten die vier Räuber das Treppenhaus im Hyatt. Eine Kamera filmt die jungen
Männer von hinten. Vedat, der Motivierte, schreitet voran.
Noch zeigen sie ihre Gesichter. Allerdings sieht man, wie Vedat auf der Hälfte der Treppe die schwarze Maske unter seiner roten Jacke hervorzieht. In der Vorhalle marschieren Spieler und Gäste gerade entspannt auf die großen Türen zu. Im
Ballsaal läuft ein so genanntes »High-Roller-Turnier«, für das
10 000 Euro Startgeld verlangt werden. Doppelter Einsatz. Die
Kassen waren bis 14 Uhr geöffnet. Jetzt wird das Geld gezählt.

Und dann geht es los. Die Räuber preschen brüllend in den
Vorraum und stürmen auf die Kasse zu. Das Geschrei soll die
Security einschüchtern. Ahmad der Boxer mit gezogener Machete an der Spitze. Hinter ihm Vedat mit dem Revolver in der
rechten Hand. Ein gespanntes Band vor dem Kassenbereich
stoppt Ahmads Vorwärts-Elan. Breakdancer Vedat taucht
drunter durch. Doch jetzt läuft der Plan aus dem Ruder. Ein
mutiger Wachmann packt sich den Macheten-Mann. Im nächsten Augenblick kommen die nachrückenden Jihad und Mustafa und ringen den Wachmann nieder. Auch Ahmad läuft jetzt
zum geöffneten Tresor und stopft Scheine in alle Taschen. Vedat füllt bereits eine Laptoptasche, die neben dem Tresor stand,
mit Euro-Noten. Zuvor hatte er der Kassiererin den Revolver
an den Kopf gehalten. Jetzt kauert die Frau hinter einem Vor-
hang und bangt um ihr Leben.

Im Ballsaal bricht Panik unter den Pokerspielern aus. Sie
wollen flüchten, fallen über Stühle und trampeln aufeinander
rum. Bilanz: sieben Verletzte.

Unterdessen attackieren drei Wachmänner Mustafa und

Jihad. Eigentlich sollten die beiden nur absichern. Jetzt müssen sie sich zurückziehen. So war das nicht geplant. Dann knöpft sich Wachmann Roman H., ein ehemaliger Polizist, Ahmad und Vedat am Tresor vor. Er bewirft sie mit allem, was er in die Finger kriegt. Ahmad flüchtet mit gezogener Machete. Vedat stürmt mit der Laptoptasche hinterher. Darin sind fast 450 000 Euro. Der Neuanfang ohne Schulden. Allerdings schneidet ihm der Wachmann den Fluchtweg ab. Er schnappt sich einen Metallständer und rammt ihn mit voller Wucht in den schmalen Räuber. Es muss sich anfühlen, wie wenn man auf dem Motorrad seitlich von einem SUV erwischt wird. Vedat fliegt gegen einen Empfangstresen und klatscht auf den gefliesten Fußboden. Dabei beißt er sich auf die Zunge und prellt sich die Rippen. Roman H. nimmt ihn in den Schwitzkasten. Vedat lässt die Beute und den Revolver los. Ein Praktikant des Hotels schnappt sich die Tasche mit dem Geld und bringt sie in Sicherheit. Ein Fotograf der *Bild*-Zeitung ist da, wo ein guter Fotograf sein muss. Er knipst den maskierten Vedat in der roten Jacke im Schwitzkasten des Wachmanns mit der roten Krawatte. Das Bild geht um die halbe Welt.

Doch dann lässt der Wachmann plötzlich los. Mustafa ist wieder zurückgekehrt und schwingt drohend den Metallständer über dem Kopf. Sobald Vedat frei ist, flüchtet das Quartett. In Ahmads Jackentaschen sind immer noch ungefähr 240 000 Euro. Der Überfall hat genau 79 Sekunden gedauert.

Der Streifenwagen A34-1 mit zwei Polizeihauptmeistern erreicht als Erster den Tatort. Die Kripo eilt hinterher. Später übernimmt das LKA 44 – spezialisiert auf Raubüberfälle. Auch mehrere Rettungswagen treffen ein, um die Verletzten zu versorgen.

Die ersten Fernsehteams sind nicht wirklich langsamer. Die Journalisten vor Ort stehen in so einer frühen Phase unter extremem Druck. Sie sollen drei Dinge tun: liefern, liefern, liefern. Am besten exklusives Material, womit sich der Sender oder die

Zeitung von der Konkurrenz abhebt. Gehörtes und Geglaubtes wird zu einer News verwurstet und möglichst schnell in die Welt geblasen. Hauptsache schneller sein als die Konkurrenz. Bestes Beispiel nach dem Pokerraub ist *Bild.de*. Das Online-Portal des Springerkonzerns schreibt: »Zeugen berichten von Schüssen aus Pumpguns. Die Täter waren mit Maschinenpistolen und Macheten bewaffnet. Außerdem sollen sie mit der Zündung einer Granate gedroht haben.«

Nichts von dem ist passiert. Nur die Machete hat es wirklich gegeben. Der Fernsehsender RTL macht es besser und treibt ein Video auf, das den Überfall in seiner Dramatik sehr genau dokumentiert. Gedreht hat es ein Pokerspieler, der kurz nach Beginn der Aktion seine Kamera im Vorraum eingeschaltet hat. Das Video wird ein wichtiger Baustein für die Ermittler. Als der Wachmann Roman H. den Räuber am Boden im Schwitzkasten hält, steht ungefähr fünf Meter entfernt ein untersetzter Mann mit schwarzem Mantel und schwarzer Hose. Für einen kurzen Moment beobachtet er das Geschehen, dann bewegt er sich plötzlich schnell weg vom Tatort.

Der Sicherheitsunternehmer Michael Kuhr, dessen Wachmänner sich den Räubern in den Weg gestellt haben, schaut sich die Szene Dutzende Male im Internet an. Den Mann im Mantel identifiziert er als Mohamed Abou-Chaker. Das Mitglied des berüchtigten Clans war am Tatort. Während des Überfalls. Das ist noch kein Beweis für eine Beteiligung an der Tat. Aber es ist ein Indiz. Mehr nicht. Die Ermittler stehen zunächst vor einem Rätsel. Und der Druck, der auf ihnen lastet, ist enorm. Die halbe Welt schaut auf die Berliner Behörde.

Die vier Räuber und Ibrahim, der Organisator, sind in der Zwischenzeit in einem gemieteten Seat geflüchtet. Sie fahren zu einer Tiefgarage im Stadtteil Friedenau. Auf den Stellplätzen rosten Autos mit einer dicken Staubsicht vor sich hin, überall liegt Müll und es riecht streng nach Urin. Ahmad der Boxer legt die Beute auf die Motorhaube des Seats, Ibrahim zählt und teilt die Beute durch fünf. Minus 5000 von jedem, die an den Tippgeber gehen. Macht 40 000 Cash pro Räuber. »Jeder hatte sein Geld in der Hand und hat nachgezählt«, berichtet Ahmad später in seiner Vernehmung. Bevor die Räuber mit der S-Bahn nach Hause fahren, gibt ihnen Ibrahim noch eine Warnung mit auf den Weg. Zum Nachdenken für unterwegs: »Wenn ihr geschnappt werdet, haltet ihr die Klappe. Man sieht sich immer zweimal.« Mustafa empfindet diesen Satz als Drohung. Ahmad der Boxer nicht.

Konkrete Hinweise auf die Räuber bekommen die Ermittler bereits dreieinhalb Stunden nach dem Überfall. Sabine O. ruft um 17.35 Uhr bei der Polizei auf dem Abschnitt 32 an und meldet, dass sie bei McDonald's saß und sechs verdächtige Personen an einem zerbeulten Daimler beobachtet hat. Außerdem teilt sie das Kennzeichen des Daimlers mit: B-RD-8182. Dieser Hinweis wird um 18.56 Uhr an die Kripo gefaxt. Ein weiterer Zeuge hat ebenfalls vor der Tat sechs Verdächtige an einem Mercedes gesehen. Einer von ihnen trug eine auffallend rote Jacke. Eine Stunde später sieht er die Jacke ein zweites Mal. »Ich bin mir zu 100 Prozent sicher, dass es sich um dieselbe Person gehandelt hat«, sagt er in seiner Vernehmung einen Tag nach dem Überfall. Jetzt sind sich die Ermittler sicher: Die sechs Typen vor dem McDonald's sind ihre Männer. Das Kennzeichen des Daimlers ist die erste heiße Spur. Der Halter Vedat S. der erste Tatverdächtige.

Mit dem eigenen Auto zum Überfall zu fahren, sich vorher in der Öffentlichkeit über eine Stunde suspekt zu verhalten und dabei noch eine auffällige rote Jacke zu tragen, sind nicht die Merkmale eines Profis. Offenbar haben die Schulden und die Drogen aus einem intelligenten Jugendlichen einen unvorsichtigen Trottel gemacht.

Der Coup spricht sich natürlich auch in Kreuzberg und Neukölln unter den Jugendlichen herum. Das Bild vom maskierten Vedat im Schwitzkasten des Wachmanns ist überall – in den

Zeitungen, im Fernsehen und im Internet. Und in der Szene gibt es einige, die ihr Wissen zu Geld machen wollen. Als verdeckte Quellen der Polizei, behördenintern Vertrauensperson (VP) genannt, sind sie oft das schärfste Schwert bei den Ermittlungen der Polizei. Zwei Tage nach dem Pokerraub spricht eine Beamtin vom LKA651 mit einem »V-Mann«. Anschließend tippt sie in ihren Bericht: »Eine Person, der durch die Staatsanwaltschaft Berlin die Geheimhaltung ihrer Identität zugesichert wurde, gab an, dass es sich bei dem in den Presseberichten gezeigten Täter, der eine rote Jacke trug, um einen ›Vedat‹ handeln soll.« Die Schlinge zieht sich so langsam zu.

Weitere zwei Tage später redet noch eine VP mit dem LKA: Danach sind »Rommel« und »Momo« die Auftraggeber gewesen, auch wenn sie selbst nicht direkt an der Tat beteiligt waren. Rommel und Mohamed sind zwei Brüder aus dem berüchtigten Abou-Chaker-Clan. Bisher haben die Ermittler noch nicht genug gegen sie in der Hand, dass es für eine Verurteilung reichen könnte. Aber die Liste der Tatverdächtigen hat auf jeden Fall zwei neue prominente Namen bekommen.

Der Kronzeuge und die Todsünde

Für Vedat wird dagegen die Luft schon richtig dünn. Er versteckt sich zu Hause in Kreuzberg. Draußen steht das Mobile Einsatzkommando (MEK) und observiert Tag und Nacht das hässliche Hochhaus am Ende der berühmten Friedrichstraße. Ob er die Polizisten bemerkt, ist nicht bekannt. Jedenfalls vermerkt das MEK: »Herr Vedat S. konnte im gesamten Observationszeitraum nicht aufgenommen werden.«

Am 15. März 2010 trifft er eine Entscheidung: Um 12.20 Uhr klingelt bei den Ermittlern vom LKA 442 das Telefon. Ein renommierter Anwalt teilt mit, dass sein Mandant Vedat S. sich stellen wolle. Die Polizei holt ihn ab und bringt ihn ins LKA am Tempelhofer Damm. Um 14.05 Uhr startet das Verhör.

Das Protokoll beginnt wie immer mit den persönlichen Daten:

Staatsangehörigkeit: deutsch

erlernter Beruf: ohne

ausgeübter Beruf: arbeitslos

Einkommensverhältnisse: kein Einkommen

Sozialunterstützung: 280 Euro Sozialhilfe

Familienstand: ledig

Anzahl der Geschwister: 11

Stellung in der Öffentlichkeit: ohne

Ehrenämter: keine

Im ersten Teil der Vernehmung redet eigentlich nur der Anwalt. Der Verteidiger umreißt grob den Tatablauf. Die Namen der anderen Räuber nennt er nicht: »Mein Mandant möchte hier keine Angaben zur Identität der anderen Tatbeteiligten machen.«

Im Raum stehen fünf bis 15 Jahre Knast. Vedat ist 21 Jahre alt. Das heißt, ein mildes Urteil nach Jugendstrafrecht wird es nicht mehr geben. Für das Gesetz ist er jetzt erwachsen. Der Pokerräuber hat schlechte Karten.

Von 14.57 Uhr bis 16.28 Uhr wird die Vernehmung unterbrochen. Vedat darf seinen Zwillingsbruder im Knast anrufen. Der brummt gerade wegen diverser Raubüberfälle. Offenbar holt sich Vedat die Erlaubnis, seinen letzten Trumpf auszuspielen.

Der Anwalt beginnt die zweite Hälfte der Vernehmung: »Nach ausführlicher Belehrung über die Rechtsfolge des Paragraf 46 B Strafgesetzbuch möchte er folgende Angaben machen.«

46 B ist der so genannte Kronzeugen-Paragraf. Wer als Täter eine Straftat aufklärt oder verhindert, kriegt Strafrabatt. Vedat nennt die Namen der drei anderen Räuber. Eigentlich eine Todsünde im Wertekanon arabischer Clans. Für große Teile von Neukölln ist er jetzt ein Verräter. Die Clans benutzen das arabische Wort »Djasos« (mit zwei scharfen S) für Männer, die auspacken, um ihre Haut zu retten.

Die Goldmünzen-Diebe auf dem Weg zur Tat im März 2017.

Die Goldmünze »Big Maple Leaf« war 100 Kilogramm schwer.

Der Prozess zum Münzraub machte den Rammo-Clan weithin bekannt.

Aufgebrochene Schließfächer nach dem Spar-kassenraub 2014. Beute: 10 Millionen Euro.

Issa Rammo wettert im Berliner Kriminalgericht.

Ashraf und Issa Rammo (r.) bei einer Beerdigung im April 2020.

Die Villa von Issa Rammo gehört offiziell seinem Sohn.

Der Rapper Massiv und sein Beschützer Ashraf Rammo.

Abdulkadir Osman terrorisiert seine Nachbarn in Berlin-Spandau.

Ahmad »Patron« Miri, Clanmitglied.

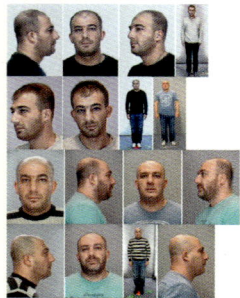

Der abgeschobene Ibrahim Miri auf Polizeifotos
aus verschiedenen Jahren.

Hassan Berjaoui (l.) und sein Cousin, der gleichzeitig sein Schwager ist.

Der Überfall auf das KaDeWe 2014 dauert nur
79 Sekunden.

Zum Prozess des KaDeWe-Raubs kommen
Dutzende Mitglieder des Al-Zein-Clans.

Mahmoud Al Zein, genannt »El Presidente«, zeigt
sich auf einer Beerdigung in Berlin.

Arafat (l.) und Nasser Abou-Chaker bei einer Gala 2010.

Bushido und Arafat Abou-Chaker bei demselben Event.

Arafat Abou-Chaker.

Beim Pokerraub 2010 stellt sich ein Wachmann in den Weg.

Gewalteskalation der Abou-Chakers im Kriminalgericht 2012.

Verhaftung eines Clanmitglieds in Berlin-Neukölln 2017.

Intensivtäter Nidal Rabih in einem Video, das im Gefängnis aufgenommen wurde.

Die Beerdigung von Nidal Rabih wird zum Treffen zahlreicher krimineller Clan-Mitglieder.

Gedenktreffen für Nidal Rabih ein Jahr nach seiner Ermordung.

Vedat verrät aber nicht die Identität des Organisators. Der gehört zu einer arabischen Großfamilie. Sehr weit verzweigt und dadurch sehr mächtig. Allein Ibrahim hat acht Geschwister.

Für die Polizei ist Vedats Aussage dennoch der Durchbruch.

Am nächsten Tag stürmen drei Spezialeinsatzkommandos (SEK) um 15.30 Uhr die Wohnungen der anderen drei Täter. Doch alle sind ausgeflogen. Jihad ist schon im Libanon, Mustafa in der Türkei. Nur Ahmad ist in Berlin, aber nicht zu Hause. Als die Polizei Mustafa in Neukölln festnehmen will, passiert zusätzlich eine Panne.

Das maskierte SEK weiß nicht, in welcher Wohnung Mustafa lebt. An den Türen im fünften Stock stehen auch keine Namen. Deshalb drückt eine Kripo-Beamtin unten die Klingel mit Mustafas Nachnamen. Oben im fünften Stock hören die SEK-Männer zwar das Klingeln, verorten das Geräusch aber hinter der falschen Tür. Mit der Ramme ballern sie die gesamte Tür mit Zarge aus der Wand. Zum Glück ist die Familie, die dort mit drei kleinen Kindern wohnt, nicht zu Hause.

Durch den Lärm aufgeschreckt, öffnet immerhin Mustafas Schwägerin die eigentlich richtige Wohnungstür. Aber der Gesuchte ist längst über alle Berge.

Am nächsten Morgen sind die Namen der Flüchtigen an die Presse durchgesickert. Vor dem Wohnhaus von Ahmad dem Boxer im Kreuzberger Bergmannviertel tauchen Journalisten auf und klingeln bei den Eltern. Willkommen in diesem Kiez sind sie nicht: Ahmads Kollegen sagen: »Dort oben sind seine Mutter und seine Schwester. Bei uns bedeutet das etwas anderes, wenn Sie da hochgehen. Wundern Sie sich dann nicht über die Folgen. Und stellen Sie sich nicht in den Nachrichten hin und sagen, das sind Verbrecher, die haben uns ein blaues Auge gehauen und einen Finger abgeschnitten.«

Vedats Familie reagiert etwas anders: Eine Schwester öffnet die knallrot lackierte Haustür nur einen Spalt: »Vedat hat ein

Herz aus Gold«, sagt sie. »Er hat in dem Moment einfach mitgezogen, weil er den Druck nicht ausgehalten hat. Er wollte einer von denen sein.«

Bei Jihad C. öffnet der Vater. Laut Gerichtsakten ein streng religiöser Moslem aus dem Libanon, der mit seiner Frau und acht Kindern in der Vierzimmerwohnung lebt. Jihad musste immer um 22 Uhr zu Hause sein. Wo Jihad sich jetzt aufhält, weiß er nicht. Oder will es nicht wissen. Die älteste Schwester hat am Tag zuvor noch zu einer Kriminalhauptkommissarin gesagt: »Jihad ist seit Mittwoch im Libanon. Oma ist krank.«

Dort hält er es allerdings nicht lange aus. Am 20. März 2010 steht er schon wieder auf dem Flughafen in Beirut. Um 13.30 Uhr kauft er sich im Duty-free-Shop für kleines Geld eine Stange Marlboro. Der Preis ist ein echtes Plus im Vergleich zu Berlin. Dafür ist der Knast in Deutschland um vieles freundlicher. Und genau darum ist der Pokerräuber heute eingecheckt auf Flug 6003. Beirut – Berlin, nonstop, Fluglinie: Germania. Jihad will sich in Deutschland den Behörden stellen.

An Gate 19 schüttet er noch ein Red Bull in sich hinein. Er trägt ein ockerfarbenes Hemd und eine braune Lederjacke und quatscht gelöst mit seinem Cousin, der ihn auf dem Flug begleitet. Heute ist sein letzter Tag in Freiheit. Sieht aber nicht so aus. Auf dem Weg in die Maschine greift er noch eine Berliner Tageszeitung ab. Könnte ja was über den Pokerraub drinstehen. Jihad fühlt sich seit der Öffentlichkeitsfahndung mit seinem Foto wie ein Medienstar. So schreibt er es später in einem Brief. Im Flugzeug geht er zur Reihe 25, Platz C. Am Gang. Sein Cousin sitzt ebenfalls in Reihe 25, Platz D. Auch am Gang. Mit 25 Minuten Verspätung startet die Boeing in Beirut. Noch vier Stunden ohne Handschellen. Mit an Bord sind auch zwei Reporter von SPIEGEL TV.

Über dem Mittelmeer, kurz hinter der türkischen Küste, droht die Situation im Flugzeug zu eskalieren. Der Pokerräuber hat keine Lust auf ein spontanes Interview. Sein Cousin ist emotional auch gleich im Tiefflug und brüllt sofort los. Schließlich geht ein zufällig anwesender Polizist aus Brandenburg mit libanesischen Wurzeln dazwischen und verhindert Schlimmeres.

Als die Maschine um 18.50 Uhr auf dem Flughafen Tegel landet, ist es bereits dunkel geworden. Alle Passagiere verlassen die Maschine. Nur der Pokerräuber und sein Cousin bleiben sitzen. So ist es abgesprochen. Zwei Bundespolizisten und drei Zielfahnder des LKA kommen an Bord. Das Rollfeld verlassen die Fahnder mit ihrem abgedunkelten Fahrzeug über ein Seitentor. An der Hauptzufahrt warten ihnen zu viele Journalisten.

Jihad ist an diesem Samstag nicht der einzige Heimkehrer. Um 11.10 Uhr nimmt die Polizei auch Mustafa am Flughafen Tegel fest. Er ist gerade mit dem Turkish-Airlines-Flug TK 1721 aus Istanbul angekommen. Auf dem Weg zum LKA belehrt ein Kriminalhauptkommissar den Räuber über den Haftbefehl. Der formale Akt wird in einem Protokoll festgehalten. Mustafa sitzt hinter dem Beifahrersitz, der Beamte hinter dem Fahrer. Der Polizist blättert in seinen Unterlagen, weil er fürs Protokoll die Vorgangsnummer braucht. Mustafa schielt auf die Papiere und sieht die Fotos seiner beiden Kollegen.

Er fragt: »Sitzen die auch schon oder sind die noch auf der Flucht?«

Der Polizist antwortet: »Noch nicht alle. Den letzten beißen die Hunde.«

Um 11.15 Uhr unterschreibt Mustafa das Protokoll. Unter Punkt 2 steht: »Sie können sich zu den gegen Sie erhobenen Vorwürfen äußern oder nicht zur Sache aussagen.« Mustafa hat das Recht zu schweigen. Er hält nicht einmal eine Viertelstunde lang durch. Dann beginnt er noch während der Fahrt zu erzählen: Wie ihn Vedat an diesem Samstagmorgen aus dem Schlaf geläutet hat und wie er angeblich in die Sache »hineingedrückt wurde«. Der Polizist am Steuer notiert später in einem Extra-Bericht: »Er wollte reinen Tisch machen.«

Die Vernehmung beginnt im Landeskriminalamt um 14.45 Uhr. Es dauert nicht lange, bis Mustafa harte Fakten liefert. Für die Beamten ist es der zweite Durchbruch.

Mustafa sagt: »Jihad und sein Onkel, den Name kenne ich nicht, kamen beide mit ihren Autos. Der Onkel wird von allen ›Ibo‹ genannt.« Damit kennt die Polizei jetzt denjenigen, der alles geplant und den Raub organisiert hat.

Einen Tag später um 23.15 Uhr klingeln drei Beamte des LKA 641 an einer Wohnungstür im siebten Stock eines Hochhauses in Berlin-Lichtenrade. Wir erinnern uns: Die Männer von 641 gehören zur sogenannten »Araber-Streife«. Keiner kennt Namen, Autos und Aufenthaltsorte der Großfamilien besser als sie. Jetzt stehen die Beamten vor der Tür einer moldawischen Frau. Sie ist die Lebensgefährtin von Ibrahim M., genannt Ibo. Das Paar hat eine dreijährige Tochter. Ungewöhnlich für einen Mann aus einem arabischen Clan. Entweder hat sich Ibrahim M. von seiner Familie emanzipiert oder er hält die Beziehung geheim. Als die moldawische Frau ihre Tür öffnet, sehen die Polizisten Ibrahim M. in der Wohnung. Er wird vor die Tür gebeten und festgenommen.

Ibrahim M. hat schon einige Erfahrungen mit der Berliner Justiz. Vor allem mit ihrer Milde und Langsamkeit. Er ist 1990 mit seiner Mutter und acht Geschwistern aus dem Libanon eingereist. Der Vater war damals schon tot. Als Ibrahim 16 Jahre alt ist, klagt ihn ein Staatsanwalt als Dieb an. Eingestellt. Ein Jahr später wegen Beihilfe zum Diebstahl. Eingestellt. Im gleichen Jahr (1998) eine weitere Anklage wegen Körperverletzung. Eingestellt gegen Auflagen. Finanziell entwickelt er sich offenbar blendend. 2001 fährt er mit einem teuren BMW durch Berlin. Ein Verwandter mietet sich einen Renault Clio und verursacht absichtlich einen Crash. Ibrahim M. fordert von der Versicherung 18.760 Mark. Allerdings prüft die Versicherung ziemlich gründlich das eingereichte Gutachten, findet Ungereimtheiten und zeigt Ibrahim an. 2005, fast fünf Jahre nach der Tat, wird er zu sechs Monaten Freiheitsstrafe verurteilt. Im Urteil steht, der Betreffende sei arbeitslos und lebe bei seiner Schwester. Finanziell unterstützt werde er von seiner Mutter, die als Putzfrau arbeitet. Ein halbes Jahr vor dem Urteil bretterte er noch in seinem Audi A6 mit 120 Sachen über den Mariendorfer Damm in Berlin-Tempelhof. Er überholte so gefährlich, dass nach Aussage von zwei Polizisten die anderen Autofahrer mehrmals abbremsen mussten. Zu den Beamten sagte er: »Ich habe genug Geld. Ich fahre weiter so. Ist mir egal.« Der Richter verurteilt ihn zu einer Geldstrafe von 40 Tagessätzen à zehn Euro. Das ist der Hartz-IV-Regelsatz.

In der kriminellen Halbwelt Berlins steigt Ibrahim später vom Betrüger zum Logistiker von Straftaten auf. Offenbar hat er immer genug Kleinkriminelle an der Hand. Oder in der Hand. Menschliche Tatwerkzeuge. Ein V-Mann berichtet der Polizei: »Zum Teil haben die Kleinkriminellen einen sehr aufwendigen Lebensstil, gehen nicht arbeiten und fahren trotzdem große Autos. Die werden ihnen zum Teil von Ibrahim M. vermittelt. Dafür müssen sie aber auch das tun, was der M. ihnen (…) sagt.« Das funktioniert wie eine Leiharbeitsfirma. Beim Pokerraub setzt er sie für eigene Zwecke ein.

Mit seiner Verhaftung sitzen jetzt der Organisator und alle vier Räuber in Untersuchungshaft. Ahmad der Boxer wurde in einer U-Bahn-Haltestelle verhaftet. Er fiel einem Zivilpolizisten auf, der eigentlich auf der Suche nach Betrügern mit gefälschten Fahrkarten war.

Jetzt fehlt nur noch der Tippgeber. Der Mann, der von drinnen das Startsignal gegeben hat. Eine verdeckte Quelle hatte der Polizei ja bereits vier Tage nach dem Überfall geplaudert, dass die Brüder »Rommel« und »Momo« die Auftraggeber seien. Offenbar sind die Brüder von V-Männern regelrecht umstellt. Denn knapp fünf Wochen nach dem Überfall berichtet eine weitere Vertrauensperson, dass die Tat im Al Bustan geplant worden ist. Das ist das Stammlokal der Familie Abou-

Chaker. Außerdem haben die Abou-Chakers, so die verdeckte Quelle, »nur einen verhältnismäßig geringen Teil der Beute« verlangt. Die meisten Infos liefert die V-Person »1809« am 20. Mai: »Da die Sache nur von dem richtigen Zeitpunkt abhing, soll der Mohamed Abou-Chaker die Aufgabe übernommen haben, das Startsignal zu geben.« Die verdeckte Quelle hat angeblich Freunde, die wiederum eng mit den Abou-Chakers befreundet sind. Sie berichtet auch über einen tiefen Zwist zwischen dem Tippgeber und dem Organisator. Offenbar wegen der Verteilung der Beute. Sogar von offener Feindschaft ist da die Rede. Der V-Mann: »Ibrahim und seine Leute würden sofort gegen Mohamed Abou-Chaker in einen bewaffneten Kampf ziehen.« Wenn sich denn die Gelegenheit bietet.

Kleine Details bringen den Durchbruch

Theoretisch wissen die Ermittler also mittlerweile genau, wie der Pokerraub im arabischen Teil von Berlin geplant und ausgeführt wurde. Allerdings reicht das nicht für die »richterliche Überzeugung«, wie es unter Juristen heißt. Die braucht es aber in einem Gerichtsprozess. Aussagen von »Vertrauenspersonen« sind aus gutem Grund niemals ausreichend für einen Schuldspruch, weil die Polizei sonst zu leicht eine Verurteilung basteln könnte. Vertrauenspersonen müssen vor Gericht nicht erscheinen, weil die Staatsanwaltschaft ihnen die »Geheimhaltung der Identität« zusichert. Sonst würden sie auch niemals brisante Informationen liefern aus den kriminellen Milieus.

Für einen dringenden Tatverdacht braucht der Staatsanwalt noch etwas vor Gericht Belastbares. Das liefert ihm am Ende ein akribischer Kriminaloberkommissar aus dem LKA 442. Der Polizist analysiert die Daten von 28 Handys, darunter die Geräte von Vedat, Ahmad, Mustafa, Jihad, Ibrahim, Mohamed und Rommel Abou-Chaker. Aus 12.694 Datensätzen filtert er heraus, welches Handy sich in welche Funkzelle zu welchem Zeitpunkt eingeloggt hat. Diese Informationen vergleicht er mit den Aussagen der inhaftierten Räuber und der zahlreichen Zeugen. Ein gigantisches Puzzle. Am 25. Mai 2010 ist es fertig und wird als 33-seitiger Bericht dem Staatsanwalt vorgelegt. Der Polizist hat sich auf eine mögliche Tatbeteiligung von Mohamed »Momo« Abou-Chaker konzentriert: Normalerweise telefoniert Momo täglich ungefähr 120 Mal. Am Samstag des Überfalls greift er doppelt so oft zum Handy. In der letzten Stunde vor der Tat steigt sein Handykonsum enorm an. Alle drei Minuten ein Telefonat. Sein Redebedarf endet exakt mit dem Ende des Überfalls um 14.11 Uhr. Danach telefoniert er 77 Minuten lang mit niemandem. Zeugen sehen Abou-Chaker während des Pokerraubs im Hotel. Die Daten seines Handys bestätigen das. Am Hyatt können sich damals E-Plus-Handys in drei unterschiedliche Funkzellen einloggen. Allerdings funktioniert nur eine Funkzelle innerhalb des Hotels. Wenn der E-Plus-Nutzer das Hyatt verlässt, wählt sich sein Handy automatisch in eine der beiden anderen Funkzellen ein. Dieses wichtige Detail findet das LKA bei eigenen Messungen am Tatort heraus. Somit können die Ermittler belegen, dass Abou-Chaker nicht nur am, sondern auch im Hotel war. Vor der Tat telefoniert er an dem Samstag nur mit drei Nummern. Um 10.37 Uhr ruft er den Organisator Ibrahim an. Es folgen acht weitere Gespräche innerhalb von einer Stunde. Dann schaltet Ibrahim sein Handy aus. Kurz danach kontaktiert Abou-Chaker eine Prepaid-Nummer, deren Inhaber Umut Karakas aus der Kleinstadt Konz an der Mosel nicht existiert. Der Analyst nennt sie die »konspirative Nummer«. Abou-Chaker telefoniert 16-mal mit dem geheimen Anschluss. Das letzte Mal um 14.11 Uhr, als der Überfall gerade vorüber ist. Danach nie wieder. Auch niemand anderes wählt die konspirative Nummer. Sie ist vor und während des Überfalls ebenfalls im Tatortbereich eingewählt. Allerdings außerhalb des Hotels. Das geheime Handy passt also exakt zu den Aussagen von Mustafa, der Ibrahim ständig telefonieren gesehen hat. Außerhalb des Hotels. Vor dem Überfall waren das offizielle Handy von Ibrahim und das geheime Handy den ganzen Morgen zusammen. Bis um elf Uhr in der Funkzelle in Berlin-Lichtenrade, wo Ibrahim mit seiner moldawischen Freundin lebt. Und nach elf Uhr bewegen sich dann beide Handys Richtung Potsdamer Platz. Für die Polizisten besteht jetzt kein Zweifel mehr: Ibrahim ist der Nutzer des konspirativen Mobiltelefons.

Auch der Staatsanwalt ist überzeugt von den geballten Indizien und beantragt einen Haftbefehl gegen Mohamed Abou-Chaker. Aus den Handydaten ließ sich keinerlei Tatverdacht gegen Rommel Abou-Chaker herausfiltern. Sein Handy war in Neukölln eingeloggt. Kein Zeuge hat ihn im Hyatt gesehen. Der Staatsanwalt stellt die Ermittlungen ein.

Am 27. Mai 2010 unterschreibt eine Richterin am Amtsgericht den Haftbefehl für den jüngeren Bruder Mohamed. Bereits einen Tag später entdecken Zielfahnder vom LKA 733 den Gesuchten im Restaurant La Serra in Neukölln. Eine halbe Stunde nach Mitternacht besteigt Abou-Chaker ein silbergraues Mercedes-Cabrio, das nicht auf ihn zugelassen ist, und düst nach Kreuzberg. An einer roten Ampel auf der Heinrich-Heine-Straße blockieren die Fahnder das Fahrzeug und nehmen ihn fest. In seiner Hosentasche finden die Beamten 1549 Euro und 5 Cent. Das Geld wird ihm wieder in die Tasche gesteckt.

Abou-Chaker kommt in die JVA Moabit. Ein Backsteinbau aus der Kaiserzeit. Hier saß schon Karl Liebknecht. Wahrscheinlich mit ähnlichen Beschränkungen wie Abou-Chaker: Einzelzelle zum Innenhof, keine Teilnahme an Veranstaltungen, kein Gottesdienst, Seelsorger nur auf Zelle, Einzelfreistunde, Einzelduschen, keine Gemeinschaftsarbeit, Überwachung der Post.

Als Momo verhaftet wird, ist der Informant Vedat schon wieder zwei Monate auf freiem Fuß. Ganze neun Tage saß er in Untersuchungshaft. Allerdings ist die Freiheit für ihn auch teuer erkauft. Nach Aussagen anderer V-Leute wird er beim Freitagsgebet in einer Neuköllner Moschee von einem Bruder des inhaftierten Ahmad zusammengeschlagen, weil er bei der Polizei ausgesagt hat. Auch Mustafa, der den Organisator Ibrahim belastet hat, wird jetzt offenbar unter Druck gesetzt. Am 1. April meldet sich seine Freundin beim Staatsanwalt. Sie berichtet, dass sie von einem Mann angerufen wurde, der sich als Cousin von Ibrahim ausgegeben habe. Die Botschaft des Unbekannten: Mustafa soll seine Aussage zurückziehen.

Am 14. Juni 2010 startet der Prozess gegen die vier Räuber vor der 9. Großen Strafkammer. Die Hintermänner kriegen ihre eigene Verhandlung. Nach sechs Verhandlungstagen sind die drei Berufsrichter und die zwei Schöffen von der Schuld der jungen Angeklagten überzeugt. Eine juristische Kurzstrecke, weil alle Angeklagten die Tat einräumen. Obwohl er mit seiner Aussage am meisten zur Aufklärung des Falls beigetragen hat, bekommt Vedat S. mit drei Jahren und neun Monaten die höchste Strafe. Sein Problem ist, dass er schon erwachsen ist. Die Richter bleiben unter der Mindeststrafe von fünf Jahren, trotzdem ist Vedat enttäuscht. Seine Anwälte legen Revision gegen das Urteil ein. Ohne Erfolg. Die anderen erhalten eine Jugendstrafe von drei Jahren und sechs Monaten.

Der Prozess gegen den Organisator und den Tippgeber spielt juristisch in einer anderen Liga. Die Verhandlung gegen Mohamed Abou-Chaker und Ibrahim M. startet im August 2010. Im Saal 500 des Landgerichts postieren sich bewaffnete Zivilpolizisten. Ungewöhnlich, denn für die Sicherheit ist die Justiz zuständig. Nicht die Polizei. Weil es aber Hinweise auf eine Gefangenenbefreiung gegeben hat, bittet die Justiz um Unterstützung. Unten auf der Straße beobachtet die »Araber-Streife« des LKA 641, welche männlichen Kaliber der Clan geschickt hat. Die Beamten kennen die Stressmacher am besten. Von den Abou-Chakers, polizei-intern Familie »ABC« genannt, kommen die Söhne drei und vier. Arafat und Rommel. Arafat zieht sich eine schwarze Kapuze über den Kopf und pöbelt ein TV-Team an. Zur Entourage gesellt sich der Rapper Kay One – bürgerlich heißt er Kenneth Glöckler. Sein Outfit ist ein Mix aus böse und lässig: Schwarze Jogginghose, schwarze Lederjacke und Sonnenbrille. Damals ist er noch dicke Tinte mit dem arabischen Clan.

Die Gerichtsverhandlung entwickelt sich dann zu juristischem Fechten. Florett, ganz feine Klinge. Abou-Chaker wird von Stefan Conen verteidigt, der bei den Anwälten in Berlin zur Champions League gehört. Aber auch der Staatsanwalt muss sich nicht verstecken. Frank Heller spricht im Saal mit dünner Stimme, die eine Prise Entschlossenheit vertragen könnte. Aber er gilt als brillanter Jurist. Ein ganz heller Kopf, heißt es unter Kollegen in Anspielung auf seinen Nachnamen. Vor allem ist er schnell. Drei Tage nach Abou-Chakers Verhaftung hat Heller bereits die Anklage fertig. Im Prozess geht es vor allem um die Handydaten. Kern der Anklage. Basis des Haftbefehls. Sind die Richter der Großen Strafkammer aber genauso überzeugt von der Indizienkette? Am Ende sind sie es: Mohamed Abou-Chaker wird im November 2011 zu sieben Jahren und drei Monaten Haft verurteilt. Kurz vor dem Schuldspruch belastet er noch den Mitangeklagten Ibrahim M. Er habe mit Ibo im Café laut darüber nachgedacht, wie leicht die Gelder des Pokerturniers zu erbeuten seien. »Das Geld lag rum wie Gemüse auf der Straße«, sagt er im Gericht über das angebliche Gespräch. Am Tattag habe er mit Ibo so viel telefoniert, weil er ihn aufhalten wollte. Die Richter halten diese Version für wenig plausibel. Auch Ibrahim M. muss für sechs Jahre und vier Monate ins Gefängnis.

Staatsanwälte und Polizisten leugnen gerne, dass sie sich freuen, wenn ihre Kundschaft lange hinter Gittern verschwindet. Tun sie aber trotzdem. Es ist ihr Lohn für monatelange, teilweise jahrelange Arbeit.

Die Euphorie bei den Ermittlern nach dem Pokerraub-Urteil hält allerdings nicht lange an. Sie weicht einem Kopfschütteln. Bei manchen auch kalter Wut. Auslöser ist ein Anruf, den der Oberstaatsanwalt Sjors Kamstra, zuständig für Organisierte Kriminalität, von einem LKA-Ermittler erhält.

Der Polizist fragt: »Stimmt es, dass Momo bereits im offenen Vollzug ist?«

Oberstaatsanwalt Kamstra antwortet: »Guck mal auf den Kalender, heute ist nicht der 1. April.« Für Kamstra ist der offene Vollzug bei einem Täter mit OK-Vermerk in der Akte schlicht undenkbar.

Doch der Aprilscherz ist keiner. Tatsächlich hatte eine »Einweisungskommission« den Pokerräuber für geeignet gehalten, seine Haftstrafe im offenen Vollzug zu verbüßen. Damit kann er den ganzen Tag über durch Neukölln streifen und muss erst nachts zurück in den Knast. Als die Tatsache im Frühjahr 2013 durchsickert, gibt es einen Aufschrei in den Gazetten der Hauptstadt. Plötzlich soll die Entscheidung der »Einweisungskommission« revidiert werden. Doch so einfach ist das juristisch nicht. Der Pokerräuber bleibt im offenen Vollzug.

ZWEI ZENTNER GOLD – NICHTS LEICHTER ALS DAS

Die Hauptstadt ist an diesem 27. März 2017 noch nicht erwacht, als drei Männer losziehen, um ein Vermögen zu machen. Heute ist ihre letzte Chance. Morgen bereits wird ihr Schatz an einen anderen Ort transportiert. Sie betreten den Bahnhof Hackescher Markt, einen verklinkerten Historismus-Bau, durch den Haupteingang, queren die Eingangshalle und laufen die Treppe hoch. Blaue Kacheln an den Wänden bis hoch zum Bahnsteig. Noch hat die S-Bahn Betriebspause, kein anderer Mensch ist zu sehen. Die drei Männer sind schwarz gekleidet, ihre Gesichter haben sie hinter Mützen, Schals, Tüchern und Basecaps versteckt. Sie wissen, dass jeder einzelne ihrer Schritte beobachtet wird von Kameras im Gebäude. Am Ende des Bahnhofes springen sie auf das Gleisbett und laufen gen Westen. Nach ungefähr 300 Metern erreichen sie die Außenmauern des Bode-Museums. Die Kanzlerin wohnt ein paar Hundert Meter weiter gleich um die Ecke. Nur ein einziges Fenster des Museums ist in dieser Nacht wegen eines Defekts nicht alarmgesichert. Es führt in eine Umkleidekabine.

Durch dieses Fenster klettern die Männer in das Gebäude. Auch der komplizierte, mit Alarmtüren gesicherte Weg durchs Museum macht ihnen keine Probleme. Ihr Ziel ist Raum 243, wo die wagenradgroße Münze »Big Maple Leaf« in einer Vitrine thront. 100 Kilogramm Gold, Reinheitsgehalt 99,99 Prozent, verziert mit dem Bildnis von Königin Elizabeth II. Nur fünf Exemplare wurden von dieser Münze geprägt, der Materialwert liegt bei 3,3 Millionen Euro. Der Sammlerwert ist noch um einiges höher.

Die Männer zerschlagen das Sicherheitsglas der Vitrine mit einer Axt, wuchten den Goldkoloss auf ein Rollbrett und schieben ihn zurück zum Fenster in der Umkleidekabine. Dort hieven sie ihn über die Brüstung und lassen ihn auf der anderen Seite herunterplumpsen. In einer Schubkarre befördern sie ihn zurück über den Bahndamm. Hier wartet ein Komplize bereits mit seinem Auto. Durch die Berliner Nacht geht es an einen sicheren Ort, den die Polizei bis heute nicht kennt. Zurück bleibt hier und da nur ein wenig Goldstaub.

Und das eine oder andere Tatwerkzeug. Die Polizei findet das Rollbrett, mit dem die Münze durchs Museum gerollert wurde, und ein grünes Seil, mit dem sich die Täter von der S-Bahn-Trasse in den Park abseilen konnten. Schnell ist klar: Es muss ein Insider-Job gewesen sein. Ins Visier der Fahnder gerät Denis W., 18. Er arbeitet erst seit wenigen Tagen als Wachmann im Bode-Museum.

Durch Zufall findet die Polizei in seinem Auto ein Prospekt des Museums, als er an einer Tankstelle versucht, die Rechnung zu prellen. Seine engen Beziehungen zur Rammo-Familie sind den Ermittlern zu diesem Zeitpunkt bereits bekannt. So erzählt es Staatsanwalt Schulz-Spirohn.

Drei Wochen nach der Tat erhalten die Fahnder auch einen ersten Hinweis aus dem Milieu. Eine Vertrauensperson erzählt, dass sechs »Angehörige der Rammos« an der Sache beteiligt waren.

Kurz darauf trudeln weitere zwei Hinweise von VPs auf den Rammo-Clan ein.

Die Ermittlungsmaschinerie des Landeskriminalamtes läuft jetzt auf Hochtouren. So fahren Observationsteams den Tatverdächtigen hinterher, Spuren werden gesichert, Telefone abgehört.

Denis W., eben noch eher prekär bei einer Wachschutzfirma angestellt, kauft sich eine Goldkette für 11 000 Euro und interessiert sich für einen Mercedes AMG (zur Miete) sowie für ein Ladengeschäft (würde ungefähr 90 000 Euro kosten).

Dass der Einbruch ins Bode-Museum länger geplant war, belegen auch Videos aus den Überwachungskameras des Bahnhofes. Schon am 17. März um 2.06 Uhr, also 10 Tage vor der Tat, sind zwei Verdächtige auf dem S-Bahnhof zu sehen. Sie sind vermummt, halten sich die Hände vors Gesicht und laufen ebenfalls Richtung Bode-Museum.

Vier Tage später sind es schon drei Männer, die morgens um 2.56 Uhr den S-Bahnhof betreten. Einer von ihnen trägt in einer Plastiktüte wahrscheinlich eine Flex, mit der sie in dieser Nacht die Gitterstäbe des Fensters im Bode-Museum durchtrennen. Die Polizei setzt besonders auf diese Videos.

Genauer gesagt, setzt sie auf Professor Dirk Labudde, der an der Technischen Hochschule Mittweida den Studiengang Allgemeine und Digitale Forensik leitet. Im Auftrag des LKA wertet er die Video-Aufnahmen aus. Ganz genau werden die unterschiedlichen Phänotypen analysiert: Wer hat einen Bart, welche Jacken werden getragen, gibt es Auffälligkeiten an den Basecaps und was ist – ganz wichtig – mit den Schuhen?

Um zu überprüfen, wie die Größenverhältnisse zueinander passen, bauen die Wissenschaftler den Treppenaufgang des Bahnhofes digital nach. Im Fotostudio des LKA Berlin müssen sich die tatverdächtigen Clan-Mitglieder auf einen Drehteller stellen und werden quasi abgescannt. An den wichtigsten Gelenken des Körpers sind Markierungen gesetzt. Aus dem Fotoscan bauen die Forscher ein digitales Skelett, einen digitalen Zwilling, ein sogenanntes Rig, das sich an den markanten Punkten des Gelenkapparates orientiert. Dann wird alles mit den dunklen Gestalten in dem Videomaterial aus den Überwachungskameras verglichen.

»Wir haben fünf Personen vermessen und fanden diverse Treffer«, so Professor Labudde. Eine der Gestalten auf dem Bahnsteig wird ohne jeden Zweifel an seinem speziellen Schlendergang als Wissam Rammo identifiziert. Ob er dann auch am Einbruch selbst beteiligt war, lässt sich so allerdings nicht beweisen.

Es folgen weitere Durchsuchungen bei anderen tatverdächtigen Clan-Mitgliedern und bei Denis W., dem vermuteten Tippgeber. Die Indizien sind erdrückend: In einer Wohnung und in Fahrzeugen der Familie findet die Spurensicherung Goldspäne mit dem Reinheitsgrad der gestohlenen Münze. Das ist insofern aussagekräftig, weil die Münze eine höchst seltene Reinheit besitzt. Mobiltelefone werden beschlagnahmt und ausgelesen. Auch da häufen sich die Hinweise: Wissam Remmo, 20, beispielsweise, angeblich als Kurierfahrer tätig, recherchierte im Internet aktuelle Goldpreise und die Möglichkeiten zum Einschmelzen von Gold. Cousin Wayci, 22, surfte nicht nur auf *goldseiten.de* und checkte die aktuellen Goldpreise, sondern er interessierte sich auch auffallend intensiv für den Fortgang der Ermittlungen. Waycis Bruder Ahmed, 19, der gute Freund von

Tippgeber Denis W., hatte in seiner Wohnung Zettel mit den aktuellen Goldpreisen. Die Spurensicherung des LKA findet diverse DNA an Tatwerkzeugen. Außerdem werden Handschuhe sichergestellt, an denen noch Spuren des Sicherheitsglases aus dem Bode-Museum haftet.

Alle Rammos, die ins Visier der Fahnder geraten, sind einschlägig bekannt. So kommt Ahmed schon seit seiner Kindheit regelmäßig mit dem Gesetzt in Konflikt. In seiner Polizeiakte finden sich Gewalt- und Eigentumsdelikte, er muss die Schule wechseln, bekommt Einzelbetreuung, absolviert ein sogenanntes »Kompetenztraining«.

Wissam, knapp 1,90 m groß, das Hemd gerne offen, damit seine üppige Brustbehaarung zur Geltung kommt, lebt noch zu Hause. Aufgewachsen ist er mit sechs Geschwistern, der Vater, mittlerweile pflegebedürftig, war lange im Knast. Glaubt man dem Jugendamt Neukölln, so ist Wissam einfach nur ein netter Junge, »sehr höflich und respektvoll, ein junger Mensch, der seine Arbeits- und sonstigen Weisungen immer schnell und gut erfüllt«. Weiter heißt es in einem entsprechenden Dokument in den Ermittlungsakten: »Dass Wissam Rammo in ungünstigen und problematischen Verhältnissen aufwächst und immer wieder großfamiliäre, negative Einflüsse sichtbar werden, bedarf hier keiner besonderen Erwähnung.«

Während in Berlin die Ermittlungen gegen die Rammos noch laufen, wird Wissams DNA auch noch nach einem Einbruch im Showroom eines Erlanger Herstellers für Hydraulikspreizer und Rettungsscheren festgestellt. Werkzeuge dieser Art werden normalerweise bei Verkehrsunfällen zur Rettung von eingeklemmten Personen benutzt. In der kriminellen Szene dienen sie dem Aufhebeln von Geldtransportern oder Bankautomaten.

Rund zwei Monate später beginnt in Berlin wegen der Goldmünze der Prozess gegen die Rammos. Der Weg zur Anklagebank im Saal 700 des Kriminalgerichts Berlin führt Wayci Rammo am Morgen durch ein Spalier aus Kameraleuten und

Fotografen. Sein Gesicht verbirgt er hinter einer Zeitschrift: *Wissen & Staunen* ist der Titel, gleich darunter steht in großen Lettern: »Vorsicht, gehen Sie keinem Besserwisser auf den Leim!«

Ein Zufall ist diese Inszenierung sicherlich nicht. Eher eine Empfehlung der Verteidigung an die Öffentlichkeit, bloß nicht alles zu glauben, was über die Rammos und die Angeklagten zu hören ist. Das ist eine ganze Menge. Das Medieninteresse jedenfalls ist an diesem Tag riesig. Die Verteidigung wird wenig später von einer »beispiellosen Vorverurteilung« sprechen.

Während also in Berlin der Prozess läuft, wird Wissam Rammo wegen der Sache mit den Spreizwerkzeugen auch noch in Erlangen angeklagt. Da er nicht in Untersuchungshaft sitzt, reist er am 27. November 2019 mit dem PKW an. Auf dem Weg zum Gericht wird Wissam von der bayrischen Autobahn-Polizei angehalten und durchsucht. Im Auto finden die Ermittler Schutzanzüge, Sturmmasken und einen sogenannten Kuhfuß. »Alles Utensilien, die man für gewöhnlich für Einbrüche benötigt«, so Staatsanwalt Schulz-Spirohn.

In Bayern macht das Amtsgericht kurzen Prozess. Wissam wird zu zwei Jahren und sechs Monaten Haft verurteilt. Außerdem muss er den Schaden begleichen: Mehr als 21 000 Euro. In seiner Urteilsbegründung kritisiert der Vorsitzende Richter die Berliner Justiz. Sie sei mit dem einschlägig aktenkundigen Wissam Rammo bisher zu milde umgesprungen. »Herr Rammo ist ein notorischer Klauer«, so der Richter. Von einer sofortigen Verhaftung Rammos sieht das Gericht allerdings ab. »Wer freiwillig zum Prozess kommt, der kann auch frei wieder gehen. So ist das hier in Bayern«, heißt es in der Urteilsbegründung.

Am 20. Februar 2020 folgen die Urteile vor der 9. Großen Strafkammer des Landgerichts im Berliner Goldmünzenprozess. Diesen Schatz zu stehlen erfordere »Dreistigkeit, Mut und Risikobereitschaft ganz besonderer Güte«, sagt Richterin Dorothee Prüfer in ihrer Urteilbegründung. Sie spricht von »hochprofessionellem Vorgehen« und dem »Coup des Lebens«.

Das Gericht geht davon aus, dass mindestens zwei weitere Täter beteiligt waren, »die wir nicht kennen«. Ob Wayci Rammo dazugehört, hat die Kammer nicht feststellen können. Er wird freigesprochen.

Wissam Rammo, Ahmed Rammo und Denis W. werden wegen Diebstahls in einem besonders schweren Fall verurteilt. Denis W. soll für drei Jahre und vier Monate ins Gefängnis, Wissam und Ahmed Rammo für vier Jahre und sechs Monate.

Setzt man das Urteil (max. 54 Monate) in Relation zur Beute (3,3 Millionen Euro) ergibt sich folgende Rechnung: Bei fünf Tätern verbleibt den Männern im Knast ein Monatsverdienst von mindestens 12.222 Euro. Netto, steuerfrei.

STEINIGUNG DER WAHRHEIT – DER FENSTERSTURZ VON HAMELN

Was an diesem 14. Januar 2015 in Hameln passiert, ist kein spektakulärer Fall. Aber es ist ein Fall, der auf spektakuläre Weise zeigt, was geschieht, wenn zwei Gesellschaftsformen kollidieren, die kaum noch eine gemeinsame Schnittmenge haben und bei denen nicht ausgemacht ist, welche der beiden Parteien am Ende die stärkere ist.

Eingegangen in die Kriminalgeschichte ist dieser Fall als der »Fenstersturz von Hameln«. Er zeigt wie kein anderes Ereignis in Deutschland, wie arabische Großfamilien die Sicherheitsarchitektur einer ganzen Stadt herausfordern. Und umstoßen. An der Gewaltorgie lässt sich wie unter einem Brennglas beobachten, warum die Clans bei den Behörden so gefürchtet sind. Und wie sehr ihre Entschlossenheit und Loyalität sie zu einer Macht auf der Straße macht.

Die Behörden sprechen angesichts eines solchen Falls von einer »Tumult-Lage«. Das klingt nicht nur wie eine Verharmlosung. Es ist auch eine angesichts der Bilanz dieses Tages: ein toter Krimineller, 24 verletzte Polizisten, ein zertrümmertes Krankenhaus, keine Festnahme. Ein im eigentlichen Wortsinn bespuckter und gesteinigter Staat. Vertreten durch gedemütigte und verprügelte Polizisten. Ein Beamter sagt später über den Einsatz: »Es war das einzige Mal, dass ich während meiner Dienstzeit wirklich Angst hatte. Selbst als vor sieben Jahren eine Person versuchte, mir in den Hals zu stechen, habe ich nicht so eine Angst gehabt.«

Ihren Anfang nehmen die Ereignisse in der Nacht zuvor in einem Dorf, das Aerzen heißt und elf Kilometer westlich von Hameln liegt. Direkt an der Bundesstraße 1. Gegen 21.30 Uhr stürmt dort ein Mann in einer Halloween-Maske die örtliche Tankstelle und bedroht die Kassiererin. Er raubt Bargeld und Zigaretten und flieht dann in einem Auto. Unter der Verkleidung steckt der 26-jährige Mohamed S., Mitglied einer in Hameln ansässigen arabischen Großfamilie. Stehlen und Einbrechen ist so etwas wie die Spezialität des Hauses. Auch sein Bruder ist ein notorischer Dieb. Die Mutter und mehrere Schwestern sind ebenfalls stadtbekannte Ladendiebe.

Die Polizei verhaftet den Tankstellenräuber zwei Stunden später in einer Spielhalle. Ein Zeuge hat sich das Kennzeichen des Fluchtautos notiert. Unter einem Busch finden die Beamten dann auch noch eine Tüte mit der Beute, die Maske und eine Luftdruckpistole.

Ein Fall, wie er in ganz Deutschland ungefähr zweimal pro Tag passiert. Häufiger werden Tankstellen nicht überfallen. Im Jahr 2015 sind es genau 636 Fälle.

Mit dem Verdächtigen auf dem Rücksitz fahren die Polizisten zurück zum Polizeigebäude in der Lohstraße in Hameln. Gegen 23.10 Uhr stoppt der Streifenwagen vor dem Rolltor zum Hof. Während die Polizisten darauf warten, dass sich das Tor vollständig öffnet, gelingt es Mohamed S. das Fenster herunterzukurbeln und nach seinem Bruder Ibrahim S. zu rufen, der vor der Wache schon auf ihn wartet. Obwohl seine Hände gefesselt sind, will der Tankstellenräuber sich jetzt aus dem Auto schlängeln. Der neben ihm sitzende Polizist packt ihn am Hals und verhindert die Flucht. Doch sofort ist der Bruder zur Stelle, reißt die Tür auf und versucht Mohamed ins Freie zu zerren.

Dieses Delikt ist im Paragraf 120 des Strafgesetzbuches geregelt. Es nennt sich Gefangenenbefreiung. Sie misslingt, weil andere Beamte herbeieilen und den Bruder zu Boden ringen. Beide Brüder landen im Keller des Gebäudes in einer Zelle. Offiziell sind sie im Polizeigewahrsam. Es ist nicht das erste Mal, dass den beiden Männern die Freiheit entzogen wird.

Mohamed und Ibrahim sind die kriminellsten Mitglieder der Großfamilie S. Die Eltern sind 1988 aus dem Libanon nach Deutschland eingereist. Die Mutter Khadra S. hatte noch mehrere Brüder dabei. Ibrahim und Mohamed sind in Hameln geboren. Ihre Staatsangehörigkeit ist offiziell »ungeklärt.« Die Männer besitzen eine »Fiktionsbescheinigung«: In der komplizierten Welt des Ausländerrechts ist das eine vorläufige Aufenthaltsgenehmigung. Die Männer sind quasi auf Probe im Land. Ausprobiert haben sie sich vor allem im Strafrecht. Sie sind Stammkunden beim Fachkommissariat 2 (FK2) der Kriminalpolizei. Diese Abteilung jagt Einbrecher und Räuber. Fast jeder Beamte hat schon mal die Wohnungen der Brüder oder das Geschäft des Onkels nach Diebesgut durchsucht. Mittlerweile kennt man sich. Hameln hat nur 57 000 Einwohner.

Ibrahims Gaunerbiografie beginnt schon als Kind. Das erste Mal steht er 2004 als Angeklagter in einem Gerichtssaal. Zwei Monate nach dem Start seiner Strafmündigkeit hatte er in der Nachbarschaft ein Mountainbike geklaut, weil er keine Lust hatte, zu Fuß nach Hause zu laufen. Die Richterin schickt ihn in einen Sport-Freizeit-Kurs. Dort ist auch schon sein Bruder Mohamed. Beide sollen lernen, ihre Freizeit sinnvoll zu nutzen.

Ibrahim schafft den Hauptschulabschluss und beginnt eine

Ausbildung zum Anlagenbauer. Das dritte Lehrjahr endet abrupt. Ibrahim S. marschiert in Untersuchungshaft, weil er einen Kleindealer ausgeraubt und ein jugendliches Mädchen zum Oralsex genötigt hat. Im Polizeicomputer ist er als »bewaffnet« und »gewalttätig« gelistet.

Auch der ältere Bruder Mohamed lässt bei der Polizei gerne anschreiben: Drogen, Körperverletzung, schwerer Diebstahl, Bedrohung. Insgesamt 15 Einträge hat er schon im Bundeszentralregister. Immerhin schafft er einen erweiterten Realschulabschluss. Ehrliche Arbeit ist aber nicht sein Fall. Nach deutschem Recht ist er ledig, hat aber zwei Kinder. Nach islamischem Recht ist er verheiratet mit einer Frau.

Am nächsten Morgen, dem Tag der Gewaltorgie, wird Ibrahim wieder aus dem Polizeigewahrsam entlassen. Für Mohamed, den Tankstellenräuber, öffnet sich die Zelle erst kurz vor 14 Uhr. Ein Oberkommissar fesselt seine Hände vor dem Körper. Ein Detail, das später noch wichtig wird. Hätte er sich gewehrt oder wäre er aggressiv gewesen, wären seine Hände auf dem Rücken fixiert worden. Er trägt Nike-Turnschuhe, eine schwarze Jogginghose, eine schwarze Lederjacke und einen braunen Dreiviertelmantel. Sein Vollbart ist sorgfältig gestutzt.

Gegen 14 Uhr erreichen zwei Kripobeamte des Fachkommissariats 2 (F K 2) mit dem Tankstellenräuber das Amtsgericht. Im siebten Stock des Waschbetonhochhauses soll die Richterin M. entscheiden, ob der 26-Jährige in die Untersuchungshaft überstellt wird oder gegen Auflagen wieder nach Hause darf.

Vor dem Hochhaus warten bereits zehn Angehörige des Clans auf Mohamed: drei Männer, vier Frauen und drei Kinder. Wortführer ist ein Onkel, der ebenfalls Ibrahim heißt, aber »Ibo« genannt wird. Innerhalb des Clans ist der Glatzkopf eine Autorität.

Den Polizisten ist die Situation nicht ganz geheuer. Was will die Familie hier am Gericht? Wollen sie den Räuber befreien? Der letzte Versuch liegt gerade einmal 15 Stunden zurück. Sie rufen deshalb nach Unterstützung. Es kommen sieben Justizwachtmeister, denen gerade im Saal 120 neue Techniken zur Selbstverteidigung beigebracht wurden.

Zu einem der Wachtmeister sagt der Onkel, sie wollten Mohamed noch einmal seine Kinder zeigen. Dann eskortiert eine Traube aus Polizei- und Justizbeamten Mohamed ins Gebäude und hinauf in den siebten Stock.

Dort arbeitet die Richterin M. in Raum 702 direkt neben der Teeküche. Der Blick aus den drei Fenstern fällt auf die Weserbrücke und das örtliche Klinikum. Raum 702 ist 21 Quadratmeter groß. In der Mitte dominiert ein Schreibtisch mit Computermonitor (links) und Gesetzbüchern (rechts). Richterin M. kennt die Großfamilie wahrscheinlich besser als jeder andere in Hameln. Ständig verurteilt sie Angehörige des Clans. Vor allem wegen Diebstahls und Einbruchs.

Um den Schreibtisch versammeln sich gegen 14.45 Uhr außer der Gastgeberin noch ihre Protokollantin, die Kripobeamten, der Tankstellenräuber und sein Anwalt. Der Verteidiger hat noch eine Referendarin mitgebracht. Es ist ihr erster Haftprüfungstermin. Der Anwalt will Mohamed S. auf Kaution freikriegen. Das erwartet auch die Familie. Doch die Richterin lehnt ab. Wiederholungsgefahr – da ist mit Geld wenig zu machen.

Die Richterin bittet alle Beteiligten auf den Flur. Sie will noch den Haftbefehl umformulieren. Der Tankstellenräuber und sein Anwalt ziehen sich ans Ende des Ganges zurück. Zwischen Kopierer und Yucca-Palme wollen sie ungestört reden. Das zumindest denkt der Anwalt. Mohamed hat andere Pläne.

Die Polizisten stehen immer noch vor der Tür der Richterin. Mittlerweile sind es vier. Zwei uniformierte Beamte sollen die Kripo unterstützen, falls es bei der Abfahrt Stress mit der Großfamilie gibt. Der Plan ist, den Täter vorsichtshalber über den Hinterausgang zum Auto zu bringen.

Um 14.53 Uhr beginnt das Drama. Während des Gesprächs

mit seinem Anwalt gelingt es Mohamed, seine rechte Hand aus der Handschelle zu zwängen. Wie das genau möglich war, wird nie geklärt. Jedenfalls öffnet er das Fenster neben der Yucca-Palme und klettert hinaus auf die Fensterbrüstung. Von hier geht es 22,50 Meter nach unten. Aber Mohamed will sich nicht umbringen, er will fliehen.

Das Fenster befindet sich in einer Art Nische zwischen Hauptgebäude und dem Treppenhaus-Turm. Zwischen den beiden Fassaden will Mohamed wie in einem Kamin nach unten klettern. Seine rechten Extremitäten gegen das Treppenhaus gestemmt, die linken gegen das Hauptgebäude. Mit dem Rücken zur Straße. Es sieht ziemlich selbstmörderisch aus, aber Mohamed ist ein Athlet: 177 cm, 67 Kilogramm, schlanke Figur.

Vielleicht hätte er es schaffen können, wenn er etwas größer gewesen wäre und die Hebel günstiger. So verliert er beim Abwärtsklettern den Halt, stürzt in die Tiefe, prallt zuerst auf ein Vordach und rutscht anschließend auf den Boden. Ein Turnschuh löst sich beim Sturz und landet im Blumenbeet.

Die Mutter, die Ehefrau, der Bruder, der Onkel, ein Cousin und die Kinder stehen währenddessen immer noch vor dem Amtsgericht. Von ihrer Position aus können sie den Absturz nicht sehen. Aber hören.

Auf der siebten Etage reagiert zuerst nur der Anwalt. »Er ist gesprungen«, schreit er, dann fluten die Stresshormone auch die anderen Anwesenden, und vier Polizisten und eine Referendarin rufen wild durcheinander. Der Kripobeamte G. rennt zum Fenster und sieht Mohamed unten am Boden liegen. Die anderen Uniformierten hasten durchs Treppenhaus und telefonieren nach einem Rettungswagen. Der zweite Kripomann ruft übers Handy seine Dienststelle an: »Schick, was du kannst. Der ist aus dem Fenster gesprungen. Hier geht das gleich ab.« Noch ist der Beamte nicht in akuter Gefahr. Doch er kennt das Potential der Gegenseite. Die Sache wird eskalieren. Das ist absolut sicher.

Was in den folgenden drei Stunden passiert, heißt auf Polizeideutsch »Tumultdelikt«. Blitzschnell aufkochende Kollektivgewalt gegen überforderte und auf Deeskalation trainierte Polizisten. Diese Rudelgewalt der Clans ist es, die den Führungsrunden der Polizeipräsidien am meisten Kopfschmerzen macht, weil sie sich nicht vorhersagen lässt. Bei Hooligans oder Autonomen kalkuliert die Polizei im Vorfeld ziemlich präzise das Stresspotential und stellt sich entsprechend auf. Bei arabischen Großfamilien ist das unmöglich. Nichtige Anlässe wie Verkehrskontrollen eskalieren innerhalb von Minuten. In Großstädten wie Berlin oder Essen hat der Rechtsstaat Reserven in Form von behelmten Hundertschaften in der Hinterhand. Im Flächenland Niedersachsen sind Spezialeinheiten nur weit entfernt voneinander in wenigen Städten stationiert.

Der Tankstellenräuber Mohamed atmet noch, als seine Familie ihn findet. Eine Überwachungskamera zeichnet auf, wie sein Bruder Ibrahim sich über das Absturzopfer beugt und an ihm herumzerrt. Auch der Rest der Familie hebt ruckartig immer wieder den Kopf an und lässt ihn zurück auf den Boden fallen. Wut, Aggression, Panik, Trauer – ein Cocktail an verständlichen Emotionen. Die Überwachungskamera zeichnet auf, wie sich Ibrahim als Erster einen faustgroßen Stein schnappt und auf einen Polizisten schleudert, der es mittlerweile aus dem siebten Stock nach unten geschafft hat. Der Polizist wird am rechten Knöchel getroffen. Eine junge Frau mit Kopftuch spuckt dem Uniformierten dazu ins Gesicht. »Ich konnte den Speichel riechen«, sagt der Oberkommissar später in seiner Vernehmung. Die Täterin wird nie ermittelt. Das Durcheinander ist viel zu groß. Ein Justizwachtmeister, der Erste Hilfe leisten will, muss einem Angreifer ausweichen. Der junge Mann versucht ihn am Hals zu packen und schreit: »Noch ein Wort von dir und ich haue dich um. Ich bringe dich um, du Hurensohn.«

Direkt nach dem Absturz am Amtsgericht mobilisieren beide

Seiten: Die Polizei alarmiert jeden verfügbaren Beamten und die Großfamilie trommelt ihre Verwandten zusammen. Innerhalb von Minuten stehen sich auf jeder Seite 30 bis 40 Personen gegenüber. Ein Zufall hilft der Staatsmacht: 14 Beamte einer Spezialeinheit aus Hannover sind gerade in Hameln. Eigentlich observieren sie einen mutmaßlichen Verbrecher. Jetzt heißt der Einsatzbefehl: Abbrechen und am Amtsgericht unterstützen. Es sind zwölf Männer und zwei Frauen einer so genannten Beweissicherungs- und Festnahmeeinheit (BFE). Spezialisiert auf ebensolchen Tumult. Die Truppe scheut nicht den Nahkampf mit Fußballultras und durchquert bei Bedarf auch einen Hagel aus Pflastersteinen. Doch in Hameln fehlt ihnen die notwendige Ausrüstung. Selbst ihre Schlagstöcke liegen in der Kaserne in Hannover.

Am Amtsgericht in Hameln schirmen sie jetzt den verletzten Mohamed S. von seiner Familie ab, damit der Notarzt und die Sanitäter reanimieren können.

... und es wird immer schlimmer

Ein Gerücht bringt den arabischen Mob zum Kochen. Die Mutter des Verletzten brüllt, dass ihr Sohn von zwei Polizisten aus dem Fenster geworfen worden sei. Sie nennt konkret den Namen des Kripobeamten G. vom Fachkommissariat 2, der ihren Sohn zur Richterin eskortiert hat. Die Mutter: »G. muss sterben.« Und ihr Sohn Ibrahim, der Bruder des Schwerverletzten: »Wo ist G.? Er kann sich vor uns nicht verstecken, wir werden ihn finden. Früher oder später.« Todesdrohungen und Blutrache-Gelüste mitten in Deutschland.

Doch Rache wofür? Wurde Mohamed tatsächlich aus dem Fenster geworfen? Oder wurde er vielleicht von den Polizisten festgehalten und das Geschehen wurde unten von der Familie falsch interpretiert? Hat überhaupt irgendjemand unten auf der Straße das Unglück gesehen?

Alle sechs Zeugen (vier Polizisten, der Rechtsanwalt und die Referendarin) machen später identische Aussagen zum Kerngeschehen: Mohamed S. ist vollkommen unerwartet und blitzschnell aus dem Fenster geklettert. Niemand hatte Körperkontakt. Die Version der Mutter und des Bruders ist aus einem weiteren Grund vollkommen haltlos. Die Bilder aus den Überwachungskameras belegen, dass die Familie zum Zeitpunkt des Absturzes vor dem Haupteingang des Amtsgerichtes gewartet hat. Von ihrem Standpunkt aus hatte sie keinen Blick auf die Gebäudenische. Sie kann den Absturz nicht beobachtet haben.

Außerdem schnappt eine Augenzeugin draußen auf der Straße ein Gespräch zwischen zwei Clan-Mitgliedern auf. Danach hat der eine gebrüllt: »Das war doch 'ne bekloppte Idee. Das war klar, dass der abstürzen wird, ich hab's doch gleich gesagt.«

Der andere hat dann sinngemäß geantwortet: »Sieh zu, dass du runterkommst, und brüll nicht so laut. Das soll keiner mitkriegen, jetzt ist es eh passiert. Aber keine Sorge, die Gerichtsschweine werden ihre Strafe kriegen. Lass ein bisschen Zeit vergehen, wenn keiner mehr daran denkt. Wir nehmen uns jeden Einzelnen vor.«

Das ist eine bemerkenswerte Aussage. Offenbar weiß die Familie bereits vor der Tat von den Fluchtabsichten Mohameds. Trotzdem versucht sie jetzt alles, um dem Staat die Schuld in die Schuhe zu schieben. Natürlich wurden diese Gedanken in einer emotionalen Ausnahmesituation geboren. Einer der Ihren ringt mit dem Tod. Allerdings ist es auch typisch für die Mentalität der Clans, die die eigene Verantwortung, den eigenen Beitrag immer herunterspielen. Das ist zuerst einmal menschlich. Aber es ist auch systemimmanent. Schuldeingeständnisse schwächen prinzipiell die eigene Position. Und damit schwächen sie auch die gesamte Familie. Deshalb muss immer ein anderer schuld sein an der Misere. Der Staat, ein anderer Clan, nur nicht man selber. Teilweise klingt das ziemlich grotesk. Ein Berliner Clan-Oberhaupt, dessen männliche Nachkommen fast ausnahmslos hochkriminell sind, hat einmal gesagt: »Was kann ich für die Kriminalität meiner Söhne?«

Die Hamelner Großfamilie ist allerdings heterogener, als sie sich jetzt vor dem Amtsgericht präsentiert. So kriminell wie Ibrahim, Mohamed und deren Schwestern sind nicht alle. Onkel »Ibo« betreibt ein An- und Verkaufsgeschäft und ist in Hameln als Umzugsunternehmer gefragt. Ein weiterer Onkel besitzt ein Juweliergeschäft. Dessen Sohn ist ein erfolgreicher Boxer mit deutschem Pass. Obwohl diese Männer respektierte Mitglieder unserer Gesellschaft geworden sind und etwas zu verlieren haben, erscheinen jetzt alle vor dem Amtsgericht. Eine wichtige Ursache ist, dass sich über die Mutter und den Bruder die Fake News vom Mord an Mohamed in Windeseile verbreitet. Für den Clan ist das eine Situation, in der die Ehre und die Solidarität der Familie hoch über allem anderen steht. Es gibt keinen, der nach dem Unglück nicht sofort zum Gericht rast. Jedes andere Verhalten hätte auch den Verlust von Ehre und Achtung zur Folge. Besonders aggressiv reagieren der junge Boxer und sein Vater, der Besitzer des Juweliergeschäfts. Selbst vor dem Notarzt und den Sanitätern macht die Wut keinen Halt. Während die Mediziner vor Ort um das Leben Mohameds kämpfen, werden sie schon mit Steinen und Erdklumpen beworfen. Dazu skandiert die angewachsene Menge: »Die Richterin soll brennen. Ihr Bullen werdet brennen. Wenn er stirbt, bringen wir euch um.«

Eigentlich sind solche Todesdrohungen für die Polizei ein Grund einzuschreiten. Die Gesetzeshüter in Hameln tun nichts. Keine einzige Reaktion. Eingeschüchtert und in Unterzahl ertragen sie stumm jede Demütigung. Ein bespuckter Polizist: »Wenn ich eingeschritten wäre, hätten die mich massakriert.« Die Mutter beleidigt eine Kripobeamtin: »Du alte Schlampe.« Die Polizistin schreibt später in ihrem Bericht: »Die Frau schaut mir hasserfüllt direkt in die Augen und hinterlässt den Eindruck, als wolle sie mich jeden Moment körperlich angreifen. Aufgrund der hochaggressiven Stimmung sehe ich von einer Personalienfeststellung ab.«

Generell wird kein einziger Ausweis kontrolliert. Die geworfenen Steine werden nicht gesichert, um sie später auf DNA hin zu untersuchen. Die Schwarmaggression verhindert jegliche Aufklärung. Die Strafverfolgung fällt heute aus.

Das ist eine Reaktion, die arabische Großfamilien ganz bewusst provozieren. Sie sind Spezialisten darin, die Schwächen des Staates konsequent zu ermitteln und konsequent auszunutzen. Respekt vor der Polizei zeigen viele kriminelle Clan-Mitglieder nur, wenn maskierte SEK-Beamte die Wohnungstür zersägen. Je kleiner die Stadt und je geringer die Polizeipräsenz, desto geringer ist auch der Respekt vor den Uniformierten. Nicht nur in Hameln. Einige kriminelle Clans bedrohen die Beamten sogar direkt und kreuzen mit ihren AMG-Mercedes immer wieder vor den Wohnhäusern der Polizisten auf. Die Botschaft ist klar: »Wir wissen, wo ihr wohnt. Wir kennen eure Familie.« Der Osnabrücker Polizeipräsident Michael Maßmann forderte deshalb im Dezember 2019 einen verbesserten Schutz für seine Beamten.

In Hameln vor dem Amtsgericht hat die Aggression die kritische Marke längst überschritten. Selbst die Autoritäten aus den eigenen Reihen können die Lage nicht mehr beruhigen. Auch Khoder S., der Onkel des abgestürzten Mohamed, der in Hameln so etwas wie die religiöse Instanz darstellt, ist machtlos dagegen. Er hat in Beirut Islamwissenschaften studiert und in Hameln eine arabische Moschee gegründet. In der Lokalzeitung lässt er sich mit Sätzen wie »Deutschland ist unsere zweite Heimat« zitieren. Tatsächlich versucht er in den Tumulten, die Schwestern, Brüder, Neffen und Nichten zu mäßigen. Doch ohne Erfolg. Das Märchen von der mordenden Polizei ist stärker und nicht mehr beherrschbar. Eine Frau ruft sogar die Lokalzeitung an und faucht ins Handy, dass die Zeitung in die »Luft fliegt, wenn nicht sofort ein Vertreter der Presse erscheint«. Der Clan fühlt sich im Recht und braucht die Presse als Zeugen. Doch die Zeitung wertet den Anruf als Bombendrohung und bittet die Polizei um Hilfe.

Um 15.15 Uhr, 22 Minuten nach dem Fenstersturz, bringt ein Rettungswagen den schwer verletzten Mohamed S. ins Krankenhaus. Die Fahrt dauert keine Minute. Die Klinik liegt auf der anderen Straßenseite. Acht Minuten später stirbt er. In der Todesbescheinigung notiert der Notarzt: »Polytrauma nach Sturz aus großer Höhe. Schädelhirn-Thorax-Trauma.« Für Nicht-Ärzte: So ungefähr jeder Knochen im Oberkörper ist bei dem Aufprall zerschmettert.

Die Großfamilie zieht im Schwarm vor das Krankenhaus. Sie weiß noch nichts von Mohameds Tod. Die Polizei riegelt das Krankenhaus ab. Der Clan wird nicht ins Innere gelassen, weil die Klinikleitung befürchtet, dass er sich selbstständig und unkontrolliert auf die Suche nach Mohamed macht.

An der Polizeikette entladen sich die Emotionen. Eine Auswahl der Beleidigungen: »Ihr scheiß Deutsche. Scheiß Nazis. Ich ficke euch alle, ihr Kartoffelköpfe. Kinderficker. Söhne Hitlers. Ihr Bullen werdet alle brennen.«

Trotzdem entspannt sich die Lage vor dem Krankenhaus etwas. So aufgewühlt und aggressiv wie vor dem Amtsgericht ist die Großfamilie jetzt nicht mehr. Nur die Mutter heizt weiter ein. Als eine unbeteiligte alte Frau auf einer Trage aus dem Krankenhaus zu einem Rettungswagen geschoben wird, brüllt sie: »Der deutschen Schlampe, der deutschen Nutte, der wird geholfen. Ich schlachte dich. Du sollst sterben. Ich zünde dich an!« Dann bemerkt sie, dass ein Polizist den Vorfall notiert, geifert in seine Richtung: »Ich töte dich. Mir passiert sowieso nichts in Deutschland.«

Mehrere Besucher des Krankenhauses erleben die Szene mit. Sie schütteln den Kopf und entfernen sich.

Die Mutter Khadra S. kommt 1988 aus dem Libanon nach Deutschland. Damals ist sie 21 Jahre alt und Mutter von drei Mädchen. In Deutschland kommen noch fünf Kinder dazu. Unter anderem die Söhne Mohamed und Ibrahim. Auch Khadra lebt von Hartz IV und hat große Probleme damit, das Eigentum anderer Menschen zu respektieren. Sie wird mehrfach vom Amtsgericht wegen Ladendiebstahls verurteilt. Im Februar 2014 bekommt sie eine viermonatige Haftstrafe, weil sie zusammen mit einer Tochter fünf Paar Schuhe im Hamelner Einkaufszentrum gestohlen hat. Auch mehrere Töchter sind Stammgäste im Amtsgericht. Meistens bei Richterin M., die am 15. Januar 2015 den Tankstellenräuber in die Untersuchungshaft schicken wollte.

Ein konsequenterer Staat hätte die Großfamilie wahrscheinlich längst abgeschoben. Denn schon seit mehr als zehn Jahren wissen die Behörden, dass der Clan türkische Wurzeln hat. Eine engagierte Ausländerbehörde hätte die aggressive Truppe ausgewiesen. In Hameln ist nichts passiert.

Der Höhepunkt der Krawalle bricht dann gegen 17 Uhr los. Die Ehefrau, die Mutter und der Imam dürfen die Polizeikette passieren und die Klinik betreten. Der leitende Notarzt und ein Kriminalpolizist teilen den Angehörigen mit, dass Mohamed S. verstorben sei. Der Notarzt will gerade die Verletzungen erläutern, als die Mutter zu schreien beginnt. Lautes, brachiales Wehklagen. Blanker Hass fokussiert sich urplötzlich auf eine Beamtin. Khadra schlägt der Frau mit der Hand ins Gesicht und zerreißt dabei die Perlenkette der Polizistin. Dabei zischt sie: »Ich schlachte dich.« Zwei weitere Polizistinnen gehen dazwischen. Mehr passiert nicht. Die Mutter packt ihren Bruder und zieht ihn hinter sich her nach draußen.

Vor dem Haupteingang des Krankenhauses warten circa 50 Männer und Frauen. Mittlerweile ist es dunkel geworden. Der Imam tritt vor die Familie und sagt, dass Mohamed tot sei. Die Mutter und weitere Frauen brechen weinend zusammen und müssen gestützt werden. Lautstarkes Trauern oder öffentliches Weinen der Frauen ist im Wertekanon der Clans eine Ehrverletzung. Aus Sicht der Großfamilien ist eine Reaktion der Männer deshalb unausweichlich: Erst müssen sie die Frauen beruhigen und danach muss die angekratzte Ehre wiederhergestellt werden. Egal wie, meistens fällt den Männern nur Gewalt ein als probates Mittel.

Der Hamelner Clan entscheidet sich für die Offensive: Geschlossen marschiert er auf die Polizei zu, offensichtlich abgesprochen wie auf Kommando. Ein Polizist schreibt später in seinen Bericht: »Die Angreifer grölten dazu wie bei einer Kriegsschlacht.«

Es folgen gezielte Schläge und Tritte gegen die Beamten, ein Clan-Mitglied versprüht Reizgas, die Polizei setzt ebenfalls Reizgas ein, plötzlich bricht ein Polizist blutend zusammen. Ihn hat ein faustgroßer Stein mitten im Gesicht getroffen. Der Vater von zwei Kindern kauert mit gebrochener Nase am Boden: »Ich hatte Angst um mein Leben. (…) Ich lag einige Sekunden hilflos und offenbar allein am Boden, während weiter Steine flogen und Menschen grölten.«

Später wird ein Gutachter anhand der Verletzungen feststellen, dass der Steinwurf tödlich hätte enden können.

Ein Kollege des Verletzten rennt mit Schlagstock und Pfefferspray auf den Mob zu und vertreibt ihn von einem Steinbeet, das den Angreifern offensichtlich als Munitionsdepot dient. Ohne Nachschub entsteht eine kurze Feuerpause, in der ein Notarzt und eine Polizistin den Schwerverletzten ins Foyer der Klinik zerren. Auch alle anderen Beamten retten sich in das Gebäude.

Es folgt ein minutenlanges Bombardement mit Steinen. In der Notaufnahme bricht Panik unter den wartenden Patienten aus. Menschen werfen sich aus Angst auf den Boden oder suchen Deckung hinter dem Tresen. Mehrere großflächige Fensterscheiben bersten mit lautem Knall, allein dieser Schaden beläuft sich am Ende auf 19.161,50 Euro. Ein Augenzeuge sagt: »Ich bin davon ausgegangen, dass da geschossen wird.«

Die Polizisten im Foyer rechnen fest damit, dass die Großfamilie das Krankenhaus stürmen will. In der Eingangsschleuse postieren sich deshalb die spezialisierten BFE-Beamten aus Hannover. Statt mit Helmen und Schlagstöcken »bewaffnen« sie sich mit einem Feuerlöscher, einem Besenstiel und Suppenkellen aus der Krankenhausküche.

Das Krankenhaus wird abgeriegelt. Alle Türen dicht, niemand darf es verlassen, Besucher müssen auf den Zimmern bei den Patienten ausharren.

Am Ende bleibt der Sturm dann doch aus. Die 40 bis 50 Angehörigen des Clans verziehen sich. Verhaftet wird niemand. Zurück bleiben 24 verletzte Polizisten. Und jede Menge Angst. Ein verletzter Oberkommissar fährt nach Dienstschluss erst einmal kreuz und quer durch die Stadt, um mögliche Verfolger abzuschütteln, bis er sich endlich seiner eigenen Wohnung nähert.

Der Leichnam von Mohamed S. wird noch am selben Tag in die Rechtsmedizin nach Hannover gebracht, weil die exakte Todesursache geklärt werden muss. Normalerweise würde dazu ein Bestatter den toten Körper mit einem schwarzen Leichenwagen am Krankenhaus abholen und über die Bundesstraße 217 in die Landeshauptstadt transportieren. Doch die Polizei fürchtet, dass der Clan dem Bestatter auflauern könnte, um in den Besitz der Leiche zu kommen. Deshalb verlässt der tote Körper um 18.03 Uhr in einem Rettungswagen das Krankenhaus und wird dann vor den Toren der Stadt in einen Leichenwagen umgebettet. Die BFE-Polizisten eskortieren den Transport bis nach Hannover zur Rechtsmedizin.

Ein Bürgermeister erkennt die Gefahr für den Rechtsfrieden

In Hameln beginnt am nächsten Tag die Aufarbeitung der Krawalle. Die Polizei gründet die Ermittlungsgruppe »EG Fenster«. Eine erfahrene Polizistin leitet das Team. Ihr Auftrag: Alle begangenen Straftaten sollen aufgeklärt und gerichtsfest dokumentiert werden. Das Ziel ist, der Polizei den Respekt und die Glaubwürdigkeit zurückzugeben, die sie in den vergangenen Stunden verloren hat. Es geht um nichts Geringeres als das Vertrauen der Menschen in die Institutionen des Staats. Gestern ist der Staat gegenüber einem wütenden Mob eingeknickt. Heute soll das verloren gegangene Terrain juristisch zurückerobert werden.

Doch die Ermittlungsarbeit ist zäh. Bei den Ausschreitungen am Krankenhaus war es bereits dunkel. Die Steine flogen aus einem anonymen Mob. Die Polizei findet DNA auf einer zurückgelassenen Reizgas-Sprühdose. Aber heißt das auch, dass dieser Mensch gesprüht hat? Vor den meisten Gerichten reicht das nicht für eine Verurteilung. Es gibt keinerlei Videomaterial. Nur ein Polizist hat vor dem Amtsgericht mit seinem Handy gefilmt. Zehn Sekunden lang. Die Großfamilie dagegen ließ die Smartphones laufen.

Bleiben nur noch die Zeugenaussagen. Doch Ermittlungsbehörden stoßen oft auf zementiertes Schweigen und stabile Erinnerungslücken, wenn arabische Clans im Spiel sind. Wer will schon mit seiner Aussage plus Privatadresse in der Akte auftauchen, die später die Angeklagten lesen dürfen?

Auch in Hameln ist dieses Phänomen nicht neu. Der Oberbürgermeister Claudio Griese bittet in einem Schreiben an die Polizei, die eingesetzten Sanitäter über das Rathaus zur Zeugenvernehmung zu laden. Privatadressen sollen auf keinen Fall in die Akte. Das Stadtoberhaupt sieht wegen der beteiligten »Mhallamiye-Kurden« eine Gefahr für seine Mitarbeiter. Weiter schreibt Griese: »Ich verrate keine Geheimnisse, dass sich meine Mitarbeiter schwer damit getan haben, in diesem Fall überhaupt ›freiwillig‹ als Zeugen in Erscheinung zu treten.« Ein Sanitäter wurde vor dem Amtsgericht von einem Stein am Arm getroffen. In den Einsatzberichten wird er als »Verletzter« geführt. Bei der Polizei dimmt er den Vorfall herunter: »Durch den Steinwurf habe ich in keinster Weise Schmerzen erlitten und bin somit auch nicht verletzt. (…) Aus diesem Grund stelle ich keinen Strafantrag gegen den unbekannten Steinewerfer.« Für die Leiterin der Ermittlungsgruppe bleiben die Sanitäter »oberflächlich« oder »verharmlosen die eigene Betroffenheit«. Verwertbare Informationen liefern nur die Polizisten. Die Beleidigungen der Mutter stehen dutzendfach in den Akten. Fast jeder der über 50 eingesetzten Polizisten bestätigt sie.

Fünf Tage nach dem Fenstersturz wird Mohamed S. auf einem muslimischen Friedhof in Hannover beerdigt. Wegen der zahlreichen Trauergäste fürchtet die Polizei ein Chaos auf den Straßen und will rund um den Friedhof den Verkehr in korrekte Bahnen lenken, aber der Clan teilte mit, dass man die Polizisten als Provokation empfinden würde und die Lage erneut eskalieren könnte. Also verzichtet die Einsatzleitung auf Präsenz vor dem Friedhof und hält sich im Hintergrund.

Von der Trauerveranstaltung existieren Videoaufnahmen, die auch in einem Rap-Video zu sehen sind. Während der Abschiedszeremonie marschieren geschätzt 100 Männer hinter dem Sarg, der von einem Dutzend Männern geschultert wird. Bruder Ibrahim läuft ganz vorne. Wie bei arabischen Beerdigungen üblich, stehen die Frauen und Mädchen abseits. Auf offiziellen Zusammenkünften wird strikt getrennt gefeiert.

Das Musikvideo wird auf dem YouTube-Kanal »El Arab 47« veröffentlicht. Ein junger Künstler besingt den guten Charakter des Verstorbenen. Von einem Polizeimord ist nicht mehr die Rede. Jetzt ist das Amtsgericht schuld, weil sich die Fenster im Gebäude öffnen ließen.

Vier Tage nach der Beerdigung holt sich die Hamelner Polizei ein Stück Selbstachtung zurück. Um sechs Uhr morgens stürmen Spezialeinsatzkommandos (SEKs) gleichzeitig sechs Wohnungen der arabischen Großfamilie in Hameln. Solche Auftritte sind in der Regel martialisch, laut und wenig deeskalierend. Wer als Verdächtiger den Fehler macht und Widerstand leistet, braucht danach häufig einen Krankenwagen. Offiziell sucht die Polizei nach Waffen. Inoffiziell geht es mit Sicherheit um eine Demonstration der Stärke. Polizeiliche Pädagogik mit der Ramme. Man sucht nach Waffen. Aber die einzige Waffe, die gefunden wird, ist ein Butterfly-Messer in einer Vitrine. Einen richterlichen Beschluss hat die Polizei für die ganze Aktion nicht. Die Einsatzleitung beruft sich auf das Gefahrenabwehrrecht. Rechtlich befindet man sich damit auf dünnem Eis.

Basis für den SEK-Einsatz ist ein Hinweis, der zehn Stunden zuvor bei der Polizei in Hameln einging: Angeblich würde sich die arabische Großfamilie gerade bewaffnen, um sich für den Tod Mohameds zu rächen. Die brisante Information lieferte eine andere Polizeibehörde, sie stammt vermutlich von einer V-Person. Den Hinweis nimmt die Führung der Hamelner Polizei äußerst ernst. Schon in der Nacht zuvor werden die Beamten in den Streifenwagen angewiesen, keine Mitglieder der arabischen Großfamilie zu kontrollieren. Die Chefrunde befürchtet Tote.

Um 21.45 Uhr klingelt die Polizei bei der Bereitschaftsstaatsanwältin in Hannover durch und bittet um Durchsuchungsbeschlüsse für die Wohnungen der Großfamilie. Solche Beschlüsse kann die Staatsanwaltschaft nur erlassen, wenn es eilig ist. Gefahr im Verzug. Eigentlich ist nämlich ein Richter zuständig.

Um 22.40 Uhr kommt der Rückruf aus Hannover: Der leitende Oberstaatsanwalt lehnt ab. Er sieht keine rechtliche Grundlage, die »Gefahr im Verzug« zu begründen. Die Polizei solle um sechs Uhr morgens einen Richter auftreiben, der die

Erstürmung genehmigt. Reaktion der Polizei: dann eben ohne Staatsanwalt und Richter.

Im Mai 2017 stehen dann die Mutter Khadra, der Bruder Ibrahim und vier weitere Männer vor dem Landgericht Hannover. Es geht um die dunklen Stunden in Hameln. Alle Angeklagten bekommen Bewährungsstrafen. Für härtere Urteile ist die Beweislage zu dünn, mehr ist für den Rechtsstaat nicht drin. Der Bruder Ibrahim S. sitzt als Angeklagter zwei Jahre später wieder vor Gericht. Diesmal als Einbrecher.

BUSHIDO UND MEPHISTO - GESCHICHTE EINER MACHTÜBERNAHME

Wenn die Stadt ein Monopoly-Spielbrett wäre, dann hätte es Arafat Abou-Chaker, 44, tatsächlich bis zur Schlossallee gebracht. Seine Schlossallee liegt vor den Toren Berlins, in Kleinmachnow. Das Villengrundstück ist 16 000 Quadratmeter groß, mit Kiefernwald, und sieht genau so aus, wie man sich die teuerste Straße vorstellt, die man auf einem Spielbrett kaufen kann. Schätzwert: 15 Millionen Euro.

Nicht schlecht für einen Jungen, der, wenn er drei Sachen aufzählen will, beim Reden schon mal vergisst, was die dritte Sache war. Ein Junge, dessen Eltern in den Siebzigern noch im libanesischen Flüchtlingslager Camp Wavel saßen. Und die den Söhnen kaum Bildung, dafür aber einen möglichst judenfeindlichen Vornamen mit auf den Weg gegeben haben. »Arafat«, »Nasser« und »Rommel« heißen die Jungs. Wie der Palästinenserführer Jassir Arafat, der ägyptische Ex-Präsident Gamal Abdel Nasser und wie Erwin Rommel, General der deutschen Wehrmacht in Afrika.

Die Abou-Chakers, die eigentlich qua Mannstärke kein wirklicher Clan sind, wollten wie andere Großfamilien in Berlin viel Geld machen, ihren Kiez beherrschen und dabei nicht erwischt werden. Doch das allein reichte Arafat Abou-Chaker nicht. Er wollte auch den Glanz.

Das Wertvollste am Grundstück in Kleinmachnow war nicht der denkmalgeschützte Villenbestand, sondern der Miteigentümer Anis Ferchichi, Künstlername Bushido, einer der erfolgreichsten deutschen Rapper. Ein richtiger Star, der bei Arafat Abou-Chaker gleich nebenan einzog.

Zur Verbindung dieser beiden ist es im Jahr 2004 gekommen. Damals streitet sich Bushido gerade mit seiner Plattenfirma Aggro Berlin, die ihn nicht aus dem Vertrag herauslassen will. Abou-Chaker regelt das. Er überzeugt das Label, den Vertrag mit einer Kündigungsfrist von jetzt auf gleich zu beenden.

Seitdem kassiert Arafat Abou-Chaker mit. Er steht auf dem roten Teppich, als der Kinofilm über Bushidos Leben Premiere hat. Er ist bei diversen Preisverleihungen dabei.

Bushido unterschreibt seinem »Geschäftspartner« sogar eine notarielle Generalvollmacht, wie *Stern* und SPIEGEL TV 2013 berichteten.

In dem Papier heißt es, »der Bevollmächtigte soll ermächtigt sein, jede Rechtshandlung, welche ich selbst vornehmen könnte, für mich und meinen Namen mit rechtsverbindlicher Kraft vorzunehmen«. Es ist ein Pakt wie mit dem Leibhaftigen. Eine moderne Leibeigenschaft, eine Auslieferung des einen an den anderen mit Haut und Haaren. Die Abhängigkeiten sind klar verteilt.

Das ist für Arafat Abou-Chaker genial, für das Marketing des neu gegründeten Labels allerdings eine Katastrophe: Ein harter Gangster-Rapper, der sich in einer Art moderner Sklaverei einem Clan-Mitglied unterwirft. Also versucht Arafat das Bild in der Öffentlichkeit zu korrigieren.

Das soll passieren in einem längeren Interview in der *Zeit* im Juni 2013. Die Strategie ist zu behaupten, dass es umgekehrt auch eine Vollmacht von Arafat Abou-Chaker an Bushido gebe.

So kolportieren es beide. Damit wäre wieder alles im Lot und keiner wäre abhängig.

Was in der Folge dieses Interviews passiert, ist nachzulesen in Ermittlungsakten, deren Verwendung in einem Ermittlungsverfahren allerdings per Gerichtsbeschluss verboten ist. Die entsprechenden Unterlagen liegen den Autoren exklusiv vor.

Danach telefoniert Arafat Mitte Juni 2011 in dieser Angelegenheit mehrmals mit seinem Notar Jan-Nicolas S. Man ist sich einig, dass man so tun sollte, als gebe es diese umgekehrte Vollmacht tatsächlich. Arafat sagt: »Ja, falls er (der Journalist) dich anrufen sollte und du gehst ran, sagst du: Ja, es gibt den Vertrag, spiegelverkehrt, der ist vom März 2011, wa?«

»Von März 2011«, bestätigt der Notar.

»Genau, super«, antwortet Arafat.

Dann verabreden die beiden, dass dem *Zeit*-Reporter, der über Arafat und Bushido schreiben will, nichts gezeigt wird, es soll nur telefonisch bestätigt werden, dass es die Vollmacht gibt.

Zwei Tage später das nächste Telefonat.

Notar: »Ick wollte dir nur sagen, ick hab mit dem Typ von der *Zeit* gesprochen und das alles bestätigt. Der hat mir auch seinen Artikel vorgelesen ...«

Arafat: »Super, ja. Fand ich gut.«

In dem *Zeit*-Artikel ist dann auch von zwei Freunden die Rede: »... unzertrennlich, menschlich und als Geschäftspartner. ›Es gibt eine zweite Vollmacht‹, sagt Arafat Abou-Chaker. ›Und darin räume ich Bushido dieselben Rechte ein wie er mir.‹ Sein Notar bestätigt das gegenüber der *Zeit*, diese zweite Vollmacht stamme vom 9. März 2011. Das ändert die Lesart. Es herrscht demnach keine asymmetrische, sondern eine gleichberechtigte Beziehung.«

Der Vermerk der Staatsanwaltschaft in den Akten klingt allerdings anders. Dort steht: »Tatsächlich ist den Gesprächen mit dem Notar S., welcher die Generalvollmacht von Anis Ferchichi beurkundete, zu entnehmen, dass es eine spiegelgleiche

Vollmacht von Arafat nicht gibt. Um der Presse, insbesondere dem Reporter der *Zeit*, und weiteren uneingeweihten Dritten jedoch vorzugaukeln, dass eine solche Vollmacht vorläge, beauftragt Arafat den Notar S. im Juni 2013 mit der Erstellung einer spiegelgleichen Vollmacht. Diese soll auf den März 2011 rückdatiert sein. Notar S. lässt ein Dokument in seinem Notariat aufsetzen und bittet Arafat vorbeizukommen, um dieses zu unterschreiben. Beiden ist bewusst, dass die Vollmacht rückdatiert wird, um den Anschein gegenüber der Presse zu wahren.«

Das Gespann Clan und Rapper wird währenddessen immer erfolgreicher. Arafat Abou-Chaker lockt mit Bushido als Aushängeschild neue, junge Musiker an, für noch mehr Ruhm, Macht und Geld. Bushido ist Arafats Jackpot. Alles läuft streifenfrei – bis in den Spätsommer 2017. Da erklärt Bushido seinem Partner Arafat, dass er sich privat und geschäftlich von ihm trennen will.

Seitdem herrscht zwischen den einstigen Blutsbrüdern Krieg. Mit allem, was man dafür an Geschütz auffahren kann, mit Anwälten, Polizei und noch einem zweiten Clan aus dem Nahen Osten. Es geht um Drohungen, Erpressungen, Steuerermittlungen, und um die Ehre, die Macht und den Gesichtsverlust geht es wie immer in diesem Milieu auch. Vor allem aber geht es ums Geld: Arafat Abou-Chaker ist über Bushido zum Paten der deutschen Rapper aufgestiegen und hat weitere große Namen an der Hand. Vielleicht auch in der Hand. Das wird er sich freiwillig nicht nehmen lassen. Bushido andererseits, der Möchtegern-Gangster mit dem großen Namen, will nicht mehr unter der Herrschaft eines richtigen Gangsters stehen.

Wie in jedem Rosenkrieg geht es auch hier schmutzig zu: Immer wieder bringt das Bushido-Umfeld Geschichten in den Umlauf über Schlüpfriges, Banales, manchmal auch strafrechtlich Relevantes. Da ist dann von Gang-Bang-Partys mit nackten Männern und schwarz verdientem Geld in Millionenhöhe die Rede. Angeblich werden bei Konzerten Zigtausende Karten unter der Hand und jenseits der Steuer verkauft. Dazu Extra-einnahmen, indem der Clan Selfies mit Bushido vertickt. Stück 100 Euro.

Die Reaktion der Abou-Chakers auf Bushidos Ausstieg lässt nicht lange auf sich warten. Die folgenden Ereignisse schildert der Rapper später bei einer Aussage vor der Polizei.

Demnach muss Bushido am ersten Weihnachtsfeiertag 2017 bei Arafat antreten. Man trifft sich im Büro des gemeinsamen Labels. Nachdem Bushido das Büro betreten hat, schließt Arafat die Tür ab und steckt den Schlüssel in seine Hosentasche. »Hüte deine Zunge, du Stück Scheiße, bevor ich sie dir ab-schneide!«, schimpfte er angeblich. Bushido hat ein Angebot zu verschiedenen geschäftlichen Trennungsvarianten dabei. Es geht um Abfindungen und Musikrechte. Doch Arafat Abou-Chaker zerknüllt das Papier. »Du bist ein Hund«, sagt er, »ein Bastard.« Er gibt dem Rapper noch eine Warnung mit auf den Weg: »Keine Anwälte«, sagt er. Dann schließt er die Tür wieder auf und lässt Bushido gehen.

Es gibt weitere Treffen, bei denen manchmal auch Arafats Brüder Yasser, 36 und Nasser, 47 dabei sind. Die Sprache ist szenetypisch: »Man muss dich ficken, und wer dich nicht fickt, der muss auch gefickt werden! Erst ficke ich deine Mutter, dann ficke ich deinen Vater, dann ficke ich deine Kinder und wenn ich damit fertig bin, ficke ich dich!«, droht Arafat Abou-Chaker bei einem Treffen. Dann fliegen eine halbvolle Wasser-flasche und ein Stuhl durch den Raum, treffen Bushido an Kopf und Schulter. Über vier Stunden dauert die »Aussprache«, bis Bushido wieder nach Hause darf.

In derselben Nacht droht Bushidos Ehefrau Maria damit, Arafat und seine Brüder endgültig in den Knast zu bringen. Um ihm das zu sagen, trifft sie sich sogar mit dem Clan-Boss im Büro des Labels.

Weitere Treffen folgen. Bushido ist bereit, dem Clan-Boss in jährlichen Raten zu je 600 000 Euro insgesamt 1,8 Millionen

Euro zu zahlen. Arafat reicht das nicht. Und dann sind da ja noch die Einkünfte der anderen Rapper, die mit Bushido persönlich jeweils einen Vertrag abgeschlossen haben. Insgesamt stehen 2,5 Millionen Euro im Raum zuzüglich diverser Beteiligungen. Es gibt aber keine Einigung. Die Verdienstmöglichkeiten im Rapperbusiness sind einfach zu gut. Und die Situation zu verworren.

Licht ins Chaos bringt dann ein Glücksfall für die Ermittler. Bei einer Razzia fällt ihnen Arafat Abou-Chakers iPhone 7 in die Hände. Im Speicher finden sich 65 Gespräche, die Arafat selbst aufgezeichnet hat. Sehr wahrscheinlich ohne das Wissen seiner Gesprächspartner. Die LKA-Abteilung 4.11 hört sich alles an, schreibt alles ab und wertet es aus. Es sind die Gesprächsprotokolle eines Getriebenen mit dem Who is Who der deutschen Rapperszene: Bushido ist dabei, Shindy, Samra, Fler, Eko Fresh und Kollegah. Auch »Sprechgesangskünstler«, wie die Staatsanwaltschaft sie nennt, der einfachen Art wie Ali Bumaye, Laas und AK, bei denen es laut der Gesprächsprotokolle so schlecht läuft, dass kaum genug Geld zum Leben da ist. Von »Koks, Nutten und AMG« gar nicht zu reden.

Zehn Millionen für die Freiheit

Aufgezeichnet hat Arafat Abou-Chaker so ziemlich alles: Telefonate, Konversationen beim Essen, Gespräche hier, Gespräche da. Anders aber als vermutet, zeichnen sie nicht das Bild eines Mannes, der vor gar nichts zurückschreckt. Er wütet zwar permanent gegen Bushido und will ihn systematisch »vernichten«, aber damit ist offenbar nur Bushidos Karriere gemeint. Nicht die Person an sich.

Strafrechtlich relevant sind vor allem Aussagen, in denen es um die »Schweiz« und um »Euro schwarz« geht. In den Files finden sich Informationen, die steuerrechtliche Ermittlungen nach sich ziehen.

Darüber hinaus liefern die Mitschnitte einen intimen Einblick in die Hip-Hop-Szene. Wie es zugeht, wenn man sich als Rapper für die Karriere an einen Clan verkauft.

Nach seinem Bruch mit Bushido kämpft Arafat Abou-Chaker um die Künstler, die im Umfeld des Labels zu Ruhm und Ehre gekommen sind. Oder kommen wollen.

Am 5. März 2018 trifft er sich mit Michael Schindler, Künstlername Shindy, vier Nummer-eins-Alben seit 2013. Shindy steht noch beim gemeinsamen Label von Arafat und Bushido unter Vertrag, will sich aber von beiden trennen. »Ich habe das Gefühl, dass die denken: Wer mich am Ende für sich gewinnt, gewinnt auch den Krieg«, sagt er später der Zeitschrift *Boa*.

Shindys Problem ist der laufende Vertrag, der ihn verpflichtet, noch drei Soloalben zu produzieren. Außerdem ist er Arafat Abou-Chaker ein gemeinsames Album mit dem Rapper Ali Bumaye, bürgerlich Ali Alulu Abdul-Razzak, schuldig. Also versucht Shindy es ganz vorsichtig mit einem Angebot. »Ich will dir nichts wegnehmen«, sagt er, »ich treibe die Ablöse schon auf, um aus dem Vertrag rauszukommen. Es werden ja nicht gleich fünf Millionen Euro sein.«

»Zehn«, antwortet Arafat Abou-Chaker.

Der Showdown mit Bushido und allen anderen Künstlern des Labels findet dann bei den Abou-Chakers statt. Es geht um die Frage: Wer bleibt beim Clan, wer geht mit Bushido?

Zu Arafat stehen drei Rapper: Shindy, AK Ausserkontrolle, Ali Bumaye. Auf Bushidos Seite schlägt sich nur Samra, dessen Karriere allerdings 2019 mit Platz zwei der Jahrescharts bei Spotify steil nach oben gehen wird. Am Ende ist genau das der Kompromiss. Allerdings ist ein Kompromiss nicht gleich Friede. Als die Bushido-Fraktion gegangen ist, erzählt Shindy, wie er das Problem mit Bushido und dessen Frau erledigen würde. Sie nämlich gilt als treibende Kraft für den Bruch mit den Abou-Chakers. Auch das ist auf einer der Aufnahmen von Arafats Handy drauf.

Shindy: »Ganz ehrlich, da muss man mal ein bisschen Geld in die Hand nehmen und die Alte einfach mal umlegen lassen, dann ist es einfach mal vorbei.«

Arafat: »Umlegen lassen? Das sind Opfer. Nein, nein, hör mal zu, Shindy, ich will dir was sagen. Versteh mich nicht falsch, da krümme ich nicht mal einen Finger.«

Shindy: »Ich meine auch gar nicht dich.«

Zu Anna-Maria sagt Arafat einmal an anderer Stelle: »Hör zu, du Hurentochter, du Schlampe, du. Du kannst mit dem Hund hier so reden! Hast du mich verstanden, du Schlampe, du?! Dir gehört hier gar nichts, hast du mich verstanden!? Du bist eine Angefickte, mehr bist du nicht! Und jetzt verpiss dich, raus hier. Und der (Bushido?) kann dir nicht helfen, der ist noch schlimmer als du!«

Im April 2018 spitzt sich der Konflikt dann weiter zu. Da taucht in den Aufnahmen eine neue Figur auf: Ashraf Rammo aus dem Berliner Rammo-Clan. Viel größer, viel mächtiger als die Abou-Chakers, die, das hat Arafat 2013 mal durchzählen lassen, gerade mal 38 Leute sind. Die Kinder mit eingerechnet.

Ashraf Rammo ist Bushidos neuer Beschützer. Dem Clan-Mann mit den kristallblauen Augen und der Schiebermütze im 20er-Jahre-New-York-Gangster-Style auf dem Kopf, wurde vor Jahren sogar mal ein eigener Song gewidmet. Wasiem Taha, Künstlername Massiv, rappte damals: »Er hat nen Löwenherz, kämpft wie Salahaldin! / Kannst du sein Herzschlag spüren? Hörst du den Puls? Berlin! Berlin! / Glaub mir seine Waffe lässt er niemals aus der Hand los! / Ashraf Rammo Berlins Marlon Brando.«

Ashraf Rammo ist jetzt der starke Mann, der mit Abou-Chaker verhandelt, wie nur ein Clan-Chef mit einem Clan-Chef verhandeln kann. Und, Überraschung für Abou-Chaker: Auch Shindy hat bei Rammo Schutz gesucht.

Shindy redet sogar bei der Polizei: »Wenn Arafat die Chance

hätte und wüsste, dass es nicht rauskommt, wäre ich sicherlich dran«, gibt er zu Protokoll.

Bushidos Label Ersguterjunge kündigt dem Clan-Boss dann im Mai 2018. Einen Monat später durchsiebt ein Unbekannter nachts die Fensterscheibe seines Grillrestaurants Papa Ari mit 15 Schüssen. Bushido bringt derweil sein neues Album »Carlo Cokxxx Nutten 4« heraus. Eher flop als top. Shindys neue Platte stürmt dagegen auf Platz 1 der Charts.

In der Causa Bushido erhebt die Staatsanwaltschaft Berlin dann im September 2019 Anklage gegen vier Abou-Chakers. Es geht um die Treffen zwischen Bushido, Arafat und zwei seiner Brüder. Die Vorwürfe reichen von Erpressung über gefährliche Körperverletzung bis hin zu Freiheitsberaubung. Auch von einem »Säureanschlag« ist da die Rede: Ob nicht jemand »Leute kennen würde, die (Bushidos) Frau und die Kinder nach Dänemark entführen und Anna-Maria mit Säure angreifen könnten«.

»Geld liegt bereit«, soll Arafat Abou-Chaker gesagt haben. Abou-Chaker bestreitet das.

NIDAL RABIH – BERLINS GEFÄHRLICHSTER VERBRECHER

Viele Menschen sind nicht gekommen, um bei diesem Prozess gegen Nidal Rabih vor dem Amtsgericht Tiergarten dabei zu sein: Nur ein hagerer Zivilfahnder vom LKA Berlin. Und der Reporter mit einer kleinen Videokamera. Zusammen warten sie im verklinkerten Flur vor dem Sitzungssaal. Spärliches Neonlicht an der niedrigen Styropor-Decke, gespenstische Stille, keiner redet, für Klaustrophobiker ist das hier nicht der richtige Ort. Dann schiebt sich Nidal Rabih, 21, durch eine der schweren Glastüren mit Stahleinfassung am Ende des schmalen Ganges. 1,81 Meter groß, gewaltige Muskelberge, ein Schrank von einem

Kerl, deutlich mehr als hundert Kilo Kampfgewicht. Bewacht wird er von mehreren Polizisten, die Hände sind vor dem Körper gefesselt. Trotzdem sehen die Beamten aus, als hätten sie Angst. Den wartenden LKA-Ermittler würdigt er keines Blickes. Dabei kennen sich die beiden von den Straßen Berlins.

Als Nidal Rabih beinahe vorüber ist, schnellt sein Kopf plötzlich zur Seite. Mit der Stirn versucht er den Fahnder niederzustrecken. Dabei lacht er. Laut und demonstrativ.

Es ist das Lachen eines Mannes, der nicht nur für die Öffentlichkeit, sondern auch in der kriminellen Halbwelt als die Inkarnation des Bösen gilt. Viele Jahre lang haben sich Kriminalisten, Journalisten und Sozialarbeiter bereits mit ihm beschäftigt.

Nidal Rabih ist mehr als nur einer der vielen Gauner Berlins, die aufsteigen und untergehen, im Knast landen oder es schaffen, ihre Gewinne und sich selbst zu legalisieren. Nidal Rabih ist der erste aktenkundige »Intensivtäter« Berlins. Dies ist nicht bloß ein Etikett. Für den Begriff des »Intensivtäters« gibt es eine offizielle Definition, nachzulesen in der »Intensivtäterrichtlinie«, herausgegeben von der Senatsverwaltung für Inneres. Dort heißt es:

»Intensivtäter sind Straftäter, die verdächtig sind

a. den Rechtsfrieden besonders störende Straftaten, wie zum Beispiel Raub-, Rohheits- und/oder Eigentumsdelikte in besonderen Fällen, begangen zu haben

oder

b. innerhalb eines Jahres in mindestens zehn Fällen Straftaten von einigem Gewicht begangen zu haben und bei denen die Gefahr einer sich verfestigenden kriminellen Karriere besteht.«

Nidal Rabih hat in den Jahren zuvor beide Hürden mit Leichtigkeit übersprungen. Trotzdem hat die Justiz immer noch ihre Probleme mit ihm.

Auch dieser Prozess 2003 ist dafür wieder ein Beispiel. Es geht um einen Vorfall vor knapp einem Jahr.

Damals hat Nidals Kumpel Vedat Stress in einer Diskothek begonnen und zum Schluss einen Türsteher mit einem Faustschlag niedergestreckt. Dann zieht Vedat auch noch ein Messer, der Türsteher kann gerade noch fliehen. In der folgenden Nacht soll die Sache mit der Security friedlich beigelegt werden. Bloß keine Polizei, das gäbe nur Ärger und den haben alle Beteiligten schon mehr als genug. Doch statt des anberaumten »Friedensgesprächs« fliegen weit nach Mitternacht vor der Großraumdiskothek Havanna in Schöneberg (»sieben Bars, vier Dancefloors«) wieder die Fäuste. Dann fallen auch noch zwei Schüsse. Verletzt wird glücklicherweise niemand.

In der Hauptverhandlung präsentiert die Staatsanwaltschaft einen Zeugen für die These der Polizei, dass die Kugeln aus Nidals Waffe gekommen sind. Doch jetzt hat der Zeuge plötzlich eine ganz andere Variante des Vorfalls parat: Nidal Rabih hätte gar nicht geschossen. Sondern der Zivilfahnder hätte von ihm, dem Zeugen, nur verlangt, dass er dies vor Gericht aussagen solle. Auch habe ihn Nidal nicht vor der Verhandlung eingeschüchtert, wie der Polizist als Zeuge aussagte. Diese Falschaussage habe der Zivilfahnder von ihm auch noch gefordert.

Also alles nur eine Erfindung der Polizei? Kaum ist der Zeuge mit seiner Geschichte fertig, stellt die Richterin Susanne B. das Verfahren ein – ohne weitere Zeugen zu hören. Außerdem erstattet sie Strafanzeige wegen »Verfolgung Unschuldiger« gegen den LKA-Beamten. (Darüber, dass Nidal Rabih von einer Richterin mal als »Unschuldiger« tituliert wurde, lacht heute noch halb Berlin.)

»Retourkutschenanzeigen« heißen solche Reaktionen bei der Polizei. Rund tausend davon gibt es in dieser Zeit ungefähr pro Jahr, nur zehn führen zu einem Schuldspruch. Gestellt würden sie meist von den Angeklagten selbst oder ihren Angehörigen – »um den Sicherheitsapparat unter Druck zu setzen«, so die Polizei-Gewerkschaft. Dass sich jetzt auch noch die Justiz zum Handlanger dieser Gruppen macht, alarmiert das gesamte LKA. Verrückte Welt, wenn sogar die Gerichte die Polizei mundtot zu machen versuchen. LKA-Chefermittler Markus Henninger kontert mit einer Dienstaufsichtsbeschwerde gegen die Richterin.

Dieses Vorgehen ist nicht einmal ungewöhnlich für diese Zeit. Polizei und Justiz überziehen sich gegenseitig mit Strafanzeigen und Dienstaufsichtsbeschwerden und beharken sich mit beinahe der gleichen Rigidität, mit der Nidal im Kiez agierte. Dahinter verbirgt sich vor allem ein politischer Konflikt. Gegenstand sind die rechtsfreien Räume, die sich vorwiegend ausländische Jugendbanden mit Kickbox-Attacken, Gaspistolen oder Butterfly-Messern gerade erobern, um dort ihre kruden Ehrbegriffe durchzusetzen. Wegschauen? Oder den Anfängen wehren? Für den Dezernatsleiter Markus Henninger ist die Antwort klar. Und für die Justiz existiert noch nicht einmal das Problem.

Lachender Dritter ist Nidal Rabih, dessen Lebensgeschichte so exemplarisch ist für die Epoche. Sogar die Geschichte seiner Familie, die ursprünglich aus Palästina stammt, ist geradezu archetypisch. Nidals Mutter Sadia reist als 17-Jährige mit ihren Eltern und sieben Geschwistern Anfang 1976 illegal über den Grenzübergang Berlin-Friedrichstraße nach Westberlin ein. Sie weisen sich mit libanesischen Flüchtlingspässen aus und beantragen Asyl, das umgehend abgelehnt wird. Es folgt der bekannte Rechtsweg, freundlich alimentiert von der deutschen Sozialhilfe. Drei Jahre später sind alle Rechtsmittel ausgeschöpft. Danach reist die Mutter wieder aus, zurück in den Libanon.

Fünf Monate später ist sie bereits wieder da, dieses Mal in Begleitung ihres Ehemannes Marvan. Wieder beantragt sie in Berlin Asyl, wieder wird der Antrag abgelehnt. Wieder werden alle Rechtsmittel ausgeschöpft. Im Mai 1982 wird Nidal geboren. Auf Wunsch des Vaters kehrt die Familie in den Libanon zurück, wo Nidal noch zwei Jahre zur Schule geht. Trotz zweier rechtskräftig abgelehnter Asylanträge kommt die Familie im August 1990 erneut nach Berlin. Jetzt sind sie schon zu siebt, Nidal hat mittlerweile noch vier Geschwister. Später erzählt er, die Mutter hätte davon geschwärmt, dass man in Deutschland »vom Boden Schokolade essen könne«. Alles beginnt von vorne: Asylantrag, Ablehnung, Rechtsmittel. 1993 klagt die Familie vor dem Verwaltungsgericht. Das ist die Zeit, da die Exekutive erste Erfahrungen mit dem Jungen Nidal Rabih macht.

Auszüge aus einer Deliktsliste der Berliner Polizei: Gemeinsam mit zwei anderen Jungen verprügelt der zehnjährige Nidal den einen Jahr älteren Jakob. Mit elf Jahren Ladendiebstahl, mehrere Körperverletzungen. Als er zwölf ist, verlangt er »Geld von vier deutschen Kinder, die angeln«, heißt es in den Unterlagen.

Der Vater trinkt und schlägt Frau und Kinder regelmäßig. Nachdem Nidal beim Murmelnklauen erwischt wird, verprügelt ihn der Vater mit einem Teigroller, bis ein Bein des Jungen gebrochen ist. Als die Mutter dazwischengeht, wird auch sie krankenhausreif geschlagen.

Dann der nächste Vorfall. Nidal sowie drei libanesische und zwei jugoslawische Kids setzen sich im Oberdeck eines Busses zu drei 13- bis 14-jährigen Mädchen, fassen sie an die Brust, schieben deren Röcke hoch, um die Genitalien zu befassen. Am Ende zwingen sie ein Mädchen gewaltsam auf eine Bank, reißen ihr die Unterhose herunter und fingern zwischen den Beinen herum.

Mit 13 schießen er und ein weiterer libanesischer Junge in einem Bus mit einer Spielzeugpistole auf ein junges Mädchen. Bei anderer Gelegenheit nehmen sie zwei Mädchen die Monatskarten weg. Dann fasst er einer Frau auf der Straße in den Schritt und schlägt sie, bepöbelt in der U-Bahn einen anderen

Jungen, bedroht ihn mit einem Messer und den Worten »Ich stech dich ab!«. Mit 14 wird er freigesprochen, obwohl er und ein weiterer Araber einem 15-jährigen Türken mehrere Zähne ausschlagen. Und so geht es in einem fort.

»Ich heiße Nidal und ich schlage Köpfe ab!«

Statt harter Strafen gibt es damals für Nidal Rabih in der Regel Haftverschonung, Bewährung und Anti-Gewalt-Seminare. Ein Beispiel aus den Polizeiakten von 1997: Nidal, damals 15 Jahre alt, sticht einen Jugendlichen auf offener Straße zweimal mit einem Messer in den Rücken. Für das Opfer besteht Lebensgefahr. Doch der Täter ist nur kurz in U-Haft, kommt mit einem Jahr und elf Monaten Jugendstrafe davon. Selbstverständlich auf Bewährung. Das Gericht »hatte den Eindruck, dass er durch die U-Hafterfahrung motiviert wurde, sich zu verändern«. Einen Tag nach der Entlassung aus der Untersuchungshaft ist er bereits wieder in einen Straßenraub verwickelt. Während des folgenden Anti-Gewalt-Seminars die nächste Körperverletzung. Anzeigen folgen, werden eingestellt oder mit »Freizeitarbeit« bestraft.

Weitere Einträge in den Polizeiakten, die zeigen, mit welcher kriminellen Energie der damals Heranwachsende in der Stadt unterwegs ist:

- Nachdem zwei arabische Jugendliche einem 17-jährigen Jugoslawen Kette und Armbanduhr stehlen, zwingen die Täter ihn, sie zu einem Jugendclub zu begleiten. Dort klaut ihm Nidal auch noch die Jacke.
- Als Nidal mit einem türkischen Jugendlichen einen Streit beginnt und sich ein Dritter einmischt, sagt Nidal zu ihm: »Ich heiße Nidal und schlage Köpfe ab.« Dann beißt er ihn in den Rücken.

Alle diese Dinge passieren während einer verhängten Bewährungszeit, ohne dass es für Nidal rechtliche Konsequenzen hätte. Zwar werden die Fälle oft genug ausermittelt und landen dann auch bei der Staatsanwaltschaft, aber zu Anklagen kommt es nie. Immer wieder heißt es: Einstellung gemäß § 45 Absatz 2 JGG. Darunter ein Vorfall, bei dem er mit anderen Tätern einen jugoslawischen Jugendlichen mit gezogener Waffe ausraubt. Zum Schluss schießt Nidal sogar mit einer Schreckschusspistole auf ihn.

Dieses Mal kommt die Sache vor Gericht, wenn auch erst nach 17 Monaten. Doch wieder wird das Verfahren eingestellt. Zitat aus der Urteilsbegründung: »Das Verfahren wird gemäß §§ 45 Abs. 2, 47 Abs. 1 Nr. 2 JGG auf Kosten der Landeskasse Berlin eingestellt, da im Hinblick auf die (…) getroffene erzieherische Maßnahme im vorliegenden Verfahren eine Ahndung durch Urteil entbehrlich erscheint.«

Ein Paragraf, der sich immer wieder in diversen Ermittlungsakten findet. Im entsprechenden Gesetzestext heißt es:

»Der Staatsanwalt sieht von der Verfolgung ab, wenn eine erzieherische Maßnahme bereits durchgeführt oder eingeleitet ist und er weder eine Beteiligung des Richters (nach Absatz 3) noch die Erhebung der Anklage für erforderlich hält. Einer erzieherischen Maßnahme steht das Bemühen des Jugendlichen gleich, einen Ausgleich mit dem Verletzten zu erreichen.«

Der Sinn hinter dem Grundsatz ist, dass die Organe der Rechtspflege eine positive Entwicklung nicht stören wollen, wenn denn der Übeltäter geständig ist, sich entschuldigt hat und bereits eine vielversprechende erzieherische Maßnahme läuft.

Ein Ermittler, der lieber anonym bleiben will, kommentiert das damals so: »Bei Nidal hilft so was doch nicht. Null. Einer wie er, der permanent gegen alle sozialen Normen verstößt, der sich prügelnd und abziehend durch Berlin bewegt und dessen Eltern offenbar auch keine Anstrengungen unternehmen, dem Einhalt zu gebieten, bei so einem kann doch nur Strafe helfen.«

Und es geht immer weiter. Natürlich fällt er nicht nur in seiner Freizeit, sondern auch in der Schule wegen seines aggressiven Verhaltens auf, prügelt andere Mitschüler, bedroht sie mit dem Messer. In einer Nervenklinik wird festgestellt, dass der Sechstklässler (!) nicht einmal den Stoff der dritten Klasse beherrscht. Das Jugendamt greift ein und er bekommt eine sozialpädagogische Einzelhilfe. In der Folge verbessern sich seine schulischen Leistungen merklich. Seine Lehrer nehmen ihn plötzlich als intelligenten, fleißigen und ruhigen Schüler wahr. Rückblickend betrachtet war das möglicherweise der letzte Moment, an dem die Behörden den Jungen noch hätten in den Griff kriegen können. Doch irgendwie schien den Eltern die ganze Entwicklung nicht zu passen, über die Gründe findet sich nichts in den Akten. Jedenfalls wird die Betreuung beendet, Nidal kommt in eine andere Schule, danach wird alles noch sehr viel schlimmer. Jetzt besucht er kaum noch den Unterricht. Stattdessen greift er den Hausmeister an.

Als er 15 ist und sich mal wieder prügelt, wird ein forensisch-psychiatrisches Gutachten erstellt. Darin heißt es unter anderem, dass seine »intellektuelle Leistungsfähigkeit unterdurchschnittlich ausgeprägt« sei und er über eine »sehr geringe Frustrationstoleranz« verfüge. Dabei sei der 15-Jährige durchaus in der Lage, die üblichen sozialen Normen zu erkennen. Diese positiv bewerteten Verhaltensmuster habe er offenbar gelernt, er wisse um die Werte, Gebote und Verbote in der Gesellschaft, in der er aufwächst. Runtergebrochen auf Nidal lauten sie: Du sollst die Polizei respektieren, du sollst nicht stehlen, du sollst dich nicht prügeln, niemanden erpressen, beißen und erst recht niemanden mit dem Messer abstechen. Nichts davon wird er je beherzigen. Im Gegenteil.

Nidal ist mittlerweile 17 und die Familie wartet immer noch auf ein Urteil. Es geht um ihren dritten abgelehnten Asylantrag, sie haben erneut dagegen geklagt. Am 28. Januar 2000 steht endlich das abschließende Urteil: Nach einer Bearbeitungszeit von fast sieben Jahren wird die Klage gegen den abgelehnten Asylantrag als »unanfechtbar« abgelehnt. Allerdings sind die Asylverfahren dreier Kinder immer noch anhängig. Die Mutter darf deshalb bleiben und ist weiter »geduldet«. Während der Bearbeitungszeit kommen vier weitere Kinder zur Welt. Seit 1996 wohnt die Familie in einer Sechszimmerwohnung in Berlin-Neukölln. Die staatliche Unterstützung beläuft sich auf 5300 D-Mark im Monat.

Nidal jedoch könnte theoretisch abgeschoben werden. Leider hat er keine gültigen Personalpapiere. Kein Problem, denken sich Henninger und auch die Ausländerbehörde, das kann nicht mehr als eine Formalität sein, wir wissen ja, woher er kommt und wer seine Eltern sind. Doch der Sachbearbeiter hat nicht nur einen, sondern rund 600 Vorgänge auf seinem Schreibtisch. Von diesen 600 kommen nur 30 zur Beantragung bei der libanesischen Botschaft an. Und es wäre nicht Berlin und es wäre nicht der Libanon, wenn die Sache dann nicht noch einen weiteren Haken hätte: Nur wer seinen Antrag eigenhändig ausgefüllt und einen Identitätsnachweis beigebracht hat, wenigstens als Kopie, hat die Chance auf ein Passersatzpapier. Von diesen 30 Anträgen sind nach zweijähriger Bearbeitungszeit ungefähr ein bis zwei erfolgreich. Nidal wird niemals abgeschoben. Seine kriminelle Karriere in Deutschland kann ungebremst weitergehen.

Noch einmal Auszüge aus der immer länger werdenden Liste seiner Straftaten in den Polizeiunterlagen:

Das Landgericht widerruft eine Bewährungsstrafe, da er sich bewaffnet in der Öffentlichkeit zeigt. Damit müsste er eigentlich sofort in den Knast. Aber eben nur eigentlich. Erst fünf Monate später verbüßt er die Jugendstrafe, nach 13 Monaten kommt er aus »Resozialisierungsgründen« in den offenen Vollzug, und sofort geht es wieder los. Er bedroht andere mit dem Messer, schlägt seine Ex-Freundin, in einer Autowerkstatt prügelt er einen Mitarbeiter bewusstlos. Trotzdem wird seine Reststrafe erneut zur Bewährung ausgesetzt.

Zwei Monate später in einer Diskothek, er ist jetzt 18, belästigt er eine Türkin und fordert sie auf, »mit ihm zu ficken«. Als sie ablehnt, auch weil sie noch Jungfrau sei, schlägt Nidal ihr mit der Faust ins Gesicht.

Die Spirale der Gewalt dreht sich jetzt immer schneller. Mit Freunden zerlegt er ein Restaurant, sie schießen mit Gaspistolen auf zwei Araber. Als er wiederholt nicht in eine Diskothek reinkommt, weil es immer wieder Stress mit ihm gibt, brüllt Nidal den russischen Türsteher an: »Du bist ein toter Mann!« Diese Bedrohung wiederholt er bei nächster Gelegenheit: »Den bring ich um. Ist mir egal, was die Polizei mit mir macht. Mein Anwalt holt mich da wieder raus. Das hat er immer geschafft, ich hab' schon ganz andere Sachen gemacht.«

Nidal Rabih, ein jugendlicher Intensivtäter, der mit 20 Jahren schon 81 Strafanzeigen in seiner Akte stehen hat. Körperverletzung, Raub, versuchter Totschlag, Bedrohung, Diebstahl, fast das komplette Strafgesetzbuch hoch und wieder herunter. Immer und immer wieder. Insgesamt 52 Vorfälle. Während der Haftverschonung, im offenen Vollzug, inmitten seiner Bewährungszeit, während des Hafturlaubs.

Und auf der anderen Seite steht da ein Rechtsstaat, der jede Konsequenz vermissen lässt und ohne Durchschlagskraft handelt, obwohl er sich selbst qua Grundgesetz verpflichtet hat, die Allgemeinheit vor solchen Menschen zu schützen.

18 Schüsse sind nur der Anfang

LKA-Mann Henninger formuliert in seinem Aufsatz für die Zeitschrift *Kriminalistik* im Zusammenhang mit der Causa Nidal Rabih 13 Fragen. Die letzte, 13., benennt einen entscheidenden Punkt: »Welche Wege beschreitet die Bundesregierung im Verhältnis zum Libanon und den libanesischen Behörden, die nicht erfüllbare Hürden aufbauen, so dass eine Vielzahl ihrem Land eindeutig zuzuordnender Bürger nicht in dieses zurückgeführt werden können?«

Für Henninger ist Nidal »sicherlich ein besonderes Beispiel eines Gewalt-Intensivtäters«, doch »in Intensität und Verlauf keineswegs eine Ausnahme«. Nach seiner Meinung ist das System krank. Und zwar das der Justiz. Die damalige Justizsenatorin Schubert (SPD) reagiert verschnupft: »In dubio pro reo gilt eben immer noch in unserem Strafgesetzbuch«, erklärt sie.

Trotzdem zeigen Henningers Forderungen in Berlin endlich Wirkung. 2003 richtet die Staatsanwaltschaft bei sich die »Spezialabteilung 47 Intensivtäter« ein. Ihr Chef wird Oberstaatsanwalt Roman Reusch.

Währenddessen sitzt Nidal Rabih immer noch im Gefängnis. Bis in den Sommer 2004 verbüßt er seine mehrjährige Haftstrafe vollständig. In dieser Zeit gibt er per Telefon ein Interview. Er sagt, dass er »früher viel Scheiße gebaut« habe »und dafür bestraft« worden sei. Er nehme seit einem Jahr an einem Anti-Gewalt-Seminar teil und mache eine Ausbildung als Tischler. Auch seine Verlobte Fulya Ö., Geschäftsführerin eines Reparaturbetriebs, glaubt jetzt, er sei »inzwischen erwachsen geworden« und habe es sich »erarbeitet«, geliebt zu werden.

Nach dem Ende seiner Haftstrafe wird er trotzdem direkt in den Abschiebeknast überstellt. Sein Asylantrag ist ja schon seit Jahren rechtsgültig abgelehnt, dieses Mal soll es endgültig klappen mit der Überstellung in den Libanon. Doch wieder versagt das System; keine Papiere, keine Abschiebung, die Behörden müssen Nidal wieder aus dem Gewahrsam entlassen.

Neun Tage später versucht er auf den Türsteher einer Diskothek in Berlin-Mitte einzustechen. Außerdem schlägt er eine Bekannte. Es folgt der nächste Prozess, dann Haftverschonung mit Meldeauflagen, dann Flucht, als er festgenommen werden soll. Danach noch ein Prozess, und wieder will sich Nidal ändern. »Ich entschuldige mich für alles, was passiert ist«, erklärt der mittlerweile 25-Jährige in seinem Schlusswort. Er muss trotzdem für drei Jahre und drei Monate ins Gefängnis.

Auch der für Nidal und alle anderen Intensivtäter zuständige Oberstaatsanwalt Reusch ist nach vier Jahren Leitung der »Spezialabteilung 47 Intensivtäter« desillusioniert wie Markus Henninger. Er fordert drakonische Strafen: Ausweisungen, Haftstrafen, Verhinderung der Einbürgerung Krimineller, begrenzter Familien- und Ehegattennachzug, Prüfung der Integrationswilligkeit. Er warnt sogar vor »bürgerkriegsähnlichen Zuständen« in Deutschland und hofft auf den Druck der Öffentlichkeit, schließlich findet in den Großfamilien »eine konsequente Erziehung zur professionellen Kriminalitätsausübung statt«. Die Jugendlichen wüchsen in einem Umfeld auf, so Reusch, in dem »schwerste Straftaten zur völligen Normalität« gehörten: »Sie haben eine Selbstbedienungsmentalität entwickelt, die darauf abzielt, sich zu nehmen, was immer sie wollen und wann und so oft sie es wollen.« Damit seien sie ein »ideales Reservoir für die Fußtruppen des Organisierten Verbrechens«.

Wenig später wird Reusch versetzt, auf einen unwichtigen und vor allem unpolitischen Posten. Sein Nachfolger im Kampf gegen die Intensivtäter hat sich zuvor beruflich mit Straßenverkehrsdelikten befasst. Bei seinem Amtsantritt wird er gefragt, ob er ebenfalls hart gegen die jungen Kriminellen durchgreifen wolle. Er sagt: »Das Wort Härte, das gefällt mir nicht.« Parallel dazu nähert sich auch die politische Diskussion, zumindest verbal, dem Krieg der Intensivtäter an. Der Innensenator pestet in Richtung Justiz und Richterschaft: »Sie und vor allem die Gutachter behandeln beinahe jeden 18- bis 21-Jährigen, als ob er Klein-Doofi wäre.«

Der Vorsitzende des Berliner Richterbundes hält die Äußerungen des Senators für einen »intellektuellen Ausfall«. Die Justizsenatorin kann sich nicht vorstellen, dass der Innensenator so etwas gesagt hat. Hat er aber, und er legt sogar nach: Im »türkischen und arabischen Bereich« sei Erziehung zum Teil »automatisch mit Schlägen« verbunden.

Das wiederum finden die Grünen politisch wenig korrekt, schließlich sei Erziehung mit Schlägen in türkischen und arabischen Familien kein Massenphänomen. Dann meldet sich eine pensionierte Jugendrichterin zu Wort und fordert mehr Sozialarbeiter und Lehrer in Strafanstalten.

Vielleicht wäre das tatsächlich eine wichtige Maßnahme. Aber Berlin ist damals wild, sexy und völlig kaputtgespart.

Während Nidals Knastzeit treibt eine »Arabische Bruderschaft« in der Hauptstadt ihr Unwesen, kassiert unter anderem Schutzgeld von Drogenhändlern. Ein Teil des Geldes ist für Nidal bestimmt, eine Art Willkommensprämie nach der Haft. Abdulkadir Osman, einer aus dem Rammo-Clan, der später in Spandau seine Nachbarschaft terrorisieren wird, soll Nidal das Geld übergeben. Ein schöner Batzen, die Versuchung ist für Osman zu groß. Er behält die komplette Summe. Die Sache wird Konsequenzen haben.

Generell gilt: Das kriminelle Leben in der Hauptstadt ist dynamisch. Allianzen wechseln je nach Laune und Profitaussicht. Heute Drogenhandel, morgen Schutzgeld, übermorgen beides. Ab und an verschwindet auch mal jemand aus dem Milieu, so wie ein Mann mit dem Spitznamen »Achmed der Bär«. Der wird dann wochenlang von der Polizei unter einem Einfamilienhaus am Rande der Stadt gesucht. Erfolglos, weil die Totengräber einem der Ihren, der mitschippte, nicht trauten und die Leiche so umbetteten, dass sie nie gefunden wurde. Heute vermuten die Ermittler, dass »Achmed der Bär« in einer Dönerproduktion verarbeitet wurde.

Kurdisch-Arabische Clans kämpfen mal mit, mal gegen andere Gangs, wie zum Beispiel die Rocker. Als Nidal aus dem Gefängnis entlassen wird, holt ihn, für viele Ermittler überraschend, niemand Geringeres als Rockerboss Kadir Padir, 26, ab. Dessen Anhängerschaft, ein außerordentlich schlagkräftiger Trupp, der jahrelang für die Bandidos kämpfte, war ein paar Monate zuvor fast geschlossen zu den Hells Angels übergelaufen. Die Rocker gelten als hochaggressiv und sehr gefährlich. Vier Jahre später werden sie einen Mord begehen, für den sie zu lebenslanger Haft verurteilt werden.

Nidal treibt sich erneut in der Stadt herum. Wie immer geht er keiner geregelten Arbeit nach, jedenfalls keiner sozialversicherungspflichtigen Beschäftigung. Als Freunde aus der Szene ihn nach dem Geldpräsent fragen, das die »Arabische Bruderschaft« eingetrieben hat, hat Nidal keine Ahnung, wovon sie da überhaupt reden. Das ist die Kehrseite des Konzepts einer Parallelgesellschaft, in der das Gesetz der Familie über allem anderen steht: Es endet immer und prinzipiell vor der eigenen Haustür. Wenn Gangster für einen anderen Gangster von einer dritten Gruppe von Gangstern Geld erpressen, das dann wiederum ein vierter Gangster übergeben soll, kann das nicht funktionieren. Dafür hat Abdulkadir Osman jetzt ein Problem. Und damit hat auch der Rammo-Clan ein Problem. Und damit wiederum die gesamte arabisch-kurdische Clan-Hierarchie.

Es dauert nach Nidals Entlassung noch nicht einmal vier Wochen, bis man Polizisten in weißen Schutzanzügen auf dem Bürgersteig der Emser Straße kauern sieht. Aus Hauswänden und Rinnsteinen kratzen sie die Relikte eines Feuergefechts, das in der Nacht zuvor den Kiez erschüttert hat. 18 Schüsse sind gefallen. Verletzt wurden Nidal Rabih, 28, und sein Bruder Fuat, 19. Angeblich wurden sie aus einem Auto heraus angegriffen. Ob sie auch zurückfeuerten, steht noch nicht fest. Die Ermittler gehen zwar von einem Schusswechsel aus, können bei den Männern jedoch keine Waffen finden. Verwandte hatten das Duo in ein Krankenhaus gebracht. In den Berliner Medien wird kolportiert, dass sich im Milieu neue Allianzen gebildet haben, dass Nidal jetzt bei den Hells Angels mitmacht.

Nachdem Spezialeinsatzkommandos noch zwei Wohnungen gestürmt haben, stellt sich gegen 21 Uhr ein gewisser Adounise Rammo, 33, der Polizei. Adounise ist Schwager und auch Cousin des Geldboten Abdulkadir Osman. Ein Richter erlässt Haftbefehl. Ansonsten alles wie immer: Die Beteiligten schweigen – und die Zeugen widersprechen sich. So auch beim Prozess, in dem selbst Nidal schweigt. Ehrensache. Alle werden freigesprochen.

Doch was nicht im Gerichtssaal geklärt werden kann, wird offenbar auf der Straße entschieden. Rammos gegen Rabihs, arabisch-kurdisch-türkischer Clan gegen schlagkräftige Palästinenserfamilie. Beide Seiten zu allem entschlossen, es ist der Beginn einer blutigen Fehde.

Im Herzen Neuköllns rammt wenige Monate später ein 17-jähriger Rammo einem 20-jährigen Intensivstraftäter-Bruder Nidals ein Messer in den Bauch. Im Polizeiprotokoll ist vermerkt, dass zahlreiche »aufgebrachte Familienangehörige« sich am Tatort versammeln. Es sind 30 Beamte nötig, die Lage zu kontrollieren.

Dann muss Nidal erneut ins Gefängnis. Er brettert mit Alkohol und Drogen im Blut, aber ohne Führerschein im Porsche Cayenne durch die Stadt. Die Justiz zieht ihn für dreieinhalb Jahre aus dem Verkehr.

Dafür nehmen sich jetzt alle seine Brüder an ihm ein Beispiel: Ohne Ausnahme tauchen sie als Hehler, Diebe, Einbrecher und insgesamt als Intensivstraftäter in den Polizeiakten auf.

Aus dem Knast schickt Nidal Rabih einem seiner Feinde draußen in Berlin ein Video. Man sieht ihn in blauem, ärmellosem Trainingsshirt, grauer Jogginghose und roter Basecap vor der Kamera sitzen. Die Oberarme sind Berge aus Muskeln, er raucht eine Shisha, guckt böse, sehr böse und droht auf Arabisch: »Sobald ich hier raus bin, besuche ich dich. Verstanden, du Palästinenser. Ich werde deine Mutter besuchen. Deinen Vater. Deinen Bruder werde ich besuchen. Und zu dir werde ich auch kommen.«

Zu diesem Zeitpunkt bringt er bei seiner Größe von 1,81 Meter gut 120 Kilogramm auf die Waage. Eine fleischgewordene Angriffsmaschine, die beim Bankdrücken eine 260-kg-Hantel stemmt. Mit seinem massigen, von Anabolika aufgepumpten Körper, auf dem der kurzhaarige Schädel immer angriffsbereit leicht nach vorne geschoben sitzt, bietet er seiner Gang im wahrsten Sinne des Wortes einen »Nacken«, der in der Berliner Halbwelt seinesgleichen suchte. Mit Fäusten, die wie Dampfhämmer auf Gegner einprügeln, wenn die sich überhaupt prügeln wollen.

Sobald Nidal Rabih entlassen ist, geht der Stress nahtlos weiter. Von dem, was da genau passiert, halten sich im Milieu bis heute verschiedene Versionen. Eine geht so: Nidal Rabih taucht am 7. September 2018 bei einer Hochzeit auf, bei der auch Mitglieder eines Clans, den wir hier den »Sari-Clan« nennen wollen, anwesend sind. Die Saris sind Kurden und werden von LKA-Ermittlern mit diversen illegalen Aktivitäten in Verbindung gebracht. Unter anderem mit Marihuana-Handel in großem Stil. Einer aus dem Sari-Clan, Vedat, 30, war am berühmten Pokerraub im Hyatt Hotel beteiligt.

Auf der Hochzeit verprügelt Nidal angeblich Vedat, beschimpft ihn im Beisein der Familie als »Verräter« und »Heroindealer«. Dann richtet er seine Waffe auf Vedats Bruder Mehmet. Immerhin drückt er nicht ab. Eine Erniedrigung für den Sari-Clan ist es trotzdem, die man im Milieu nicht einfach ignorieren kann, ohne das Gesicht zu verlieren. Da die Familienehre beschmutzt ist, schwören die Saris auf Rache, auch wenn zwei Clan-Chefs noch versuchen, den Konflikt zu schlichten.

In einer anderen Version soll es nicht nur um die Ehre gegangen sein, sondern auch um Einfluss auf dem Berliner Drogenmarkt. Es gibt in der Stadt etablierte Plätze wie den Görlitzer Park oder einige U-Bahn-Stationen, an denen relativ offen mit Drogen gehandelt wird. Kunden wissen immer, wo die Dealer stehen, was bei wem zu bekommen ist. Wer diese »offiziellen« Plätze beherrscht, verdient sehr viel Geld, denn die kleinen Händler, »Ticker« genannt, müssen an den Boss Standgebühren bezahlen. Je größer das Territorium, umso höher dessen Gewinn. Angeblich wollte Nidal Rabih, so die Gerüchte im Milieu, sein Einflussgebiet zum Nachteil der Saris ausweiten.

Außerdem soll er dem verfeindeten Kurden-Clan ein sogenanntes »Tickerhandy« gestohlen haben. So ein Handy, besser gesagt die Sim-Karten des Handys mit den darauf abgespeicherten Telefonnummern, sind in der Szene rund 10 000 Euro wert. Das hat einen einfachen Grund: Ticker müssen Kontakte haben zu Verkäufern auf der mittleren Dealer-Ebene, die im Kilogramm-Bereich handeln und in der Lage sind, größere Mengen schnell und problemlos bis an die Haustür zu liefern. Wer als Straßenhändler über die Telefonnummern solcher Dealer verfügt, kann atemberaubende Einnahmen generieren. Diese Kontakte sind hochsensible Informationen und in der Szene natürlich heiß begehrt. Angeblich, so lautet das Gerücht, hat Nidal das Handy eines Tickers in seinen Besitz gebracht und es hinterher an die Saris zurückverkauft.

Der Mord und eine Beerdigung, auf der sich Berlins Halbwelt die Ehre gibt

Es passiert dann zwei Tage nach seinem Auftritt bei der Hochzeit. Nidal Rabih, 36, will mit seiner Frau und seinen beiden Söhnen auf dem Tempelhofer Feld spazieren gehen. Sie sind am Eingang des ehemaligen Flughafengeländes, das seit Jahren als Freizeitfläche genutzt wird. Hinter ihnen liegt Neukölln, vor ihnen die ganze Weite des Feldes. Gute Laune, so weit das Auge reicht. Zum Grillplatz sind es nur wenige Schritte. Die Sonne scheint, es ist noch warm, das Thermometer zeigt 25,4

Grad, Eisverkäufer Mauro gleich links in seinem himmelblauen Wagen macht gute Geschäfte. Er und weitere Passanten sehen, wie plötzlich ein Mann angerannt kommt und auf den Muskelberg schießt. Insgesamt achtmal. Die ersten drei Kugeln treffen Nidal in den Rücken, dann stehen sich die beiden fast gegenüber, der Schütze feuert weiter, bis Nidal schwer verletzt zusammenbricht.

Augenzeugen für die Tat gibt es etliche. Sie berichten, dass Täter und Opfer noch kurz miteinander reden. Dann rennt der Schütze zu einem wartenden Golf VI und rast davon. Mehrere Zeugen beginnen jetzt die Szene zu filmen, die Polizei wird gerufen, noch vor Eintreffen der Rettungskräfte versuchen Zeugen den Schwerverletzten zu retten. Immer wieder drücken sie mit beiden Händen auf seinen riesigen Brustkorb. Nidal Rabih liegt jetzt regungslos da und ist umringt von schwarz gekleideten Frauen mit schwarzen Kopftüchern, von überall her kommt lautes Schreien und Rufen, fast nur auf Arabisch. Auch ein Arzt ist zufällig da, Kinder beobachten den Aufruhr, ein Junge sucht seinen Bruder.

Nach einer gefühlten Ewigkeit treffen die ersten Polizisten ein. Einer der Zeugen berichtet sichtlich geschockt: »Ich habe den Täter und die Waffe gesehen. Ich kann ihn beschreiben. Er ist in ein schwarzes Auto eingestiegen. Hier ist sein Kennzeichen.«

Der Mann zeigt seine Handfläche, auf der er das Nummernschild notiert hat. Den Ermittlern der 6. Mordkommission, die von drei Tätern ausgehen, hilft das am Ende leider nicht weiter. Das Kennzeichen ist gestohlen, der Wagen findet sich später ausgebrannt wieder. Ohne verwertbare Spuren natürlich.

Der schwerstverletzte Rabih wird sofort ins Franklin-Krankenhaus gebracht, wo er ums Überleben kämpft. Die Nachricht von den Schüssen verbreitet sich wie ein Lauffeuer in der Stadt. Auch auf YouTube tauchen schon erste Filme auf.

Freunde und Verwandte fahren zum Krankenhaus. Der Eingang zum Gelände ist mit einer Schranke gesichert, davor ein Parkplatz, auf den innerhalb kürzester Zeit kein Auto mehr passt. Immer mehr Männer verstopfen den Vorplatz, ein paar Frauen sind auch darunter, arabische Sprachfetzen durchschneiden die Nacht. Weiter oben, auf einer Rampe parken die Fahrzeuge der Polizei. Darunter, auf dem Vorplatz, im fahlen Licht, halten Nidals Unterstützer den Eingang zur Notaufnahme besetzt. Anwesenden Journalisten wird mit der Kopfab-Geste unmissverständlich klargemacht, dass hier Dreh- und Fotografierverbot herrscht. Die Polizei ist machtlos dagegen. Stattdessen bittet sie »Abstand zu halten. Anders ist das hier nicht möglich. Sie wissen, was das hier für Leute sind, und wir sind so dünn aufgestellt, dass das kaum möglich ist, das hier zu regeln.«

Kurz nach 20 Uhr stirbt Nidal Rabih an seinen schweren Verletzungen.

Begleitet von zwei Zivilfahrzeugen verlässt um 22:33 Uhr der Wagen der Gerichtsmedizin das Krankenhausgelände durch einen Seiteneingang, ohne dass es die Freunde, Verwandten und Schaulustigen mitbekommen. Nidals Brüder verbreiten auf Facebook Fotos der angeblichen Mörder: »Das sind sie, damit ihr alle Bescheid wisst, die haben meinen Bruder hinterhältig vor Angst getötet, die ehrenlosen Hunde.«

Vier Tage später wird Nidal Rabih auf dem Neuen Zwölf-Apostel-Kirchhof im Stadtteil Schöneberg zu Grabe getragen. Die Polizei sichert die Trauerfeier mit 150 Mann. Bedeckter Himmel, als kurz nach zehn Uhr 2000 Halb- und Unterweltler dem Ermordeten die Ehre erweisen. Erstaunlich, dass so viele gekommen sind, denn Nidal hatte viele Feinde in der Stadt. Sehr viele sogar. Auch wenn das nicht jeder hier so sieht: »Er war ein netter Mensch, ein vernünftiger Mensch und ein wichtiger Mann gewesen«, poltert ein Dicker um die 50. Es sind fast nur Männer da, viele in Schwarz, im Hoodie, mit Basecap und Jogginghose. Gangsta-Style. Die Frauen stehen am Rand an der Friedhofsmauer.

Die Polizei kann 128 Besucher »direkt der organisierten Kriminalität (OK) zuordnen«, szenekundige Beamte des LKA identifizieren relevante Personen namentlich. Mehr als 100 kriminelle Clan-Mitglieder sind dabei; 27 polizeibekannte Rocker und 18 Islamisten geben sich auch die Ehre. All die anderen Diebe, Hehler, Einbrecher noch gar nicht eingerechnet. Wenn die Polizei jetzt einen riesigen Zaun um den Friedhof hochziehen würde, wäre sie wahrscheinlich mit einem Schlag den größten Teil ihrer Probleme los.

Wie immer bei großen Beerdigungen in diesem Milieu wird genau registriert, wer kommt und sich zeigt. Die Hells Angels sind mit Kadim Ünsalsudan und ein paar Getreuen vertreten. Rockerboss Kadir Padir sitzt ja wegen Mordes in der Untersuchungshaft und ist entschuldigt verhindert. Von den Al Zeins ist Mahmoud mit einer Abordnung aus Nordrhein-Westfalen angereist. Der Rammo-Clan um Issa ist auch dabei. Einer von den Berjaouis läuft neben dem Sarg. Im Hintergrund versucht Arafat Abou-Chaker den Kameraobjektiven zu entkommen, sein Bruder Mohamed, Drahtzieher bei den Pokerräubern, trauert angeblich ebenfalls.

Am offenen, gen Mekka ausgerichteten Grab im hinteren, neu geschaffenen islamischen Teil des Friedhofs, treffen sich alle. Es wird um Stille gebeten. Gemeinsam gedenkt man des Toten. Mit Frieden oder Waffenstillstand hat das gar nichts zu tun. Dass für diesen Mord irgendwann jemand bezahlen muss, wissen alle Beteiligten dieser Szene.

Es passiert fünfeinhalb Wochen später im Stadtteil Kreuzberg. Videokameras zeichnen gegen 4.30 Uhr auf, wie zwei Männer aus einem Auto springen und zum Fenster einer Shisha-Bar laufen. Einer der beiden haut mit einem Hammer siebenmal gegen das Sicherheitsglas, bis er ein kleines Loch in das Fenster geschlagen hat. Dann zieht der zweite Täter den

Sicherheitssplint einer Handgranate und wirft sie durch das Loch in den Gastraum. Eine gewaltige Detonation zerreißt die Nacht. Kurz darauf werden zwei Cousins aus dem Rabih-Clan festgenommen. Die beiden gestehen die Tat, und erklären, dass sie ein Zeichen setzen wollten, weil die Polizei ja nichts unternimmt gegen die Mörder. In der Verhandlung werden die beiden Cousins dann zu mehreren Jahren Gefängnis verurteilt. Das Gericht bleibt hinter den Forderungen der Staatsanwaltschaft zurück. Wieder einmal.

Ein Jahr nach Nidals Tod versammeln sich rund 100 Freunde und Verwandte an seinem Grab. Ausnahmslos Männer in Alltagskleidung, Jogginghosen dominieren, die Hände zum Gebet. Weiße Campingstühle sind aufgestellt, mehrere Packungen Wasser stehen auf dem Friedhofsboden. Das Gras ist verdorrt. Nur einer redet: der Imam. Er spricht über den Ermordeten und über das, was geschah: »Wir erinnern uns. Diese Katastrophe ist nicht Vergangenheit, ist nicht vorbei. Sie ist immer da. Wir erinnern uns an unsern Bruder Nidal. Wir beten für ihn, damit er die Gnade Gottes erfährt.« An der Kopfseite des Grabes sitzt Fayez, 23, kurze, akkurat geschnittene Haare, stahlblaue, traurig blickende Augen, kräftige Oberarme. Er ist einer von Nidals Brüdern, kämpft unter dem Namen »Florian Raab« als Profiboxer. Auch er ist ein Intensivstraftäter, registriert bei der Abteilung 47 der Staatsanwaltschaft. Dass die Täter noch nicht gefasst sind, treibt ihn offenbar um: »Wenn die Polizei nichts macht«, sagt er, »dann machen wir es.«

KAPITEL 8
DER DICKE, ISSA UND EIN MIRI-OBERHAUPT

Geschichten aus dem Innenleben der wichtigsten Clans in Deutschland

Es gibt zwei Ereignisse im Kalender von Großfamilien, bei denen sie der Öffentlichkeit exemplarisch ihre Stärke demonstrieren. Das sind einerseits Hochzeiten. Und andererseits Beerdigungen. Dort lässt sich auch für Außenstehende erkennen, wie die Kräfteverhältnisse in der Szene verteilt sind und welchen Einfluss man den Ordnungskräften des Staates noch einräumt.

Solche Veranstaltungen sind immer auch Bühnen, auf denen die Clans ihr Selbstverständnis und ihre Position innerhalb der Gesellschaft ausstellen müssen. Dass dabei zum Beispiel die Straßenverkehrsordnung permanent außer Kraft gesetzt wird, ist nicht bloß ein besonders augenfälliges Beispiel von Rücksichtslosigkeit. Es ist ein wichtiger Teil der Inszenierung. Ohne Hup-Orgien, Staus, Vollsperrungen und U-Turns auf der Autobahn wäre eine Feier keine Feier, sondern eine Kapitulation vor der eigenen Schwäche und ein Ausweis der eigenen Bedeutungslosigkeit. Je mehr Hundertschaften der Polizei ein Clan auf solchen Feiern binden kann, desto höher sein Ansehen.

Gerade Beerdigungen sind fein austarierte Ereignisse, bei denen sich das Geflecht der Clans wie unter einem Brennglas studieren lässt. Wer wem Respekt zollt und wer – schon rein physisch – wo auf dem Friedhof steht und an welcher Stelle kondoliert, sagt viel aus über die aktuellen Kräfteverhältnisse.

Es ist selbstverständlich, dass alle wichtigen Akteure der Szene erscheinen. Selbst wenn sich die Clans gerade in einer brutalen und gewalttätigen Fehde gegenüberstehen. Wenn beispielsweise ein Al Zein zu Grabe getragen wird, sind nicht nur alle Großfamilien vertreten. Auch Rockerclubs wie die Hells Angels machen dann ihre Aufwartung.

Das liegt daran, dass die Al Zeins so etwas wie die Mutter aller Clans in Deutschland sind. Mit ihnen hat alles angefangen, auf ihr Konto gehen einige der spektakulärsten Überfälle in der Berliner Nachkriegszeit. Sie haben das KaDeWe beraubt. Sie haben während der Fußballweltmeisterschaft in Deutschland als Hooligans verkleidet mit Baseballschlägern die Juweliere überfallen und leer geräumt. Sie haben als erste Großfamilie die Macht im Rotlichtmilieu übernommen.

Zu den Al Zeins kommen deshalb auch heute noch Menschen, die einen Tipp für einen todsicheren Coup haben, aber denen der Mut oder die Mittel fehlen. Dann nehmen sich die Al Zeins der Sache an und der Tippgeber kassiert seine Provision. In der Regel zwischen 20 und 50 Prozent. Für solche Projekte sind die Al Zeins eine gute Adresse. Sie haben es dadurch zu einigem Wohlstand gebracht – da brettert der Hartz IV kassierende Clan-Boss schon mal im Porsche-Cabrio durch die Stadt.

In den einschlägigen Kiezen weiß jeder, wer zu welcher Familie gehört, denn dieses Wissen kann mindestens das eigene Fortkommen, wenn nicht das Überleben sichern. Allianzen zwischen den Familien wechseln. Wer mit wem Geschäfte macht oder sich im Krieg befindet, entscheidet nicht zuletzt der Clan-Boss.

Dieses Kapitel beschäftigt sich, neben den Al Zeins, mit drei anderen Großfamilien, die alle auf ihre Art typisch sind für die Clan-Mechanismen und sich andererseits alle auch unterscheiden: Da sind einerseits die Rammos oder Remmos, die aktuell wohl die mächtigste Großfamilie in der Hauptstadt sind. Da sind andererseits die Abou-Chakers, die im eigentlichen Sinne gar keine Mhallami sind, sondern libanesische Palästinenser, und die auch zahlenmäßig keine Großmacht darstellen, aber ihre Kleinheit durch Cleverness und Brutalität aufzuwiegen versuchen. Und da sind drittens die Miris, die in Bremen und Umgebung die Machtfrage stellen. Auch gegenüber dem Staat.

GUCK MIR ZWISCHEN DIE BEINE, KLEINER! – DIE AL ZEINS UND DAS ROTLICHT AM STUTTI

Bei den Al Zeins gibt vor allem einer den Ton an: Mahmoud Al Zein, genannt »Der Präsident«, oder auch »El Presidente«.

Ein kräftiger Kerl, mit sorgfältig gestutztem Oberlippenbart und schwarzen, zurückgegelten Haaren, von dem man ahnt, dass er kompromisslos zuschlagen kann. Er ist, wenn man so will, der Urvater aller arabischen Clans in Berlin.

In den Polizei- und Gerichtsunterlagen taucht er auch als Habib Haik auf. Oder als Mohaiddine oder Moheiddine Al Zein. Manchmal heißt die Familie auch nicht Al Zein, sondern El Zein. Oder Al-Sein. Es handelt sich trotzdem immer um dieselbe Person: nach eigenen Angaben angeblich 1966 in der libanesischen Hauptstadt Beirut geboren. Als drittes von insgesamt 16 Kindern ist er Sohn eines Tischlers. Vier Jahre geht er in Beirut zur Schule, dann arbeitet er in der Werkstatt des Vaters mit. 1982 reist die Familie aus dem Libanon aus nach Berlin und beantragt in Deutschland Asyl. Zwei Jahre später wird der Asylantrag abgelehnt. Abgeschoben wird Mahmoud Al Zein trotzdem nicht. Es fehlen gültige Unterlagen für einen Pass.

In Berlin besucht Mahmoud Al Zein noch zwei weitere Jahre die Schule. Er beendet sie ohne Abschluss. Einen Beruf erlernt er nicht. Dafür wird er im Nachtleben der Stadt sehr schnell eine feste Größe.

Die ersten Straftaten in dem Land, das er um Aufnahme bittet, begeht er bereits kurz nach seiner Ankunft. Aktenkundig werden: Diebstahl, gemeinschaftlicher Diebstahl, gefährliche Körperverletzung und räuberischer Diebstahl. Als sein Asylantrag abgelehnt wird, fordern ihn die Behörden auf, das Land zu verlassen. Natürlich erfolglos. Mahmoud wird in die Jugendhaftanstalt gesperrt, und die Behörden stellen einen neuen, gültigen Reisepass aus. Nach Verbüßung der Haftstrafe kommt er sofort in Abschiebegewahrsam, damit er nicht wieder untertaucht. Dort stellt er im August 1988 einen Asylfolgeantrag. Bevor der entschieden ist, wird er aus der Abschiebehaft wieder entlassen. Vier Wochen später kommt die Ablehnung des Asylantrages. Laut Polizeiunterlagen wollen die Behörden jetzt richtig ernst machen und ihn sofort in ein Flugzeug setzen. Erneut erfolglos. An Mahmouds Stelle meldet sich ein Bruder auf der Ausländerbehörde.

Mahmoud Al Zein selbst heiratet und bringt im Laufe seines Lebens neun Kinder ins deutsche Sozialhilfesystem ein. Daneben macht er sich vor allem im Rotlichtmilieu einen Namen. Es ist Mitte der 90er-Jahre. Zu dieser Zeit mischen im Berliner Milieu bereits einige Nationalitäten mit, es gibt viel Geld zu verdienen.

Da sind zuallererst natürlich die Deutschen um »Container-Andi«, »Luden-Tom«, »Hamburger Uwe« und »Aachener Kalle«, die den Straßenstrich auf dem 17. Juni unter Kontrolle haben. Auch die »Rangsdorfer« und ein paar BFC-Hools beanspruchen ein Stück vom Kuchen. Durchaus mit brutalen Methoden. Als es in einem Mahlsdorfer Puff Ärger gibt, bleibt am Ende »Baschke« erstochen zurück. Der Täter wird niemals ermittelt.

Neben den Deutschen machen sich im Osten Berlins jetzt auch die Russen breit. Dabei hilft ihnen einer, dessen Spitzname Programm ist: »Panzers« Erkennungszeichen, neben seinem fließenden Russisch, sind Kopfstöße und kräftige »Schellen« – und eine Pumpgun, die immer dort zum Einsatz kommt, wo die anderen Methoden versagen. Dann gibt es die Tschetschenen, denen die Lichtenberger Kynaststraße gehört, und »Musch, den Albaner«, der ihnen einen Teil der Straße abgekauft hat. Also, natürlich nicht wirklich die Straße. Sie gehört weiter der Stadt Berlin. Hier geht es nur um das Recht, auf einem etablierten Straßenstrich Prostituierte zu platzieren, die dann wiederum Standgeld bezahlen müssen an den »Besitzer«.

Die Türken machen ihr Geld zu dieser Zeit vor allem mit Drogen. Die Osteuropäer haben sich in der Regel auf Einbrüche und Diebstähle spezialisiert. Ständig richtet die Berliner Polizei neue Ermittlungs- oder Arbeitsgruppen ein, wie zum Beispiel die »AG RumBa«, die gegen Rumänische Bandenkriminalität vorgehen soll. Den illegalen Zigarettenmarkt haben die Vietnamesen um Anführer Ngoc Thien in der Hand. »Ngoc Thien« heißt auf Deutsch »der Barmherzige«. In Wirklichkeit ist der 24-jährige Boss der Zigarettenmafia das genaue Gegenteil: Acht bis neun Morde gehen mindestens auf sein Konto. Auch die Hinrichtung von sechs Vietnamesen in einer Plattenbauwohnung im Marzahner Stadtteil Ahrensfelde. Meistens wurden seine Opfer zuerst gefesselt und dann erschossen.

Das Rotlichtzentrum Westberlins liegt damals am Stuttgarter Platz, am »Stutti«, wie der Einheimische sagt. Billig renovierte Gründerzeithäuser in Mint und Gelb, Neubauten mit rotem Balkongeländer und Satellitenschüsseln, die in die Ferne sehen, an einer sechsspurigen Straße. Wer wissen will, wie es hier zugeht, muss sich Dominik Grafs Spielfilm »Hotte im Paradies« ansehen. Westberlin pur, rübergerentnert in die Diepgen-Zeit, in der Berlin schon arm, aber noch nicht sexy ist.

Hier am »Stutti« liegt eine Bar neben der anderen, alle mit gedämmtem rotem Licht und angeschlossenen »Beischlafräumen«. So nennen Ermittler die Zimmer in den Bordellen. Einer der Läden ist das Bon-Bon, Betreiber ist Steffen Jacob, 59, einer der berühmtesten deutschen Luden der Stadt: ein leicht fülliger Kerl, 1,89 Meter groß, dem man den Genuss der Nächte am Doppelkinn ansieht. Groß geworden ist er im Westberliner Milieu der 80er-Jahre. Damals tanzte an der Stange ein Blondchen in schwarzer Spitzenwäsche mit D-Mark-Bündel im Slip. Guck mir zwischen die Beine, Kleiner. Und bei Problemen prügelte man sich mit Fäusten und der Rolex am Handgelenk und hatte höchstens mal noch eine Schrotflinte im Kofferraum.

Doch in den 90ern stehen plötzlich sieben Albaner in seinem Laden und wollen ab jetzt an seinem Geschäft beteiligt sein. Nach den Albanern klopfen die Russen an mit denselben Ideen. Alleine lässt sich die Situation nicht mehr beherrschen. Steffen Jacob sucht Schutz gegen die Angriffe aus dem Osten und findet ihn auch. »Mithilfe einiger Freunde konnten wir dit abwehren«, erzählt er heute, während eine gelangweilt dreinblickende, schwarzhaarige, junge Frau mit einem Hauch von Nichts am Körper auf seinem Schoß sitzt. »Ick muss dazu sagen, mithilfe einiger ausländischer Freunde«, erklärt er noch.

Stellt sich die Frage: »Wie haben die ausländischen Freunde das in den Griff gekriegt?«

»Wahrscheinlich«, sagt Jacob, »waren ihre Methoden besser.«

Wie genau die Methoden waren, erklärt er nicht. Mit den »ausländischen Freunden« jedenfalls meint er Mahmoud Al Zein und seine Familie.

Im November 1996 stellen sich der Barbetreiber und sein neuer »Geschäftspartner« sogar einer breiten Öffentlichkeit vor. Einem freien TV-Journalisten präsentieren sie sich als dicke Freunde, in einem Restaurant mit Hummern auf den Tellern und anderen erlesenen Speisen auf dem Tisch. Die beiden sitzen nebeneinander. Links Jacob, mit Schlips, schwarzem Hemd und Jackett, rechts Mahmoud, Oberlippenbart, volles Haar, schmale Augen. »Meiner Meinung nach ist Herr Mahmoud derjenige, der hier in Berlin der Mann ist, der dit wirkliche Sagen hat«, sagt Jacob in die Kamera. Und falls er mal Probleme haben sollte, würden diese von seinem Freund hier gelöst. Und zwar sofort. Oder wie es Al Zein formuliert: »Automatik.«

Für die Öffentlichkeit gelten derartige »Geschäftsbeziehungen« natürlich als Freundschaftsdienst. Jedenfalls sind sie nicht sozialversicherungspflichtig, sonst könnte die Clan-Familie ja auch nicht Unterstützung vom Staat beziehen. Über 4000 Mark, um genau zu sein, sind es bei Mahmoud Al Zein. Pro Monat. Womit Mahmoud Al Zein nicht rechnet: Im zuständigen Bezirksamt sitzen Beamte, die mitbekommen, was Steffen Jacob erzählt, und der Familie umgehend die Gelder streichen. Womit die Beamten wiederum nicht rechneten: Der Clan-Boss interessiert sich zwar überhaupt nicht für die Werte dieser Gesellschaft, das Rechtssystem kennt er trotzdem genau. Und er hat gute Anwälte, die das Recht für ihn auch einfordern können. Er klagt vor dem Verwaltungsgericht auf Fortführung der Zahlungen und bekommt am Ende recht.

Bei der Polizei füllt Mahmoud Al Zein zu dieser Zeit bereits kistenweise Akten, ist mehrfach vorbestraft. Immer wieder Diebstahl und Körperverletzung. Im März 1998 schnappt die Kripo einen Drogentransport aus den Niederlanden, verhaftet Mahmoud Al Zein auf der Autobahn. Ein halbes Jahr später wird er vor dem Berliner Landgericht angeklagt.

Der Prozess ist eine einzige Machtdemonstration. Auf den Zuschauerplätzen herrscht Gedränge, über 60 libanesisch-kurdische Clan-Mitglieder sind gekommen, um ihren »Präsidenten« zu unterstützen. Ständig wird während der Verhandlung auf Arabisch dazwischengerufen. Meistens lautstarke Liebesbekundungen Richtung Mahmoud. Es wirkt wie in einem Gangsterfilm aus den 30er-Jahren.

Am Ende handeln seine Anwälte für Al Zein einen Deal mit dem Staatsanwalt aus: Mahmoud ist geständig und wird wegen Beihilfe zur unerlaubten Einfuhr von Betäubungsmitteln in nicht geringer Menge (Kokain) in Tateinheit mit unerlaubtem Handeltreiben mit Betäubungsmitteln in nicht geringer Menge (Kokain) zu zwei Jahren und sechs Monaten verurteilt. Weil der Haftantritt nicht sofort erfolgen kann, verlässt er den Gerichtssaal unter dem Beifall seiner Clanunterstützer als freier Mann. Im Gefängnis bekommt er dann bald Haftlockerungen und Freigang. Den nutzt er wieder für seine »Geschäfte«.

Das sagt zumindest der Vermerk »LKA 211 OG VS – Nur für den Dienstgebrauch, nicht für Ermittlungsakten bestimmt!«. Dort heißt es:

»Der amtsbekannte Schutzgelderpresser und Rauschgifthändler Mahmoud EL-ZEIN soll seinen wöchentlichen Ausgang aus der JVA in der Lehrter Str. dazu nutzen, Erkundigungen darüber einzuholen, welche seiner damaligen Opfer nicht mehr an die Familie EL-ZEIN Schutzgeld zahlen und welche ›Türen‹ verloren gingen.«

Geschrieben hat diesen Vermerk Peter Kern (Name geändert), der einer Spezialeinheit des LKA Berlin angehört. Diese Taskforce ist über 40 Mann stark und bündelt alle Ermittlungen im Bereich Organisierte Kriminalität in der Hauptstadt. Peter Kern ist ein ehemaliger Sozialarbeiter. Sein Job ist es, sich mit so ziemlich jedem zu treffen, der Kontakte in die Halb- und Unterwelt hält. Denn nichts ist in diesem Dschungel so wertvoll wie gesicherte Informationen. Mit Mahmoud Al Zein trifft er mehrmals zusammen, hat oft mit ihm zu tun.

Neun Kilogramm Gold verschwinden und ein Polizist stirbt

Außer dieser Spezialeinheit gibt es noch eine zweite Polizeitruppe, die sich unter anderem mit den Al Zeins beschäftigt. Sie heißt GE Ident – wir hörten schon von ihr. Ihr Ziel ist es, die wahren Identitäten abgelehnter Asylbewerber zu recherchieren. Auch Mahmoud Al Zein ist in ihrem Visier. Ein erster entscheidender Hinweis auf seine Herkunft ergibt sich am 25. September 2000 aus einem Schreiben des libanesischen Innenministeriums: »Nach Einsicht in libanesische Register an der Generaldirektion des Standesamtes wurde festgestellt, dass der genannte Muhiedinne Hamdin Al-Zein, geboren im Jahre 1966, keine Eintragungen hat, und er ohne Staatsangehörigkeit ist. Bemerkt wird, dass er in Beirut/Libanon wohnhaft war.«

Der »Präsident« ist also gar kein Libanese. Recherchen in der Türkei ergeben, dass er aus der südanatolischen Provinz Mardin stammt. Außerdem erfährt die GE Ident, dass sein Vater – der sich ebenfalls in Deutschland als Sozialhilfeempfänger mit ungeklärter Staatsangehörigkeit aufhält – eigentlich im Ort Üçkavak bei Savur als türkischer Staatsbürger registriert ist. Einen Hinweis auf seinen Sohn finden die Ermittler ebenfalls: Auch Mahmoud Al Zein ist, allerdings unter einem anderen Namen, in der Türkei registriert. Nach türkischem Recht ist es für eine Staatsbürgerschaft unerheblich, ob er auch in der Türkei geboren wurde. Entscheidend sind die türkischen Eltern und der Eintrag in ein Melderegister. Dort ist Mahmoud Al Zein unter dem Namen Mahmut Uça vermerkt.

Der zuständige Ermittler, Kriminaloberrat Markus Henninger, notiert dazu: »Die Türkei bestätigte 2002 den Registerauszug, stellte aber dennoch keinen Pass aus.« Grund: Mahmoud Al Zein hatte seinen Wehrdienst in der Türkei nicht angetreten und war daraufhin ausgebürgert worden. Somit fehlt den deutschen Behörden weiterhin ein Land, in das sie Mahmoud Al Zein abschieben können. Sie werden es weiter versuchen.

Mahmoud Al Zein ist von all dem wenig beeindruckt und versucht unterdessen, seinen Einflussbereich zu vergrößern. Wenn es dabei um Diskotheken, Clubs, Bars und Ähnliches geht, ist eine Regel entscheidend: »Wer die Tür hat, hat auch die Macht.« Nach außen wie nach innen. Dieser Satz gilt für alle Etablissements. Die Tür kontrolliert und entscheidet nicht nur über die Gäste. Sie ist auch der Schutz vor den Begehrlichkeiten und Übergriffen anderer. Und sie kann die Bedingungen für diesen Schutz diktieren. Deshalb stellen arabische Großfamilien immer häufiger die Security. Bei ihnen genügt ein Fingerschnippen, und ihr Clan rückt in Armeestärke an. Ihr hoher Mobilisierungsgrad, ihre Gewaltbereitschaft und ihre immense Personalstärke sind Argumente, denen sich die Betreiber solcher Läden kaum entziehen können. Entweder man engagiert sie und hat vor den Übergriffen anderer Ruhe. Natürlich zu brutal überteuerten Konditionen. Oder sie sorgen dafür, dass bald nichts mehr übrig ist, was sich noch schützen lässt.

Das LKA hält mit der Einheit von Peter Kern dagegen: »Wir haben festgestellt, dass im Bereich der Türsteherszene viele Straftaten passieren«, erklärt er. »Es kommt zu Schutzgelderpressungen, es wird mit Drogen gehandelt, es geht um Prostitution.« Deshalb wurde die »Besondere Aufbauorganisation Türsteher« gegründet. Die Truppe ist in der Regel nachts unterwegs. Ihre Arbeit beleuchtet beispielhaft die Schwierigkeiten, die die Polizei mit solchen Strukturen hat.

Ein typischer Bericht von diesen Ermittlungen trägt die interne Kennung LKA 63 MEK A/OD VS-NfD und stammt vom 25. November 2002. Er liest sich so:

»Mohammad H., geb. 00.00.1975, hält sich in der Cocktailbar Schimpanse auf. H. gehört zum Umfeld des polizeilich bekannten Straftäters Al Zein, Mohaiddine. Der Barchef Herr T. äußert, dass er im Moment keine Probleme mit Gästen habe. Etwas später lehnt er sich über den Tresen und sagt äußerst leise: ›Ich rufe in der nächsten Zeit mal an, wir müssen reden.‹«

Es gibt unzählige solcher Berichte. In die Ermittlungsakten oder Anklageschriften schaffen sie es fast nie. Dazu haben die Barbetreiber in der Regel zu viel Angst vor den Clans. Möglicherweise zahlen sie ihnen Schutzgeld. Wahrscheinlich hat sich auch Herr T. nie wieder bei der Polizei gemeldet. Meistens genügt schon der Name Al Zein, um dies zu verhindern.

Auf besondere Weise umkämpft ist zu dieser Zeit die Diskothek Jungle. Die LKA-Ermittler um Peter Kern und ein Einsatzzug der Bereitschaftspolizei wollen im April 2003 einen Vorfall aufklären, der sich am Vortag vor der Diskothek ereignet haben soll. Die Beteiligten hatten zuvor alles unternommen, um die Tat zu verschleiern, die Polizei wurde selbstverständlich nicht informiert. Jetzt versuchen die Fahnder den Vorfall zu rekonstruieren. Gesucht werden Zeugen für eine Messerstecherei. Bei dieser Auseinandersetzung standen sich die Familien der Ali-K.s und Mahmoud und seine Al Zeins gegenüber. Die Al Zeins versuchten schon seit Wochen, die Security in dem Club zu übernehmen, hatten auch schon bei einem der Geschäftsführer angeklopft, der aber hatte abgelehnt.

Um in solchen Fällen Überzeugungsarbeit zu leisten, ist es ein probates Mittel, im Club für Ärger zu sorgen. So geschieht es auch im Jungle, am frühen Morgen des Karfreitag 2003. Ein Mitglied des Al-Zein-Clans und zwei Unterstützer pöbeln herum und belästigen andere Gäste. Irgendwann verlagert sich der Streit vor die Tür, dann haben zwei der Angreifer plötzlich Baseballschläger in ihren Händen. Daraufhin lädt einer der Ali-K.s seine Ceska-Pistole Modell 75, 9mm Luger durch. So stehen sich die Parteien gegenüber. Keiner will zurückweichen. Stattdessen ziehen weitere Beteiligte ihre Messer, am Ende bleibt einer aus der Al-Zein-Gang schwer verletzt auf dem Asphalt zurück.

Wie meistens bei derartigen Streitigkeiten, schweigen danach alle Beteiligten. Die Angelegenheit wird von den Clanältesten untereinander geregelt. Doch irgendwie landen die Namen der Beteiligten doch bei der Polizei, die am Mittwoch nach der Messerstecherei einige der Täter festnehmen will. Auch denjenigen, der die Ceska gezogen hat.

Es ist der 23. April 2003, die Sonne scheint, milde Temperaturen am Nachmittag in der Neuköllner Rollbergsiedlung, einer Art Ghetto, hart an der Grenze zur No-go-Area. Erbaut wurde der Rollberg in den späten 1960er- bis in die 70er-Jahre. Moderne, weiße Betonblöcke, ohne die klassische »Berliner Ecke« mit der gleichnamigen Kneipe, alle Ecken in diesem Viertel sind abgeschrägt. Fast 70 Prozent der knapp 5000 Einwohner haben einen Migrationshintergrund, in der Mehrzahl sind es Türken und Araber, über die Hälfte bezieht staatliche Transferleistungen. Vier Wohnblöcke dominieren diesen Kiez, der es später in der Serie »4 Blocks« zu Serienprominenz bringen wird.

Ziel des SEK-Einsatzes ist eine Wohnung in der Kienitzer Straße.

Punkt 16.30 Uhr: Der erste SEK-Mann schlägt mit seinem schusssicheren Schild, auf dem in Großbuchstaben »POLIZEI« steht, die Wohnungstür auf und dringt als Erster ein. Unmittelbar hinter ihm läuft der »Sicherungsschütze«. »Polizei, Polizei«, rufen sie so laut wie möglich. In der Wohnung befinden sich einige Clan-Mitglieder der Ali-Ks. Einer von ihnen zieht sofort seine Ceska und feuert in schneller Folge fünfmal auf die Beamten. Schon das erste Projektil trifft den Schildträger. Die Kugel dringt unterhalb des linken Auges in den Kopf ein, durchschlägt die obere Halswirbelsäule und trennt Hirn- und Rückenmark voneinander. Der 37-jährige SEK-Mann hat keine Chance zu überleben. Die nachfolgenden Beamten überwältigen den Schützen. Es ist Yassin Ali-K., 33 Jahre, Staatsangehörigkeit: libanesisch.

Nach Familienangaben wurde er bereits Ende der 70er-Jahre als Asylbewerber abgelehnt, seitdem lebt er in Berlin mit einer sogenannten Aufenthaltsbefugnis. Dieses Papier verhindert die

Abschiebung aus humanitären Gründen. Yassin Ali-K. ist nicht nur gefürchtet in seinem Kiez, er ist auch aktenkundig bei den Gerichten. Über dreißigmal aufgefallen wegen schweren und schwersten Straftaten: Raub, gefährliche Körperverletzung, Erpressung, Verstoß gegen das Waffengesetz. Sechsmal ist er insgesamt vorbestraft.

Ibn Haram – Der mit allen Wassern Gewaschene

Fast zur selben Zeit ist Peter Kern in der näheren Umgebung des Einsatzortes mit einem kleinen grauen PKW unterwegs. Er sucht ein Auto mit Waffen, die dem Ali-K.-Clan zugeordnet werden. Ohne Erfolg.

Dafür werden er und seine Kollegen etwas später zur Diskothek Cheers gerufen. Eine arabische Großfamilie hat in der Szene verlauten lassen, man wolle an dem Laden beteiligt werden. Sogenannte »Ansagen« machen die Runde. Manchmal reicht das für die Clans schon aus, um ihr Ziel zu erreichen. Der deutsche Besitzer des Cheers schaltet lieber die Polizei ein, auch wenn er um die Risiken weiß: »Natürlich hat man Angst«, sagt er, »aber wenn die Angst gewinnt, ist man später ein leichtes Opfer. Wenn man Opfer ist, bezahlt man auch. Wer zahlt, hat verloren.« Um gegen »Ansagen« vorzugehen, fehlt es den Beamten allerdings an einer rechtlichen Handhabe.

Vom Cheers fährt Peter Kern weiter durch die Nacht zu einem Treffen mit Mahmoud Al Zein, der sich immer mehr als oberste Instanz in der Berliner Halb- und Unterwelt inszeniert. Nichts passiert angeblich, ohne dass »El Presidente« davon weiß. Deshalb wollen die Ermittler beim ihm etwas über die neun Kilogramm Gold erfahren, die kürzlich einem Juwelier »abhandengekommen« sind. Al Zein ist wie immer picobello herausgeputzt: Anzug, Hemd, Weste, Schlips, Zigarette im Mund, an seiner Seite befindet sich »Pierre«, der eine Art Privatsekretär für den Clan-Boss ist. Später einmal wird er zu acht Jahren Gefängnis wegen Drogenhandels verurteilt werden. Er übernimmt das Reden.

»Kriegen wir raus, wo die neun Kilogramm liegen?«, fragt Peter Kern.

Pierre sagt: »Mahmoud kriegt alles heraus.«

Der Ermittler lacht, und Pierre sagt: »Nee, nich so, bam«, und schlägt sich dabei mit seiner Faust in die Handfläche. Dann redet er mit Mahmoud Arabisch, anschließend übersetzt er. »Mahmoud sagt, wer das war, hat auch ohne Gewalt Angst oder Respekt vor uns.«

Das Gold taucht trotzdem nicht wieder auf, aber einen Versuch war es natürlich wert. Es ist eine der Strategien im Kampf gegen die Clan-Kriminalität: »Wir versuchen Kontakt in die Szene zu bekommen«, sagt Peter Kern. »Aber es ist ein mühsames Geschäft. Wir wollen die überzeugen, ihre Probleme nicht untereinander mit Gewalt auszutragen, sondern mit uns zu reden.«

Am nächsten Tag tauchen Pierre und Mahmoud Al Zein zum Interview mit SPIEGEL TV auf. Im Auto geht es durch die Stadt. »Durch meine Stadt«, wie er gleich zu Anfang klarmacht.

Ob er sich selbst als Berlins König der Unterwelt sieht? Mahmoud Al Zein muss nicht lange überlegen bei dieser Frage. »Stimmt«, sagt er. »Ich weiß, wie es geht.«

Und wie ist das mit den Auseinandersetzungen im Milieu? Muss er Angst haben vor irgendjemandem?

»Ich habe vor niemandem Angst«, antwortet er. »Vor was soll ich Angst haben?«

Vielleicht vor anderen Familien?

»Ich habe nur vor meinem Gott, aber vor sonst niemandem Angst.«

Diesen Satz glaubt man dem Clan-Boss sofort, wenn man ihn reden hört. Den Kopf leicht geneigt, die Stimme fest, während er auf einem Barhocker in einem Café am Nollendorfplatz sitzt.

Zusammen mit seinem Sekretär. Vor den beiden ein schwarzer Tresen, dahinter die Zapfhähne und das Spülbecken und vor der Spiegelwand ein Regal mit den Gläsern. Fünf junge Männer kommen herein, kräftig, durchtrainiert, stiernackig, und begrüßen die beiden ehrfürchtig. Noch hat der Laden nicht geöffnet, wird augenscheinlich im Moment umgebaut. Die Wände sind gelb gestrichen, die Ecken sind rot. Kabel hängen aus dem Putz. Drei Spielautomaten stehen herum, sonst nur billige Stühle und billige Tische. Nicht der ganz große Wurf. Aber Mahmoud Al Zein hat im Moment auch andere Pläne.

Deshalb hat er diesem Interview zugestimmt. Es geht »um die Sicherheit für die Stadt«, wie es Pierre, der Sekretär, erläutert. »Mahmouds Pläne sind ganz legal. Er will jetzt einen legalen Weg gehen. Wir haben lange darüber gesprochen, schon als wir zusammen im Knast waren. Wir hatten die Zellen nebeneinander. Den alten Weg gibt es nicht mehr. Sein Wunsch ist, dass er mit den Jungs, die er eingesammelt hat, eine eigene Security-Firma gründet.«

Mit den »Jungs« meint er junge Männer aus seiner Familie und dem Umfeld des Clans. Zum Beispiel den stiernackigen Fadie hier, alias Derwisch, der 2011 wegen Drogenhandels zu mehr als acht Jahren Haft verurteilt wird. Oder Veysel, der später ebenfalls wegen gefährlicher Körperverletzung für mehrere Jahre ins Gefängnis muss.

Wenig überraschend wird aus den Plänen mit der Security-Firma am Ende nichts. Damals aber glaubt Mahmoud Al Zein noch, dass ihn tatsächlich nichts und niemand stoppen kann. Er wähnt sich auf dem Gipfel der Macht: Ziert die Titelseiten des Boulevards, prahlt in TV-Interviews mit seinem Einfluss und seiner Herrlichkeit. Ein Beispiel dafür ist auch die Hochzeit, die er für seinen Sohn Aiman schmeißt. Schon die Fahrt zur Festlichkeit gerät zum Ereignis. Ohrenbetäubendes Hupen begleitet Mahmoud Al Zein, während er auf dem Trittbrett eines schweren SUV stehend durch die Berliner Straßen bollert. Die linke Hand in der Hosentasche, mit der rechten hält er sich oben an der Dachreling fest. Er hat ausnehmend gute Laune, trägt zur Feier des Tages einen Anzug mit Weste, Schlips und ein weißes Hemd. Vor und hinter ihm fahren die anderen Autos der Hochzeitsgesellschaft, der normale Verkehr kann nicht überholen, Polizei ist nirgends zu sehen. Irgendwann stoppt der Konvoi, der Clan-Chef springt von dem verchromten Trittbrett und tanzt ein paar Schritte über die Straße, dann geht es weiter in gemütlichem Tempo quer durch Berlin-Kreuzberg nach Neukölln. Es ist seine Straße, ach was, es ist seine Stadt.

Angekommen im Festsaal geht die Party erst richtig los. Arabische Musik erklingt, bei Dabke, einem orientalischen Folkloretanz, wird ausgiebig gefeiert. Mahmoud ist nicht nur der mächtigste Mann im Raum, er ist auch der ausgelassenste Tänzer. Wirft Kusshände in den Festsaal, singt und lässt seine Hüften kreisen. 400 Gästen feiern mit. So eine Hochzeit erlebt Berlin nicht alle Tage. So eine Hochzeit muss man sich aber auch leisten können. Dabei lebt Mahmoud Al Zein immer noch und schon immer von Sozialhilfe, Hartz IV, Arbeitslosengeld, wie auch immer die staatlichen Transferleistungen gerade offiziell heißen. Es ist das Jahr 2004. Noch läuft es für ihn und die Seinen.

Dass er sich unverwundbar fühlt, belegt auch ein »Protokoll der Abteilungsleiterrunde des LKA am 06.12.2004 TOP 1 LKA 4«. Darin heißt es: »Nach der Festnahme einer der Mittäterinnen erschien Mahmoud Al Zein gemeinsam mit vier Rechtsanwälten im Gewahrsam, um diese Frau abzuholen. In den Gesprächen wurde jeder Mitarbeiter der GE Ident ›kommentiert‹ und offensichtlich ein Personenregister (der Beamten) angelegt.«
    Als ginge Mahmoud Al Zein davon aus, sogar die Mitarbeiter des LKAs bedrohen und einschüchtern zu können.

Ein Jahr später ist für den Paten von Berlin trotzdem Schluss mit Macht und Partys und dicken Autos. In einer kleinen Nebenstraße liegt er vor einem Baum, blutend und fluchend. Um ihn herum die Staatsmacht in Sturmhauben.

Seine Angst vor dem Rechtsstaat und der Strafverfolgung ist offensichtlich nicht allzu groß gewesen. Und seine Vorsicht deshalb auch nicht. Obwohl auch er wie jeder Gangster zur Jahrtausendwende weiß, dass die Polizei immer versucht mitzuhören, hat er am Telefon relativ offen über das geredet, was er so treibt. In einer polizeideutsch »Telekommunikationsüberwachung« genannten TKÜ heißt es zum Beispiel:

»Der Angeschuldigte ging vor seiner Inhaftierung zwar keiner offiziellen Tätigkeit nach, berichtete einer seiner Freundinnen aber, er habe ›gestern Abend die Abrechnungen für die Läden‹ gemacht. Gegenüber einem ›Abu Ali‹ behauptete er ferner, er habe die Miete ›von zwei Monaten‹ für die Wohnung und den Laden seiner Freundin bezahlt, offenbar, damit dieser seine Schulden in Höhe von 8 000 Euro bei der Freundin begleiche.«

Außerdem laufen im Jahr 2004 zwei Ermittlungskomplexe gegen Mahmoud Al Zein, darunter ein Ermittlungsverfahren wegen Drogenhandels, betrieben von der »EG Haram«. »Ibn Haram« bedeutet »der mit allen Wassern Gewaschene«.

In dem anderen Fall hat die Abschiebetruppe der GE Ident noch Interesse an ihm. Zwar bürgerten die Türken den Clan-Boss offiziell aus, aber die Ermittler lassen trotzdem nicht locker.

Der Honecker-Anwalt und der Clan-Boss
Das vorläufige Ende seiner kriminellen Karriere tritt an einem Dienstag im April 2005 ein. Das SEK verhaftet Mahmoud Al Zein. Tatvorwurf: bandenmäßig organisierter internationaler

Schmuggel von Haschisch, Heroin und Kokain. Der 39-jährige König der Berliner Unterwelt war monatelang von der Ermittlungsgruppe »Haram« beschattet worden. In einer kleinen Seitenstraße im Berliner Süden schlagen die Beamten zu. Sie stoppen sein Auto, zertrümmern die Seitenscheiben des Kleinwagens und ziehen Mahmoud Al Zein durch die zersplitterten Restscherben nach draußen. Da liegt er nun und jammert, will wissen, was er denn gemacht hätte. Ein Zivilpolizist belehrt Mahmoud: »Sie sind vorläufig festgenommen, wir haben einen Haftbefehl. Sie haben das Recht, die Aussage zu verweigern.«

Im folgenden Prozess wird Al Zein von Rechtsanwalt Wolfgang Ziegler verteidigt, einem der besten Anwälte Berlins, der schon »Dagobert«, den Kaufhauserpresser, vor einem allzu langen Knastaufenthalt bewahrt hat. Den DDR-Staatsratsvorsitzenden und SED-Generalsekretär Erich Honecker prozessierte Ziegler in die Freiheit. Bei Mahmoud werden es am Ende »nur« vier Jahre und drei Monate. Schuldig gesprochen wegen Handeltreibens mit Betäubungsmitteln in nicht geringer Menge in drei Fällen, davon in zwei Fällen jeweils in Tateinheit mit unerlaubter Einfuhr von Betäubungsmitteln in nicht geringer Menge, wegen Beihilfe zum unerlaubten Handeltreiben mit Betäubungsmitteln in nicht geringer Menge in einem Fall sowie wegen Fahrens ohne Fahrerlaubnis in zwei Fällen.

Die Abschiebebestrebungen der deutschen Behörden sind damit noch nicht vom Tisch. Das Bundesministerium des Inneren berichtete am 24. Juni 2005 nach einem Gespräch mit dem türkischen Innenminister: »Eine durch Minister Aksu zugesagte Einzelfallprüfung hat mittlerweile ergeben, dass der Betroffene (Mahmoud Al Zein) tatsächlich im Jahr 2001 aus der türkischen Staatsangehörigkeit wegen Nichtableistung des Wehrdienstes ausgebürgert worden ist.«
Vor dem Amtsgericht Tiergarten muss sich Mahmoud Al

Zein 2007 auch noch dafür verantworten. In der Urteilsbegründung sagt Richter Wolfgang Jordan: »Sie sind nicht der Tischler Al Zein, sondern Mahmut Uça, Türke arabischer Herkunft. Ihr Tischlern beschränkt sich darauf, dem Vater beim Kistennageln geholfen zu haben!«

Im Namen des Volkes wird Mahmoud Al Zein wegen mittelbarer Falschbeurkundung und Urkundenfälschung zu zwei weiteren Jahren Haft verurteilt.

Nach seiner Haft zieht Mahmoud Al Zein nach Nordrhein-Westfalen. Auch da leben viele Al Zeins. In Berlin ist Mahmoud der Verfolgungsdruck durch die Behörden zu groß geworden. Trotzdem sind die Al Zeins noch gut in der Hauptstadt vertreten, werden den hier schon beschriebenen KaDeWe-Raub durchziehen, wegen eines Auftragsmordes vor Gericht stehen und bei vielen Gaunereien involviert sein.

DIE RAMMOS – EIN CLAN WIE AUS DEM BILDERBUCH DES LANDESKRIMINALAMTS

Am 27. April 2020 geht die Mutter des Clans auf ihre letzte Reise. Alie Rammo wurde 73 Jahre alt. Exakt um zehn Uhr tragen die engsten Angehörigen den Sarg aus Berlins größter Moschee. Hier wurde sie rituell gewaschen. Zu den Sargträgern gehört der zweitälteste Sohn Issa (52), das schillernde Oberhaupt der weitverzweigten Großfamilie. Hinter ihm geht sein Bruder Toufic (34), der bei einem Einbruch über zehn Millionen Beute gemacht hat. Auf der anderen Seite läuft Karim (36), Sohn Nummer zehn. Er ist eine Schlüsselfigur in dem Krimi um die 77 Immobilien, die von der Polizei beschlagnahmt wurden.

Ein schwarzer Mercedes bringt die Leiche dann zum Friedhof. Am Steuer sitzt Ashraf Rammo. Sohn Nummer neun. Er hat es von einem kleinen Kriminellen zu einem Geschäftsmann und Strippenzieher im Musikbusiness gebracht. Auch innerhalb des Clans ist er zu einem Wortführer aufgestiegen. Auf dem Beifahrersitz des Leichenwagens sitzt Adounise Rammo (43). Er trägt auch zur Beerdigung seiner Mutter noch Trainingshose, Camouflage und Turnschuhe. Auch Adounise hat schon viel Zeit im Gefängnis verbracht.

Zwölf Söhne und vier Töchter hat Alie Rammo geboren. Mittlerweile umfasst die Familie annähernd 100 Mitglieder. In Berlin gehört sie zu den mächtigsten Gruppierungen im kriminellen Milieu. Für die Polizei sind die Rammos einer der kriminellsten Clans überhaupt. »Das ist eine Einbrecher-Familie«, stellt ein altgedienter L K A -Ermittler nüchtern fest. Sie haben in den 35 Jahren seit der Einreise der Mutter Alie Rammo so unfassbar viele Straftaten begangen, dass man guten Gewissens behaupten kann, Kriminalität ist der feste Kern des Familienlebens. Wer sich durch Hunderte Ermittlungsberichte, Anklagen und Urteile gewühlt hat, kommt zu dem Ergebnis, dass bei den Rammos die Kriminalität über Generationen vererbt wird.

Natürlich gibt es auch positive Ausnahmen. Diese sind allerdings viel zu selten, um daraus die Hoffnung ableiten zu können, dass für den Rammo-Clan in Zukunft so etwas wie Integration möglich sein wird.

Auch wenn Issa Rammo, das aktuelle Oberhaupt des Clans, einiges unternimmt, um in der Öffentlichkeit einen gegenteiligen Eindruck zu hinterlassen. Dazu gehören auch Gespräche, die er ausnahmsweise mit Reportern führt. Das erste davon findet im April 2019 im Hotel Kempinski am Kurfürstendamm statt. Natürlich in der Raucher-Lounge. Woanders kann sich der Vater von 12 Kindern nicht entspannen.

Damals läuft es nicht für das Oberhaupt. Einer seiner Söhne sitzt in Untersuchungshaft. Unter Mordverdacht. Im Sommer 2018 wurden 77 Immobilien des Clans beschlagnahmt. Sogar Issas Residenz, die offiziell seinem Sohn gehört. Der sitzt auch im Gefängnis. Außerdem stehen drei seiner Neffen vor

Gericht, weil sie die Goldmünze aus dem Bode-Museum gestohlen haben sollen. Mittlerweile berichtet sogar das libanesische Fernsehen über die Machenschaften des Clans. Das schadet dem Ruf und den Geschäften. Also hat sich Issa Rammo entschlossen, medial in die Offensive zu gehen. Nur so ist das Treffen in dem Nobelhotel zu begreifen. Eine Chance, das Image aufzupolieren, hat er eigentlich nicht. Die Taten seiner Söhne, Brüder, Neffen und Cousins sprechen für sich. Aber in der Welt der Rammos gehört »unmöglich« nicht zum aktiven Wortschatz.

Issa Rammo schreitet langsam die Stufen zur Raucher-Lounge im Kempinski-Hotel herunter. Er bewegt sich wie in Zeitlupe. Nachdem er sich im Ledersessel niedergelassen hat, rückt er den Glasaschenbecher zurecht und legt die Marlboros auf den Tisch.

»Die Polizei weiß 50 Prozent. Issa Rammo weiß 101 Prozent«, sagt er. Er spricht sehr viel in der dritten Person über sich. Der Mann leidet nicht unter zu wenig Selbstbewusstsein. Issa leidet unter Bluthochdruck. Trotzdem raucht er Kette. Immer Marlboro Medium. »Nehmen Sie sich bitte«, sagt er. »Sie brauchen nicht zu fragen.«

Die tiefe Stimme ist leise, wie bei einem, der weiß, dass er nicht laut reden muss, um sich Gehör zu verschaffen. Sein Deutsch ist nach 35 Jahren immer noch eine Baustelle. Oft hadert er mit sich, wenn ihm Vokabeln nicht einfallen. Das schwache Wort gleicht er mit Charisma aus. Wenn er sein breites Lächeln mit den perfekten Zähnen aufsetzt, bilden sich tiefe Falten um die Augen und auf der Stirn. Sehr blaue Augen, dazu ein weiß-grauer Bart. Er hätte Schauspieler werden sollen. Spektakuläre Auftritte hat er bereits hingelegt. Seine Bühne ist vor allem das Berliner Landgericht. Aber auch das Kempinski eignet sich bestens dafür.

Nichts von dem, was Issa Rammo erzählt, muss der Wahrheit entsprechen. Das muss man immer im Hinterkopf haben.

Aber dies gilt nicht nur für ihn und nicht nur für den Rammo-Clan, sondern für fast alle Mhallami: Jede glitzernde Geschichte ist besser als eine stumpfe Wahrheit.

Bei Issa Rammo geht diese Wahrheit so: Im Jahr 1984 kommt er mit seinen Eltern Mohamed und Alie plus weiteren elf Geschwistern auf dem klassischen Weg nach Berlin. Dort wird die Familie noch um weitere vier Kinder wachsen. Der Asylantrag der Eltern wird abgelehnt. Dennoch dürfen sie als Geduldete bleiben. Laut Unterlagen der Berliner Polizei stammt Issas Vater Mohamed aus dem Dorf Üçkavak in Südanatolien, wie viele andere Mhallami der ersten Generation. Issa behauptet dagegen, sein Vater sei in Beirut geboren, aber Issa und die Berliner Polizei liegen in ihren Aussagen oft sehr weit auseinander.

Er selbst und die meisten seiner Geschwister kommen dagegen gesichert aus dem Libanon. Fünf Jahre nach der Flucht in den Westen stirbt Vater Mohamed in Berlin. Zu diesem Zeitpunkt ist sein jüngster Sohn gerade einmal acht Monate alt. Die Familie lebt damals in der Siegfriedstraße in Neukölln. Daran können sich einige Anwohner wahrscheinlich noch sehr gut erinnern. Die Mutter ist nicht in der Lage, ihre zwölf Söhne zu bändigen. Jeder von ihnen macht, was er will.

Issa erinnert sich anders an die Anfangsjahre in Berlin. Über Kriminalität und seine Brüder redet er nicht so gerne. »Ich war der schönste Mann auf dem Ku'damm. Alle Frauen haben sich nach mir umgedreht«, erzählt er. Ein Friedensstifter war er angeblich auch: »Ich habe schon oft vermittelt und viele Leben gerettet.« Überprüfen lassen sich solche Aussagen nicht. Unbestritten ist aber, dass er über ein enormes Netzwerk verfügt und dass es wenige Menschen gibt, die in der Szene mehr Einfluss besitzen. »Er ist das Oberhaupt«, sagt ein Polizist, der anonym bleiben soll, aber es wissen muss. »Derjenige, auf den die ganze Familie hört.«

Aus einer Übersicht der Polizei geht hervor, dass Issa und seine Geschwister 85 Kinder gezeugt haben. So zeigt es ein

Schaubild, das die Beamten 2015 gefertigt haben. Mittlerweile ist die Zahl wahrscheinlich dreistellig.

Insgesamt fällt die Familie bereits Anfang der 90er-Jahre durch extreme Straftaten auf. Issas Bruder Adounise gerät beispielsweise im Juli 1992 mit einem Kellner aneinander, weil der Rammo-Spross sein Fahrrad in der Gaststätte abstellen will. Fahrräder im Restaurant gehen nicht. Allein diese Aussage genügt, damit Adounise wutentbrannt das Lokal verlässt, nicht ohne anzukündigen, dass er später wiederkommen und es zertrümmern wird. Tatsächlich taucht er kurze Zeit später mit seinen Bruder Najdat und einem scharfen Revolver wieder auf. Die beiden zerschießen die Fensterscheiben und ballern zweimal in das Lokal. Da ist Adounise gerade einmal 15 Jahre alt. Najdat nur drei Jahre älter.

Die beiden Brüder sind damals schon als Diebe und Einbrecher unterwegs. Später begehen sie zusammen mit zwei weiteren Brüdern eine ganze Serie von Einbrüchen und werden dabei gefasst. Adounise wird zu sieben Jahren Haft verurteilt. Auch einer seiner Söhne ist aktuell eines der auffälligsten Kinder in ganz Neukölln. Als Neunjähriger steckt er einen Mitschüler auf der Schultoilette mit dem Kopf in die vollgekotete Schüssel.

Bei vielen jugendlichen Straftätern wächst sich Kriminalität irgendwann aus. Das scheint für die Rammos allerdings nicht zu gelten. Najdat wird 1991 das erste Mal wegen Diebstahls verurteilt. Das letzte Mal steht er 2018 vor einem Richter. Die Polizei hat in seinem cremefarbenen Bademantel eine halbautomatische Pistole Norinco NP 17 gefunden. In seinem Bundeszentralregister stehen 17 Einträge.

Auch die nächste Generation ist schon lange dabei. Von Issas Söhnen steht Mussa (Sohn Nummer sechs) seit seinem 16. Lebensjahr auf einer Liste mit Intensivtätern, die sich auf der Straße mit Gewalt das holen, was sie von anderen Leuten haben wollen. Wer zehn solcher Delikte in einem Jahr vorweisen kann, landet dort und bekommt beim Kriminalkommissariat 32 in der Polizeidirektion 5 (zuständig für Neukölln) einen festen Ansprechpartner. Die jungen Täter sollen spüren, dass der Staat sie ganz genau im Blick hat. Die Kriminalität soll sich nicht verfestigen.

Das hat bei Mussa nicht geklappt. Anfang 2017 steht er zusammen mit seinem zweitältesten Bruder Jusuf vor Gericht. Die Neuköllner Kripo hatte monatelang gegen die Brüder ermittelt. Die Liste ihrer Straftaten ist ebenfalls lang:

Zum Beispiel hat der Jüngere bei ihren nächtlichen Beutetouren fremde Autokennzeichen abgeschraubt, um damit auf der Flucht das eigene Fahrzeug zu tarnen. Beim Tanken haben sie das Bezahlen zu 100 Prozent vernachlässigt. An einer Tankstelle war ihr Transporter bereits bekannt, so dass die Zapfsäule gesperrt wurde, als Mussa ein zweites Mal nachfüllen wollte. Eingebrochen ist das Duo vor allem in Geschäfte im Gewerbegebiet. Interessant ist ihre Beute: Neben Handys und Zigaretten klauen die Rammos vor allem Sofas, Matratzen, Bettwäsche, Kissen, Teppiche und ganze Betten. Möbel stehen in der Favoritenliste von Einbrechern normalerweise nicht besonders weit oben, weil Fliehen damit mühsam ist und Abnehmer der Beute auch nicht gerade Schlange stehen. Allerdings betreiben damals ein Onkel und ein Cousin jeweils eine Flüchtlingsunterkunft, der es an Mobiliar mangelt. Ob das ungewöhnliche Diebesgut tatsächlich dafür gedacht ist, wird allerdings nie geklärt, weil die Polizei bei mehreren Razzien die Beute in der familieneigenen Villa im Berliner Süden schon vorher sicherstellt. Zum Abtransport benötigten die Beamten einen LKW.

Beim Prozess am Landgericht wirken die Brüder trotzdem nicht wie gefährliche Serien-Einbrecher. Jusuf sieht mit seinen blonden Locken und dem Tweed-Sakko, das er trägt, eher aus wie ein Schüler eines englischen Elite-Internats.

Obwohl Vater Issa Rammo als Zuschauer anwesend ist, sagt er: »Was habe ich mit meiner Familie zu tun. Ich bitte Sie, wenn deine Sohn Scheiße baut, oder deine Cousin Scheiße baut, was geht Sie das an. Taucht immer nur auf mein Name. Ich bitte Sie, lasst mich in Ruhe.«

Auch beim Treffen im Kempinski-Hotel weicht er solchen Fragen aus. Er erzählt dann meistens schnell eine Geschichte. Beispielsweise dass ihm ganz Deutschland dankbar sein müsse, weil er einmal den Kölner Dom gerettet habe. Angeblich wollten Islamisten das Gotteshaus in die Luft sprengen und er habe das verhindert, weil er die Terrorzelle an die Polizei verraten habe. »Steht alles in den Akten. Bei Herrn Hoffmann«, sagt er.

Konkrete Nachfragen ignoriert er allerdings lieber: Wann das passiert sei? Und für welche Behörde dieser Herr Hoffmann eigentlich arbeiten würde? »Ich schreibe ein Buch«, erklärt Issa Rammo. »Mit alles drin. Außerdem mach' ich Interview bei CNN.« Issa Rammo hat schon immer größer gedacht als andere.

Nicht alle seiner Söhne sind allerdings auffällig kriminell. Einer studiert beispielsweise an der Technischen Universität. Wenn es nach dem Oberhaupt geht, steigt dieser Spross mal in die Politik ein. Tatsächlich ist der Sohn bereits auf einer Veranstaltung der SPD in Neukölln aufgetreten. Es war nur eine kurze Rede. Ihr Tenor: Ich gehöre zu der bekannten Großfamilie. Aber nicht alle von uns sind kriminell. Sein ältester Bruder hat den Auftritt in den sozialen Netzwerken gepostet.

Für einen szenekundigen Beamten der Polizei ist der Student allerdings nicht mehr als eine bürgerliche Fassade: »Der ist genau wie die anderen«, sagt er. Im Polizeicomputer taucht er sogar als Einbrecher auf. Allerdings nur als Tatverdächtiger. Nicht als Verurteilter.

Für den szenekundigen Polizisten, der jahrelang gegen arabische Clans ermittelt hat, ist es schlicht nicht vorstellbar, dass ein Rammo als Politiker nicht zuallererst die Interessen der Rammos vertritt.

Das ist für viele Polizisten geradezu ein Schreckensszenario.

»Wenn diese Leute irgendwann einmal politische Macht haben, können wir einpacken«, sagt der Ermittler. Ein Rammo in der Politik, bei der Polizei oder in der öffentlichen Verwaltung sei per se ein Risiko, so die Haltung. Natürlich macht es das gerade für junge Männer nicht einfacher, sich aus dem kriminellen Umfeld zu lösen und einen bürgerlichen Weg zu gehen.

Es ist ein echtes Dilemma. Auf der einen Seite überlegen es sich Arbeitgeber und Vermieter dreimal, bevor sie einem Menschen mit dem Nachnamen Miri, Omeirat, Rammo oder Al Zein vertrauen. Und andererseits ist Integration die einzige Möglichkeit für eine nachhaltige Befriedung der Situation. An dem Dilemma tragen die Clans allerdings die größte Schuld. Und ganz besonders tragen die Rammos.

Für die Berliner Polizei beginnt deren Geschichte nicht mit ihrer Einreise in den 80er-Jahren. Sondern schon 100 Jahre früher. 1873 wird ein Mann mit dem Nachnamen Gökalp in Kurdistan geboren, das damals zum riesigen Osmanischen Reich gehört. Sein Vorname ist nicht bekannt. Er und seine ein Jahr jüngere Frau sind die Urgroßeltern von Issa Rammo. Recherchiert hat diese Daten die Ermittlungsgruppe »Ident« des LKA mit dem Ziel, die Abschiebung der Rammos zu organisieren. Hat nur bei einem kleinen Zweig der Familie geklappt. Nicht aber bei Alie Rammo und ihren Kindern.

Damals hat die Polizei einen Stammbaum erstellt, für den man sich Zeit nehmen muss. Die Urgroßeltern haben derart viele Nachkommen, dass man fast zwangsläufig den Überblick verliert. Sieben Familienzweige ließen sich identifizieren, die alle in Berlin leben. Issa und seine Brüder sind auf diesem Stammbaum der Zweig Nummer eins. Allerdings wachsen einzelne Zweige an einzelnen Stellen wieder zusammen. Auch die Rammos heiraten gerne und häufig untereinander. Grob geschätzt umfasst der gesamte Rammo-Clan allein in Berlin 1000 Angehörige.

Auch Issa Rammo ist mit einer Cousine zweiten Grades verheiratet. Glücklich ist er mit dieser Tradition nicht. »Das ist die größte Scheiße«, sagt er im Kempinski und macht auch keinen Hehl daraus, dass er eine feste Freundin außerhalb des Clans hat. »Sie ist meine große Liebe. Sie versteht mich.«

Es ist der Teil des zweistündigen Gesprächs, den man ihm am ehesten abkauft. Seine Söhne sollen sich selbst Frauen suchen, sagt Issa. Nicht der Clan. Nach allem, was bekannt ist, ist noch keiner seiner Söhne verheiratet. Der Älteste ist fast 30. In dem Alter hatte Issa bereits fünf Kinder.

Von den sieben Rammo-Ablegern aus dem Stammbaum sind bei der Berliner Polizei alle schon aktenkundig. Vor allem der zweite Familienzweig. Ein Sohn ist der stadtbekannte Abdulkadir Osman, der seine Nachbarn in Spandau terrorisiert und der das gesammelte Geld für Nidal Rabih unterschlagen hat. Von seiner Mutter, die weitere 16 Kinder hat, stammt der legendäre Satz: »Knast macht Männer.« Im Oktober 2019 überwältigt ein Spezialeinsatzkommando drei andere Brüder in einem Porsche Panamera im Stadtteil Charlottenburg. Die offiziell Asylsuchenden stehen im Verdacht, von einer Shisha-Bar Schutzgeld erpresst zu haben.

Schwerste Straftaten gehen auch auf das Konto von Familienzweig Nummer drei. Diese Familie reiste bereits Ende der 70er-Jahre aus dem Libanon ein. Laut Gerichtsakten musste sie ihre Heimat verlassen, weil der Vater einen Kontrahenten getötet hatte. Danach fürchtete der Mann die Blutrache. Die Angewohnheit, zwischenmenschliche Probleme mit Blei zu lösen, hat der Vater offensichtlich vererbt. Zumindest an vier seiner zehn Kinder. Im Oktober 1992 streitet sich der älteste Sohn Hassan mit zwei Männern aus dem ehemaligen Jugoslawien in einer Pizzeria in Berlin-Charlottenburg. Das Blut wird sehr heiß, wie man bei den Clans sagt, und Hassan droht: »Wir werden sehen, wer von uns am Leben bleibt.« Zusammen mit seinem Bruder Hussein marschiert er morgens um 4.20 Uhr in ein Lokal, in dem er die beiden Jugoslawen vermutet. Zuerst feuert Hassan in die Decke. Dann richtet er einen der Gegner mit fünf Schüssen hin. Der andere überlebt mit einem Steckschuss im linken Bein. Bruder Hussein steht währenddessen mit einer Pumpgun Maverick in der Tür und sichert die Tat ab. Danach flüchten die Brüder in den Libanon, wo Hassan bis heute lebt. Seine Frau und er sind ebenfalls Schlüsselfiguren in den aktuellen Finanzermittlungen, bei denen die Polizei 77 Immobilien beschlagnahmt hat.

Zwei weitere Brüder der Großfamilie feuern 1997 mit Maschinenpistolen auf das Musikcafé Sandalo im Berliner Wedding. Im Prozess lassen sie durch ihre Anwälte erklären, sie hätten sich über eine Kellnerin geärgert. Für die Staatsanwaltschaft geht es um Drogengeschäfte.

In der riesigen Übersicht listete die Ermittlungsgruppe »Ident« auch einen Ableger des Clans auf, der in Rotenburg nahe Bremen wohnt. Offenbar reist der Familienzweig auch gerne mal in die Hauptstadt für einen »Großeinkauf«. Am 25. Januar 2009 brechen drei Täter ins luxuriöse Kaufhaus KaDeWe ein, tricksen die Bewegungsmelder aus und seilen sich im Inneren des Shoppingtempels ab. Sie stehlen Rolex-Armbanduhren im Wert von 2,5 Millionen Euro. Die Polizei findet später am Tatort einen Handschuh mit einer DNA. Die Spur führt zum Rammo-Zweig nach Rotenburg, wo ein Berliner Einsatzkommando zwei Brüder in einer Spielothek verhaftet. Allerdings haben die Fahnder ein Problem. Die gefundene DNA gibt es zweimal – die Brüder sind eineiige Zwillinge. Das Dilemma ist jetzt: Ein Richter würde Bruder A freisprechen müssen, weil es auch B hätte sein können. Und umgekehrt. Am Ende stellt die Staatsanwaltschaft ihre Ermittlungen ein. Mit knirschenden Zähnen.

Ein Mann wird mit Baseballschlägern ermordet

Ein DNA-Treffer soll auch als Beweis in einem Mord im Rammo-Umfeld, der am 17. Mai 2017 um 7.52 Uhr passiert, dienen. Es ist eine extrem brutale Tat: Das Opfer Ali Omeirate sieht aus, als hätte ihn ein LKW überfahren. Es waren aber nur Baseballschläger, die »groteske Verformungen der Schädel- und Gesichtskonturen« verursachten, wie der Gerichtsmediziner in seinem Bericht festhält. Auch Oberstaatsanwalt Ralph Knispel ist bei der Obduktion anwesend. Er wird später sagen: »So eine Leiche habe ich in 27 Berufsjahren nicht gesehen.« In der Hosentasche des Opfers findet die Polizei eine DNA-Spur. Sie gehört Ismail Rammo – Sohn Nummer fünf von Issa Rammo. Ismail wird im Oktober 2017 verhaftet. Auch sein Vater Issa landet kurz im Untersuchungsgefängnis.

Zuvor ist Folgendes passiert: Ali Omeirate verlässt am 17. Mai 2017 um 7.30 Uhr seine Wohnung im Berliner Stadtteil Britz. Er fährt zwei Söhne in einem grünen Ford Focus zur Schule. Zwanzig Minuten später parkt er das Auto wieder vor dem ockergelben Mehrfamilienhaus.

In diesem Haus lebt Omeirate mit seiner deutschen Freundin, das Paar hat drei Kinder. Mit seiner geschiedenen arabischen Ehefrau hat er weitere fünf. Offiziell lebt er von Hartz IV. Trotzdem verfügt er über genügend Geld, um 128 000 Euro zu verleihen. So steht es auf einem karierten Zettel, den ausgerechnet Issa Rammo unterzeichnet hat:

»Hier mit Bestätige ich ISSA Rammo Geboren … ..67 Das ich Ali Omairat 128 000 € zurück zahlen muss.«

Dieser Schuldschein ist das wichtigste Dokument im Mordprozess: Er gibt Einblick in die tiefe Fehde zwischen Ali Omeirate und Issa Rammo.

Der Krieg zwischen den beiden beginnt schon im Jahr 2012. Offiziell kauft damals Issas Sohn Jusuf für 200 000 Euro eine runtergekommene Villa im Berliner Süden. Hinter dem Kauf steckt aber der Vater. Issa Rammo führt die Gespräche. Er taucht in Jogginghose beim Makler auf und bittet um Barzahlung. Das wird abgelehnt. Der Sohn ist erst beim Notar dabei, als der Kaufvertrag unterschrieben wird. Offenbar brauchen die Rammos die 128 000 Euro für den Kauf der Villa. Das steht jedenfalls im Schuldschein. Später gibt es Probleme mit der Rückzahlung. Ali will sich einen Anwalt nehmen und Issa vor Gericht zerren. Ali Omeirate sieht sich bis dahin als »stiller Teilhaber« dieser Villa. Das geht aus einem abgehörten Telefonat hervor.

Dass eine Figur aus der arabischen Parallelwelt den deutschen Staat anrufen will, ist äußerst ungewöhnlich, verletzt die Tradition und kratzt an der Familienehre. Ein Zeuge aus der Omeirate-Familie berichtet später, dass sich die beiden Streithähne in einer Moschee in Kreuzberg gegenseitig provozierten. Ohne Worte. Nur mit Blicken. Bei Facebook taucht eine Seite mit dem Profilnamen »Issa Hare Eiri Rammo« auf. Das arabische Wort »Eiri« bedeutet »Pimmel« oder »Schwanz«. Auf der Seite sind Fotomontagen von Issa und seinen Söhnen zu sehen. Mal guckt eine Person aus einer Toilette, mal ist ein Kopf auf einen Frauenkörper montiert. Danach ist jede Versöhnung ausgeschlossen. Ob Ali Omeirate es war, der diese Provokationen im Internet abgeladen hat, wird aber nie geklärt.

Als Ali Omeirate dann am 17. Mai 2017 aus seinem Ford Focus steigt, beobachten Zeugen zwei Täter. Einer drischt mit einem Baseballschläger auf das Opfer ein. Nach der Tat greift einer in die Hosentasche des Opfers. Vermutlich auf der Suche nach dem Schuldschein. Dabei hinterlässt er seine DNA. So die Theorie des Staatsanwalts.

Der Prozess gegen den Rammo-Spross Ismail ist typisch für die arabischen Clans. Wie immer haben viele Zeugen Probleme, sich zu erinnern. Auch die Opfer-Familie klärt nicht auf, sondern produziert neue Widersprüche. Es kommt heraus, dass nach der Tat über 30 000 Euro an die Omeirats geflossen sind.

Angeblich die Restschuld der 128 000 Euro. Selbstverständlich kein Schweigegeld. So sagt es ein Zeuge.

Auch Issas Sohn Nummer sieben muss in den Zeugenstand. Er ist 14 Jahre alt und soll die Billig-Handys gekauft haben, mit denen die Mörder am Tatort kommunizierten.

Der Richter fragt: »Sie gehen mit 14 Jahren ja sicherlich noch zur Schule.«

Sohn Nummer sieben: »Nein.«

Richter: »Ach, dann machen Sie schon eine Ausbildung?«

Sohn Nummer sieben: »Nein.«

Richter: »Dann machen Sie irgendetwas anderes?«

Sohn: »Nein.«

Unbeschulbar, für den Regelunterricht nicht geeignet, heißt das bei den Behörden.

Vater Issa Rammo sitzt fast immer als Beobachter im Gericht. In einer Prozesspause bricht es vor dem Landgericht auf der Straße aus ihm heraus, angeblich seien das Opfer Ali Omeirate und er ganz dicke Tinte: »Er war mein bester Freund. Er war mein bester Freund, Mensch. Isch habe ihn nicht umgebracht.« Halb fauchend, halb flehend, mit zitternder Unterlippe und traurigem Blick. Wäre es beim Vorsprechen für einen Film gewesen, er hätte mit Sicherheit die Hauptrolle gekriegt.

Sein emotionaler Auftritt löst Diskussionen in der Großfamilie aus. Gerade sein Bruder Ashraf soll ihn schwer kritisiert haben. Ashraf kann schlechte Presse nicht mehr gebrauchen. Der gelockte Schönling verkehrt mittlerweile in Kreisen, wo man die Neuköllner Herkunft besser nicht zu detailliert erwähnt. Auch Ashraf hat als Einbrecher und Räuber zunächst die typische Rammo-Ausbildung genossen. Dann aber nutzt er Ruf und Klang seines Clans, um in der Hip-Hop-Szene zu reüssieren. Mittlerweile kümmert er sich seit über zehn Jahren um Rapper »Massiv« – sicherlich nicht zu seinem finanziellen Nachteil.

Massiv schreibt sogar einen Song über seinen arabischen Schatten. Titel: »Ashraf Rammo – Berlins Marlon Brando.«

Noch wichtiger für Ashraf ist, dass der Musiker ihm etliche Türen aufschließt. Kitzbühel statt Neukölln. Auch die Boulevardpresse berichtet jetzt über ihn, weil er öffentlich mit Playmates knutscht, die heute keiner mehr kennt. Aktuell betreibt er eine der angesagtesten Shisha-Bars in Berlin. Zu den Gästen gehören auch prominente Fußballer wie Mesut Özil, Antonio Rüdiger oder Jérôme Boateng.

Ich bin ein Berliner

Im Juni 2019 sitzt Issa Rammo während einer Verhandlungspause mit seinem ältesten Sohn und zwei weiteren Verwandten in einem Café gegenüber dem Berliner Landgericht. Am Nachbartisch genießt ein Oberstaatsanwalt auf seinem Stammplatz die Sonne und raucht eine Benson & Hedges. Als sich SPIEGEL TV spontan zu den Rammos setzt, ist die Stimmung ziemlich feindselig: »Ihr berichtet nur Lügen«, schimpft der Älteste. Ein Verwandter sagt: »Wegen euch können unsere Kinder nicht mehr in die Schule gehen.«

Es dauert ungefähr fünf Minuten, bis das Blut wieder etwas ruhiger pulsiert. Mit Issa folgt ein Gespräch, das wie das erste Treffen im Kempinski-Hotel ungefähr zwei Stunden dauert. Viel Neues erzählt er nicht. Wieder geht es um Herrn Hoffmann und den Anschlag gegen den Kölner Dom. Deshalb könne er sich auch nicht mehr im Libanon blicken lassen, weil der IS dort auf ihn warte. »Schreib das«, sagt er immer mal wieder zwischendurch. Ach ja, und die »wahre« Geschichte über die Omeirates. Die auch. Die Mutter müsse ihm nämlich dankbar sein, weil er ihre Tochter gerettet habe. Das Mädchen sollte sterben, weil sie den falschen Freund hatte.

»Issa hat es geklärt«. Sagt Issa.

Am Ende des Gesprächs noch ein großer Auftritt: Er entblößt seinen Brustkorb und zeigt ein Tattoo. Es ist ein Deutschland-Adler in Schwarz-Rot-Gold. Darüber steht: Ich bin ein Berliner.

Am 17. Juli 2019 endet der Prozess gegen seinen Sohn Ismail. Der Angeklagte hat bis zum Urteil in Untersuchungshaft gesessen. Normalerweise ist das ein deutliches Zeichen, dass ihn die Richter für schuldig halten. Von den Beweisen ist allerdings nur die DNA übrig geblieben. Es ist eine Mischspur, was bedeutet, dass Genmaterial von mehreren Menschen gefunden wurde. Die dominanteste Komponente stammt vom Opfer selbst. Ismail ist ein »Nebenspurenverursacher«. Der Gutachter hat aber noch andere Spuren gefunden, die noch schwächer ausgeprägt sind. Issa Rammo wartet vor dem Saal, als der Richter das Urteil verkündet. Er schwimmt im Adrenalin. Der Richter sagt: »Der Angeklagte ist freizusprechen.« Die Mischspur ist für die Strafkammer nicht eindeutig genug.

Was jetzt normalerweise bei Gericht folgt, ist die Urteilsbegründung. Doch nun will ein anderer seine Meinung kundtun.

Issa Rammo schiebt sich in den Saal. Immer noch unter Volldampf. Er schnauft. Er zittert. Ein nervlicher Havarist. Dann sieht er Oberstaatsanwalt Ralph Knispel, und alle Hemmungen fallen. Issa Rammo pöbelt los, und niemand kann das schwallende Clan-Oberhaupt stoppen. Nicht der Richter (»das wird Konsequenzen haben«), nicht die Wachtmeister, nicht seine Söhne. Seine Tiraden gegen den Oberstaatsanwalt sind noch draußen auf dem Gang durch die dicke Holztür deutlich zu hören: »Ich küsse diese Erde. Ich habe Respekt vor dieses Land. Aber vor dich absolut gar nicht.« Erst nach Minuten schafft es eine Phalanx aus Söhnen und Wachtmeistern, den verbalen Amokläufer wieder aus dem Gerichtssaal zu schieben.

Etwas Kontrolle über sich selbst verschafft ihm erst eine Marlboro auf der Straße. Angezündet hatte er sich die Kippe noch im Gebäude. Eine Botschaft will er dort noch loswerden. Gerichtet an die V-Männer, die in den Ermittlungsakten auftauchen und der Polizei Infos über seinen Clan geliefert haben: »Ihr Araber, ich kenne euch. Ich ficke eure Schwestern.«

DIE ABOU-CHAKERS UND GESCHÄFTE AUF DEM STRASSENSTRICH

Der Name »Abou-Chaker« muss in Deutschland eigentlich nicht mehr erläutert werden. Kein arabischer Clan ist derart bekannt geworden, weit über die Grenzen seines eigenen Milieus hinaus. Zu verdanken haben das die Abou-Chakers ihrer weiter vorne beschriebenen Verbindung zu Bushido, der eine Zeit lang Deutschlands erfolgreichster Hip-Hop-Musiker war und der sich über den Clan etwas Gangster-Glaubwürdigkeit borgen wollte. Vielleicht war es auch umgekehrt, und der Clan hat sich Bushido als eine Art Geldesel gehalten, der sie zusätzlich mit Reputation und gesellschaftlicher Bedeutung versorgte. Mittlerweile ist es ruhiger geworden um Bushido, und zwischen ihm und dem Clan herrscht Krieg. Mit ungewissem Ausgang.

Sicher ist nur, dass die Abou-Chakers durch diese Verbindung in Deutschland zu einem Synonym für »kriminelle Clans« geworden sind. Dabei ist die Familie im Vergleich zu den Rammos, Al Zeins oder Miris eher ein Zwerg. Ein David, der sich mit Cleverness, Entschlossenheit und Brutalität gegen die Goliaths in Berlin behauptet. Die Abou-Chakers können nicht nur Gosse, sondern auch Glamour. Keinem anderen Clan ist es gelungen, sich ein solch respektables und schillerndes Netzwerk aufzubauen, das vermutlich bis in den Bundestag reicht.

Für die Polizei sind die »ABCs«, so ihr behördeninterner Spitzname, schon seit vielen Jahren eine echte Hausnummer. Lange bevor Bushido zum singenden Geldautomaten für die Familie avancierte.

Ursprünglich stammt die Familie Abou-Chaker aus Palästina. Nach der Gründung des Staates Israel wird sie vertrieben – »Nakba« (zu Deutsch: Katastrophe oder Unglück) sagen die Palästinenser zu ihrer Flucht. Nasser und der zweitälteste Bruder Ali werden in einem Dauerlager in der Stadt Baalbek im Libanon geboren, weshalb sie oft als Libanesen bezeichnet werden. Mitte der 70er-Jahre kommt die Familie nach Berlin. Arafat ist der erste Sohn der Familie, der in Deutschland geboren wird. 1976 im Urban-Krankenhaus in Kreuzberg.

Spätestens zur Jahrtausendwende hat der Name Abou-Chaker dann in der Berliner Schattenwelt einen derart »überzeugenden« Ruf, dass sich damit gutes Geld verdienen lässt.

50 000 Euro und ein Herrenhalbschuh

2000/2001 ermittelt das LKA intensiv gegen den ältesten Sohn Nasser Abou-Chaker und seinen Kumpel Izeldin E., der in der Szene nur »Iso« genannt wird. Die Arbeitshypothese der Polizei ist: Nasser und Iso haben sich im Rotlichtmilieu die Stellung einer »Schutzmacht« erkämpft. Das heißt: Zuhälter und Betreiber von Bordellen und Diskotheken bezahlen die Abou-Chakers dafür, von ihnen in Ruhe gelassen zu werden.

Wie das funktioniert, erzählt im Herbst 2000 ein Ostberliner Diskothekenbetreiber der Polizei. Kurz nach der Eröffnung seines Lokals war Nasser Abou-Chaker bei ihm aufgetaucht und hatte gefragt, warum er denn nicht die Erlaubnis zur Eröffnung des Betriebs bei ihm eingeholt habe. Schließlich habe Nasser Kriege geführt für seinen Einfluss im Ostteil der Stadt. Offenbar glauben die Abou-Chakers schon damals, das inoffizielle Ordnungsamt des Berliner Nachtlebens zu sein.

Monatelang überwachen die Fahnder deshalb Nassers Telefon. Sein Partner »Iso« kann zweitweise nicht »geklemmt« werden, wie es im Polizeijargon heißt, weil dem LKA die Kapazitäten fehlen. Genügend Beweise erbringt die Überwachung nicht, weshalb die Ermittlungen wieder eingestellt werden müssen. Zeugen, die gegen den Clan aussagen, finden sich sowieso nicht. Auch der Discobetreiber will auf keinen Fall in den Akten auftauchen. »Nasser kennt meine Privatadresse«, sagt der Geschäftsmann nur.

Besser läuft es für die Polizei dann allerdings ein paar Jahre später bei René Fenske. Fenske kommt aus Schwerin und ist ein 40-jähriger Schönling mit blonden, zurückgegelten Haaren, riesigen Tattoos und dicken Muskeln. Seine freie Zeit verbringt er im Fitnessstudio, im Solarium oder im Internet. Eigentlich ist er arbeitslos. Das Geld für zwei Autos, ein Motorrad und den opulenten Lebensstil verdienen seine Frauen für ihn. Er hat mehrere an der Hand. Nachschub besorgt er sich gerne über das damals beliebte Online-Flirtportal iLove. Seine dortige Selbstauskunft liest sich so:

Frage: Was ist dir besonders wichtig in einer Beziehung?

Fenske: Sicherheit.

Frage: Was schätzen andere an dir?

Fenske: Dass mein Telefon und meine Klingel nie aus sind. … egal wie spät es ist!!

Frage: Magst du Tiere?

Fenske: Na klaro … manchmal sind sie die besten Freunde.

Frage: Möchtest du eine Familie und Kinder?

Fenske: Mit der Richtigen … na klaro … aber alles zu seiner Zeit.

Frage: Jeder Mensch hat einen Traum. Was ist deiner?

Fenske: Mit meiner Corvette durch Florida fahren und dort ein Café eröffnen!!

Die Masche mit dem tätowierten, tierliebenden Träumer funktioniert bestens, um neues Personal zu rekrutieren, das seinen Lebensstil finanziert.

Am Anfang umgarnt er die Frauen mit kleinen Geschenken und großer Aufmerksamkeit, bis sie emotional von ihm abhängig sind. »Poussieren« heißt das in seiner Szene. Im Winter 2006/2007 zum Beispiel bringt er das bei einer jungen Frau aus Brandenburg zur Anwendung, die fast 20 Jahre jünger ist. Bereits kurze Zeit später steht sie auf dem Straßenstrich an der Westberliner Kurfürstenstraße und verkauft ihren Körper. Sie will ihrem Prinzen gefallen und sehnt sich nach Sex mit ihm.

Dafür muss sie sich allerdings fremden Männern anbieten. Montag bis Donnertag von 20 bis 2 Uhr und am Wochenende von 21 bis 3 Uhr. Wenn sie sich anstrengt, belohnt sie der Angebetete mit einem Schäferstündchen.

Fenske ist aber mehr als nur ein Zuhälter in Berlin-Schöneberg. Er ist der Ober-Lude, der die »Straße macht«, wie man in der Szene sagt. Er treibt die Standgelder ein. Jede Frau muss täglich 30 Euro dafür bezahlen, dass sie in Fenskes Hoheitsgebiet stehen darf. Tagsüber gehört die Straße der Stadt Berlin, die sie reinigt und bei Bedarf ausbessert. Nachts gehört sie Fenske. Allerdings hat auch er einen Vorgesetzten, denn für sein Business braucht es Schutz gegen alle, die ihm den Platz streitig machen. Fenske fehlt der »Rücken«, wie man in der Schattenwelt sagt. Wen soll er rufen, wenn es Stress gibt? Der Zuhälter hat weder eine große Familie noch gehört er einer Rockergruppe wie den Hells Angels an. Für kriminelle Gruppen wäre es leicht, ein paar Schläger vorbeizuschicken. Weil Fenske das weiß, sucht er Kontakt zu dem Mann, der aus seiner Sicht den stärksten »Rücken« hat: Nasser Abou-Chaker. In einem Interview mit SPIEGEL TV erzählt Fenske einmal, warum er diese Geschäftsverbindung forciert hat: »Nasser ist bekannt dafür, dass er das meiste Sagen hier in diesem Gebiet in Schöneberg hat. Um einfach die gewisse Rückendeckung zu haben, habe ich mich an ihn gewandt. So kam der Deal zustande. 50 Prozent an die Familie. 50 Prozent für mich.«

Ungefähr 2500 Euro monatlich kassiert der Schutzheilige Abou-Chaker von ihm, so erinnert sich Fenske später im Interview. Natürlich steuerfrei. Einmal im Monat bringt Fenske mit seinem Chevrolet Camaro das Geld im Café Al Bustan vorbei. Als Gegenleistung darf er den Namen »Abou-Chaker« benutzen, wenn es Probleme auf der Kurfürstenstraße gibt. Und wenn das noch nicht hilft, ruft er seinen Patron an und reicht das Telefon an den Stressmacher weiter. Spätestens dann herrscht wieder Ruhe.

Das Al Bustan ist damals die Zentrale der Abou-Chakers. Die Polizei würde das Café gerne abhören. Für sie ist dieses Lokal die Zentrale der arabischen Unterwelt in Berlin. Leider sind ihr da die Hände gebunden. Offiziell gehört die Gaststätte dem Katzbach Treffpunkt e. V.. Dieser Verein kümmert sich angeblich um Jugendliche und Erwachsene, die ihre Freizeit (»Internet, Bücher und Zeitschriften«) sinnvoll gestalten wollen. Eine Heimstätte zur »Förderung sozialer und kultureller Arbeit«. Laut Register des Amtsgerichts ist der Maler Nasser Abou-Chaker der erste Vorsitzende.

Das Schöne an Vereinen und ihren Treffpunkten ist, dass es für die Polizei nahezu unmöglich ist, eine richterliche Zustimmung zum Mithören zu bekommen. So leicht lässt sich dem LKA der Mittelfinger zeigen. Als das Al Bustan noch ein Café war und kein Vereinslokal, war der Ort eine Pflichtadresse für die szenekundigen Polizisten vom LKA 6333, um die kriminelle Szene im Blick zu behalten. Am 14. Mai 2005 präsentiert sich Nasser Abou-Chaker dann als stolzer Vereinsvorsitzender und zeigt auf einen Zettel an der Eingangstür: »Katzbach Treff e. V. – Nur für Mitglieder.« Seitdem ist der Polizei der Zugang verwehrt.

Auch sonst werden Gäste nicht gerne gesehen. Reporter von SPIEGEL TV erst recht nicht. Selbst wenn sie dieses Mal keine Kamera mit sich führen. Die Einrichtung des Lokals ist billig und erfüllt den Zweck, dass sich bloß kein Hipster oder Brückentagsdeutscher hierher verirrt. Man ist sehr gerne unter sich in der arabischen Männerwelt. Am ersten Tisch rechts von der Tür sitzt der Vereinsvorsitzende Nasser Abou-Chaker. Das Eindringen in den Kommandostand ist aus seiner Sicht ein feindlicher Akt und zeugt von bröckelndem Respekt, den Männer seines Kalibers nicht dulden können. Nicht dulden dürfen. Reputation ist bares Geld. Wer sie verliert, ist schnell weg von den Fleischtöpfen der Unterwelt. Ein kurzes Zischen zum Nachbartisch, schon springen zwei kräftige Adjutanten auf und unterziehen den Reporter einer rüden Leibesvisitation. Wie Polizisten bei einer Festnahme. Dann darf sich der Reporter setzen. Nasser rührt in seinem Teeglas, und mit jeder Umdrehung kühlt er herunter.

Das, was er zu sagen hat, passt auf eine Postkarte: Er hat noch nie eine Frau auf den Strich geschickt. Und überhaupt: Alle Zuhälter Berlins sind schwule V-Männer der Polizei.

Die Ermittlungsgruppe, die gegen Nasser Abou-Chaker und den Zuhälter René Fenske ermittelt, hat sich den Namen »Iskariot« gegeben. Von Judas Iskariot, dem Jesus-Verräter.

Von einer »Vertrauensperson« (VP) wissen diese Ermittler, »dass es keine höhere Ebene über der Person Nasser Abou-Chaker gibt«. Den Beamten gelingt es sogar, dass eine Prostituierte aussagt. Eine absolute Ausnahme. Nicole S. gehört zu den Frauen, die auf der Kurfürstenstraße stehen und Standgeld bezahlen. Sie erzählt, wie sie ihrem Zuhälter und Freund Frank D. gefallen wollte und Speed geschnupft hat, um abzunehmen, weil die Droge den Hunger tötet. 200 Euro musste sie jeden Tag mindestens verdienen. Das war ihr »Tagesziel«, das der Zuhälter von ihr verlangt hat. Von dem Geld kaufte er sich dann einen 7er-BMW. Nicole S.: »Anfänglich hatte ich zehn oder 20 Euro für mich, zum Ende hin hatte ich nur noch Zigarettengeld bekommen, drei oder vier Euro.«

Über ihren Ex-Zuhälter erzählt Nicole S. alles. Über seine Hintermänner nichts: »Bei Fenske und Abou-Chaker habe ich Angst und möchte darüber mit meinem Rechtsanwalt reden«, sagt sie.

Genauere Erkenntnisse gewinnen die Ermittler aus abgehörten Telefonaten. Fenske ruft einen anderen Zuhälter an: »Du musst nachher noch Geld mitbringen«, sagt er. »Ich muss noch zu den Schwarzköpfen.«

Mit den »Schwarzköpfen« sind Nasser Abou-Chaker und sein Kompagnon Iso gemeint. Die Männer sind aktiv daran beteiligt, dass ein Zuhälter Strafgeld zahlen muss. Seine Prostituierte hatte sich nicht an die festen Regeln des Straßenstrichs gehalten und sich zu billig angeboten. Preisdumping steht bei den Abou-Chakers unter Strafe.

Obwohl die EG Iskariot bereits Mitte 2007 die Fakten gesammelt hatte, dauert es noch zwei weitere Jahre, bis die Staatsanwaltschaft auf scharf stellt. Am Dienstag, 28. Juli 2009, verfolgt ein Observierungsteam des LKA 621 Nasser Abou-Chaker bis zum »Vereinsheim« Al Bustan, das mittlerweile von der Katzbachstraße in die Yorckstraße umgezogen ist. Um 17.01 Uhr parkt Abou-Chaker seinen dunkelblauen BMW vor dem Laden. Er ist jetzt »unter Wind«. Die Fahnder wollen ihn auf keinen Fall mehr aus den Augen verlieren. Es gibt mittlerweile einen Haftbefehl. Allerdings verzögert sich die Festnahme, weil die Spezialisten vom SEK noch unterwegs sind. Um 18.17 Uhr setzt sich Nasser auf eine Bank vor dem Lokal. Er hat beste Sicht, als die Maskenmänner um 18.54 Uhr auf ihn zustürmen. Das SEK macht ihm unmissverständlich klar, dass es keine gute Idee für den Straßenkämpfer ist, sich zu wehren. Als er später beim LKA für die Akten fotografiert wird, schillert sein Gesicht in mehreren Farben. Unter dem linken Auge ist viel Blau zu sehen. Das weiße T-Shirt ist ziemlich rot. Sein Anwalt beschwert sich später schriftlich, dass das Spezialeinsatzkommando seinem Mandanten die Nase gebrochen habe.

Als Finanzermittler vom LKA 313 Nassers Wohnung im Neuköllner Rollberg-Kiez durchsuchen, fühlt sich das wie Schatzsuche an. Nüchtern und sachlich schildert ein Kriminaloberkommissar die Vorkommnisse. Keine großen Worte. Die Fakten sprechen für sich. Zitate aus dem LKA-Tätigkeitsbericht:

»Ein Betrag von 54.500 Euro befand sich in 500-Euro-Banknoten in einem Umschlag in einem schwarzen Herrenhalbschuh. Ein Betrag von 30 000 Euro befand sich in 500-Euro-Banknoten in einem Umschlag in einem schwarzen Herrenschnürstiefel in der Flurgarderobe. Ein Betrag von 14.500 Euro befand sich in

verschiedener Stückelung in einer Plastiktüte in einer Herren-
lederjacke in der Flurgarderobe.«

Insgesamt stöbert der Polizist 114.205 Euro, 3800 Mark und
700 amerikanische Dollar auf. Für das Vermögen müsste der
vierfache Familienvater mehr als sechs Jahre lang arbeiten.
Denn offiziell verdient Nasser Abou-Chaker damals 1500 Euro
netto im Monat in der Immobilien-Firma seines Bruders Arafat. Für die Polizei ist es trotzdem keine Überraschung. Nasser
Abou-Chaker ist nach ihrer Überzeugung einer der kriminellen
Großverdiener Berlins.

Für den Clan ist die Art und Weise dieser Verhaftung auch
eine Demütigung. Allerdings bekommen die Männer im Al
Bustan schnell Gelegenheit, ihren Ganoven-Ruf wieder aufzupolieren. Vor dem Café parken deren Autos grundsätzlich in
zweiter Reihe. Die Straßenverkehrsordnung (StVO) gilt hier
nur, wenn die Polizei mit ausreichend Feuerkraft anrückt. Am
8. August 2009 ist es definitiv zu wenig. Um die StVO durchzusetzen, taucht die 22. Einsatzhundertschaft gegen Mitternacht
gerade einmal mit 15 Beamten vor dem Al Bustan auf. Um die
Polizisten versammeln sich laut Einsatzbericht »innerhalb kürzester Zeit circa 35 Personen«. Nach Beleidigungen, Drohungen und Rempeleien schiebt der Rechtsstaat unverrichteter
Dinge wieder ab. Wegen »Kräfteunterlegenheit«, wie es im Bericht dazu heißt.

Eine Schmach für die Berliner Polizei. Und ein Ansehensver-
lust, den man nicht auf sich sitzen lassen sollte. Da tickt die Behörde ähnlich wie eine Großfamilie.

Zuständig hierfür ist eine schnelle Eingreiftruppe der Polizei
aus der Abteilung »Attacke«. 40 Beamte aus unterschiedlichen
Dienststellen, die zu besonderen Anlässen zusammengezogen
werden. 64 A+I (Aufklärung und Intervention) nennt sich das
Team, das keine Probleme mit seinem Selbstbewusstsein hat.
Aufgestellt zur Weltmeistermeisterschaft 2006, um Hooligans
in der Stadt zu lokalisieren (Aufklärung) und deren Erlebnis-

drang zu kanalisieren (Intervention). Ein paar Wochen nach der erlittenen Niederlage vor dem Al Bustan hat die Einheit einen Demonstrations-Einsatz, bei dem sie nicht gebraucht wird. Die frei gewordene Zeit nutzt der Chef der Spezialtruppe auf seine Weise. Er dirigiert seine Beamten zum Al Bustan – Reputationsmanagement. Rechtlicher Vorwand ist eine Identitätsfeststellung (Aufklärung). Mit zehn Kleinbussen taucht die Einheit 64 A+I vor dem »Vereinsheim« auf und stößt sofort auf Widerstand, den sie mit gebotener Härte ebenfalls sofort retourniert (Intervention). Einem Vereinsmitglied schmerzt anschließend der Brustkorb so sehr, dass er nach einem Krankenwagen telefoniert. Als die Sanitäter ihn ins Jüdische Krankenhaus bringen wollen, tun die Rippen plötzlich überhaupt nicht mehr weh. Die restlichen Kampfsportler müssen sich mit gespreizten Beinen hintereinander auf den Fußboden setzen. So eng und in einer Reihe, dass Oberkörper gegen Oberkörper drückt. »Jamaika-Bob« heißt die Methode in Anlehnung an den Kinofilm »Cool Runnings« aus den frühen 90er-Jahren. Eingezwängt wie in einem Vierer-Bob kann so niemand mehr aufstehen und Stress verbreiten.

Zurück zu Nasser Abou-Chaker: Seine robuste Festnahme im Juli 2009 und die anschließende U-Haft von 15 Tagen sind das einzig Unangenehme, was er ertragen muss. Von der Justiz kommt nicht mehr viel. Bei der Staatsanwaltschaft gehen die Meinungen weit auseinander, wofür die ermittelten Beweise reichen. Am Ende beantragt der Staatsanwalt einen so genannten Strafbefehl, eine schnelle Verurteilung ohne Hauptverhandlung. »Das war ein ganz schmutziger Deal«, heißt es dazu aus Justizkreisen. Eine billige Variante, das Verfahren abzuschließen.

Der Staatsanwalt gilt unter Kollegen als einer, der »viel in seine Akten reinschreibt, aber den Zweikampf fürchtet«. Nasser Abou-Chaker kommt mit zehn Monaten Freiheitsstrafe aus der Sache heraus. Natürlich auf Bewährung ausgesetzt. Als er am 12. August 2009 die Justizvollzugsanstalt verlässt, begleiten ihn seine Brüder und zahlreiche Unterstützer. Sie haben rotgelbe Rosen mitgebracht. Es existieren etliche Fotos, auf denen Nasser und seine Entourage erkennbar großartige Laune haben.

Oberzuhälter René Fenske fängt sich dreieinhalb Jahre Knast. Ohne Bewährung. Im Interview mit SPIEGEL TV sagt er später: »Ich fühle mich durch Nasser verraten.«

Auch beim spektakulären Überfall auf das Pokerturnier im Berliner Hyatt Hotel bleibt am Clan-Chef nichts hängen. »Der Nasser Abou-Chaker hat damit garantiert nichts zu tun«, berichtet eine Vertrauensperson damals der Polizei. »Den halte ich auch für zu intelligent dafür. Er ist als Diplomat und auf seine Art ehrlich in der Szene bekannt. Wenn er Ärger hat, dann fast immer wegen seiner Brüder.« Nasser ist eine Respektsperson in Neukölln. Eine Autorität, die um Rat gefragt wird und Konflikte entschärft. Er und seine Familie leben auch vom Jobcenter. So kassieren sie 2014 pro Monat 1885,13 Euro zur »Sicherung des Lebensunterhaltes«, wie es in einem Schreiben des Jobcenters heißt.

Sein Bruder Ali, der zweitälteste Sohn, ist der Stressmacher. Alis Problem ist weiß, staubt und macht süchtig: Kokain. Bereits im Alter von 18 Jahren fängt er an zu ziehen. Bald braucht er das weiße Gift fünfmal die Woche. Immer ein bis zwei Gramm. Die Sucht pulverisiert schon früh alle Chancen auf einen kriminalitätsfernen Alltag. Zwar schafft er noch den Realschulabschluss, seine Ausbildungen zum Maler beziehungsweise Kfz-Mechaniker bricht er ab. Er heiratet eine Cousine aus dem Libanon und bekommt mit der Frau fünf Kinder. Doch die Gier nach der Droge treibt seine Partnerin zurück in den Libanon. Später kommt sie zurück, weil er eine cleane Zukunft verkündet. Das Versprechen hält er nicht.

Einer kassiert Sozialhilfe und einer hat ein taktisches Verhältnis zur Wahrheit

Seine Akten bei den Gerichten wachsen und wachsen: gefährliche Körperverletzung (1992), Hausfriedensbruch (1993), fahrlässige Körperverletzung (1993), Fahren ohne Führerschein (1995), Anstiftung zur Falschaussage (1995), Hausfriedensbruch (1996), Körperverletzung, Bedrohung und Beleidigung (1996), Fahren ohne Führerschein (1997), Widerstand (1999) und Körperverletzung (2000). Bis dahin stellen die Richter alles ein oder erteilen Geldstrafen.

Am 5. Februar 2003 sitzt Ali Abou-Chaker um 17.20 Uhr in einem Daimler und düst von Bremen Richtung Hamburg. Er hat Party gemacht und ist noch ziemlich zugedröhnt. Bei Autobahnkilometer 40 überholt er rechts eine Mercedes-M-Klasse, die die linke Spur blockiert. Ali schert ein und bremst das andere Fahrzeug zum Stillstand. Beide Autos stehen jetzt auf der Autobahn auf der linken Spur. Ali schnappt sich aus seinem Kofferraum eine Eisenstange und drischt auf die Seitenscheibe des Kontrahenten ein. Der Fahrer kriegt »Todesangst«, wie es später im Polizeibericht steht. Er flüchtet, wird aber von Ali wieder gestellt. Mit seinem Daimler rammt er mindestens fünfmal die M-Klasse, bis die Polizei die dramatische Jagd beendet. In Alis Auto findet die Polizei Marihuana, Kokain, Munition, einen Schlagstock und die Eisenstange. Noch am selben Abend stürmt ein Spezialeinsatzkommando die Berliner Wohnung des Sozialhilfeempfängers. Sie finden: 49.500 Euro in Scheinen, 1.550 Euro Hartgeld, 4.300 amerikanische Dollar, 88 Prepaid-Telefonkarten, eine Schweizer Armbanduhr und jede Menge Anabolika.

Die Muskelpräparate sind für Abou-Chaker fast noch wichtiger als Kokain. Als Bodybuilder pumpt er seinen Körper auf. Er schafft es zur Deutschen Meisterschaft, wo er sich im rosa Slip mit Startnummer 138 präsentiert. Doch Anabolika machen nicht nur dicke Oberarme, sondern auch schwer aggressiv. Für

die Schlägerei auf der Autobahn landet Ali in Untersuchungshaft. Allerdings darf er nach zwei Wochen wieder gehen. Er
muss jede Woche eine Urinprobe abgeben, um zu beweisen,
dass er nicht mehr kokst. Ali gibt getürkte Urinproben ab, um
sich das Rauschgift in die Nase zu ziehen. Keiner merkt es.
Oder will es merken, denn mit Ali ist nicht zu spaßen.

Einer, der davon ein Lied singen kann, ist der Autohändler
Jaoudat T., der sich 2007 von einem Mitglied der Abou-Chaker-
Familie einen größeren Geldbetrag leiht. Was danach passiert,
zeigt sehr deutlich, wie wenig Bedeutung der Rechtsstaat in
der Parallelwelt der Clans noch hat. Das Strafgesetzbuch spielt
in Neukölln jedenfalls keine Rolle. Hier gelten nur die impor-
tierten Regeln einer abgeschlossenen Gemeinschaft.

Eigentlich müsste Jaoudat T. davon wissen, als er sich Anfang 2007 sehr viel Geld von einem Abou-Chaker leiht. Wahrscheinlich ist er zutiefst verzweifelt. Es geht um eine Summe
zwischen 90 000 und 150 000 Euro, so stellt es das Landgericht
später fest. Noch verzweifelter ist er, als er die gesamte Kohle
auch noch verzockt. Die Abou-Chakers laden den Schuld-
ner am 19. Februar vor. Ein paar Stunden später liegt er mit
schwersten Verletzungen im Krankenhaus. Er blutet aus mehreren Wunden, das Gesicht ist zerschlagen, Knie und Schultern
geprellt. Auf dem Flur und vor dem Krankenhaus haben sich
Dutzende Familienangehörige versammelt. Einer der Täter bedroht unterdessen die Eltern des Opfers am Telefon: »Das ist
nur eine Warnung. Wenn ich mein Geld nicht bekomme, bringe
ich euren Sohn um.«

Der Malträtierte ist danach zu einer Aussage bereit. Kripo-
Beamte vernehmen ihn gleich zweimal, zuerst in der Nacht,
dann am nächsten Tag. Kern seiner Aussage ist, dass Ali Abou-
Chaker ihn so zugerichtet habe. Erst in einer Wohnung der
Abou-Chakers in der Kopfstraße, anschließend im Keller des
Cafés Al Bustan. Ali habe ihn mit einem Zimmermannsham-
mer regelrecht gefoltert. Das reicht für einen Haftbefehl. Es

sieht gut aus für die Ermittler. Ali gibt in seiner Vernehmung an, er sei während der Tatzeit bei einer Drogentherapie gewesen. Allerdings kann sich dort niemand daran erinnern. Außerdem war sein Handy in der fraglichen Zeit in der Funkzelle am Café in der Katzbachstraße eingeloggt. Die Karten der Polizei werden immer besser. Doch ihr Blatt ist nicht gut genug, um die Macht der Clans auszustechen.

Im Verborgenen läuft bereits ein paralleler Prozess, bei dem kein Richter mit am Tisch sitzt. Zumindest keiner, der einen Eid aufs Grundgesetz abgelegt hat. Eine verdeckte Quelle meldet der Polizei, dass sich in einem Restaurant in Berlin-Zehlendorf beide Seiten geeinigt hätten. Die Schulden des Autohändlers würden bezahlt, so die Quelle. Ein Schmerzensgeld für die Folter verringere aber die Summe.

Am 3. März 2007 kontrolliert ein Mobiles Einsatzkommando vom LKA 6333 einen Mercedes auf der Lietzenburger Straße. Auf dem Beifahrersitz sitzt eine Größe des Al-Zein-Clans. Auf dem Rücksitz hockt der in Berlin sehr bekannte »Friedensrichter« Hassan Allouche. Laut Einsatzbericht sagt Al Zein zu den Beamten: »Die Sache mit den Abou-Chakers wurde geklärt.« Gemeint ist die Folternacht im Café Al Bustan. Es hatte sich schon herumgesprochen. In Neukölln herrscht wieder Frieden.

Der Prozess am Amtsgericht im Frühjahr 2008 gerät dann zu einem Schmierentheater. Man könnte auch sagen, dass die Wahrheit öffentlich gesteinigt wird. Der Autohändler Jaoudat T. präsentiert eine neue Version: Ein unbekannter Jugoslawe habe ihn gefoltert. Ins Gesicht geschlagen wurde er nicht von Ali Abou-Chaker, sondern von dessen Bruder Mohamed. Ali sei vielmehr als Schlichter aufgetreten. Koksnase Ali ein Schlichter: In Neuköllner Teestuben wird wahrscheinlich heute noch darüber gelacht.

Den dreistesten Auftritt legt der »Friedensrichter« Hassan Allouche hin. Kernpunkt seiner Zeugenaussage ist: Er habe das Opfer zu Hause besuchen wollen und an dessen Wohnungstür geklingelt. Ein Kind der Familie habe die Tür geöffnet und er (Hassan Allouche) sei nicht in die Wohnungen gegangen, weil sich das nach arabischer Tradition verbiete. Aber er habe an der offenen Tür den wimmernden Jaoudat T. gehört. »Was bin ich doch für ein schlechter Mensch«, habe der Autohändler dabei gemurmelt. »Warum habe ich bloß Ali Abou-Chaker zu Unrecht beschuldigt.«

Niemand im Saal glaubt diesem Mann. »Ich habe nach oben geguckt, um zu überprüfen, ob die Balken an der Decke halten. So viel wurde gelogen«, erinnert sich Staatsanwalt Bernhard Mix.

Die Aussage wird auch mit keinem Wort im Urteil gewürdigt. Ali Abou-Chaker wird dennoch freigesprochen, weil sein Bruder Mohamed einen Teil der Schuld auf sich nimmt. Der Rest lässt sich nicht mehr zweifelsfrei aufklären. Mohamed Abou-Chaker bekommt eine Geldstrafe von 90 Tagessätzen à 14 Euro. Die Parallelgesellschaft hat gewonnen. Der deutsche Rechtsstaat hat keine Chance, wenn sich Täter und Opfer einig sind.

Der Staatsanwalt klagt später das Folteropfer wegen falscher Verdächtigung an. Jaoudat T. bekommt zwei Jahre auf Bewährung.

Bremsen können solche Vorkommnisse Ali Abou-Chaker natürlich nicht. Sein Leben setzt sich weiterhin nur zusammen aus Kloppe und Kokain. So wie am 18. Juli 2010 im berüchtigten Rollberg-Kiez in Berlin Neukölln. An diesem Tag schlägt seine latente Aggressivität mal wieder um in brutale Gewalt. Ein Rentner will auf dem Spielplatz vor seinem Wohnhaus Kinder zur Rede stellen, die eine Cola-Dose gegen seine Scheibe geworfen haben. Offenbar betrunken und nur mit kurzer Hose bekleidet, tritt der Mann vor die Haustür. Halbnackte Besoffene kommen im Kiez nicht gut an. Hier leben vor allem arabischstämmige Menschen. Der betrunkene Rentner kommt nicht weit. Ein unbekannt gebliebener Mann tritt ihn einfach zusammen. Als das Opfer verletzt am Boden kauert, taucht noch Ali Abou-Chaker auf. Er wurde von seiner Frau wegen des »halbnackten Mannes« alarmiert. Ali schlägt ihn dafür ins Gesicht.

Die Staatsanwaltschaft geht anfangs davon aus, dass Ali den Rentner auch noch mit Tritten malträtiert habe. Vor Gericht lassen sich aber nur die Schellen beweisen. Das Opfer kann sich nicht mehr so richtig erinnern. Wahrscheinlich liegt auch das nicht nur am Alkohol.

Drei Monate nach der Attacke am Spielplatz steigt der Kokain-Dealer Khalil Y. vor dem Café Liberté in Berlin-Charlottenburg nachts um drei Uhr in ein Auto. Ali Abou-Chaker sitzt auf dem Beifahrersitz und braucht Stoff. »Sehr gute Qualität«, sagt der Dealer. Ali zieht auf einem Aschenbecher eine Testlinie. Er kommentiert das Kokain in Ali-Abou-Chaker-Manier: Eine kräftige Schelle. Der Konflikt verlagert sich auf den Bürgersteig. Am Ende landet der Dealer schwer verletzt im Krankenhaus. Eine Wunde am Kopf deutet darauf hin, dass Abou-Chaker mit einem Messer zugestochen hat. So steht es in einem späteren Urteil des Landgerichts. Der Dealer bestreitet, dass er Kokain verkauft habe.

Ali flüchtet nach der Tat in den Libanon. Erst einmal abtauchen, bis die Karten neu gemischt sind. Laut internen Dokumenten des LKA wird der Geschädigte »bedrängt, bedroht und aufgefordert«, seine Aussage zu revidieren. Die aber ist die Basis für Alis Haftbefehl. Das Schweigen wird mit 3000 Euro erkauft. Der Rechtsanwalt Martin Rubbert meldet der Staatsanwaltschaft, dass das Opfer Khalil Y. keine Aussage mehr machen und sich auf Paragraf 55 der Strafprozessordnung berufen will. Alles geritzt für Familie ABC: Die Paralleljustiz hat wieder gesiegt, der deutsche Rechtsstaat ist erneut im Hintertreffen. Dann muss aber irgendetwas schiefgelaufen sein.

Die Sache dreht sich und einer soll es richten

Möglicherweise hat das Opfer einen finanziellen Nachtisch gewollt und nicht bekommen. Jedenfalls sagt Khalil Y. ein zweites Mal aus. Und zwar vor einem Richter. Jetzt ist auch die Paralleljustiz mit ihrem Arabisch am Ende. Und die Abou-Chakers schwerstens blamiert. Noch am gleichen Abend versuchen mehrere Männer Khalil Y. zu entführen. Sie drücken ihn in den Kofferraum eines BMW, was aber an dessen Widerstand scheitert. Einer der Täter wird später dafür verurteilt. Für die Polizei steckt Nasser Abou-Chaker dahinter. Er landet erneut in Untersuchungshaft und ist genauso schnell wieder draußen. Dass er der Hintermann des Kidnapping-Versuchs sei, ist ihm wie immer nicht zu beweisen.

Laut Gerichtsakten wurde Ali von seiner Familie in den Libanon entsendet, damit er endlich den Kampf gegen das Kokain aufnimmt. Irgendwann ist er trotzdem wieder in Berlin und landet schnell in Untersuchungshaft. Die 34. Strafkammer des Landgerichts verurteilt ihn am 6. Oktober 2011 zu zwei Jahren und acht Monaten Gefängnis.

Viel schlimmer als die Strafe ist für die Abou-Chakers der Imageverlust. Ihr Ruf reicht offenbar nicht mehr aus, um einen vermeintlich kleinen Kokain-Dealer zum Schweigen zu bringen. Das wurmt, das muss getilgt werden. So sind die Gesetze der Clans in Berlin.

Die Rache folgt am 16. März 2013 in einem schäbigen Wettbüro auf der Kaiser-Friedrich-Straße. Dort spielt Khalil Y. gegen Mitternacht in einem Hinterzimmer mit drei Freunden Karten. Am Nachmittag hatte er noch einen Termin am Landgericht. Möglicherweise wurde er danach observiert. Nicht von der Polizei. Sondern von Veysel K., einem treuen Gefolgsmann der Abou-Chakers. Veysel K. ist zu dieser Zeit angestellt bei Bushidos Plattenlabel Ersguterjunge. Also quasi bei der Familie.

Gegen 0.30 Uhr stürmt Veysel K. mit zwei weiteren Männern das Hinterzimmer des Wettbüros. Die Täter haben sich die Kapuzen ihrer Pullover über den Kopf gezogen. Sie dreschen und prügeln auf die Kartenrunde ein, Tische, Stühle und Aschenbecher fliegen in Kopfhöhe durch den Raum. Veysel K. zieht ein 20 Zentimeter langes Messer und sticht 15 Mal auf den Po und den Oberschenkel von Khalil Y. ein. Der Mann überlebt schwer verletzt. Es existieren dramatische Bilder aus zwei Überwachungskameras, auf denen die Schreie des zappelnden Opfers zu hören sind. Nichts für schwache Nerven. Aber ein wichtiges Beweisstück für die Staatsanwaltschaft. Nach der Messerattacke flüchten die Täter in einem BMW quer durch die Stadt. Zuerst schütteln sie einen normalen Streifenwagen auf der Stadtautobahn ab; später klebt die »Araber-Streife« vom LKA 641 an ihrem Fahrzeug. Die Täter touchieren ein Taxi, dann verliert die Streife das Auto aus den Augen. Wenigstens wird es am nächsten Tag gefunden. Im Inneren finden Kriminaltechniker DNA-Spuren eines Täters. Der BMW ist auf eine Firma in Bochum zugelassen, die ihn nach eigener Aussage einem Berliner überlassen hat. Der wiederum hat eine Art Hinterhof-Autovermietung ohne Buchführung. Die Spur führt ins Leere. Gängige Praxis, die die arabischen Clans gerne bei ihren Straftaten benutzen.

Trotzdem überführen die Spuren am Ende Veysel K. Er wird im August 2014 zu vier Jahren und neun Monaten Gefängnis verurteilt. Die Richter halten es außerdem für »höchstwahrscheinlich«, dass die Messerattacke mit den Aussagen des Dealers gegen Ali Abou-Chaker zusammenhängt. Ausreichende Beweise für einen Auftrag hat die Kammer dagegen nicht. Vor der Tat soll Nasser Abou-Chaker den Messermann Veysel K. angeschrien haben, weil die »Sache mit Khalil Y.« noch nicht erledigt sei. So berichtet es ein Spitzel der Polizei. Allerdings lässt sich auf die alleinige Aussage eines V-Manns kein Urteil stützen.

Veysel K. bekommt im Dezember 2014 noch eine weitere Haftstrafe aufgebrummt. Drei Jahre und neun Monate. Er hatte

Drogen und Medikamente ins Gefängnis schmuggeln lassen, vor allem das starke Schmerzmittel Subutex. Zusammen ergibt das eigentlich über acht Jahre Haft. Aber bereits im November 2017 wird seine Reststrafe zur Bewährung ausgesetzt.

Der in Berlin geborene Türke Veysel K. ist zusammen mit den Abou-Chakers im Rollberg-Kiez aufgewachsen. Er ist genauso alt wie der jüngste Bruder Yasser. Laut einem internen Bericht der Polizei gehört er zu einer Jugendgang, die sich vor allem in der »Spinne« herumtreibt. So wird ein Wohnkomplex an der Kopfstraße genannt. Schon damals ist er ein Gewalttäter, dessen Brutalität selbst hart gesottene Ermittler erschreckt. Bereits Ende der 90er-Jahre schreibt ein Kriminalhauptkommissar in einem Bericht über Veysel K.: »Überwiegend fällt der Angeschuldigte K. durch die Begehung von Rohheitsdelikten auf, wobei er durch sein extrem gewalttätiges und brutales Auftreten in Erscheinung tritt, wobei er auch Gewalt gegen Erwachsene anwendet.« Weiter tippt der Polizist: »In seinen bisherigen verantwortlichen Vernehmungen war keine Spur von Reue oder Mitleid mit seinen Opfern zu erkennen.« Ein hochaggressiver Kerl ohne Skrupel und Empathie. Also genau der richtige Mann für die Abou-Chakers, um den eigenen »Rücken« in der Schattenwelt noch breiter zu machen. Als Nasser Abou-Chaker im Sommer 2009 aus der U-Haft freikommt, gehört auch Veysel K. zur Entourage, die den Boss vom Knast nach Hause begleitet. Und auch auf der Bushido-Hochzeit 2012 ist er Teil der Gesellschaft.

Für die Polizei ist Veysel K. der Mann für die Drecksarbeit. »Der ist vollkommen irre und unberechenbar. Jederzeit muss man bei dem damit rechnen, dass er eine Knarre zieht und schießt«, sagt ein Polizist, der sich im Milieu auskennt. 2012 ermittelt die 2. Mordkommission gegen den Türken und Arafat Abou-Chaker. Eine verdeckte Quelle hatte berichtet, dass Veysel K. den Sicherheitsunternehmer Michael Kuhr mit einer Maschinenpistole erschießen sollte. Auftraggeber, so die Vertrauensperson (VP), sei Arafat Abou-Chaker. Der Security-Mann Kuhr hatte im Pokerprozess gegen einen Bruder von Arafat ausgesagt.

Am 15. März stürmt das SEK die Wohnung von Veysel K., der noch bei seinen Eltern lebt. Eine Maschinenpistole findet die Polizei aber nicht. Kurze Zeit später ruft Arafat Abou-Chaker erbost bei der »Araber-Streife« vom LKA 641 an und beschwert sich. Die Beamten treffen Arafat später bei Burger King am Platz der Luftbrücke, wo er sich eine so genannte »Gefährderansprache« anhören muss. Tenor: besser die Füße stillhalten. Laut Polizeibericht nimmt Arafat die Ansage »lächelnd zur Kenntnis.«

Außerdem bestreitet Abou-Chaker vehement, dass er Rachegedanken gegen Michael Kuhr hegen würde. Für die Polizei ist die Geschichte aber noch nicht erledigt. Michael Kuhr bleibt monatelang unter Polizeischutz.

Nach seiner Haftstrafe wegen der Messerattacke bricht Veysel K. übrigens mit den Abou-Chakers. Szenekenner der Polizei gehen davon aus, dass er sich von den ABCs nicht genügend unterstützt fühlte. Offenbar haben Arafat und Co. ihre finanziellen Versprechen nicht eingehalten. Bei Geld hört die Freundschaft bekanntlich auf. Vor allem bei Arafat. Mittlerweile zeigt sich Veysel K. sehr häufig an der Seite der Rammos. Leute wie Veysel K. kann jeder Clan gut gebrauchen.

Herr Arafat und sein Knecht Anis Mohamed Youssef Ferchichi

Messerattacken, Kokain, Schutzgeld – die Abou-Chakers sind ein fester Bestandteil der arabischen Unterwelt von Berlin. Und doch heben sie sich ab von anderen Clans wie den Rammos, Omeirats, Miris oder Al Zeins. Keine andere Großfamilie ist in gleicher Weise aus der brachialen Parallelwelt von Neukölln bis in die elitären Kreise der Showbranche vorgestoßen. Und das innerhalb weniger Jahre. Sie haben sich Kanäle in die Wirtschaft und in die Politik gelegt. Bushido sei Dank.

2010 hat es Anis Ferchichi alias Bushido geschafft. Sein kommerzieller Stern leuchtet so hell, dass ihm Menschen den roten Teppich ausrollen, die sich vor Kurzem noch weggedreht haben. Schauspieler und Musiker, die besonders gerne ihre Toleranz und Offenheit herauskehren, haben überhaupt kein Problem mehr mit einem Sänger, der Frauen und Homosexuelle beleidigt und in den Schmutz zieht. Im Oktober 2010 stolziert Bushido in die Komische Oper in Berlin, wo die Zeitschrift *GQ* besonders erfolgreiche Männer mit einem Preis ehren will. Dieser Abend ist ein dickes Ding, denn mit Michael Schumacher, Matthias Schweighöfer und Bundeswirtschaftsminister Rainer Brüderle kommen Prominente, die garantiert nicht im RTL-Dschungelcamp wiederbelebt werden müssen.

Auch Bushido hat echte Schwergewichte mitgebracht. Sein Geschäftspartner Arafat Abou-Chaker und dessen Bruder Nasser haben sich in Schale geworfen und tauchen ein in die Bussi-Bussi-Wichtig-Wichtig-Ansammlung. Vielleicht wären noch mehr Brüder mitgekommen. Aber Mohamed sitzt gerade wegen des Pokerraubs und Ali ist im Libanon.

In Bushidos Fahrwasser kommt noch eine wichtige Person in die Nähe von sehr einflussreichen Menschen. Nicht bei der Gala 2010. Aber bei anderen Anlässen. Die Schlüsselfigur in den Augen erfahrener LKA-Ermittler ist ein Geschäftsmann, der in diesem Buch Ferhat B. heißen soll.

Als das LKA im Zeitraum 2000/2001 intensiv gegen Nasser Abou-Chaker und seinen damaligen Partner Izeldin »Iso« E. ermittelt, taucht auch Ferhat B. in den Akten auf. In einem Bericht vom 3. Juli 2001 steht: »Abou-Chaker und E. verfügen mit Ferhat B. über eine Person, die ihre Finanzen verwaltet und gewinnbringend anlegt.« In einem weiteren Bericht wird Ferhat B. als »Finanzberater« eingestuft. Die Hypothese der damaligen Ermittler: Nasser und Iso waschen illegale Gelder über

Ferhat B. Bewiesen wird das allerdings nie. Die Ermittlungen werden eingestellt.

Ferhat B. ist aber unverkennbar ein sehr enger Bekannter der Familie ABC. Nach eigener Aussage ist er mit Nasser befreundet. Bei verschiedensten Anlässen taucht er im Umfeld der Abou-Chakers auf.

Große Aufregung gibt es Sommer 2012, als Bushido im Bundestag auftaucht. Früher hat er mal öffentlich verlauten lassen, dass er mal mit Kanzlerin Angela Merkel schlafen wolle, jetzt absolviert er ein Praktikum bei einem CDU-Bundestagsabgeordneten. Christian von Stetten – konservativer Prachtbursche aus Baden-Württemberg. Der adelige Vorzeigepolitiker tourt mit dem Gangster-Musiker durch den Reichstag. Begleitet von Fernsehkameras. Bushido: »Es wird sich herzlichst um mich gekümmert. Ich fühle mich so richtig als integriert.«

Von Stetten sorgt auch für Zugang zu einem CDU-Sommerfest. Hier entstehen Fotos, auf denen der damalige Bundesinnenminister Hans-Peter Friedrich (CSU) und Bushido gemeinsam in die Kamera lächeln. Der oberste Ordnungshüter der Republik legt seinen Arm freundschaftlich um den Rapper, der Polizisten bereits als »Hampelmann« und »Affe« beleidigt hat.

Viele Beobachter fragen sich damals, warum von Stetten einem Mann, der doch nicht wirklich zum Markenkern der CDU passt, solche Zugänge legt. Ist es Bushidos Bekanntheit, die die des Politikers um ein Zigfaches übersteigt? Will der Adel aus der Provinz auch mal ins Bühnenlicht der Hauptstadt?

Oder steckt noch etwas ganz anderes dahinter?

Echte Antworten gibt es nicht auf diese Frage. Der Politiker schweigt zu den Hintergründen des Praktikums. Allerdings schlummern deutliche Indizien in den Akten der Berliner Staatsanwaltschaft. Abteilung 83, zuständig für Geldwäsche (nach einer Umstrukturierung heißt die Abteilung mittlerweile 241).

Aus den Papieren der Strafverfolger ergibt sich eine geschäftliche Verbindung zwischen dem Bundestagsabgeordneten Christian von Stetten zu dem Geschäftsmann Ferhat B. aus dem Umfeld der Familie Abou-Chaker. Im Jahr 2006 überweist Ferhat B. von einem Konto der Berliner Landesbank (LBB) 50 000 Euro auf ein Konto des Politikers bei der Postbank. Deklariert ist die Zahlung als »privates Darlehen«. Von Stetten ist damals als Konzertveranstalter aktiv. Drei Jahre später fließt Geld in die andere Richtung: 2009 reicht Ferhat B. einen Scheck über 37 000 Euro bei der Berliner Sparkasse ein. Ausgestellt hat den Scheck der Politiker. SPIEGEL TV enthüllt diese Geldströme, nachdem Bushido im Bundestag aufgetaucht ist. Bei Finanzermittlern des Berliner Landeskriminalamts schrillen die Alarmglocken, als sie auf die Geldströme stoßen. Sie recherchieren und finden über ein Dutzend Zahlungen, die nicht »ganz koscher« sind. Unter anderem ein Darlehen über 100 000 Euro, das 2003 bei einem Berliner Notar unterzeichnet wird. Mit 15 Prozent Zinsen pro Jahr.

Die Polizisten stellen folgende Arbeitshypothese auf: Der Strahlemann aus Württemberg ist als Unternehmer ziemlich baden gegangen und brauchte frisches Geld. Das pumpt er sich von dem Unternehmer Ferhat B. Da der Geschäftsmann gute Verbindungen zu den Abou-Chakers hat, wurde dem CDU-Politiker möglicherweise schmutziges Geld aus Straftaten geliehen. Damit wäre von Stetten ein Geldwäscher. So lautet die Theorie beim LKA 313. Ein toller Anfangsverdacht. Leider nicht zu beweisen. Denn von Stetten ist Bundestagsabgeordneter und genießt Immunität. Seine Geschäftsräume darf das LKA nicht durchsuchen und das Telefon »klemmen« ist auch nicht drin. Trotz Anfangsverdacht. Gegen Abgeordnete können Staatsanwälte und Polizisten nur das große Besteck auspacken, wenn deren Unantastbarkeit zuvor aufgehoben wurde. Im Bundestag ist dafür der Immunitätsausschuss zuständig. Staatsanwälte müssen ihren Antrag dort einreichen und das

Gremium hebt eventuell die Immunität auf. Allerdings sitzt Christian von Stetten seit 2005 selbst als ständiges Mitglied in diesem Ausschuss. Er wäre über die Maßnahmen schon informiert, lange bevor sie sich überhaupt zusammenbrauen. Verdeckte Maßnahmen (Telefonüberwachung, Observieren) haben keinen Sinn, wenn sie nicht verdeckt sind. Bis heute wurmt es die Ermittler, dass sie nur an der Oberfläche rumkratzen konnten. Bis heute sitzt von Stetten im Immunitätsausschuss.

BREMEN HAT ZWEI PROBLEME: WERDER UND DIE MIRIS

Seit November 2019 steht der Name »Miri« für die Ohnmacht des Staates und die Wirkungslosigkeit seiner Gesetze. Tagelang sorgte damals das Bremer Oberhaupt dieses Clans für eine Seite-eins-Schlagzeile nach der anderen. Die Botschaft war immer die gleiche: Ich, Ibrahim Miri, stehe über dem Gesetz. Ganz egal, was ihr Deutschen versucht, um mich auszuweisen, ihr werdet mich niemals los. Das personifizierte Ätsch auf einen Rechtsstaat, der sich selbst die Hände gebunden hat.

Im »Schengener Informationssystem« findet sich bei einer Abfrage nach »Miri, Ibrahim, Männlich, Libanon« nur der »Personengebundene Hinweis: Bewaffnet, Gewalttätig«. Dazu 19 Fotos eines Mannes, über den es nicht viele gesicherte Informationen gibt, außer der, dass er ein Mann ist. Mit weiteren Angaben wird es schon schwierig, denn Miri, Ibrahim Männlich, Libanon kann auch Eke, Ibrahim, Männlich, Türkei sein, oder Arabibo, Ibrahim, Männlich, Unbekannt. Und so weiter. Elf Alias-Personalien sind für den Mann insgesamt aufgelistet. Und auch bei seinem exakten Alter tappen die Behörden im Dunkeln. Da steht als Geburtsdatum entweder 00.00.1973 oder der 00.01.1973 oder auch der 01.01.1973. Alle diese Angaben sind übliche Platzhalter bei den Behörden, wenn das exakte Datum nicht zu ermitteln ist.

Auf den Fotos in der Polizeidatenbank ist ein bulliger Typ zu sehen, fleischiges Gesicht mit großer, leicht nach unten gezogener Nase und einem markanten Kinn. Der Schädel ist kahlrasiert, kräftiger Nacken, dicker Hals, die Augenbrauen sind sogfältig gestutzt, der Dreitagebart auch.

Zu bundesweiter Bekanntheit hat es dieser Mann gebracht, weil der Rechtsstaat über ein ganzes Jahrzehnt lang versucht hat ihn mit Beschlüssen, Ausweisungen, Gerichtsurteilen loszuwerden, und ihn schließlich am 10. Juli 2019 in James-Bond-Manier außer Landes gebracht hat. An diesem Tag holte ihn die GSG 9 sehr früh am Morgen aus dem Bett und verband ihm Augen und Ohren. Dann ging es mit einem Hubschrauber nach Berlin, wo bereits der angemietete Learjet wartete, der ihn schließlich nach Beirut flog. Vier Monate später war Ibrahim Miri, wie wir ihn der Einfachheit halber nennen wollen, schon wieder zurück in Deutschland und beantragte erneut Asyl.

Als Ibrahim Miri vor mehr als 30 Jahren als staatenloser Kurde nach Deutschland kam, wurde sein Asylantrag mit der Begründung abgelehnt, eine systematische Verfolgung von Kurden im Libanon sei nicht bekannt. Was folgte, ist hier in unterschiedlichen Facetten schon mehrfach beschrieben worden: Die Familie wurde geduldet, weil es keine »Heimreisedokumente« gab, wie es in den Akten des Bundesamtes für Migration und Flüchtlinge heißt. Der Libanon weigerte sich, solche Papiere für die Familie auszustellen. Trotzdem versuchte die Ausländerbehörde Bremen, Ibrahim Miri auszuweisen. 1998 schickte das Amt einen Bescheid mit der fristlosen Ausweisung aus dem Bundesgebiet, 2006 folgte eine Ausweisungsverfügung der Stadt Oldenburg. Doch Miri blieb. Danach versuchte es wieder die Bremer Innenbehörde. Ihre Ausweisungsverfügung von 2019 listet 18 rechtskräftige Verurteilungen Ibrahim Miris zwischen 1989 und 2016: Raub, Diebstahl, erpresserischer Menschenraub, Körperverletzung, Hehlerei, Beihilfe zum Wohnungseinbruch, Bedrohung und immer wieder Drogenhandel. Und das ist nur die Spitze eines gewaltigen Eisbergs.

Die Miris sind seit der Einreise ihres Clan-Oberhaupts in Bremen zu einer echten Macht geworden: 3500 Mitglieder der libanesisch-kurdischen Großfamilie leben alleine in der Hansestadt. Gegen 1800 von ihnen ist in irgendeiner Form bereits ermittelt worden. Mehr Parallelwelt geht nicht: Prostitution, Waffen- und Drogenhandel, Schutzgelderpressung. Die Miris haben überall ihre Finger im Spiel. Damit jeder weiß, mit wem man es zu tun hat, tragen die Clan-Mitglieder ein »M« auf den Shirts, umrankt von einem Lorbeerkranz. Clan-Chef Ibrahim mischt auch beim Rockerclub Mongols MC mit.

Die Mongols zählen, wie auch die Bandidos und die Hells Angels zu den OMCGs, zu den »Outlaw Motorcycle Gangs«, von denen naturgemäß nicht zwei in einer Stadt agieren können, weil dann der zu verteilende Kuchen zu klein wird. So auch in Bremen, wo sich 2011 Mongols und Hells Angels gegenüberstehen. Zwar nur mit Holzlatten, dafür mit klarem Ziel: Etwa 30 Mitglieder und Unterstützer der Mongols verprügeln Hells Angels, von denen zwei erheblich verletzt werden. Mehrere Spezialeinheiten der Polizei verhindern Schlimmeres. Bereits am Wochenende zuvor hatten die Mongols, die sich vor allem aus Angehörigen arabischer und kurdischer Clans rekrutieren, die Bremer Hells Angels attackiert. 61 Mongols waren vorübergehend festgenommen worden. Da Gewalt nicht immer die Lösung ist, kam es zu Gesprächen zwischen den Hells Angels und den Mongols. Die Höllenengel drohten mit 2000 Mann in ganz Deutschland. »Wir sind 2000 nur in Bremen«, entgegnete Ibrahim Miri.

Abgeschoben und wiedergekommen – Die bizarre Reise des Herrn M.

Acht Jahre später landet er in einem Learjet in Beirut. Die Bundesrepublik hat die libanesischen Behörden überraschend doch überreden können, diesem Mann einer Art Passersatz, das sogenannte Laissez-passer-Papier, auszustellen.

Im Libanon arbeitet Ibrahim Miri sofort an seiner Rückkehr. Er besorgt sich neue Papiere über einen türkischen Schlepper, der ihn mit einem LKW zurück nach Deutschland bringen will.

Auf seiner Rückreise legt Miri noch einen Zwischenstopp in Mersin ein. Auf einem Facebook-Foto posiert er mit Heisem C. – einem Clan-Mitglied, das sich vor einigen Jahren nach einem Mord im Bremer Umland in die Türkei abgesetzt hat. Heisem C. ist in das Visier der Ermittlungsbehörden geraten, weil die Kripo seine Fingerabdrücke damals auf einer Patronenhülse aus der Tatwaffe fand. Deutsche Ermittler zählen Heisem C. zur sogenannten Callcenter-Mafia, dem beschriebenen kriminellen Netzwerk, das mit Telefonbetrug vor allem ältere Leute um ihr Geld bringt.

Für die deutschen Behörden kommt Ibrahim Miris Rückkehr nicht überraschend. Mehr als einen Monat zuvor erfährt die Bundespolizei schon aus dem Libanon, dass der Clan-Chef einen neuen libanesischen Pass erhalten hat und abgereist sei. Am 17. September schreibt das Bundespolizeipräsidium das Clan-Oberhaupt mit seinem neuen Pass deshalb zur Fahndung aus. Bei einer Kontrolle wäre er damit wohl aufgefallen. Doch an den Landesgrenzen wird nicht durchgängig kontrolliert. Am Freitag, den 25. Oktober, kommt er in Nürnberg an. Von dort nehmen ihn Kollegen mit nach Bremen.

Ziemlich genau dreieinhalb Monate nach seiner Abschiebung ist Ibrahim Miri wieder in Deutschland und meldet sich mit seinem Anwalt auf der Bremer Zentralstelle für Asylsuchende.

Das zeugt von Chuzpe. Gleichzeitig zeigt es die Absurditäten eines Asylsystems auf, das sich derart problemlos aushebeln lässt. Die Bundespolizei registrierte 2018 etwa 1200 Personen in Deutschland, gegen die eigentlich ein Einreiseverbot bestand.

Bei Ibrahim Miri wird der Fall stellvertretend für die ganze Abschiebepraxis zu einem Politikum. Der Bundesinnenminister erklärt die erneute Abschiebung des Clan-Chefs zur Chefsache und den Umgang der Behörden mit Ibrahim Miri zu einem »Lackmustest für die wehrhafte Demokratie«.

Seine Vernehmung vor dem Bundesamt für Migration und Flüchtlinge (BAMF) Anfang November zeigt die Irrwitzigkeit des ganzen Vorgangs.

Frage: »Gehören Sie zu einem bestimmten Stamm/ einer bestimmten Volksgruppe?«

Miri: »Ich bin Araber.«

Frage: »Es war zu lesen, dass Sie zu einem Clan gehören, der Ihren Familiennamen trägt.«

Antwort: »Miri ist wie Meier. Es ist einfach nur ein Nachname. Es handelt sich nicht um eine Stammes- oder Clanzugehörigkeit.«

Frage: »Dem Schriftsatz Ihres Anwaltes war zu entnehmen, dass Sie mit einem Pass (aus dem Libanon) ausgereist sind.«

Antwort: »Wenn das, was ich bekommen habe, als Pass bezeichnet werden kann, dann ja. Ich weiß nicht, woher er (der Schlepper) den hatte. Mir wurden Fingerabdrücke und Bilder abgenommen, dann habe ich ihn auch am nächsten Tag bekommen. Danach bin ich rüber in die Türkei.«

Leider kann Miri den Pass nicht vorlegen. Er wurde ihm angeblich in der Türkei abgenommen.

Frage: »An wen haben Sie den Pass abgegeben?«

Miri: »An den Schlepper.«

Frage: »An die Person, die ihn besorgt hat?«

Antwort: »Ja.«

Frage: »Wie heißt er?«

Antwort: »Er meinte, ich soll ihn Ali nennen.«

Frage: »Haben Sie eine Telefonnummer?«

Antwort: »Nein.«

Frage: »Welche Farbe hatte der LKW, der Sie nach Deutschland gebracht hat? Autokennzeichen? Irgendein Aufdruck?«

Antwort: »Der Container hat keinen Aufdruck gehabt. Die Farbe weiß ich nicht. Mit den Fahrern konnte ich auch nicht reden, das waren Bulgaren oder Rumänen.«

Frage: »Nennen Sie mir bitte Ihre letzte offizielle Anschrift im Heimatland.«

Antwort: »Keine Ahnung.«

Frage: »Unter welcher Anschrift sind Sie im Libanon registriert?«

Antwort: »Keine Ahnung.«

Frage: »Wie lauten die Personalien Ihres Großvaters väterlicherseits?«

Antwort: »Weiß ich nicht.«

Frage: »Wie ist der Vorname Ihres Opas?«

Antwort: »Weiß ich nicht.«

Als Miri später zu seinem Asylfolgeantrag angehört wird, ist er intellektuell wieder voll auf der Höhe und brilliert mit Namen, Daten, Fakten. Er brauche Asyl, sagt er, weil im Libanon sein Leben durch Blutrache bedroht sei. Wegen eines Mordes in Bremen im Jahr 2009 sei die einflussreiche Familie El Zain hinter ihm her.

Frage: »Die Familie El Zain lebt in Deutschland und im Libanon?«

Antwort: »Ja, aber nicht die aus der Zeitung. Es gibt El Zain aus meinem Dorf, kurdische Araber. Es gibt auch die El Zain, die Schiiten sind. Die haben miteinander nichts zu tun.«

Frage: »Mit wem haben Sie Probleme?«

Antwort: »Mit den Schiitischen.«

Ob denn seit 2009 einem Mitglied der Familie Miri etwas passiert sei, in Bremen oder im Libanon, fragt der BAMF-Beamte. Darauf kann Miri nichts Konkretes vorbringen. »Aber ich wurde auf der Straße in Beirut erkannt. Sogar im Dunkeln. Sehr gruselig.«

Frage: »Sie meinen, dass Sie auf der Straße wegen Ihrer Bekanntheit angesprochen wurden. Bitte beschreiben Sie die Situation.«

Antwort: »Ich ging die Straße entlang, es war dunkel, es war ein Wunder, dass der andere mich erkannt hat, es war nur wenig Licht auf der Straße. Ich habe so getan, als wäre ich das nicht. Er meinte ›Willkommen, Boss von Bremen‹, ich habe so getan, als hätte ich mich nicht angesprochen gefühlt. Aber im Augenwinkel sah ich, dass da eine Gruppe war.«

Frage: »Das war die einzige dieser Begebenheiten?«

Antwort: »Da hatte ich noch mehr Schiss, weil mich schon jemand erkannt hat.«

Frage: »Sie hatten Angst, aber in der Situation ist auch nichts weiter geschehen. War das die einzige Situation?«

Antwort: »Es ist nichts passiert, es war die einzige.«

Seine Strategie bei dem Verfahren ist, sich als harmloser Flüchtling zu präsentieren. Er wolle als Schlosser arbeiten und mit seiner Frau und seinem Sohn außerhalb von Bremen ein neues Leben beginnen, erzählt er. Ein zweites Kind werde auch noch im Dezember zur Welt kommen. Außerdem wolle er seine kranke Mutter pflegen. Und das mit dem kriminellen Leben werde er jetzt sowieso sein lassen. Großes Mhallami-Clan-Ehrenwort. Mit Lorbeerkranz drumherum.

Knapp einen Monat später sitzt Ibrahim Miri wieder in Abschiebegewahrsam auf dem Gelände des Polizeipräsidiums. Dort taucht ein Clan-Mitglied der Miris auf. Der Mann soll durchsucht werden, wird daraufhin ausfällig. »Ich will nur Ibrahim besuchen. Ihr könnt mich mal«, schreit er. Als die Polizeibeamten ihn in einer Arrestzelle durchsuchen, wird er noch wütender: »Ich ficke dich«, »Wichser«, »Du Nazi«, beschimpft er den Beamten. Dann folgen laut Protokoll wohl einige Sätze, die man auch als Bedrohung verstehen könnte: »Ihr fühlt euch nur stark, weil wir hier drin sind. Kommt mit auf die Straße. Ich habe 1000 Leute, die euch fertigmachen.« Dem Miri wird der Besuch beim Miri verweigert.

Dann geht alles ganz schnell. Gegen zwei Uhr in der Nacht wird Ibrahim Miri aus seiner Zelle geholt und in den Libanon ausgeflogen, wo er um 10 Uhr landet. Für den Clan-Boss ist es das vorerst letzte deutsche Kapitel.

Umgekehrt ist für die deutsche Öffentlichkeit das Thema Miri unerschöpflich. Hunderte von öffentlichkeitswirksamen Geschichten ranken sich um diesen Clan.

Eine davon betrifft das Musiklabel Banger Musik. Nicht erst seit der unseligen Allianz von Bushido und den Abou-Chakers wissen die Clans, dass man mit Rap-Musik nicht nur traumhafte Renditen erwirtschaften kann, sondern sich auch gesellschaftlichen Glanz ins Haus holen kann.

Ein Rapper und die Miris

Für das Landeskriminalamt Niedersachsen steckt der Miri-Clan »offenkundig« hinter dem Label von Farid Bang, bürgerlich Farid Hamed El Abdellaoui. Der Rapper ist bekannt geworden mit Zeilen wie »Buche Bitches mit guten Titten/ Ich will sie nach dem Shooting ficken / Verbrenne die Kalorien mit Coco / Komme mit 'nem Rammbock wie die Soko.« Worauf die LKA-Ermittler ihre Erkenntnisse stützen, verraten sie nicht. Jedenfalls ist es nicht nur die Nähe zu Sammy Miri, die der Rapper Farid Bang gerne auf seinen Social-Media-Kanälen feiert. Die Bilder zeigen die beiden beim Griechen. Vor Sisha-Bars. Neben teuren und flachen Autos. Auch Sammy Miri postet die Fotos gerne auf seiner Instagram-Seite. Unter die Bilder schreibt er »wahre freundschaft« oder »#bros«. Die Story erzählt die Geschichte vom berühmten Rapper und dem Clan-Mann, der zu ihm gehört. Oder umgekehrt.

Wenn man Farid Bang glaubt, gehört er niemandem, auch nicht den Miris. »Hinter dem Label steckt kein Familienclan«, sagt er. »Sammy hat bei Banger Musik keine Rolle. Er ist nur ein Freund.« Angeblich kennt er ihn schon seit sechs, sieben Jahren. »Ich kann doch nicht jeden verurteilen, der so einen Nachnamen trägt.«

Die Polizei sieht das anders. Womit Sammy Miri sein Geld verdient, ist jedenfalls nicht offensichtlich. Einen legalen Beruf hat er nicht. Die Polizei Dortmund nennt ihn eine »Person aus der Führungsebene des Miri-Clans«, das ist vermutlich Beruf genug. In der Vergangenheit haben die Beamten gegen ihn unter anderem wegen gefährlicher Körperverletzung, Landfriedensbruch und Drogenhandel ermittelt.

Im September 2018 wird er in Dortmund niedergestochen. Angeblich geht es um Drogen, Miri überlebt knapp. Der Täter ist ein Rocker von den Bandidos. Er bekommt später eine Kugel ins Bein; die Fahnder vermuten einen Racheakt. Miri selbst kann es augenscheinlich nicht gewesen sein. Er macht gerade Urlaub auf Ibiza – mit Farid Bang. Offenbar am Tag, an dem der Schuss fällt, postet er ein Foto von sich und dem Rapper im Swimmingpool: grinsend und mit einer riesigen bunten Wasserpistole. Eine kalkulierte Demonstration? Miri sagt dazu nichts, Farid Bang nur ganz allgemein: »Ich bin weder Krimineller noch sonst irgendwas. Ich mache Musik.«

Im Juli 2018 veröffentlicht Sammy Miri ein Foto von sich mit Rolex und Uhrenbox, er bedankt sich bei seinem »Bruder« Farid Bang für das Geschenk. Warum er die Rolex bekommen haben soll, lässt er offen, sein Geburtstag liegt schon vier Monate zurück. Farid Bang behauptet, er habe Miri gar keine Uhr geschenkt: »Ne, hab ich nicht. Wir machen immer solche Postings.« Aber »klar, die Freundschaft kann man nicht leugnen«.

Eine Etage tiefer im Musikgeschäft sind Sebastian Castillo »Prinz 27« Pinto, und sein »Manager« Ahmad Miri unterwegs. Pinto ist ein schmales Bürschchen, das sich für einen großen

Rapper hält, bundesweit bekannt geworden ist er wegen eines Sex-Videos mit Gina-Lisa Lohfink. Anschließend ging es um den falschen Vorwurf der Vergewaltigung. Es kam sogar zum Prozess, bei dem Feministinnen Plakate mit »Nein heißt Nein« und »#teamginalisa« in die Fernsehkameras hielten und »Prinz 27« Pinto im Zeugenstand lieber Schwanz als Penis sagte. Er ist einer der beiden Männer, mit denen Lohfink in einer heißen Sommernacht und am folgenden Tag Sex hatte. Castillo Pinto und sein Kumpan haben damals Szenen gefilmt, Schnipsel landeten später im Netz.

Genug Stoff für eine Karriere auf dem Boulevard der Möchtegerns, die sich bei »Prinz 27« Pinto zur Zeit noch jenseits des Glamours in einem Kreuzberger Hinterhaus abspielt. An der grauen Eingangstür kein Name, ein schmaler Gang führt in die abgerockte Altbauwohnung. Schreibtisch, Glotze, Sofa. Was ein Prinz so zum Leben braucht. Einen Joint in der Hand, zeigt er sein Musikvideo. Ahmad Miri hat auch mitgemacht. Als Ahmad Miri. Ganz Gangster. Er und Pinto im angemieteten Ferrari, tief eingesunken in die Ledersitze, die beiden kennen sich seit früher Jugend.

»Paris Hilton kriegt nen Korb, Gina-Lisa durfte ran. Bin schon wieder in den Medien, denn ich stehe meinen Mann«, rappt Pinto im Hertha-BSC-Shirt, während er seine Marihuana-Pflanze auf dem Balkon gießt. »Es ist für mich eine Ehre, dass er (Ahmad Miri) in meinem Video mitspielt. Er ist ein bekannter Mann in der Stadt.«

Und Ahmad »Patron« Miri sagt: »Er ist mein Freund. Wenn er in Not ist, bin ich da. Da kann ihn niemanden nahe kommen. Wer in seine Nähe will, muss erst mal an mir vorbei. Loyalität ist A und O zwischen uns beide.«

Auch Ahmad Miri hat seine Geschichte mit der Behörde: 30 Jahre lang lebt er nur als »Geduldeter« in Berlin. Er hat keinen Pass, kann nicht ins Ausland reisen, ist jederzeit von Abschiebung bedroht. Dann denkt er das Thema »Heimat« neu und eher chancenorientiert. Seit die Flüchtlingswelle aus Syrien viele Menschen nach Deutschland spült, weiß er, dass alle Syrer ein Bleiberecht haben, solange dort der Bürgerkrieg wütet. Grund genug für ihn, seine wahren Wurzeln neu zu entdecken: »Früher war ich staatenlos und angemeldet, dass ich aus Libanon komme«, erklärt er mit einem breiten Grinsen. »Aber jetzt haben wir rausgekriegt, dass wir aus Syrien kommen. Dann bin ich zum Botschaft gegangen, hab meine Geburtsurkunde abgegeben, die ich von Syrien habe. Ja, und daraufhin habe ich einen syrischen Pass bekommen.« Die Ausländerbehörde glaubt kein Wort seiner Geschichte, aber der Libanon nimmt ihn jetzt auf keinen Fall wieder zurück, da er ja einen syrischen Pass besitzt.

Also kann er in Berlin weiter auf dicke Hose machen, obwohl er im engeren Sinne gar kein Clan-Mitglied ist. Er heißt auch nur auf Instagram und im Gangsterleben Ahmad »Patron« Miri. Ist er mal wieder angeklagt, steht »Ajje, Ahmad« auf dem weißen Gerichtszettel, draußen am Saal 862 des Amtsgerichts.

An einem Dienstag im Januar gesteht er dort, dass er die Ex-Freundin eines Ex-Rappers geschlagen hat. Gemeinsam mit drei Kumpels und einem Knüppel. Was für Helden der Nacht, die eine 30-jährige Pflegefachkraft wegen einer Lappalie im Beisein ihres Kindes verprügeln. Das sah auch die Richterin so und schickt ihn für zwei Jahre und drei Monate ins Gefängnis.

Den Nachnamen seiner nach islamischem Recht angetrauten Frau nutzt Ahmad für seinen eigenen Vorteil. Wer würde sich schon einschüchtern lassen von einer Gestalt, die aussieht wie der kleine dicke Vetter des Geistes aus Aladdins Wunderlampe? Mit dem Namen ist dann vieles möglich, was sich sonst nicht so einfach realisieren ließe. Seine Karriere in der Halbwelt hängt nicht ab von dem Namen. Aber sie wird dadurch immer wieder befeuert.

Das erste große Ding drehte der Asylbewerber schon mit 14.

Gemeinsam mit Kumpels überfällt er einen Supermarkt. »Das war glaub ich Penny. Die haben wir beobachtet. Beim Feierabend sind wir reingegangen und haben den Überfall durchgezogen. Wir haben so 40 000 Mark gemacht«, erzählt er. Das Geld haben sie später »für teures Kleidung« verpulvert.

Danach geht er inoffiziell »diversen Geschäften« nach. Offiziell hat er nur eine Einnahmequelle: »Ich lebe vom Sozialamt«, erklärt er. Dabei huscht ein Lächeln über sein bärtiges Gesicht, während er im BMW durch die Hauptstadt cruist. Ahmad »Der Patron« ist angeblich auch als Friedensrichter aktiv. Sein Büro: eine Ecke in der Shisha-Bar seines Vertrauens. Kommen Kunden mit Sorgen und Nöten, gibt Ahmad den »Problemlöser«. Seine Spezialität ist Inkasso. Die »Schlichtungs«-Gespräche laufen dabei immer ähnlich ab. »Dann gehen wir zu dem Typ, reden mit ihm, dass er gewisse Summe zu Schulden hat und das wird einfach mit ihm gesprochen. Das ist unsere Stärke einfach. Wir bekommen so 30–40 %. Und der Opfer ist auch damit einverstanden.«

Wer genau »wir« ist, will er nicht sagen. Um welche Summen es geht, auch nicht. Auch wenn er keinen grammatikalisch korrekten Satz formulieren kann, weiß er genau, wo es am besten ist, gar nichts zu sagen. Öffentlich über Nebeneinkünfte eines Hartz-IV-Empfängers zu reden wäre jedenfalls nicht so schlau. Obwohl er schon gerne reden möchte, schließlich will man nicht als Loser dastehen, sondern als einer, der es auch mit geborgtem Namen geschafft hat. Berliner Ermittler halten den »Patron« eher für eine »Luftpumpe«, der nur »breitbeinig daherkommt, wenn die großen Jungs« mit dabei sind. Allerdings hat Ahmad immerhin die »Guerilla Nation« mitgegründet, einen rockerähnlichen Club. Laut Eigenwerbung sei man »eine Gemeinschaft aus verschiedenen Nationalitäten und Kulturen, deren Ziel der Zusammenhalt und Brüderlichkeit ist«. Im wahren Leben galten sie als Unterstützertruppe der Hells Angels Gießen um Aygün Mucuk, der aber auch schon tot ist.

KAPITEL 9
NEUE ANSÄTZE IN DER CLAN-POLITIK
(K)ein schöner Ausblick

Bisher war in diesem Buch viel von »Familie« die Rede. Warum die familiären Strukturen der Clans ursächlich sind für ihren kriminellen Erfolg und wie diese Strukturen gleichzeitig die Integration ihrer Mitglieder in eine demokratische, westlich geprägte Gesellschaft verhindern. Es ging um familiäre Wertesysteme, in denen Ehre, Treue, Loyalität, Respekt und Gehorsam regieren. Und darum, wie sehr diese Werte, gepaart mit Skrupellosigkeit, die Werte einer aufgeklärten, individualistischen Gesellschaft dominieren. Dabei spielt ein Sachverhalt in der ganzen Diskussion keine Rolle: Auch Deutschland ist eigentlich wie eine Familie. Die Eltern (der Staat) und Kinder (die Bürger) leben in einer schicken Residenz mit sattem Rasen und neidischen Nachbarn. Die Eltern wachen über die Hausordnung und fordern von den Kindern Fleiß und Mitarbeit – Hecke schneiden, Straße fegen, Geschirrspüler leeren, Müll rausbringen. Die arabischen Clans sind in diesem Bild so etwas wie die ungebetenen Pflegekinder. Eines Tages standen sie abgemagert vor der Haustür und wollten auch an den Kühlschrank. Sie kamen aus Gegenden, in denen das Töten und Hungern Alltag war. Natürlich durften sie rein. Schließlich ist es ein reiches Haus. Als Quartier überließ man ihnen zunächst den Keller. Alle gingen davon aus, dass die Neuen nicht lange bleiben würden. Allerdings herrschten im Untergeschoss schnell eigene Gesetze. Die Pflegekinder verhielten sich weiter so, wie sie es früher schon zwischen Töten und Hungern getan hatten. Die Hausordnung war ihnen egal. Das Haus eigentlich auch. Mitarbeit am Familienleben interessierte sie nicht. Sie wollten nur an den Kühlschrank. Als die Eltern anfingen, zu sehr zu nerven, schlossen sie sich ein und brüllten herum. Und wenn sie auch mal ins Kino wollten, mähten sie nicht den Rasen, sondern bedienten sich an der Spardose ihrer Brüder vom ersten Stock. Meistens waren die Eltern zu sehr zerstritten, um die angedrohten Konsequenzen auch durchzuziehen. Stattdessen öffneten sie irgendwann die Türen des Kellers. Die Pflegekinder bekamen richtige Zimmer; ein Interesse am Familienleben, so wie die Eltern es geplant hatten, erwuchs dadurch nicht. Jetzt wirkt von außen immer noch alles tipptopp. Im Inneren schimmeln die Wände. Irgendwann ist die Bausubstanz des ganzen Hauses gefährdet. Spätestens dann braucht es eine radikale Sanierung.

Die Politik hat es 35 Jahre lang zugelassen, dass die Clans den Kühlschrank plündern, ohne selbst mal einkaufen zu gehen. Auch die abenteuerlichen Expeditionen durchs Strafgesetzbuch wurden ignoriert, verdrängt, aus dem öffentlichen Bewusstsein getilgt. Erst im Jahr 2018 begann sich der Wind etwas zu drehen. Plötzlich will die Politik nicht mehr dulden, dass sich die Clans der Hausordnung verweigern und die anderen Mitbewohner terrorisieren. Seit anderthalb Jahren tüfteln Arbeitsgruppen und Koordinierungsstellen auf Bund- und Länderebene an neuen Rezepten. Mit einer Mischung aus Zuckerbrot (Prävention) und Peitsche (Repression) will der Staat wieder die Kontrolle über alle Zimmer im Haus zurückgewinnen. Nicht nur, indem man die Übeltäter aus ihren Zimmern schmeißt. Die nächste Clan-Generation soll auch mithelfen, die Wände zu reparieren. Hörsaal statt Haftanstalt ist das Motto. So die pädagogische Hoffnung.

Einige Experten halten das für eine naive Vorstellung. »Der

Krieg ist längst verloren«, sagen langjährige Ermittler bei der Polizei. Nix mehr zu machen. Vielleicht lässt sich das Problem noch so weit eindämmen, dass es das Land nicht mehr spaltet. Ausmerzen lässt es sich nicht mehr.

Die Ausgangslage bei dieser Weltsicht ist klar: Freundliches Wohlwollen funktioniert nicht. Dämme baut man mit präzisen Berechnungen und klarer Kante.

Das Bundesland, das dabei so etwas wie den Vorreiter gibt, ist Niedersachsen. Bisher ist Niedersachsen nicht gerade aufgefallen als Keimzelle für gesellschaftliche Erneuerungen. Doch bei der Analyse der Clan-Kriminalität liegt das Bundesland vorne. Die massiven Probleme werden hier seit 2012 nicht mehr verschwiegen. Auslöser war hier der Ampelmord-Prozess in Hildesheim (Seite 60). Damals bedrohten die Verwandten eines verurteilten Clan-Mitglieds den Richter mit dem Tod und randalierten vor laufenden Kameras im Gebäude. Der mediale Wirbel erzeugte politischen Druck. Seitdem wertet das Landeskriminalamt die Straftaten der Mhallami anhand einer Namensliste aus und erstellt den jährlichen Bericht »Clankriminalität«.

Außerdem hat sich die niedersächsische Polizei eigene Standards im Kampf gegen die Clans verpasst. Festgeschrieben in der »Landesrahmenkonzeption«, die seit 2018 gilt. Ob das 14-seitige Konzept tatsächlich dazu beiträgt, die kriminelle Energie der Großfamilien zu reduzieren, bleibt ungewiss. Noch ist es einfach zu früh, irgendeine Form von Bilanz zu ziehen.

Das eigentliche Epizentrum der Clan-Kriminalität liegt allerdings in Berlin-Neukölln. Niemand leidet mehr unter kriminellen Mitbewohnern als dieser Bezirk. Neukölln hat Expertise seit 35 Jahren. Im Rathaus an der Karl-Marx-Straße können stundenlang Fälle erzählt werden von Familien mit 17 Kindern, die ihre Nachbarn, Schulen und Kieze terrorisieren.

Einen Plan, wie der kriminelle Teufelskreis durchbrochen

werden könnte, gibt es dort trotzdem nicht. Eine Art gesamt-gesellschaftlicher Leitfaden wäre nötig, wie man das Problem konzertiert von vielen verschiedenen Seiten aus angeht.

Immerhin hat der Bezirk eine Studie in Auftrag gegeben, um das theoretische Rüstzeug für ein Aussteigerprogramm zu sammeln. Seit Ende April 2020 liegt die Rohfassung auf den Schreibtischen. Das Konzept zielt vor allem auf Homosexuelle und Frauen in den Großfamilien.

Das klingt zunächst einmal wie ein schlechter Witz. Schließ-lich stehen diese beiden Gruppen in der patriarchalisch domi-nierten Hierarchie der Clans auf der alleruntersten Stufe. Wie sollte von den Schwächsten ein Impuls ausgehen für eine Ge-sellschaft, in der Stärke per se schon der entscheidende, alles einordnende Wert ist?

Auf den zweiten Blick allerdings wirkt das Konzept gar nicht so widersinnig. Die ganze Macht der Clans fußt auf ihrer Fä-higkeit, in Armeestärke aufzutreten, um die eigenen Interessen durchzusetzen. Ohne die Zwangsheiraten innerhalb der Fami-lie und den Missbrauch der Frauen als reine Gebärmaschinen gäbe es solche Großfamilien erst gar nicht. Außerdem ist der Leidensdruck bei ihnen am größten und damit vielleicht auch der Wille, sich aus den Strukturen zu lösen.

Dagegen spricht, dass auch die Abhängigkeiten bei ihnen am größten sind.

Pessimisten halten bereits Gedankenspiele über Aussteiger-programme für reine Zeitverschwendung: Clans seien, so die Kritik, etwas komplett anderes als Neonazi-Cliquen oder Ro-ckerclubs. In eine Familie wird man hineingeboren. Die Ab-hängigkeit von der Gruppe und die Loyalität zu ihr wird dort bereits mit der Muttermilch verabreicht. Außerdem fehlt es an einer Idee, wie man die Adressaten dieses Programm in deren abgeschotteter Welt überhaupt erreicht. Davon weiß auch der Neuköllner CDU-Politiker Falko Liecke zu berichten, der zur-zeit federführend an der Konzeption eines solchen Aussteigerprogramms mitarbeitet: »In den letzten Jahren hatte ich zwei engere Kontakte zu Frauen aus namhaften Familien«, erzählt er. »Sie berichteten mir, dass sie keine Lust mehr auf die permanenten Polizeieinsätze hätten und nicht wollten, dass ihre Kinder kriminell werden. Leider konnte ich keinen dauerhaften Anknüpfungspunkt finden.«

Liecke nähert sich der ganzen Problematik als Neuköllner Stadtrat für Jugend und Gesundheit noch mit einer anderen Idee. Ausgangspunkt ist die Überlegung, dass die Gesellschaft den Kindern und Jugendlichen aus den Clans schlechterdings nichts anbieten kann, was attraktiv genug wäre, um den Milieus dafür den Rücken zu kehren. Alles, was in der Welt dieser Jugendlichen Status und Wert hat und Rang verleiht, lässt sich ausschließlich mit den Mitteln des Clans realisieren: Rolex, Gucci, AMG und der Respekt, den der eigene Name bei allen anderen auslöst.

Es gibt keinerlei Anzeichen, dass die kriminellen Großfamilien ihren asozialen Way of Life selbstkritisch hinterfragen. Noch laufen sie breitbeinig durch ihre Viertel und zeigen der Gesellschaft den Mittelfinger. Was sicherlich nicht zu einem Umdenken beiträgt, ist die Tatsache, dass Clans mittlerweile auch im Mainstream Kult sind. Die TV-Serie »4 Blocks« hat viel mit dem realen Leben in den bildungsfernen Großfamilien zu tun. Sprache und Auftreten der Schauspieler und Laiendarsteller, von denen einige tief mit dem Milieu der Neuköllner Wirklichkeit verbunden sind, ist genau und präzise. Die Idee zu der Serie kam den Machern übrigens nach einer SPIEGEL-TV-Doku über Mahmoud Al Zein. Während der Dreharbeiten versuchten Clan-Mitglieder auch die Filmcrew einzuschüchtern, wer es ihnen denn »erlaubt« hätte, »in Neukölln über uns einen Film zu drehen«, fragte ein Clan-Oberhaupt an. Das fiktive Oberhaupt Ali »Toni« Hamadi ist in Neukölln mittlerweile wahrscheinlich bekannter als der Regierende Bürgermeister.

Was sollte eine Gesellschaft gegen diese Lebenswelt als attraktives Ziel positionieren, das die Kraft hat, Jugendliche an sich zu ziehen?

Die einzige Möglichkeit, überhaupt etwas zu bewirken, bestand für Liecke darin, die Kinder und Jugendlichen komplett aus ihrer Umgebung zu lösen und in die Obhut des Jugendamts zu überstellen. Vor so einem Schritt hat der Gesetzgeber allerdings mit gutem Grund turmhohe Hürden errichtet. Eigentlich ist es den Ämtern nur möglich, ein Kind aus den Fängen der Familie zu befreien, wenn eine »akute Kindeswohlgefährdung« vorliegt. Den meisten Kindern, besonders den Jungs, geht es in den Clans aber gar nicht schlecht. Sie verwahrlosen nicht, es sind immer alle lebensnotwendigen Dinge vorhanden, sie werden nicht überproportional geschlagen oder misshandelt.

Lieckes Idee ist deshalb, ein Lagebild zu jedem Familienmitglied und eine Fallakte zu jedem Kind zu erstellen. »Es soll darum gehen, die Frage zu klären, ob das kriminelle Umfeld der Familie einen schädlichen Einfluss auf die Kinder hat.« Sollte dem so sein, und sollte sich das statistisch belegen lassen, so sein Kalkül, könnte eine Kindeswohlgefährdung vorliegen und das Jugendamt dürfte tätig werden.

Unter Punkt 5 heißt es in dem dazugehörigen Konzeptpapier: »Das Jugendamt Neukölln erstellt ein umfassendes fachliches Gutachten, unter welchen Voraussetzungen und in welcher Situation die Inobhutnahme nach § 42 SGB VIII im Zusammenhang mit kriminellen arabischen Großfamilien möglich ist.«

Für solche Gutachten wiederum ist es im konkreten Einzelfall nötig, dass sich alle beteiligten Gruppen an einem Tisch versammeln: Jugendamt, Jobcenter, Polizei und Schule. »Und dann«, so Liecke, »sind zwar alle guten Willens, nur über Namen dürfen wir dort nicht reden. Datenschutz.«

Um das rechtliche Feld einmal genauer abzustecken, beauftragte er deshalb die Rechtsabteilung, doch mal die Fallstricke in dem Projekt zu benennen. Herausgekommen ist eine 11-seitige Abhandlung über Datenschutz (sehr streng), die Möglichkeiten der Datenerhebung (ist zu minimieren) und die Datenauswertung (geht eigentlich überhaupt nicht). Die datenschutzrechtlichen Bedingungen erlauben eine Verschneidung unterschiedlicher Quellen nicht.

Für die Erstellung von Übersichten, die Familienstrukturen darstellen, ist demnach – wenn überhaupt – die Polizei zuständig. Und die klassifiziert derartige Übersichten als NfD – »Nur für den Dienstgebrauch«. Weitergabe ans Jugendamt oder die Schulbehörde ausgeschlossen.

Mittlerweile ist Liecke gezwungenermaßen etwas von seiner Idee abgerückt.

Der umgekehrte Weg wäre, die Lebenswirklichkeit der Clans unattraktiver zu gestalten. Dies versuchen Berlin und Nordrhein-Westfalen mit ihrer »Politik der 1000 Nadelstiche«. Seit 2019 kreuzen Hundertschaften in Wettbüros und Shisha-Bars auf. Mit dabei: Gewerbeaufsicht, Steuerfahndung und der Zoll. Eine neue Behörden-Allianz, um mit geballter Zuständigkeit auch kleinere Verstöße zu ahnden. Wenn die bunte Truppe von Laden zu Laden zieht, ist oft wenig für die Staatsanwaltschaft dabei. Meist bleibt es bei Ordnungswidrigkeiten. Allerdings geht es auch um das Signal an die restliche Bevölkerung, dass die Tolerierung von Paralleluniversen vorüber ist. Seht her, wir sehen hin!

Auch ermittlungstechnisch versucht der Staat seit März 2019 seine Kräfte zu bündeln. Da treffen sich in Berlin die wichtigsten Einzelkämpfer zur Mannschaftssitzung. Das Bundeskriminalamt, das Zollkriminalamt, die Bundespolizei und die Länder Bremen, Berlin, Niedersachsen und Nordrhein-Westfalen. Sie geloben, ab jetzt koordiniert gegen die arabische Unterwelt vorzugehen. »Bund-Länder-Initiative zur Bekämpfung der

Clankriminalität« – kurz BLICK – heißt das Projekt. Es ist tatsächlich ein Meilenstein. Denn vor allem das BKA hatte bisher kein Interesse an dieser speziellen Form der Organisierten Kriminalität.

Doch das Vollschreiben von Arbeitspapieren ändert noch nicht die Realität. Die Anfangseuphorie weicht schnell der Ernüchterung, weil Kooperation oft komplizierter ist als anfangs gedacht. Beabsichtigt war, dass das BKA mit seinen besseren Ressourcen die dicken Bretter der Länder bohrt. Finanzermittler des Berliner Landeskriminalamtes schrieben daraufhin halbe Romane über lohnende Komplexe, deren Bearbeitung die eigenen Kapazitäten sprengen würden. Rückmeldung vom BKA: Kein Interesse. Gerade bei Geldwäsche-Fällen haben die beiden Behörden unterschiedliche Philosophien. Berlin sucht zuerst das Geld, das BKA die Tat.

Einen Schritt weiter ist das LKA Niedersachsen. Sie bekamen immerhin Besuch von einer 12-köpfigen BKA-Delegation. Die Niedersachsen stellten ihre Hypothesen zu einer norddeutschen Großfamilie vor, die nach ihrer Ansicht mehrere Bundesländer mit Kokain überschwemmt. Doch auch in diesem Fall hat das BKA abgelehnt. Offenbar schreckte der Umfang des Ermittlungsverfahrens selbst Deutschlands vermeintliche Elite-Kripo ab: Dutzende Verdächtige, eine Fülle an abgehörten Telefonaten, monatelange Observationen, nicht zu kontrollierende Dolmetscherkosten. Die bisherige Bilanz der BLICK-Initiative: War da was …???

Die Clans haben von der staatlichen Offensive jedenfalls bisher noch nichts gespürt. Abgesehen von der Abschiebung des Bremers Ibrahim Miri.

Was jedenfalls nichts und niemanden schreckt, ist das Prinzip der Abschreckung. Wie auch. Der Staat, die Gerichte, die Strafverfolgungsbehörden müssen einfach irgendwann dazu übergehen, massive Rechtsverstöße nicht mehr hinzunehmen,

sondern konsequent zu ahnden. Die dritte Großfamiliengene-
ration sieht doch bisher, dass alles prima läuft bei ihren Vätern
und deren Brüdern. So fährt die arbeitslose Clan-Familie im
Mercedes-G-Modell, Basispreis nicht unter 100 000 Euro, zur
Beerdigung vor. Beim Leichenschmaus biegen sich die Tische
unter feinstem Essen. Entweder können die Hartz-IV-Empfänger besonders gut haushalten und sparen sich jeden Euro vom
Munde ab, oder aber ….

Dass das Prinzip Strafe bisher nicht funktioniert, zeigt besonders der Blick auf die Rammos. Wobei die Situation auch
bei anderen Großfamilien ähnlich ist. Wenn ein Clan wie die
Rammos mit über 1000 Straftaten und einer Gesamtschadens-
summer von fast 30 Millionen Euro in Verbindung gebracht
wird, dann denkt man sich doch: Okay, dafür sind sie aber bestimmt auch empfindlich verurteilt worden. Aber sind sie das?
Nein, natürlich nicht. Herausragendes Beispiel ist der im Buch
schon erwähnte Toufic, der für den Diebstahl von zehn Millionen Euro, die bis heute verschwunden sind, keine fünf Jahre
im Knast saß.

Was die Clans viel mehr aufschreckt, ist die Entscheidung des
Berliner Landgerichts vom 7. April 2020. Die 41. Kammer be-
schließt, dass die Villa von Issa Rammo vom Staat eingezogen wird. Am Telefon kommentiert das Clan-Oberhaupt: »Das
ist Erpressung vom Staat.« Offiziell gehörte der Altbau dem
zweitältesten Sohn, der die Immobilie für 200 000 Euro kaufte,
obwohl er kaum Einkommen hatte. Das juristisch Hochspan-
nende an dem Fall: Der Clan-Spross wurde vom Verdacht der
Geldwäsche freigesprochen. Die Ermittler fanden keine Straftat. Dennoch nimmt ihm das Landgericht in einem »objektiven
Einziehungsverfahren« das Eigenheim weg. Ein offiziell Unschuldiger verliert sein Vermögen, weil es nicht zu seinen legalen Verdiensten passt. Der staatliche Leberhaken, der sehr neu
und rechtlich noch nicht abgesichert ist. Ein beteiligter Ermitt-

ler: »Das war ein Etappensieg. Mehr nicht.« Der Etappensieg beruht auf dem schon mehrfach erwähnten, 2017 verabschiedeten Gesetz zur Vermögensabschöpfung. Wie gesagt, gibt es noch kein Grundsatzurteil, ob der robuste Einsatz von Polizei und Staatsanwaltschaft in einem Fall wie diesem von der Verfassung gedeckt ist. Der Clan wird mit Sicherheit vor das Bundesverfassungsgericht ziehen.

Falls die Richter in Karlsruhe entscheiden sollten, dass die Enteignung vom Grundgesetz gedeckt sei, sofern Kenntnisse über Vorstrafen vorliegen, hätten die Clans zum ersten Mal ein echtes Problem. Dann könnte sich Kriminalität tatsächlich nicht mehr lohnen.

Aber würden sich dadurch die Clans besser integrieren? Würden die Tumult-Lagen aufhören oder das Bedrohen von Polizisten? Würde das Bildungsniveau in den Großfamilien steigen?

Zumindest würde den Mhallami ihre eigentliche Daseinsgrundlage entzogen. Oder mindestens erschwert. Was würde von der Welt der Clans bleiben, wenn ihnen die Mittel fehlten, ihr Leben in ihrem Sinne zu finanzieren? Wie würde ihr Rechtssystem aussehen, wenn sie sich nicht mehr mit hohen Summen aus den Konflikten herauskaufen können? Wenn die Mittel für Bestechungen fehlten? Wenn sie sich ihre Statussymbole plötzlich nicht mehr durch ihre Straftaten finanzieren könnten? Oder der Staat sie ihnen einfach wegnehmen kann? Haben die Clans dann für die nachwachsenden Generationen immer noch dieselbe Attraktivität? Fällt es den Männern dann immer noch leicht, das beinharte patriarchalische System aufrechtzuerhalten und die Frauen zu rechtlosen Gebärmaschinen zu degradieren?

Es hängt tatsächlich viel von den Frauen ab. Wenn sie nicht mehr mitziehen, wackelt der ganze Bau. Es gibt keine Studien darüber, ob und wie sich die Clans im Inneren verändern. Aber natürlich wirkt sich die urbane Liberalität einer Metropole wie

Berlin auch auf die Großfamilien aus. Jeden Tag sehen und erleben die jungen Mädchen in der Schule oder auf ihrem Smartphone, dass das Leben noch mehr zu bieten hat als den eigenen Cousin. Noch fügen sich die jungen Frauen und natürlich auch die Männer den Heiratsplänen der Großfamilien. Aber wie lange noch? In welchen Zeiträumen kann sich so etwas drehen? Realisten rechnen da in Jahrzehnten. Bestenfalls.

Das liegt natürlich auch an unserem liberalen Staat mit seiner bewährt unabhängigen Justiz, der bewusst gezügelten Polizei und dem großzügig alimentierten Sozialsystem.

Der Staat muss einiges tun. Vor allem muss er diejenigen schützen, die sich gegen die Interessen der Clans positionieren. Es darf nicht sein, dass Gerichtsvollzieher, Lehrer, Ordnungsamtsmitarbeiter, Polizisten und Bewährungshelfer aus persönlicher Angst zurückweichen müssen, wenn die Clans mit den Muskeln spielen. Die Angst ist das Kapital der kriminellen Großfamilien und Basis ihrer Macht. Wer das nicht erkennt, hat verloren.

Ein robuster Staat mit einem selbstbewussten Auftreten kostet Geld. Viel Geld. Das muss auch so sein. Gerade Berlin muss wieder in einen funktionierenden Rechtsstaat investieren. Nur wenn Ermittlungen und Gerichtsprozesse sich nicht ins Endlose dehnen, weil die Justiz überlastet ist, spürt der Nachwuchs in den Clans vielleicht die Folgen seines Handelns.

Und schließlich sollte der Staat sich nicht scheuen, die einzige richtige Daumenschraube einzusetzen, die er gegen die Clans besitzt: Nichts fürchten die Kriminellen mehr, als abgeschoben zu werden in ihre frühere Heimat. Nicht wenige sind lieber in ein deutsches Gefängnis gegangen, als in ihrer Heimat beständig vor den dortigen Strafverfolgungsbehörden zu fliehen.

Es gibt zur Bekämpfung und Eindämmung der kriminellen Strukturen in Clans kein Allheilmittel, keinen Königsweg. Ein

Zusammenspiel verschiedener Bereiche ist gefragt. Beteiligt werden müssen die Justiz mit all ihren Gerichtsbarkeiten, die Polizei und die verschiedenen Sozialbehörden. Repression und Prävention müssen gestärkt werden, auch über Zuteilung von Mitteln und Ressourcen.

Die vorhandenen Clan-Strukturen müssen auf dem Wege der Repression, der Stärke des Rechtsstaates, bekämpft werden. Genauso wichtig ist es aber, sozio-kulturelle Ursachen zu benennen und aufzubrechen. Wobei Letzteres wahrscheinlich am schwierigsten ist: Einerseits soll niemand wegen seines Nachnamens, wegen seiner Zugehörigkeit stigmatisiert werden, denn viele Menschen in den Großfamilien führen ein gesetzestreues Leben. Andererseits müssen die Probleme auf den Tisch und klar benannt werden. Die Politik muss ihren (momentanen) rationalen Blick auf die Auswüchse der Großfamilien beibehalten und darf auf keinen Fall in ideologische Grabenkämpfe absinken. Die Bekämpfung der Clan-Kriminalität muss ein fester Bestandteil der Politik bleiben, trotz Klimawandel und Corona-Krise. Ein erneutes Wegschauen wie in der Vergangenheit kann und darf sich niemand erlauben.

Dieses Buch soll dazu beitragen.

VERWENDETE QUELLEN

Laura Backes u.a., »Lebe fett, gierig und rücksichtslos«, DER SPIEGEL, 24. Januar 2020.

Ulrich Behmann, »Tumulte vor Gericht und Klinik«, *Deister- und Weserzeitung*, 15. Januar 2015.

Stefan Berg, »Die Rätsel des Millionenbruchs«, DER SPIEGEL, 27. April 2009.

Bund-Länder-Projektgruppe »ethnisch abgeschottete Subkulturen« (PGeaS), Schlussbericht vom 16. August 2004, VS-NfD.

Bundeskriminalamt, »Bundeslagebild Organisierte Kriminalität 2018«.

Tanja Buntrock, »Das Wort Härte mag der Neue nicht«, *Tagesspiegel*, 24. Januar 2008.

Jörg Diehl, »18 Schüsse auf offener Straße«, DER SPIEGEL, 15. November 2010.

Alexander Dinger, »Schutzgelderpresser kamen im Porsche - Festnahme«, *Berliner Morgenpost*, 26. Oktober 2019.

Ralph Ghadban, *Die Libanon-Flüchtlinge in Berlin. Zur Integration ethnischer Minderheiten*, Berlin 2008.

Hubert Gude / Roman Lehberger, »Die Asylposse um Ibrahim Miri«, DER SPIEGEL, 22. November 2019.

Lena Heinrich, »Clankriminalität. Eine kriminologische Betrachtung staatlicher Interventionsmöglichkeiten zur Reduzierung der kriminogenen Faktoren in den geschlossenen Familienstrukturen der Mhallamis«, Masterarbeit Ruhr Universität Bochum, 2019.

Markus Henninger, »›Importierte Kriminalität‹ und deren Etablierung am Beispiel der libanesischen, insbesondere ›libanesisch-kurdischen‹ Kriminalitätsszene Berlins«, *Kriminalistik*, 12/2002.

Markus Henninger, »Konsequente Inkonsequenz. Die ›kriminelle Karriere‹ des Mahmoud R.* und ihre justizielle Würdigung«, *Kriminalistik*, 08/2002.

Jürgen Hinrich / Nina Willborn, »Beirut statt Bremen«, *Weser-Kurier*, 12. Juli 2019.

Claudia Keikus, »Die Wahrheit über den Mafia-Krieg in Neukölln«, *Berliner Kurier*, 14. November 2010.

Ilhan Kizilhan, »Konflikte und Konfliktlösungen in patriarchalischen Gemeinschaften am Beispiel der Solidargruppen in Ostanatolien«, *Conflict & Communication*, 2002.

Andreas Kopietz, »Ein Viertel der Berliner Polizisten hat ein Alkoholproblem«, *berliner-zeitung.de*, 07. November 2019.

»Kriminalstatistik 2015: Überfälle auf Tankstellen sind deutlich zurückgegangen«, Pressemitteilung des Zentralverbandes des Tankstellengewerbes e. V., 6. Oktober 2016.

Landeskriminalamt Berlin, »Organisierte Kriminalität«, Lagebild Berlin 2018.

Landeskriminalamt Niedersachsen, Bericht Sachstand »Mhallamiye« 2013, VS-NfD.

Landeskriminalamt Niedersachsen, »Clankriminalität«, Lagebild Niedersachsen 2014, VS-NfD.

Landeskriminalamt Niedersachsen, »Clankriminalität«, Lagebild Niedersachsen 2015, Vs-NfD.

Landeskriminalamt Niedersachsen, »Clankriminalität«, Lagebild Niedersachsen 2016, VS-NfD.

Landeskriminalamt Niedersachsen, »Clankriminalität«, Lagebild Niedersachsen 2017, VS-NfD.

Landeskriminalamt Niedersachsen, »Clankriminalität«, Lagebild Niedersachsen 2018, VS-NfD.

Landeskriminalamt Nordrhein-Westfalen, »Clankriminalität«, Lagebild NRW 2018.

Lokman I. Meho / Farah W. Kawtharani, »The Kurdish Community in Lebanon«, *International Journal of Kurdish Studies*, 2005.

Yassin Musharbash, »Bushido: Brüder im Geiste«, *Die Zeit*, 20. Juni 2013.

Polizeiliche Kriminalstatistik Berlin 2017.

Uli Rauss u.a., »Bushido und die Mafia«, *Stern*, 18. April 2013.

Prof. Dr. Mathias Rohe, »Clankriminalität: Hintergründe und Gegenstrategien aus wissenschaftlicher Sicht«, Vortrag beim Symposium der Ruhr-Konferenz zum Thema »360°-Maßnahmen gegen die Clankriminalität« am 30. Januar 2019 in Essen.

Prof. Dr. Mathias Rohe / Dr. Mahmoud Jaraba, »Paralleljustiz«, Studie im Auftrag des Landes Berlin, 2015.

Sir Tatton Benvenuto Mark Sykes, *The Caliphs' Last Heritage: A Short History of the Turkish Empire*, London 1915.

Margarete van Ackeren u.a., »Offensive gegen Schläger«, *Focus,* 7. Januar 2008.

»Wieder Arbeit«, Interview mit Shindy (Michael Schindler), *Boa,* 11. November 2018.

PERSONENREGISTER

»Rund 200 Seiten keine leichte Kost und
gerade deshalb wichtig, sie zu lesen.« *NDR Kultur Journal*

ISBN
978-3-421-04874-5
Dieses Buch
ist auch als E-Book
erhältlich

Alle drei Tage wird in Deutschland eine Frau von ihrem Partner oder Ex-Partner getötet. Es sind Morde, die an Frauen verübt werden,weil sie Frauen sind. Als Familientragödien verharmlost, bleiben viele Frauenmorde verborgen und verdecken die patriarchalen Macht- und Gewaltmuster, die sich tief durch unsere Gesellschaft ziehen. Laura Backes und Margherita Bettoni haben mit Überlebenden gesprochen, Experten befragt, die Motive männlicher Gewalttäter untersucht und ihre Taten rekonstruiert. Eindrücklich zeigen sie, dass Femizide uns alle angehen – und warum wir jetzt handeln müssen.

DVA

Exklusive Einblicke in eines der verschlossensten Länder der Welt

SPIEGEL-Reporterin Susanne Koelbl ist gelungen, was kaum einem Journalisten gestattet wird: Sie durfte durch Saudi-Arabien reisen, ohne Beschränkungen und staatliche Aufsicht. Für mehrere Monate hat sie sich durch ein Land treiben lassen, das gerade den tiefgreifendsten Wandel seiner Geschichte erlebt. Kronprinz Mohammed bin Salman öffnet das Land, zeigt aber zugleich eine dunkle, aggressive Seite. Susanne Koelbl hält diesen historischen Aufbruch aus nächster Nähe fest. Ihr Buch gewährt Einblicke in die Welt der Machthaber und Ultrakonservativen genauso wie in das verborgene Leben der Frauen.

PENGUIN VERLAG

Die Geschichte der Geheimdienste vom Mittelalter bis heute

ISBN
978-3-421-04862-2
Dieses Buch ist auch als E-Book erhältlich

Geheimdienste haben ein schillerndes Image: Es changiert zwischen dem Glamour von James Bond, der Verruchtheit von Mata Hari und der Skrupellosigkeit des Mossad. Doch wie gehen sie wirklich vor? Wie einflussreich waren einzelne Agentinnen und Spione, und wie wandelten sich ihre Methoden mit der Zeit? SPIEGEL-Autoren und Geheimdienstexperten enthüllen die Geschichte der Geheimdienste von 1500 bis zum Cyberwar der Zukunft. Sie erzählen von spektakulären und gescheiterten Missionen und zeigen, wie ihre Organisationen seit dem 20. Jahrhundert so mächtig werden konnten wie niemals zuvor.

DVA

»Ein schillerndes Kriminal- und Sittenbild der Weimarer Zeit.« Badische Neueste Nachrichten

Die spektakulärsten Kriminalfälle aus Berlins wildesten Jahren

In Berlin tobt in den Jahren von 1918 bis 1933 nicht nur das verruchteste Nachtleben der Welt, hier haben auch Mord, Raub und Betrug Hochkonjunktur. Nathalie Boegel erzählt von gewissenlosen Mördern, cleveren Betrügern und Kriminellen, die zu Lieblingen der Berliner werden. Dabei zeigt sie, welche politischen und sozialen Konflikte die Stadt zu einer der gefährlichsten, aber wohl auch spannendsten Metropolen der 20er- und 30er-Jahre machten.

PENGUIN VERLAG